普通高等教育高级应用型人才培养规划教材
编写指导委员会

普通高等教育高级应用型人才培养规划教材

经济法

Jingjifa

主　编：刘世红

副主编：尹晓闻　佘大伟　杨振宇

委　员：郭晓玲　刁小娟　齐晓倩

暨南大学出版社

JINAN UNIVERSITY PRESS

中国·广州

图书在版编目（CIP）数据

经济法/刘世红主编．—广州：暨南大学出版社，2008.9（2012.1 重印）
（普通高等教育高级应用型人才培养规划教材）
ISBN 978－7－81135－052－4

Ⅰ．经…　Ⅱ．刘…　Ⅲ．经济法—中国—高等学校—教材　Ⅳ．D922.29

中国版本图书馆 CIP 数据核字（2008）第 121118 号

出版发行：暨南大学出版社

地　址：中国广州暨南大学
电　话：总编室（8620）85221601
营销部（8620）85225284　85228291　85228292（邮购）
传　真：（8620）85221583（办公室）　85223774（营销部）
邮　编：510630
网　址：http：//www.jnupress.com　http：//press.jnu.edu.cn

排　版：广州市天河星辰文化发展部照排中心
印　刷：广州市怡升印刷有限公司

开　本：787mm×1092mm　1/16
印　张：20.25
字　数：480 千
版　次：2008 年 9 月第 1 版
印　次：2012 年 1 月第 5 次
印　数：8601—9100 册

定　价：36.00 元

（暨大版图书如有印装质量问题，请与出版社总编室联系调换）

总 序

我国社会经济发展的新阶段，亟须具有一定实践能力和创新精神的高级应用型人才。培养满足社会经济发展需要的人才，是高等院校的崇高职责。

在备课、授课、练习、考评几个教学环节中，教材是基本的依据，它对教学方式、教学质量有十分重要的影响。不同的教学类型和人才培养目标，需要不同的教材。我们根据教学型院校经济管理专业人才培养目标的要求，组织优秀作者队伍，编写了这套普通高校经管类专业高级应用型人才培养规划教材。

传统的经管类本科教材具有明显的优点，即理论的系统性强、层次结构清晰，但也存在着明显的缺陷。传统经管类教材编写的特点是从理论开始，如概念、特征、功能、公式等，再用例子说明、证明，复习题往往是书中小标题后面加“?”，形成“理论+例证”的编写模式。这种模式的教材介绍的理论知识缺乏从感性到理性的认识过程，而且复习题主要是为了让学生记住介绍的理论知识，缺乏实际操作的训练。因此，在教学中使用这样的教材时，往往会形成“老师讲、学生听”的“授受型讲课、接受型学习”的教学特征，学生难以真正理解和掌握所学的理论知识，更难以运用。

编写普通高等教育高级应用型人才培养规划教材，不能重复传统的编写模式，应在新的教学理论、教学模式的指导下，采用新的编写方式。我们尝试采取“实例—理论—实训”的模式来编写本规划教材。

遵照普通高等教育高级应用型人才培养目标，本规划教材除了要求框架结构新、汇集相关研究成果新、资料数据新之外，还力求将职业道德、实践训练、创新精神贯穿全书。在写作方式上，每章开头撰写一个引例，在介绍有关理论时，由实例中包含的“知识点”引申出相关理论，或将相关理论与实例糅合在一起，并在重点、难点、有争议、理论前沿等地方，插入小案例、讨论题等，以便在教学中让学生感受到理论在实际中是如何呈现，又是如何从感性认识上升到理性认识的，并通过课程实训（实验）和专业实训（实验）去解决实际问题，从而使实践能力和创新能力得到培养和提高。

练习题是教材十分重要的组成部分，它不仅起着复习所学课程理论知识的作用，还是提高教学质量、实现人才培养目标的重要手段和途径，题目要体现职业道德、实践训练和创新精神。复习题不搞对号入座，要前后对照，联系实际，综合地复习所学知识，横向可将几个概念、几种方法进行对比，如几种决策方法的比较；纵向可将前后知识联系起来，将历史知识和知识的历史相联系，如产品的整体概念与营销观念的变化，与营销策略的关系等。思考题要联系实际，有探索性，有利于创新精神的训练，如在不同收入、年龄等人群中需求层次的不同表现，如何激励或如何营销等。讨论题和辩论题要针对实际中存在的不同观念，容易引起争论和讨论的问题出题，如房价猛涨是暴利还是市场供求反映等。实践性练习题，学生必须通过调查、实践才能完成。案例分析题要能训练学生发现问题、分析问题、解决问题的能力等。

通过以上的尝试和努力，我们力求编写出有如下特点的教材：

1. 紧扣人才培养目标，贯穿职业道德、实践训练、创新精神等素质教育的主线；
2. 突出实践性知识的介绍和实践能力的训练；
3. 汇集新的研究成果，形成新的专业知识结构；
4. 各门课程既参照撰写模式，又体现出自身特点及个性。

本规划教材适合于普通高校经管专业本科、独立学院本科、高职高专以及企业管理干部培训使用。我们希望通过对传统经管教材的改革，为经管课程的教学改革及教学质量的提高作出贡献。

邓志阳

广东外语外贸大学教授

2008 年 1 月

前言

市场经济体制的确定已经给我国社会主义经济带来了勃勃生机。然而，一个成熟的市场经济不仅需要完备的经济法律法规体系，还需要大量的能够正确掌握并科学运用这些经济法律法规的市场经济人才。因此，在学习经济法的过程中，我们不仅要培养学生具有扎实的专业理论和技能，更重要的是要培养学生掌握有关经济法的理论知识并学会运用经济法律法规去处理和解决在经济活动中遇见的法律问题，从而达到知法、守法、用法的目的。

本教材在教育部有关经济法课程教学要求的基础上，结合财经管理类经济法课程教学的特点，融入所有编写者多年积累的经济法实践性教学理念编写而成。本书的内容包括经济法主体法律制度（第二至第六章）、经济行为与秩序规制法律制度（第七至第九章）、宏观经济调控法律制度（第十至第十六章）、经济法律实施与救济法律制度（第十七至第十八章）四个部分。

由于本书主要针对普通高等教育高级应用型人才培养，因此，编者在编写过程中充分考虑了如下三点：

第一，教材在理论体系上力求创新，在结构上突破现有各教材在体系上、内容上的划分；教材内容以现行法律制度及其发展趋势为指导，以精练、实用为目的。

第二，教材注重理论联系实际，在具体内容上将理论和案例、练习相衔接，适应实践性教学的教材需要，教材重点突出培养学生的“用法”能力。

第三，教材力求反映最新的立法、司法解释及立法动态，使得该书在知识上不仅具有稳定性，还具有新颖性。

参加编著的作者如下：刘世红：第一章、第二章、第五章和第七章；佘大伟：第三章、第四章和第六章；杨振宇：第八章、第九章；尹晓闻：第十章、第十一章、第十二章和第十五章；郭晓玲：第十三章、第十四章和第十六章；刁小娟：第十七章和第十八章。

本教材由刘世红担任主编，尹晓闻、佘大伟和杨振宇担任副主编。整个教材由主编、副主编负责修改定稿。

本教材在编写过程中得到了经济学教授吕建军同志的热心帮助和悉心指导，在此我们表示衷心感谢！同时，我们还参考了大量的报刊、教材和论著，亦在此谨向原作者深表谢意！

由于编者水平有限，时间仓促，教材中不足之处在所难免，敬请同行和广大读者不吝赐教，以便不断修订再版。

编　者

2008 年 6 月

普通高等教育高级应用型人才培养规划教材

目录

第一章

绪论

内容要点

本章主要讲述经济法的产生和发展以及经济法的概念和调整范围、体系和地位；我国经济法的渊源与主要法律法规以及经济法律关系概述；经济法律关系构成；经济法律关系运行。

第一节 经济法概述

一、经济法的概念

经济法的概念是经济法学的基本范畴，是经济法体系和结构的支柱，也是经济法理论研究的逻辑起点。有关经济法的概念，我国法学界众说纷纭，有与之对应不同学说概念的界定。我们认为，经济法是调整国家在引导、规范、管理与协调经济运行过程中发生的经济关系的法律规范的总称。

根据这一定义，经济法的调整对象是国家在规范、管理和协调过程中需要干预的特定经济关系。这里所说的“干预”，是指国家采取法律的手段，对社会经济所进行的计划、组织、管理、调节和监督。所以，经济法的调整对象具体包括：

（1）市场经济主体的调控关系，即国家在对市场主体的准入与运行活动进行管理规范以及市场主体在自身运行过程中所产生的社会关系。

（2）经济主体的行为与市场运行秩序的调控关系，即国家为了建立市场经济秩序，维护国家、市场经营者和消费者的合法权益，规范各市场经济主体的经济行为与程序而干预市场所发生的经济关系。

（3）宏观经济调控关系，即国家从长远和社会公共利益与可持续、和谐发展出发，对经济发展实行全局性的管理过程中与其他社会组织所发生的具有隶属性或指导性的社会经济关系。

（4）在经济法运行过程中，经济法的实施与经济法律纠纷中的关系。

二、经济法的地位与体系

经济法的地位，即经济法在法律体系中的地位，是指在整个经济法律体系中，经济法是否是一个独立的法律部门。对于经济法是否是独立的法律部门，我国学界主张不一。我们认为经济法不仅有着自己的调整对象，而且在我国作为一个独立的法律部门，具有重要的地位，发挥着不可替代的作用。

从我国改革开放初期首批经济法律与法规的先后出台，到后来政府设立的经济法规研究中心与人民法院设立经济审判庭的司法实践以及与之对应的社会上已经产生的经济法制与经济法律学说的结合，都从主、客观两方面表明，从出现时我国就有了经济法这一法律部门。随着经济立法的增多与法制建设的推进，经济法作为一个法律部门不论是在法学理论上，还是在司法实践上都得到了进一步的发展。可以说，在我国基本上符合经济需要的较完整的经济法律体系已基本形成。

经济法的体系是指对已有或应有的经济法律法规，按一定的逻辑关系建立起来的整个经济子法律部门的有机联系的整体。就本书的观点而言，经济法体系的构成应包括经济法主体法律制度、经济行为与秩序规制法律制度、宏观经济调控法律制度和经济法律实施与救济法律制度四个部分。

三、我国经济法的渊源

经济法的渊源是指经济法律规范赖以存在和表现的形式，它主要表现在各国家机关根据其权限范围所制定的各种规范性文件之中。经济法的渊源有：

（一）宪法

宪法是国家的根本大法，由全国人民代表大会制定和修改，具有最高的法律效力，是经济法的基本渊源，是经济立法的基础。

（二）法律

法律是由全国人民代表大会及其常务委员会制定的规范性文件，其效力仅次于宪法，是经济法的主要渊源，它规定的多是基本经济关系。以法律形式表现的经济法律规范是经济法的主体组成部分。

（三）法规

法规包括行政法规、地方性法规，其效力次于宪法和法律。行政法规是由国务院制定的规范性文件；地方性法规是由省、自治区、直辖市以及较大的市的人民代表大会及其常务委员会制定的规范性文件。其中，较大的市的人民代表大会及其常务委员会制定的地方性法规需要报省、自治区的人民代表大会常务委员会批准。经济特区所在地的市的人民代表大会及其常务委员会也可以根据全国人民代表大会的授权决定制定法规，并在经济特区范围内实施。在我国现行法律体系中，经济法大多以法规的形式存在，法规是经济法的重要渊源。

（四）规章

规章包括由国务院部委及具有行政管理职能的直属机构依据法律、行政法规制定的国务院部门规章以及由省、自治区、直辖市和较大的市的人民政府根据法律法规制定的地方政府规章。

（五）司法解释

司法解释是由最高人民法院等司法机关就法律适用问题所作的解释性文件。

（六）国际条约、协定

国际条约、双边或多边协定也是我国经济法的渊源之一。我国加入世贸组织后，众多的国际经济条约、协定成为我国经济法的渊源。在各公司企业的商标、知识产权和国际经济贸易中发挥着重大的调控作用。

四、我国现行主要经济法律法规

随着我国法制的发展与推进，我国经济立法取得了巨大的成就，现已初步形成了社会主义市场经济法律体系框架，已有以下四大方面的经济法律法规：

（一）市场经济主体方面

主要有：《中华人民共和国公司法》、《中华人民共和国全民所有制工业企业法》、《中华人民共和国合伙企业法》、《中华人民共和国个人独资企业法》、《中华人民共和国中外合资经营企业法》、《中华人民共和国中外合作经营企业法》、《中华人民共和国外资企业法》、《中华人民共和国企业破产法》等。

（二）经济主体行为与市场运行秩序方面

主要有：《中华人民共和国合同法》、《中华人民共和国担保法》、《中华人民共和国票据法》、《中华人民共和国专利法》、《中华人民共和国商标法》、《中华人民共和国反垄断法》、《中华人民共和国反不正当竞争法》、《中华人民共和国产品质量法》、《中华人民共和国消费者权益保护法》等。

（三）宏观经济调控方面

主要有：《企业国有资产监督管理暂行条例》、《中华人民共和国预算法》、《中华人民共和国价格法》、《中华人民共和国外汇管理条例》、《中华人民共和国进出口关税条例》、《中华人民共和国招标投标法》、《中华人民共和国个人所得税法》、《中华人民共和国企业所得税法》、《中华人民共和国增值税法》等。

（四）经济法的实施与救济方面

经济法的实施与救济方面的法律，主要存在和体现在各具体经济法律法规或仲裁与诉讼程序性法律当中。也有经济性纠纷救济的专门性法律，如《中华人民共和国仲裁法》是为保障经济的正常运行，及时地仲裁经济纠纷，保护当事人的合法权益，保障社会主义市场经济的健康发展而制定的。

第二节 经济法律关系

一、经济法律关系的概念与特征

法律关系是社会关系被法律规范确认和调整之后所形成的权利和义务关系。经济法律关系是指经济关系被经济法律规范确认和调整之后所形成的权利和义务关系，即经济法主体是根据经济法律规范所产生的，经济法主体之间在国家管理与协调经济的过程中形成权利与义务关系。

经济法律关系具体有以下特征：

（1）经济法律关系是在经济领域中发生的意志关系。

（2）经济法律关系是经济法规定和调整的关系。

（3）经济法律关系是一种具有经济内容的权利义务关系。

（4）经济法律关系是由国家强制力保障实施的社会关系。由国家强制力作保障，实质上就是对经济法主体的经济权利的保护。

二、经济法律关系的要素

经济法律关系的要素是指构成经济法律关系的必要条件，由主体、内容、客体三个要素构成。

（一）经济法律关系的主体

经济法律关系的主体简称为经济法主体，是指在经济法律关系中享有权利、承担义务的当事人或参加者。享有经济权利的一方称为权利主体，承担经济义务的一方称为义务主体。但双方当事人在多数情况下既享有经济权利又承担经济义务。

经济法主体必须具有进行经济活动的法定资格，即必须具备经济法上的权利能力和行为能力。行为能力的实现是以具有权利能力为前提的，首先要有权利资格，然后才谈得上是否能够通过自己有意识的行为来加以实现。法人与社会组织的权利能力与行为能力是统一的，均随法人或社会组织的成立而产生，随其终止而灭亡。但对自然人来说，有权利能力，不一定就有行为能力，其并不一定是统一一致的。

经济法律关系主体资格的认可，一般采用法律法规规定一定条件或规定一定程序的方式确认，包括：依照宪法和法律由国家权力机关批准成立；依照法律法规由各级行政机关批准成立；依照法律法规或章程由经济组织自身批准成立；依照法律法规由主体自己依法向行政机关申请核准登记成立；法律法规直接赋予一定身份而成立等。

根据我国现行法律法规的规定，我国的经济主体主要有：

1. 国家机关

作为经济法主体的国家机关主要是指国家行政机关中的经济管理机关。经济管理机关可分为三类：一是综合性经济管理机关，如国家发展与改革委员会、财政部、中国人民银行等，主要负责对国民经济进行全局宏观调控；二是行业性经济管理部门，如铁道部、农业部等，负责对国民经济特定部门、行业进行管理；三是专门职能部门，如国家工商行政管理总局、国家税务总局、审计署等。在某些情况下，国家也可作为主体参加经济法律关系，如发行国债、以政府名义与外国签订经济贸易协定等。

2. 企业和其他社会组织

企业是指依法设立，以营利为目的并从事生产经营活动的独立核算的经济组织。其他社会组织主要是指事业单位和社会团体。

3. 企业内部组织和有关人员

企业内部组织虽无独立的法律地位，但在和有关人员根据经济法律的规定参与企业内部的生产经营管理活动时，如实行内部承包经营责任制、内部独立经济核算等情况下，形成相应的经济法律关系，这样便具有经济法主体的地位。

4. 个体工商户、农村承包经营户及自然人

此类主体在参与经济法律规定的经济活动时，便构成经济法主体，享有相应权利，承担相应义务，如农户与农村集体经济组织发生承包关系、公民向税务机关纳税等。

（二）经济法律关系的内容

经济法律关系的内容是指经济法主体享有的经济权利和承担的经济义务。这是经济法律关系的核心，直接体现了经济法律关系主体的利益和要求。

经济权利是指经济法主体依法能够作为或不作为以及要求他人作为或者不作为一定行为的资格。权利的本质在于满足经济法律关系主体的经济利益，实施权利在实现自身利益的过程中，同时也实现了国家利益和社会利益。我国法律赋予经济法主体的经济权利是极其广泛的，主要有：

1. 经济职权

经济职权是指国家机关及其工作人员在行使经济管理职能时依法享有的权利。经济职权是具有隶属性质的权利，具有一定的行政权力性质。在国家机关及其工作人员依法行使经济职权时，其他经济法主体均应服从。经济职权对国家机关及其工作人员既是权利又是义务，不得随意转让或放弃，所以经济职权具有典型的权利职责性和强制性，如征税权。

2. 所有权

所有权是指所有人依法对自己的财产享有占有、使用、收益和处分的权利。所有权具有排他性、绝对性，一物上只能有一所有权，所有权人无须他人协助即可实现其权利。所有权具有四项权能：一是占有权，指对财产的实际控制权利；二是使用权，指按照财产的性能与用途加以利用的权利；三是收益权，指获取财产所产生的利益的权利；四是处分权，指决定财产在事实上和法律上的命运的权利。

3. 法人财产权

法人财产权是指企业法人对企业所有者投资设立的企业全部财产在经营中所享有的占有、使用、收益与处分的权利。法人财产权，是企业法人具有独立权利与责任能力的最主要表现。

4. 债权

债权是指按照合同约定或法律规定，在当事人之间产生的特定的权利。债权是一种请求权，其义务主体是特定的。

5. 智力成果

智力成果是指商标权、专利权、著作权等，是智力成果的创造人依法享有的权利和生产经营活动中标记所有人依法享有的权利的总称。

经济义务是经济法主体根据法律规定或为满足权利主体的要求，必须作为或不作为一定行为的责任。经济义务有以下三个方面的含义：①义务主体必须作为或不作为一定行为，以满足权利主体的利益需要；②义务主体只承担法定范围内的义务，超过法定范围，义务主体则不受限制；③义务主体如不依法履行经济义务，则应承担相应的法律责任，受到法律的制裁。

（三）经济法律关系的客体

经济法律关系的客体是指经济法主体权利和义务所指向的对象。根据我国经济法律法规的有关规定，经济法律关系的客体包括物、经济行为和智力成果。

1. 物

物是指能够为人所控制和支配的、具有一定经济价值的、可通过具体物质形态来表现存在的物品。物包括自然存在的物品和人类的劳动产品以及固定充当一般等价物的货币和有价证券等。但并非所有的物都可以充当经济法律关系的客体，只有与经济法主体权利和义务相联系并符合经济法律关系客体的要求的物，才可以成为经济法律关系中的物。

2. 经济行为

经济行为是指经济法主体为达到一定经济目的，实现其权利和义务所进行的经济活动。它包括经济管理行为、提供劳务行为和完成工作行为等。作为经济法律关系客体的经济行为，仅指具有法律意义的，即为实现权利和义务的行为。

3. 智力成果

智力成果是指经济法主体从事智力劳动所创造取得的成果，如科学发明、技术成果、艺术创作成果、学术论著等。智力成果本身不直接表现为物质财富，但可以转化为物质财富。智力成果作为经济法律关系的客体，其法律表现形式主要有商标权、专利权、专有技术权、著作权等。

此外，在现实经济生活中，权利有时是经济法律关系的客体。当某一权利成为另一权利的对象时，该权利就成为客体。例如，土地使用权的使用客体是土地，当在土地出让或流转法律关系中成为这一法律关系的对象时，土地使用权就成为法律关系的客体。

三、经济法律关系的发生、变更和消灭

经济法律关系是根据经济法律规定在经济法主体间形成的权利与义务的关系。经济法律规范本身并不能必然在经济法主体间形成权利与义务关系，只有在一定的经济法律事实出现后，才能使经济法律关系发生、变更和消灭。所以，经济法律关系的发生、变

更、消灭需要具备以下三个条件：①经济法律规范是经济法律关系发生、变更和消灭的法律前提和依据；②经济法主体，即权利与义务的实际承担者；③经济法律事实。

经济法律事实是指由经济法律规范所规定的，能够引起经济法律关系发生、变更和消灭的客观存在。根据性质与产生原因，经济法律事实可以分为事件和行为两类。

1. 事件

事件是指不依经济法主体的主观意志为转移的，能引起经济法律关系发生、变更和消灭的现象。它包括自然事件和社会事件。自然事件又称绝对事件，如自然灾害；社会事件又称相对事件，虽由人的行为引起，但其出现在特定经济法律关系中，并不以当事人的意志为转移，如战争等。

2. 行为

行为是指在经济法主体意志的支配下，为达到一定经济目的而进行的有意识的活动。按其性质可分为合法行为和违法行为。合法行为是指经济法主体符合法律法规的行为；违法行为是指经济法主体违反法律法规的行为。这两种行为都可以引起经济法律关系的发生、变更和消灭。

经济法律关系的发生、变更和消灭，有时只需一个法律事实出现即可成立；而有些经济法律关系的发生、变更或消灭则需要两个以上的法律事实同时出现。引起某一经济法律关系发生、变更或消灭的数个法律事实的总和，称为事实构成，如保险赔偿关系的发生，需要订立保险合同和发生保险事故两个法律事实同时出现才能成立。

思考题

1. 如何理解经济法？

2. 经济法的调整对象是什么？

案例分析题

某百货公司与某电器厂签订了100台空调购销的合同。合同约定：百货公司于合同签订后即向电器厂预付20万元，待电器厂交付完货物后即结清全部货款。合同签订后，百货公司发现该类空调出现滞销情况，遂提出减少30台，电器厂表示同意。最后，双方履行了合同约定的内容。

问题：运用经济法律关系的理论分析本案例中的法律关系及其主体、客体和内容。

普通高等教育高级应用型人才培养规划教材

第二章

企业法律制度

内容要点

本章主要讲述企业的概念与分类以及介绍我国的企业类型和体系；个人独资企业法律制度；全民所有制企业与国有企业改革及现代企业制度的探讨，同时还着重讲述了我国企业的社会责任问题。

第一节　企业法律制度概述

一、企业的概念

企业是指依法设立，以营利为目的并承担相应社会责任，从事生产经营活动的独立核算的经济组织。同时，它作为资产或者资本和人员集合之经营实体，也可以成为交易的客体。企业并不是一个法律概念，因为企业不同于公司、合同等概念，它更多的是反映经济组织存在的形式，所以企业有如下特征：

（1）企业是社会经济组织。企业作为一种社会组织，有自己的机构及工作程序。企业作为一种社会经济组织，主要从事经济活动，并有相应的财产。

（2）企业是以营利为目的，从事生产经营活动的社会经济组织。经营性是企业的典型特征，经营的一般目的是为了营利，但经营性不等于营利。企业可以从事营利性经营，如一般竞争性企业；也可以从事政策性经营和公益性经营，如政府设立的水、电、公共交通和邮政等公益性企业。其公益性不是在具体经营中获取自身利润，而是在某一宏观领域中追求一定的经济目的和社会经济效益。

（3）企业是实行独立核算的社会经济组织。不实行独立核算的社会经济组织不能称为企业。

（4）企业是依法设立的社会经济组织。企业通过依法设立，可以取得相应的法律地位，获得合法的身份，得到国家法律的认可和保护。

二、企业的分类

按我国现行企业法的规定，企业可分为以下几类：

（1）按企业的所有制性质的不同，可将企业分为全民所有制企业与集体所有制企业、私营企业、混合所有制企业等。

（2）按企业的所属产业结构的不同，可将企业分为工业企业、商业与服务企业、农业企业等。

（3）按企业出资者法律身份的不同，可将企业分为内资企业、外商投资企业等。

（4）按企业的组织形式的不同，可将企业分为独资企业、合伙企业、公司制企业等。

（5）按企业的法律地位的不同，可将企业分为法人企业和非法人企业。

在我国现行的企业制度构成中，国有企业仍是我国经济的主导，与其他所有制企业形成协调和谐的发展局面。

第二节　个人独资企业法律制度

一、个人独资企业法律制度概述

（一）个人独资企业的概念和特征

个人独资企业是指依照法律，在中国境内设立，由一个自然人投资，财产为投资人个人所有，投资人以其个人财产对企业债务承担无限责任的经营实体。个人独资企业具有如下特征：

（1）个人独资企业是一个自然人投资的企业，该自然人必须是中国公民。法律、行政法规禁止从事营利性活动的人，不得作为投资人申请设立个人独资企业。

（2）个人独资企业的投资人对企业的债务承担无限责任，当企业的资产不足以清偿到期债务时，投资人应以自己个人的全部财产用于清偿。这实际上是将投资人与企业责任连为一体。

（3）个人独资企业的内部机构设置简单，经营管理方式灵活。

（4）个人独资企业是非法人企业。个人独资企业不具有法人资格，无独立承担民事责任的能力。但个人独资企业是独立的民事主体，可以以自己的名义从事民事活动。

（二）个人独资企业法及其基本原则

个人独资企业法是指国家立法机关或其所有权机关依法制定的、规范个人独资企业的各种法律规范的总称。在我国现行法律法规中，主要包括个人独资企业法、个人独资企业登记管理办法等。其中《中华人民共和国个人独资企业法》（以下简称《个人独资企业法》）由第九届全国人大常委会第十一次会议于1999年8月30日通过，于2000年1月1日起施行，该法共六章四十八条。

依据《个人独资企业法》第四、第五、第六条的立法规定，《个人独资企业法》应遵循下列基本原则：依法保护个人独资企业的财产和其他合法权益；个人独资企业从事经营活动必须遵守法律、行政法规，遵守诚实信用原则；个人独资企业应当依法履行纳税义务；个人独资企业应当依法招用职工；个人独资企业职工的合法权益受法律保护。

二、个人独资企业的设立

（一）个人独资企业的设立条件

依据《个人独资企业法》第八条规定，设立个人独资企业应当具备下列条件：投资人为一个自然人；有合法的企业名称；有投资人申报的出资；有固定的生产经营场所和必要的生产经营条件；有必要的从业人员。

（二）个人独资企业的设立程序

1．提出申请

申请设立个人独资企业，应当由投资人或者其委托的代理人向个人独资企业所在地的登记机关提出设立申请。投资人申请设立登记，应当向登记机关提交下列文件：①投资人签署的个人独资企业设立申请书，个人独资企业投资人以个人财产出资或者以其家庭共有财产作为个人出资的，应当在设立申请书中予以明确；②投资人身份证明；③企业住所证明和生产经营场所使用证明等文件；④委托代理人申请设立的，应当提交投资人的委托书和代理人的身份证明或者资格证明；⑤法律、行政法规规定的其他文件或资料。

2．工商登记

登记机关应当在收到设立申请文件之日起15日内，对符合《个人独资企业法》规定条件的予以登记，发给营业执照；对不符合《个人独资企业法》规定条件的，不予登记，并发给企业登记驳回通知书。个人独资企业的营业执照签发日期，为个人独资企业的成立日期。在领取个人独资企业的营业执照前，投资人不得以个人独资企业名义从事经营活动。

个人独资企业存续期间登记事项发生变更的，应当在作出变更决定之日起15日内依法向登记机关申请办理变更登记。

三、个人独资企业的投资人及事务管理

（一）个人独资企业的投资人

个人独资企业的投资人为一个具有中国国籍的自然人，但《个人独资企业法》第十六条规定，法律、行政法规禁止从事营利性活动的人，不得作为投资人申请设立个人独资企业。

《个人独资企业法》第十七条规定，个人独资企业投资人对本企业的财产依法享有

所有权，其有关权利可以依法进行转让或继承。个人独资企业投资人在申请企业设立登记时明确以家庭共有财产作为个人出资的，应当依法以家庭共有财产对企业债务承担无限责任。

（二）个人独资企业的事务管理

个人独资企业投资人可以自行管理企业事务，也可以委托或者聘用其他具有民事行为能力的人负责企业的事务管理。投资人委托或者聘用他人管理个人独资企业事务，应当与受托人或者被聘用的人签订书面合同，合同应写明委托的具体内容、授予的权利范围等。受托人或者被聘用的人员应当履行诚信、勤勉义务，按照与投资人签订的合同负责个人独资企业的事务管理。

投资人对受托人或者被聘用的人员的职权限制，不得对抗善意第三人。所谓善意第三人，是指本着合法交易的目的，诚实地通过受托人或者被聘用的人员，并与其没有串通的人员，与个人独资企业之间建立民事、商事法律关系的法人、非法人团体或者自然人。个人独资企业的投资人与受托人或者被聘用的人员之间有关权利的限制只对受托人或者被聘用的人员有效，不得对善意第三人有约束力，受托人或者被聘用的人员超出投资人的限制与善意第三人的业务交往应当有效。

《个人独资企业法》第二十条规定投资人委托或者聘用的管理个人独资企业事务的人员不得有下列行为：①利用职务上的便利，索取或者收受贿赂；②利用职务或者工作上的便利侵占企业财产；③挪用企业的资金归个人使用或者借贷他人；④擅自将企业资金以个人名义或者以他人名义开立账户储存；⑤擅自以企业财产提供担保；⑥未经投资人同意，从事与本企业相竞争的业务；⑦未经投资人同意，同本企业订立合同或者进行交易；⑧未经投资人同意，擅自将企业商标或者其他知识产权转让给他人使用；⑨泄露本企业的商业秘密；⑩法律、行政法规禁止的其他行为。

四、个人独资企业的解散和清算

（一）个人独资企业的解散

个人独资企业的解散是指个人独资企业终止活动使其民事主体资格消灭的行为。根据《个人独资企业法》的规定，个人独资企业有下列情形之一时，应当解散：①投资人决定解散；②投资人死亡或者被宣告死亡，无继承人或者继承人放弃继承；③被依法吊销营业执照；④法律、行政法规规定的其他情形。

（二）个人独资企业的清算

个人独资企业解散时，应当进行清算。《个人独资企业法》对个人独资企业清算作了如下规定：

1．通知和公告债权人

个人独资企业解散时，由投资人自行清算或者由债权人申请人民法院指定清算人进行清算。投资人自行清算的，应当在清算前15日内书面通知债权人，无法通知的，应当予以公告。债权人应当在接到通知之日起30日内，未接到通知的应当在公告之日起60日内，向投资人申请其债权。

2. 财产清偿顺序

个人独资企业解散的，财产应当按照下列顺序清偿：①所欠职工工资和社会保险费用；②所欠税款；③其他债务。个人独资企业财产不足以清偿债务的，投资人应当以其个人的其他财产予以清偿。

3. 清算期间对投资人的要求

清算期间，个人独资企业不得开展与清算目的无关的经济活动，在按前述财产清偿顺序清偿债务前，投资人不得转移、隐匿财产。

4. 投资人的持续偿债责任

个人独资企业解散后，原投资人对个人独资企业存续期间的债务仍应承担偿还责任，但债权人在5年内未向债务人提出偿债请求的，该责任消灭。

5. 注销登记

个人独资企业清算结束后，投资人或者人民法院指定的清算人应当编制清算报告，并于清算结束之日起15日内向原登记机关申请注销登记。经登记机关注销登记，个人独资企业终止。个人独资企业办理注销登记时，应当缴回营业执照。

第三节 全民所有制企业法律制度

一、全民所有制工业企业法律制度概述

（一）全民所有制工业企业的概念

全民所有制工业企业，即国有工业企业，是指以生产资料的全民所有制为基础的，从事工业生产经营活动的，依法自主经营、自负盈亏、独立核算的商品生产和经营单位。

全民所有制工业企业的财产属于全民所有，国家依照所有权和经营权分离的原则授权企业经营管理。企业对国家授予其经营管理的财产享有占有、使用和依法处分的权利。全民所有制工业企业依法取得法人资格，以国家授予其经营管理的财产承担民事责任。

（二）全民所有制工业企业法的概念及其适用范围

全民所有制工业企业法有狭义和广义之分。狭义的全民所有制工业企业法是指国家最高立法机关依法制定的，调整国家在管理全民所有制工业企业以及全民所有制工业企业生产经营活动中所发生的各种经济关系的法律，即《中华人民共和国全民所有制工业企业法》（以下简称《企业法》）。该法自1988年8月1日起施行。广义的全民所有制工业企业法是指国家立法机关或者国家其他机关依法制定的，调整国家在管理全民所有制工业企业过程中以及全民所有制工业企业在生产经营活动中所发生的各种经济关系的法律规范的总称，即除了《企业法》外，国家有关法律、行政法规和规章中关于全民所有制工业企业的法律规范，如1992年7月23日国务院发布并施行的《全民所有制

工业企业转换经营机制条例》（以下简称《转换经营机制条例》）等都属于全民所有制工业企业法律范畴。

全民所有制工业企业法除了适用于全民所有制工业企业外，其原则也适用于全民所有制交通运输、邮电、地质勘探、建筑安装、商业、外贸、物资、农林、水利企业。

二、全民所有制工业企业的设立、变更

（一）全民所有制工业企业的设立

全民所有制工业企业的设立，是指依法组建全民所有制工业企业并使之成为企业法人的活动。

1. 全民所有制工业企业设立的条件

根据《企业法》的规定，申请设立全民所有制工业企业，必须具备以下各项条件：①产品为社会所需要；②有能源、原材料、交通运输的必要条件；③有自己的名称和生产经营场所；④有符合国家规定的资金；⑤有自己的组织机构；⑥有明确的经营范围；⑦法律法规规定的其他条件。

2. 全民所有制工业企业设立的程序

全民所有制工业企业设立的程序如下：

（1）必须依照法律和国务院规定，报请政府主管部门审核批准。对一些特殊经营范围的企业，还须经有关监督管理部门或者人民政府批准，如生产药品、食品、金银制品、音像制品企业等。

（2）必须办理工商登记。工商登记是企业取得合法地位的一种法律行为，企业只有在依法登记主管机关及核准登记，并领取营业执照后，才能正式成立。

根据《企业法人登记管理条例》的规定，企业登记主管机关是国家工商行政管理总局和地方各级工商行政管理局。办理企业开业登记主管机关应当在受理申请后30日内，作出核准登记或者不予登记的决定。经登记主管机关审核决定予以登记注册的，领取企业法人营业执照，企业即告成立。企业成立后，企业法人凭其营业执照可以刻制公章、开设银行账户、签订合同、在核准登记的范围内从事生产经营活动，其合法权益受法律保护。

（二）全民所有制工业企业的变更

全民所有制工业企业的变更，是指全民所有制工业企业的合并、分立及其他事项的变更。

1. 全民所有制工业企业变更的形式

全民所有制工业企业变更的形式包括企业合并、企业分立及企业其他事项的变更。

企业合并是指两个或两个以上的企业依照法律法规的规定程序，合并为一个企业的行为，包括吸收合并和新设合并两种形式。

企业分立是指一个企业依法分为两个或两个以上的企业的行为。企业分立也有两种方式：一是派生分立，即企业以一部分财产和业务另设一个新企业，原企业继续存在；二是新设分立，即企业以全部财产和业务新设两个或两个以上企业，原企业解散。

企业其他事项的变更是指企业在国家工商行政管理部门已登记的其他事项的变更。如改变企业的名称、住所、经营场所、法定代表人、经济性质、经营范围、经营方式、注册资本、经营期限以及增设或者撤销分支机构等。

2. 全民所有制工业企业变更的程序

全民所有制工业企业的变更一般经过如下程序：

（1）报经有关部门批准。根据《企业法人登记管理条例》的规定，企业变更登记前须经政府主管部门或原审批机关批准，其中企业合并或分立的，须就财产、债权债务等事项由合并或分立各方达成协议。

（2）办理变更登记手续。根据《企业法人登记管理条例》的规定，企业要求变更的，应在有关部门批准后30日内，向工商行政管理机关申请变更登记。办理变更登记时，应提交由其法定代表人签署的变更登记申请书，还应申请办理注销登记。

（3）公告。企业办理完变更登记事项后，应及时将变更情况予以公告。

（三）全民所有制工业企业的终止

全民所有制工业企业的终止，是指全民所有制工业企业法人资格的消灭，全民所有制工业企业丧失权利能力和行为能力，不能再继续从事生产经营活动。

全民所有制工业企业终止的原因。根据《企业法》的规定，全民所有制工业企业由于下列原因之一而终止：

（1）违反法律法规被撤销。有权决定撤销全民所有制工业企业的是政府及政府有关部门，其他非授权单位均无权撤销全民所有制工业企业。

（2）政府主管部门依照法律法规的规定决定解散。企业解散的原因一般有五种：一是企业存续届满；二是企业设立的宗旨已经实现或者企业经营的业务已经完成；三是企业章程规定的其他解散事由已出现；四是企业因合并或分立需要解散；五是企业所有者决议解散。全民所有制工业企业的解散由政府主管部门依照法律法规的规定作出决定。

（3）依法被宣告破产。企业一经被宣告破产，即告终止。

（4）法律法规规定的其他原因。

三、全民所有制工业企业的权利和义务

（一）全民所有制工业企业的权利

根据《企业法》和《转换经营机制条例》的规定，全民所有制工业企业的权利主要包括以下内容：生产经营决策权；产品、劳务定价权；产品销售权；物资采购权；进出口权；投资决策权；留用资金支配权；资产处置权；联营、兼并权；劳动用工权；人事管理权；工资、奖金分配权；内部机构设置权；拒绝摊派权。

（二）全民所有制工业企业的义务

根据《企业法》和《转换经营机制条例》的规定，全民所有制工业企业的义务主要包括：①遵守国家的法律、法规；②确保国有资产的保值增值；③依法缴纳税金、利润、费用，接受财政、税务、审计等机关的监督；④维护生产秩序，保护国家财产不受

侵犯。

四、全民所有制工业企业的组织机构

（一）厂长负责制

《企业法》规定全民所有制工业企业实行厂长负责制。厂长负责制是指全民所有制工业企业的生产经营业务管理工作由厂长统一领导和全面负责的一种企业内部领导制度。

（二）职工代表大会制度

《企业法》规定，职工代表大会是企业实行民主管理的基本形式，是职工行使民主管理权力的机构。也就是说，职工代表大会不是企业内部的咨询机构和参谋机构，也不能视为企业的权力机构。职工代表大会至少每半年召开一次，每次会议必须有2/3以上的职工代表出席。遇有重大事项，经厂长、工会委员会或1/3以上职工代表提议，可以召开临时会议。职工代表大会进行选举或作出决议，必须经由到会职工代表过半数通过后才能生效。职工代表大会在其职权范围决定的事项，非经职工代表大会同意不得修改。职工代表大会行使以下职权：①听取和审议厂长关于企业的经营方针、长远规划、年度计划等，提出意见和建议；②审查同意或者否决企业的工资调整方案、奖金分配方案、劳动保护措施、奖惩办法以及其他重要的规章制度；③审议决定有关职工生活福利的重大事项；④评议、监督企业各级行政领导干部，提出奖惩和任免的建议；⑤根据政府主管部门的决定选举厂长，报政府主管部门批准。

思考题

1. 简述我国的企业类型。
2. 简述个人独资企业的概念及其特征。
3. 谈谈我国全民所有制企业的经营权与国有企业的改革。

普通高等教育高级应用型
人才培养规划教材

第三章

公司法律制度

内容要点

本章主要讲述公司、公司法的概念及其特征、公司法关于有限责任公司及股份有限公司的主要规定。了解股票发行、债券发行的主要内容，了解公司财务、会计的法律规定以及公司的合并和分立。

第一节　公司与公司法概述

一、公司的概念与分类

（一）公司的概念

公司是依照《公司法》设立的以营利为目的的企业法人。因各个国家的公司法对设立公司的要求不同，公司的法律概念也不尽相同。我国《公司法》第二条规定："本法所称公司是指依照本法在中国境内设立的有限责任公司和股份有限公司。"公司具有如下特征：

（1）公司必须依照公司法设立。

（2）公司必须以营利为目的。所谓以营利为目的，是指公司从事生产、经营或者提供劳务都是为了获取利润。对于某些法人团体，其不以营利为目的，不能将其作为公司。

（3）公司是经济组织实体。公司须具备法律要求的一定资本数额，其为经济实体。

（4）公司享有独立的法人财产权。《公司法》第三条规定："公司是企业法人，有独立的法人财产，享有法人财产权。公司以其全部财产对公司的债务承担责任。"

（5）公司是典型的有限责任制。《公司法》第三条规定："公司以其全部财产对公司的债务承担责任。有限责任公司的股东以其认缴的出资额为限对公司承担责任；股份有限公司的股东以其认购的股份为限对公司承担责任。”

（6）公司是企业法人。企业的形态在法律上可分为两种：一种是法人企业，一种是非法人企业。法人企业是指具有独立的民事权利能力和民事行为能力，依法独立享有民事权利和承担民事义务的组织。法人企业必须依法成立，有必要的财产或经费，有自己的名称、组织机构和场所，能够独立承担民事责任。

（二）公司的分类

根据不同的标准，对公司有不同的分类。按照公司对外信用基础的不同，公司可分为人合公司和资合公司；按照公司的注册地不同，公司可分为本国公司和外国公司；按照股东对公司所负的法律责任不同，可将公司分为有限责任公司、股份有限公司、无限责任公司、两合公司等类型。我国《公司法》规定的公司包括有限责任公司和股份有限公司两种。另外，还有以下两种分类：

（1）母公司与子公司。这是按公司外部组织关系所作的分类。《公司法》第十四条第二款规定：“公司可以设立子公司，子公司具有法人资格，依法独立承担民事责任。”母公司与子公司存在控制与依附的关系，处于控制地位的是母公司，处于依附地位的则是子公司，但两者都具有法人资格，在法律上是彼此独立的企业。母公司与子公司是由持股关系形成的，属于关联企业的范畴。

（2）本公司与分公司。分公司是公司依法设立的以本公司名义进行经营活动，其法律后果由本公司承担的分支机构。相对于子公司而言，公司称为本公司或总公司。本公司与分公司属于在内部组织关系上进行的分类。《公司法》第十四条规定：“公司可以设立分公司。设立分公司，应当向公司登记机关申请登记，领取营业执照。分公司不具有法人资格，其民事责任由公司承担。”

二、公司法的概念和适用范围

（一）公司法的概念

公司法是调整公司各种经济关系的法律规范的总称。公司作为市场经济的重要主体，其在设立、变更、终止和进行的一系列经营管理活动中，要与外部有关政府部门、其他经济主体以及股东、董事、经理等发生一系列的关系。公司法就是调整公司的设立、变更、终止和其在经营管理过程中发生的经济关系的法律规范。

我国《公司法》于1993年12月29日第八届全国人民代表大会常务委员会第五次会议通过，根据1999年12月25日第九届全国人民代表大会常务委员会第十三次会议《关于修改〈中华人民共和国公司法〉的决定》第一次修正，根据2004年8月28日第十届全国人民代表大会常务委员会第十一次会议《关于修改〈中华人民共和国公司法〉的决定》第二次修正。现行的《公司法》是2005年10月27日第十届全国人民代表大会常务委员会第十八次会议第三次修正的。

（二）公司法的适用范围

《公司法》第二条规定：“本法所称公司是指依照本法在中国境内设立的有限责任

公司和股份有限公司。”即《公司法》的适用范围仅包括按照《公司法》规定的在中国境内设立的有限责任公司和股份有限公司。我国2005年修改的《公司法》已经允许设立一人公司。

我国的现行企业体系处于新旧交替、交错复杂的状态，所以实践中的公司往往是多样化的。主要有：依《公司法》设立的公司；依照外商投资企业法设立的公司；依《私营企业暂行条例》设立的有限责任公司；依国有、集体企业法设立的公司。所以现实中有的公司不仅要遵守《公司法》，还要受其他专门性企业法的约束。

三、公司登记管理

公司登记是指依照《公司登记管理条例》对公司设立、变更、终止等事项的规定，向公司登记机关办理的登记。在我国，公司登记机关为各级工商行政管理部门。公司依法经公司登记机关核准登记，领取企业法人营业执照，取得企业法人资格，即可以公司名义从事经营活动。

公司登记事项包括名称、住所、法定代表人、注册资本、企业类型、经营范围、有限责任公司股东或股份有限公司发起人的姓名或者名称。公司登记事项应当符合法律、行政法规的规定。不符合法律、行政法规规定的，公司登记机关不予登记。公司名称应当符合国家有关规定，并且只能使用一个名称，经核准登记的名称受法律保护。

（一）公司设立登记

设立公司应当先申请名称预先核准。设立有限责任公司，由全体股东指定的代表或者共同委托的代理人向公司登记机关申请名称预先核准；设立股份有限公司，由全体发起人指定的代表或者共同委托的代理人向公司登记机关申请名称预先核准。预先核准的公司名称保留期为6个月。

设立国有独资公司，应当由国家授权投资的机构或者国家授权的部门作为申请人，申请设立登记。

申请设立有限责任公司，应当向公司登记机关提交下列文件：公司董事长签署的设立登记申请书；全体股东指定代表或者共同委托代理人的证明；公司章程；具有法定资格的验资机构出具的验资证明；股东的法人资格证明或者自然人的身份证明；载明公司董事、监事、经理的姓名、住所的文件以及有关委派、选举或者聘用的证明；公司法定代表人任职文件和身份证明；公司名称预先核准通知书；公司住所证明。

设立股份有限公司，董事会应当于创立大会结束后30日内向公司登记机关申请设立登记。

申请设立股份有限公司，应当向公司登记机关提交下列文件：公司董事长签署的设立登记申请书；国务院授权部门或者省、自治区、直辖市人民政府的批准文件，募集设立的股份有限公司还应当提交国务院证券监督管理部门的批准文件；创立大会的会议记录；公司章程；筹办公司的财务审计报告；具有法定资格的验资机构出具的验资证明；发起人的法人资格证明或者自然人的身份证明；载明公司董事、监理、经理姓名、住所的文件以及有关委派、选举或者聘用的证明；公司法定代表人任职文件和身份证明；公司名称预先核准通知书；公司住所证明。

公司登记机关收到申请人提交的上述全部文件后，发给公司登记受理通知书。公司登记机关自发出公司登记受理通知书之日起 30 日内，应作出核准登记或者不予登记的决定。对于核准登记的，应自核准登记之日起 15 日内通知申请人，发给企业法人营业执照；对于不予登记的，应自作出决定之日起 15 日内通知申请人，发给公司登记驳回通知书。

公司登记机关核准登记并发给企业法人营业执照后，公司即告成立。公司凭公司登记机关核准的企业法人营业执照刻制印章，开立银行账户，申请纳税登记。

（二）公司变更登记

对于变更登记事项，公司应向原公司登记机关申请变更登记。未经核准变更登记的，公司不得擅自改变登记事项。公司申请变更登记，应当向公司登记机关提交下列文件：公司法定代表人签署的变更登记申请书；依照《公司法》作出的变更决议或者决定；公司登记机关要求提交的其他文件。

公司变更登记事项涉及修改公司章程的，应当提交修改后的公司章程或公司章程修正案；公司变更名称、经营范围、法定代表人的，应当自变更决议或决定作出之日起 30 日内申请变更登记；公司变更住所的，应当在迁入新住所前申请变更登记，并提交新住所使用证明；公司变更注册资本的，应当提交具有法定资格的公司类型的设立条件，在规定的期限内向公司登记机关申请变更登记，并提交有关文件；有限责任公司变更股东的，应当自股东发生变动之日起 30 内申请变更登记，并提交新股东的法人资格证明或者自然人的身份证明；有限责任公司的股东或者股份有限公司的发起人改变姓名或者名称的，应当自改变姓名或者名称之日起 30 日内申请变更登记。

（三）公司注销登记

公司被依法宣告破产时、公司因出现章程规定的营业期限届满或者其他解散事由解散时、公司股东决议解散时、公司因合并分立解散时、公司被依法责令关闭时，公司清算组应当自清算结束之日起 30 日内向原公司登记机关申请注销登记。

公司申请注销登记，应当提交下列文件：公司清算组负责人签署的注销登记申请书；法院破产宣告裁定、公司依照公司法规定作出的决议或者决定、行政机关责令关闭的文件；股东会或者有关机关确认的清算报告；企业法人营业执照；法律、行政法规规定应当提交的其他文件。经公司登记机关核准注销注册登记，公司终止。

（四）公司年度检验

对公司进行年度检验，是对公司管理的重要方式之一。根据《公司登记管理条例》的规定，每年 1 月 1 日至 4 月 30 日，公司登记机关对公司进行年度检验。公司应当按照公司登记机关的要求，在规定的时间内接受年度检验，并按照要求提交年检资料。公司登记机关应当根据公司提交的年度检验材料，对与公司登记事项有关的情况进行审查，以确认其继续经营的资格。

公司登记机关对存在下列情形之一的，不予通过年检：

（1）企业实收资本未达到法律、行政法规规定的最低限额的。

(2) 企业实收资本虽然达到法律、行政法规规定的最低限额，但与注册资本相差悬殊的。

(3) 有其他严重违法、违规行为的。

公司登记机关对不予通过年检的公司，依法吊销其营业执照。

第二节 有限责任公司

一、有限责任公司的概念与特征

有限责任公司是指由两个以上的股东共同出资，每个股东以其认缴的出资额为限对公司的债务承担有限责任，公司以其全部资产对其债务承担责任的企业法人。

有限责任公司的特征：

(1) 有限责任性。每个股东以其认缴的出资额对公司承担有限责任，公司以其全部资产对其债务承担责任。

(2) 公司对股东实行股权份额。公司予以出资证明书证明股东出资份额。

(3) 公司资本不得进行交易，不能发行股票，不能公开募股。

(4) 股东的出资不能随意转让。

(5) 财务与公司信息的封闭性。有限责任公司的财务不必公开。

二、有限责任公司的设立

(一) 有限责任公司的设立条件

设立有限责任公司，应具备下列条件：

1. 股东符合法定人数

《公司法》规定，有限责任公司由50人以下股东共同出资设立。国家授权投资的机构或者国家授权的部门可以单独投资设立国有独资有限责任公司。

2. 股东出资达到法定资本的最低限额

法定资本又称注册资本，是指公司在公司登记机关登记的，全体股东应实缴的出资额之和。法定资本既是公司成为法人的基本特征之一，又是企业承担亏损风险的资本保证。法定资本的最低限额是指国家规定的设立公司所需资本的最低限额。《公司法》规定，有限责任公司注册资本的最低限额为人民币3万元。法律、行政法规对有限责任公司注册资本的最低限额有较高规定的，登记注册的有限责任公司应从其规定。

有限责任公司的注册资本为在公司登记机关登记的全体股东认缴的出资额。公司全体股东的首次出资额不得低于注册资本的20%，也不得低于法定注册资本的最低限额，其余部分由股东自公司成立之日起两年内缴足；其中，投资公司可以在5年内缴足。

有限责任公司股东的出资方式可以是货币，也可以是实物、工业产权、非专利技术、土地使用权等。有限责任公司全体股东的货币出资金额不得低于有限责任公司注册资本的30%。股东以货币出资的，应当将货币出资存入准备设立的有限责任公司在银行开设的临时账户。股东以实物、工业产权、非专利技术、土地使用权等非货币形式出资的，必须进行评估作价，核实财产，不得高估或者低估作价，并依法办理财产权的转移手续。

股东全部缴纳出资后，必须经法定的验资机构验资并出具证明。股东不按规定缴纳所认缴出资的，应当向已足额缴纳出资的股东承担违约责任。有限责任公司成立后，以前作为出资的实物、工业产权、非专利技术、土地使用权的实际价额显著低于公司章程所规定价额的，应当由交付出资的股东补交其差额，公司设立时的其他股东对其承担连带责任。

有限责任公司成立后，应当向股东签发出资证明书。出资证明书应当载明下列事项：①公司名称；②公司成立日期；③公司注册资本；④股东的姓名或者名称、缴纳的出资额和出资日期；⑤出资证明书的编号和核发日期。出资证明书由公司盖章。成立的有限责任公司应当置备股东名册，并记载下列事项：①股东的姓名或者名称及住所；②股东的出资额；③出资证明书编号。记载于股东名册的股东，可以依股东名册主张行使股东权利。公司应当将股东的姓名或者名称及其出资额向公司登记机关登记；登记事项发生变更的，应当办理变更登记。未经登记或者变更登记的，不得对抗善意第三人。

3. 股东共同制定公司章程

公司章程是关于公司组织及其活动的基本规章。制定公司章程既是公司内部管理的需要，也是外部对公司监督管理以及公司对外交往的需要。有限责任公司的章程由股东共同制定，所有股东都应当在公司章程上签名、盖章。

4. 有公司名称，建立符合有限责任公司要求的组织机构

公司名称是公司的标志。有限责任公司在设定自己的名称时，必须符合法律法规的规定，在公司名称中标明“有限责任公司”字样。

5. 有固定的生产经营场所和必要的生产经营条件

生产经营场所可以是公司的住所，即主要办事机构所在地，也可以是其他生产经营地。生产经营场所和生产经营条件都是公司从事生产经营活动的物质基础，是设立公司的起码要求。

（二）有限责任公司的设立程序

1. 制定公司章程

设立有限责任公司，必须依照《公司法》的规定制定公司章程。公司章程制定后，所有股东应当在公司章程上签名、盖章。公司章程对公司、股东、董事、监事、经理均具有约束力。《公司法》规定，公司章程应当载明下列事项：公司名称和住所；公司经营范围；公司注册资本；股东的姓名或者名称；股东的出资方式、出资额和出资时间；公司的机构及其产生办法、职权、议事规则；公司法定代表人；股东会会议认为需要规定的其他事项。

国有独资公司的章程由国家授权投资的机构或者国家授权的部门制定，或者由董事会制定，报国家授权投资的机构或者国家授权的部门批准。

2. 办理工商登记

有限责任公司股东的全部出资经法定验资机构验资后，由全体股东指定的代表或者共同委托的代理人向公司登记机关申请设立登记。公司营业执照签发日期，为有限责任公司成立日期。

3. 签发出资证明书

出资证明书是证明股东已缴纳出资额的文件，由公司在登记注册后签发。出资证明书必须由公司盖章。

三、有限责任公司的组织机构

有限责任公司的组织机构主要包括：股东会、董事会或者执行董事、经理、监事会或者监事。有限责任公司组织机构的设立必须遵守《公司法》的有关规定，公司的股东会、董事会或者执行董事、监理会或者监事必须依照法律、行政法规和公司章程的规定行使职权。

（一）有限责任公司的股东会

1. 股东会的性质和职权

有限责任公司的股东会由全体股东组成，股东是指公司的出资人。在我国，除国家某些特别限制的规定外，有权代表国家投资的机构或者政府部门、企业法人、具有法人资格的事业单位和社会团体、自然人均可以依法成为有限责任公司的股东。公司股东作为出资人按投入公司的资本额享有所有者资产收益、重大决策和选择管理者等权利。

根据《公司法》的规定，有限责任公司的股东会是公司的权力机构，是公司的最高决策机关，能对公司的重大问题进行决策。作为有限责任公司特殊形态的国有独资公司不设股东会，由国家授权投资的机构或者国家授权的部门授权公司董事会行使股东会的部分职权。

有限责任公司股东会行使下列职权：决定公司的经营方针和投资计划；选举和更换由非职工代表担任的董事、监事，决定有关董事、监事的报酬事项；审议批准董事会的报告；审议批准监事会或者监事的报告；审议批准公司的年度财务预算方案、决算方案；审议批准公司的利润分配方案和弥补亏损方案；对公司增加或者减少注册资本作出决议；对发行公司债券作出决议；对公司合并、分立、解散、清算或者变更公司形式作出决议；修改公司章程；公司章程规定的其他职权。对这些职权事项股东以书面形式一致表示同意的，可以不召开股东会会议，直接作出决定，并由全体股东在决定文件上签名、盖章。

2. 股东会的议事规则

有限责任公司股东会会议分为定期会议和临时会议。定期会议应当依照公司章程的规定按时召开。代表1/10以上表决权的股东，1/3以上的董事、监事会或者不设监事会的公司的监事提议召开临时会议的，应当召开临时会议。召开股东会会议，应当于会议召开15日前通知全体股东，公司章程另有规定或者全体股东另有约定的除外。股东会应当对所议事项的决定做成会议记录，出席会议的股东应当在会议记录上签名。

首次股东会会议由出资最多的股东召集和主持。有限责任公司设立董事会的，股东会会议由董事会召集，董事长主持；董事长不能履行或者不履行职务的，由副董事长主持；副董事长不能履行或者不履行职务的，由半数以上董事共同推举一名董事主持。有限责任公司不设董事会的，股东会会议由执行董事召集和主持；董事会或者执行董事不能履行或者不履行召集股东会会议职责的，由监事会或者不设监事会的公司的监事召集和主持；监事会或者监事不召集和主持的，代表 1/10 以上表决权的股东可以自行召集和主持。

股东会对公司的重大问题作出决议时，须由股东进行表决。根据《公司法》的规定，股东会会议由股东按照出资比例行使表决权，公司章程另有规定的除外。股东会的议事方式和表决程序，除法律规定外，由公司章程规定。股东会会议作出修改公司章程、增加或者减少注册资本的决议以及公司合并、分立、解散或者变更公司形式的决议，必须经代表 2/3 以上表决权的股东通过。

（二）有限责任公司的董事会和经理

1. 董事会的设立及职权

有限责任公司的董事会是公司股东会的执行机构，向股东会负责。董事会由 3 至 13 人组成。两个以上的国有企业或者其他两个以上的国有投资主体投资设立的有限责任公司，其董事会成员中应当有公司职工代表。董事会中的职工代表由公司职工民主选举产生。董事会设董事长 1 人，可以设副董事长 1 至 2 人。董事长、副董事长的产生办法由公司章程规定。股东人数较少和规模较小的有限责任公司，可以设 1 名执行董事，不设董事会，执行董事可以兼任公司经理。

董事任期由公司章程规定，但每届任期不得超过 3 年。董事任期届满，连选可以连任。董事在任期届满前，股东会不得无故解除其职务。

根据《公司法》的规定，董事会对股东会负责，并行使下列职权：召集股东会会议，并向股东会报告工作；执行股东会的决议；决定公司的经营计划和投资方案；制订公司的年度财务预算方案、决算方案；制订公司的利润分配方案和弥补亏损方案；制订公司增加或者减少注册资本以及发行公司债券的方案；制订公司合并、分立、解散或者变更公司形式的方案；决定公司内部管理机构的设置；决定聘任或者解聘公司经理及其报酬事项，并根据经理的提名决定聘任或者解聘公司副经理、财务负责人及其报酬事项；制定公司的基本管理制度；公司章程规定的其他职权。

2. 董事会的议事规则

董事会会议由董事长召集和主持，董事长不能履行职务或者不履行职务的，由副董事长召集和主持；副董事长不能履行职务或者不履行职务的，由半数以上董事共同推举一名董事召集和主持。董事会的议事方式和表决程序，除法律规定外，由公司章程规定。董事会应当对所议事项的决定做成会议记录，出席会议的董事应当在会议记录上签名。董事会决议的表决，实行一人一票。

3. 经理的设立及其职权

有限责任公司设立经理，应由董事会聘任或者解聘。经理负责公司的日常经营管理工作，对董事会负责。

经理行使下列职权：主持公司的生产经营管理工作，组织实施董事会决议；组织实施公司年度经营计划和投资方案；拟订公司内部管理机构设置方案；拟订公司的基本管理制度；制定公司的具体规章；提请聘任或者解聘公司副经理、财务负责人；决定聘任或者解聘除由董事会决定聘任或者解聘以外的管理负责人员；董事会授予的其他职权。公司章程对经理职权另有规定的，从其规定。经理列席董事会会议。

（三）有限责任公司的监事会或者监事

1. 监事会或者监事的设立

有限责任公司的监事会是公司的内部监督机构。有限责任公司设监事会，其成员不得少于3人。股东人数较少或者规模较小的有限责任公司，可以设1至2名监事，不设监事会。监事会应当包括股东代表和适当比例的公司职工代表，其中职工代表的比例不得低于1/3，具体比例由公司章程规定。监事会中的职工代表由公司职工通过职工代表大会、职工大会或者其他形式民主选举产生。监事会设主席1人，由全体监事过半数选举产生。监事会主席召集和主持监事会会议；监事会主席不能履行职务或者不履行职务的，由半数以上监事共同推举1名监事召集和主持监事会会议。董事、高级管理人员不得兼任监事。

监事的任期每届为3年。监事任期届满，连选可以连任。监事任期届满而未及时改选，或者监事在任期内辞职导致监事会成员低于法定人数的，在改选出的监事就任前，原监事仍应当依照法律、行政法规和公司章程的规定，履行其监事职务。

2. 监事会或者监事的职权

监事会、不设监事会的公司的监事行使下列职权：检查公司财务；对董事、高级管理人员执行公司职务的行为进行监督，对违反法律、行政法规、公司章程或者股东会决议的董事、高级管理人员提出罢免的建议；当董事、高级管理人员的行为损害公司的利益时，要求董事、高级管理人员予以纠正；提议召开临时股东会会议，在董事会不履行法律规定的召集和主持股东会会议职责时召集和主持股东会会议；向股东会会议提出提案；依照《公司法》有关规定，对董事、高级管理人员提起诉讼；公司章程规定的其他职权。

3. 监事会与监事的职权行使

监事可以列席董事会会议，并对董事会的决议事项提出质询或者建议。监事会、不设监事会的公司的监事发现公司经营情况异常，可以进行调查，必要时，可以聘请会计师事务所等协助其工作，费用由公司承担。监事会每年度至少召开一次会议，监事可以提议召开临时监事会会议。监事会的议事方式和表决程序，除《公司法》有规定的外，其余由公司章程规定。监事会决议应当经半数以上监事通过。监事会应当将所议事项的决定做成会议记录，出席会议的监事应当在会议记录上签名。监事会、不设监事会的公司的监事行使职权所必需的费用，由公司承担。

四、有限责任公司的股权与股权转让

1. 有限责任公司的股权

股权是公司股东基于对公司的出资而依法享有的对公司进行决策管理、享有利益的股东权利。股东基于股权，不仅对公司享有参与决策管理的权利，并依此形成与公司的股权关系，依其股权比例或章程约定享有利润分红。它表现为股权所有、参与决策管理表决权、知情权、股权转让、收益权等。

有限责任公司的股权，具有典型的法定性。其不仅依据《公司法》而享有，而且必须依照《公司法》的规定与公司章程的规定以及公司股东之间的有效约定而行使。

2. 有限责任公司股权的转让

有限责任公司的股东之间可以相互转让其全部或者部分股权。股东向股东以外的人转让股权，应当经其他股东过半数同意。股东应就其股权转让事项书面通知其他股东，征求他们同意，其他股东自接到书面通知之日起满30日未答复的，视为同意转让。其他股东半数以上不同意转让的，不同意的股东应当购买该转让的股权；不购买的，视为同意转让。经股东同意转让的股权，在同等条件下，其他股东有优先购买权。两个以上股东主张行使优先购买权的，协商确定各自的购买比例；协商不成的，按照转让时各自的出资比例行使优先购买权。公司章程对股权转让另有规定的，应从其规定。

人民法院依照法律规定的强制执行程序转让股东的股权时，应当通知公司及全体股东，其他股东在同等条件下有优先购买权。其他股东自人民法院通知之日起满20日不行使优先购买权的，视为放弃优先购买权。

有限责任公司股权转让后，公司应当注销原股东的出资证明书，向新股东签发出资证明书，并相应修改公司章程和股东名册中有关股东及其出资额的记载。对公司章程的该项修改不需再由股东会表决。

3. 有限责任公司股东的股权回购

《公司法》规定有下列情形之一的，对股东会该项决议投反对票的股东可以请求公司按照合理的价格收购其股权：①公司连续5年不向股东分配利润，而公司该5年连续赢利，并且符合本法规定的分配利润条件的；②公司合并、分立、转让主要财产的；③公司章程规定的营业期限届满或者章程规定的其他解散事由出现，股东会会议通过决议修改章程使公司存续的。自股东会会议决议通过之日起60日内，股东与公司不能达成股权收购协议的，股东可以自股东会会议决议通过之日起90日内向人民法院提起诉讼。

第三节　一人有限责任公司

一、一人有限责任公司的概念与特征

2005年修改的《公司法》增加了一人有限责任公司（或称为个人有限责任公司）

的规定，这不仅是立法的突破，更是法律适应经济发展需要的表现。所谓一人有限责任公司，是指只有一个自然人股东或者一个法人股东的有限责任公司。

一人有限责任公司的特征如下：

（1）股东唯一性。一人有限责任公司的股东只有一个自然人或法人。

（2）有限责任性。股东以其认缴的出资额对公司承担有限责任，公司以其全部资产对其债务承担责任。

（3）与普通有限责任公司相比，除具有财务封闭性等共性特征外，一人有限责任公司的设立与组织机构都比较简单灵活，如不设股东会、在财务制度要求上不同等。

二、一人有限责任公司的特别规定

一人有限责任公司的设立和组织机构，除应符合普通有限责任公司设立的规定外，还有其特别规定。

一人有限责任公司的注册资本最低限额为人民币 10 万元，高于普通有限责任公司的规定，股东应当一次足额缴纳公司章程规定的出资额。一个自然人只能投资设立一个一人有限责任公司，该一人有限责任公司不能投资设立新的一人有限责任公司。一人有限责任公司应当在公司登记中注明自然人独资或者法人独资，并在公司营业执照中载明。

一人有限责任公司章程由股东制定，不设股东会。股东作出《公司法》第三十八条第一款所列决定时，应当采用书面形式，并由股东签名后置备于公司。一人有限责任公司应当在每一会计年度终了时编制财务会计报告，并经会计师事务所审计。一人有限责任公司的股东不能证明公司财产独立于股东自己的财产的，应当对公司债务承担连带责任。

第四节　国有独资公司

一、国有独资公司的概念和特征

我国《公司法》所称的国有独资公司，是指由国家单独出资，国务院或者地方人民政府授权本级人民政府国有资产监督管理机构履行出资人职责的有限责任公司。

国有独资公司的特征：①国有独资公司是一人公司。国有独资公司的投资人对其投资设立的公司的债务以其出资额承担有限责任。②国有独资公司的投资人只能是国家授权投资的机构或者国家授权的部门。“国家授权”的含义是指既可以单独专门行文明确，也可以在这类机构、部门的章程及职责范围中予以明确。

二、国有独资公司的组织机构

国有独资公司除不设股东会外，其组织机构与普通有限责任公司基本相同。

国有独资公司不设股东会，公司股东权利由国家授权投资的机构或者国家授权的部门行使，并授权公司董事会行使一部分职权。公司的合并、分立、解散、增加或减少注册资本和发行公司债券，必须由国家授权投资的机构或者国家授权的部门决定。

国有独资公司不设股东会，由国有资产监督管理机构行使股东会职权。国有资产监督管理机构可以授权公司董事会行使股东会的部分职权，决定公司的重大事项，但公司的合并、分立、解散、增加或者减少注册资本和发行公司债券，必须由国有资产监督管理机构决定。其中，重要的国有独资公司合并、分立、解散、申请破产的，应当由国有资产监督管理机构审核后，报本级人民政府批准。

国有独资公司董事会除了具有一般有限责任公司董事会的职权外，还有其特别规定。董事会成员中应当有公司职工代表；董事会成员由国有资产监督管理机构委派；董事会成员中的职工代表由公司职工代表大会选举产生；董事会设董事长一人，可以设副董事长；董事长、副董事长由国有资产监督管理机构从董事会成员中指定；国有独资公司设经理，经理由董事会聘任或者解聘。

国有独资公司的经理的职权与一般有限责任公司的经理享有的职权相同。经国有资产监督管理机构同意，董事会成员可以兼任经理。国有独资公司的董事长、副董事长、董事、高级管理人员，未经国有资产监督管理机构同意，不得在其他有限责任公司、股份有限公司或者其他经济组织兼职。

三、国有独资公司的监督管理

对国有独资公司的监督管理，主要通过监事会进行。国有独资公司监事会主要由国务院或者国务院授权的机构、部门委派的人员组成，并有公司职工代表参加。监事会的成员不得少于3人。监事会行使公司法授予的检查公司财务，对公司董事、经理执行公事职务时违反法律法规或者公司章程的行为进行监督等职权，列席董事会会议。董事、经理及财务负责人不得兼任监事。

第五节 股份有限公司

一、股份有限公司的概念与特征

股份有限公司是指全部资本由等额股份构成并通过发行股票筹集资本，股东以其所认购的股份对公司承担责任，公司以其全部资产对公司债务承担责任的企业法人。股份有限公司是典型的资合公司。

股份有限公司的特征如下：资本划分为等额股份；通过发行股票筹集资本；股东以其所认购的股份对公司承担责任，公司以其全部资产对公司债务承担责任；股票可以自由转让；财务公开。

二、股份有限公司的设立

（一）股份有限公司的设立条件

设立股份有限公司，应当具备下列条件：

1. 发起人符合法定人数

股份有限公司的发起人指依法办理筹建股份有限公司事务的法人或自然人。设立股份有限公司，应当有 2 人以上 200 人以下为发起人，其中须有半数以上的发起人在中国境内有住所。

2. 发起人认缴和社会公开募集的股本达到法定资本最低限额

股份有限公司注册资本的最低限额为人民币 500 万元。法律、行政法规对股份有限公司注册资本的最低限额有较高规定的，从其规定。

股份有限公司采取发起设立方式设立的，注册资本为在公司登记机关登记的全体发起人认购的股本总额。公司全体发起人的首次出资额不得低于注册资本的 20%，其余部分由发起人自公司成立之日起两年内缴足；其中，投资公司可以在 5 年内缴足。在缴足前，不得向他人募集股份。股份有限公司采取募集方式设立的，注册资本为在公司登记机关登记的实收股本总额。

发起人可以用货币出资，也可以用实物、工业产权、非专利技术或者土地使用权作价出资。对作为出资的实物、工业产权、非专利技术或者土地使用权，必须进行评估作价，核实财产，并折合为股份。

3. 股份发行、筹办事项符合法律规定

股份有限公司的发起人必须按照《公司法》的规定认购其应认购的股份。以发起设立方式设立公司的，发起人应认购公司应发行的全部股份；以募集设立方式设立公司的，发起人认购的股份不得少于公司股份总数的 35%。发起人必须承担公司的筹办事务，包括向国务院授权部门或者省级人民政府申请批准，办理公司设立的其他有关事务等。

4. 发起人制定公司章程，并经创立大会通过

股份有限公司章程由发起人制定，并且应当载明下列事项：公司名称和住所；公司经营范围；公司设立方式；公司股份总数、每股金额和注册资本；发起人的姓名或者名称、认购的股份数、出资方式和出资时间；董事会的组成、职权和议事规则；公司法定代表人；监事会的组成、职权和议事规则；公司利润分配办法；公司的解散事由与清算办法；公司的通知和公告办法；股东大会会议认为需要规定的其他事项。

5. 有公司名称，建立符合股份有限公司要求的组织机构

设立股份有限公司，必须选定公司的名称，并在公司名称中标明“股份有限公司”字样。设立股份有限公司，应依法建立法定的组织机构。采取发起设立方式的，发起人交付全部出资后，选举董事会和监事会；采取募集设立方式的，应依法召开创立大会，选举董事会、监事会等。

6. 有公司住所

设立股份有限公司，必须选定合适的住所。

（二）股份有限公司的设立程序

1．报经国务院授权的部门或者省级人民政府批准

股份有限公司的发起人，应当根据有关规定，将设立股份有限公司的情况报送国务院授权的部门或者省级人民政府。国务院授权的部门或者省级人民政府对将要设立的股份有限公司进行审查后，决定批准或者不批准。获得批准后，发起人才能进行设立股份有限公司的其他程序。

2．设立股份有限公司

股份有限公司的设立，可以采取发起设立或者募集设立的方式。

发起设立是指由发起人认购公司发行的全部股份而设立公司。以发起设立方式设立股份有限公司，必须经过以下程序：

（1）发起人认购公司应发行的全部股份。每一个发起人应当以书面的方式承诺自己将要认购的股份，并且所有发起人所承诺的总和应当等于公司应发行的全部股份。

（2）发起人缴纳股款。发起人以书面方式认足公司章程规定发行的股份后，应立即缴纳全部股款。以实物、工业产权、非专利技术或者土地使用权抵作股款的，应当依法办理其财产权的转移手续。

（3）选举公司的董事会和监事会。

募集设立是指由发起人认购公司发行股份的一部分，其余部分向社会公开募集而设立公司。以募集设立方式设立股份有限公司，必须经过以下程序：

（1）发起人认购法定数额的股份。发起人认购的股份不得少于公司股份总数的35%。

（2）公开募集股份。设立股份有限公司的股本，除由发起人认购一部分外，还须向社会公开募集。发起人向社会公开募集股份时，必须报国务院证券监督管理工作机构核准。在向国务院监督管理机构递交募股申请时，应提交以下文件：批准设立公司的文件；公司章程；经营估算书；发起人姓名或者名称；发起人认购的股份数；出资种类及验资证明；招股说明书；代收股款银行的名称及地址；承销机构名称及有关的协议等。未经核准，发起人不得向社会公开募集股份。

发起人向社会公开募集股份必须向社会公告招股说明书。招股说明书应当附有发起人制定的公司章程，并载明下列事项：发起人认购的股份数；每股的票面金额和发行价格；无记名股票的发行总数；募集资金的用途；认股人的权利、义务；本次募股的起止期限及逾期未募足时认股人可以撤回所认股份的说明。

（3）缴纳股款。发起人应当依法缴纳自己所认购股份的全部股款。向社会公开募集股份的，发起人应当与银行签订代收股款的协议。代收股款的银行应当按照协议代收和保存收取的股款，向缴纳股款的认股人出具收款单据以及向有关部门出具收款证明。发行股份的股款缴足后，必须经法定的验资机构验资并出具证明。发起人、认股人缴纳股款或者交付抵作股款的出资后，除未按期募足股份、发起人未按期召开创立大会或者创立大会决议不设立公司的情形外，不得抽回其股本。

（4）召开创立大会。发起人应当自股款缴足之日起30日内主持召开公司创立大会。创立大会由发起人、认股人组成。发行的股份超过招股说明书规定的截止期限而尚

未募足的，或者发行股份的股款缴足后，发起人在30日内未召开创立大会的，认股人可以按照所缴股款并加算银行同期存款利息，要求发起人返还。

发起人应当在创立大会召开15日前将会议日期通知各认股人或者予以公告。创立大会应有代表股份总数过半数的发起人、认股人出席方可举行。创立大会行使下列职权：审议发起人关于公司筹办情况的报告；通过公司章程；选举董事会成员；选举监事会成员；对公司的设立费用进行审核；对发起人用于抵作股款的财产的作价进行审核；发生不可抗力或者经营条件发生重大变化直接影响公司设立的，可以作出不设立公司的决议。创立大会对前款所列事项作出决议，必须经出席会议的认股人所持表决权过半数通过。

3. 申请设立登记

以发起设立方式设立股份有限公司的，发起人在交付全部出资并选举出董事会和监事会后，由董事会向公司登记机关申请设立登记。

4. 公告

公司营业执照的签发日期为公司成立日期，公司成立后应当进行公告。采取募集设立方式的，还应当将募集股份的情况报国务院证券监督管理部门备案。为了有利于保护投资人、债权人的权利，公司还应当将公司章程、股东名册、股东大会会议记录、财务会计报告置备于本公司，以便查询。

三、股份有限公司的组织机构

股份有限公司的组织机构主要包括股东大会、董事会、经理、监事会。

（一）股份有限公司的股东大会

股份有限公司的股东大会是由公司全体股东共同组成的权力机构，是对公司重大事项行使最终决策权的机构。

1. 股东

股份有限公司的股东是指股份有限公司的股份持有人。

（1）股东的权利。股份有限公司股东的权利主要体现在以下七个方面：①出席或者委托代理人出席股东大会；②行使或者委托代理人行使股东表决权；③依法转让股份或者股票；④查阅公司章程文件，监督公司的经营；⑤按持有股份的比例参加股利分配；⑥公司终止时参加剩余财产的分配；⑦对公司侵犯股东合法权益的决议有权向人民法院提起诉讼。

（2）股东的义务。股份有限公司股东承担的义务主要体现在以下五个方面：①遵守公司章程；②依其所认购的股份缴纳股款；③依其所认购的股份承担责任；④公司设立后不得抽回股本；⑤公司章程规定的其他义务。

2. 股东大会

股份有限公司股东大会的形式分为年会和临时会议两种。年会即每年按时召开一次的大会；临时会议是指除年会以外遇有特殊情况依法召开的大会。我国《公司法》规定，有下列情形之一的，应当在两个月内召开临时股东大会：董事人数不足本法规定人数或者公司章程所定人数的2/3时；公司未弥补的亏损达实收股本总额的1/3时；单独或者合计持有公司10%以上股份的股东请求时；董事会认为必要时；监事会提议召开时；公司章程规定的其他情形。

股东大会会议由董事会召集，董事长主持；董事长不能履行职务或者不履行职务的，由副董事长主持；副董事长不能履行职务或者不履行职务的，由半数以上董事共同推举一名董事主持；董事会不能履行或者不履行召集股东大会会议职责的，监事会应当及时召集和主持；监事会不召集和主持的，连续90日以上单独或者合计持有公司10%以上股份的股东可以自行召集和主持。

召开股东大会会议，应当将会议召开的时间、地点和审议的事项于会议召开20日前通知各股东；临时股东大会应当于会议召开15日前通知各股东；发行无记名股票的，应当于会议召开30日前公告会议召开的时间、地点和审议事项。单独或者合计持有公司3%以上股份的股东，可以在股东大会召开10日前提出临时提案并书面提交董事会，董事会应当在收到提案后2日内通知其他股东，并将该临时提案提交股东大会审议。临时提案的内容应当属于股东大会职权范围，并有明确议题和具体决议事项。股东大会不得对前两款通知中未列明的事项作出决议。

无记名股票持有人出席股东大会会议的，应当于会议召开5日前至股东大会闭会时将股票交存于公司。

股东出席股东大会会议，所持每一股份有一表决权。但是，公司持有的本公司股份没有表决权。股东大会作出决议，必须经出席会议的股东所持表决权过半数通过。但是，股东大会作出修改公司章程、增加或者减少注册资本的决议以及公司合并、分立、解散或者变更公司形式的决议，必须经出席会议的股东所持表决权的2/3以上通过。

股东大会应行使以下几项职权：决定公司的经营方针和投资计划；选举和更换董事，决定有关董事的报酬事项；选举和更换由股东代表出任的监事，决定有关监事的报酬事项；审议批准董事会的报告；审议批准监事会的报告；审议批准公司的年度财务预算方案、决算方案；审议批准公司的利润分配方案和弥补亏损方案；对公司增加或者减少注册资本作出决议；对发行公司债券作出决议；对公司合并、分立、解散和清算等事项作出决议；修改公司章程。

（二）股份有限公司的董事会和经理

1．董事会的组成及职权

股份有限公司的董事会是公司股东大会的执行机构，对公司股东大会负责。董事会由5至19人组成。董事会设董事长1人，可以设副董事长。

根据《公司法》规定，董事会行使下列职权：召集股东会会议，并向股东会报告工作；执行股东会的决议；决定公司的经营计划和投资方案；制订公司的年度财务预算方案、决算方案；制订公司的利润分配方案和弥补亏损方案；制订公司增加或者减少注册资本以及发行公司债券的方案；制订公司合并、分立、解散或者变更公司形式的方案；决定公司内部管理机构的设置；决定聘任或者解聘公司经理及其报酬事项，并根据经理的提名决定聘任或者解聘公司副经理、财务负责人及其报酬事项；制定公司的基本管理制度；公司章程规定的其他职权。根据公司需要，董事会可以授权董事长在董事会闭会期间行使董事会的部分职权。董事会还可以决定，由董事会成员兼任公司经理。

2. 董事和董事长

（1）董事。股份有限公司的董事由股东大会按照法律和公司章程规定的决议程序选举产生。对于股份有限公司的第一届董事的产生方式，《公司法》规定以发起设立方式设立的，其第一届的董事由发起人选举产生；以募集设立方式设立的，其第一届的董事由创立大会选举产生。董事任期由公司章程规定，但每届任期不得超过3年。董事任期届满后除其职务。股份有限公司董事资格的限制以及董事的责任与义务，适用有限责任公司董事的有关规定。

（2）董事长。股份有限公司董事会董事长和副董事长由董事会以全体董事的过半数选举产生。董事长为公司的法定代表人，副董事长协助董事长工作。董事长不能履行职务时，由董事长指定的副董事长代其行使职权。《公司法》规定，董事长行使下列职权：召集和主持股东大会、主持董事会会议；检查董事会决议的实施情况；签署公司股票、公司债券。

3. 董事会会议

《公司法》规定，董事会每年度至少召开两次会议，每次会议应当于会议召开10日前通知全体董事和监事。代表1/10以上表决权的股东、1/3以上董事或者监事会，可以提议召开董事会临时会议。董事长应当自接到提议后10日内，召集和主持董事会会议。董事会召开临时会议，可以另定召集董事会的通知方式和通知时限。

董事会会议应有过半数的董事出席方可举行。董事会作出决议，必须经全体董事的过半数通过。董事会决议的表决，实行一人一票。董事会会议，应由董事本人出席；董事因故不能出席，可以书面委托其他董事代为出席，委托书中应载明授权范围。董事会应当将会议所议事项的决定做成会议记录，出席会议的董事应当在会议记录上签名。董事应当对董事会的决议承担责任。董事会的决议违反法律、行政法规或者公司章程、股东大会决议，致使公司遭受严重损失的，参与决议的董事对公司负赔偿责任。但经证明在表决时曾表明异议并记载于会议记录的，该董事可以免除责任。

4. 经理

股份有限公司的经理由董事会聘用或者解聘。经理依据法律、行政法规和公司章程的规定，负责公司的日常经营管理工作。

根据《公司法》规定，经理对董事会负责，行使以下几项职权：主持公司的生产经营管理工作，组织实施董事会决议；组织实施公司年度经营计划和投资方案；拟订公司内部管理机构设置方案；拟订公司的基本管理制度；制定公司的具体规章；提请聘任或者解聘公司副经理、财务负责人；聘任或者解聘除应由董事会聘任或者解聘以外的负责管理人员；公司章程和董事会授予的其他职权。

（三）股份有限公司的监事会

1. 监事会的性质

股份有限公司的监事会是股份有限公司依照《公司法》以及公司章程设立的，对公司各项事务进行监督的公司机构。设立监事会的目的就是对董事及经理的活动实施监督，保证董事和经理正当和诚信地履行职责。

2．监事会的组成

《公司法》规定，股份有限公司监事会成员不得少于3人。监事会应当包括股东代表和适当比例的公司职工代表，其中职工代表的比例不得低于1/3，具体比例由公司章程规定。监事会中的职工代表由公司职工通过职工代表大会、职工大会或者其他形式民主选举产生。监事会设主席一人，可以设副主席。监事会主席和副主席由全体监事过半数选举产生。监事会主席召集和主持监事会会议；监事会主席不能履行职务或者不履行职务的，由监事会副主席召集和主持监事会会议；监事会副主席不能履行职务或者不履行职务的，由半数以上监事共同推举一名监事召集和主持监事会会议。董事、高级管理人员不得兼任监事。

3．监事会的职权

《公司法》规定，监事会主要行使以下几项职权：检查公司财务；对董事、高级管理人员执行公司职务的行为进行监督，对违反法律、行政法规、公司章程或者股东会决议的董事、高级管理人员提出罢免的建议；当董事、高级管理人员的行为损害公司的利益时，要求董事、高级管理人员予以纠正；提议召开临时股东会会议，在董事会不履行本法规定的召集和主持股东会会议职责时召集和主持股东会会议；向股东会会议提出提案；依照《公司法》的有关规定，对董事、高级管理人员提起诉讼；公司章程规定的其他职权。

四、股份有限公司的股份发行与转让

（一）股份与股票

股份有限公司的股份，是指按相等金额或者相同比例，平均划分公司资本的基本计量单位，代表股东在公司中的权利和义务。股份有限公司的股票，是公司签发的证明股东所持股份的法律凭证，是股份的法律表现形式。我国《公司法》规定，股份有限公司的资本划分为股份，每一股的金额相等，采取股票形式。股票采用纸面形式或国务院证券监督管理机构规定的其他形式。

股票作为股东所持股份的法律证明，应当载明公司名称、公司登记成立的日期、股票种类、票面金额及代表的股份数、股票的编号等事项。股票由董事长签名，公司盖章。

按照不同的划分标准，可以将股份分为许多种类。常见的分类有以下三种：

1．普通股和优先股

根据股份所代表的股东权利性质的不同，股份可以分为普通股和优先股。普通股是股份有限公司设立的基础性股份，为任何股份公司发行股份时必须发行的股份。普通股股东在股份有限公司事务上具有平等的权利和相同的法律地位，如出席股东大会的权利、行使公司事务表决权、获得利润和剩余财产的分配权等。优先股是先于普通股获得特定权利的股份，如优先分配公司盈余、优先分配剩余财产等。我国允许公司发行优先股。

2．记名股和不记名股

根据股票票面是否记载股东的姓名，分为记名股和不记名股。记名股是指股票票面上记载有股东姓名的股份；不记名股是指股票票面上不记载股东姓名的股份。

《公司法》规定，公司向发起人、国家授权投资的机构、法人发行的股票，应当为记名股票，并应当记载该发起人、机构或者法人的名称，不得另立户名或者以代表人的姓名记名。对社会公众发行的股票，可以为不记名股票。公司发行记名股票的，应当置备股东名册，并记载股东的姓名或者名称及住所、各股东所持股份数、各股东所持股票的编号、各股东取得其股份的日期等事项。公司发行不记名股票的，应当记载其股票的数量、编号及发行日期等。

3. 面额股与无面额股

根据股票票面是否记载金额，分为面额股与无面额股。面额股是指股票票面上记载股份金额的股份或股票；无面额股是指股票票面上不记载股份金额的股份或股票。目前我国法律不允许发行无面额股票。

除了上述通行的股份分类外，我国现行法律中最为典型的分类方法是将股份分为国家股、法人股、个人股和外资股。国家股是指有权代表国家投资的机构或者部门向股份公司出资形成或依法定程序取得的股份。法人股是指具有法人资格的企业、事业单位及其他单位以其依法占有的法人资产向独立于自己的股份公司出资形成或者依法定程序取得的股份。个人股是指社会个人或者本公司内部职工以个人合法财产投入公司形成的股份。外资股是指由境外投资者以购买人民币特种股票形式向我国公司投资形成的股份，外资股按上市地的不同分为境内上市外资股和境外上市外资股。境内上市外资股又称 B 股，是指以人民币标明面值，以外币认购、买卖，在境内证券交易所上市的股份。所谓境外上市外资股，是指以人民币标明面值，以外币认购、买卖，在境外证券交易所上市的股份。

（二）股份的发行

1. 股份发行的概念

股份发行是指股份有限公司为设立公司或者筹集资金，依照法律规定发售股份的行为。按照股份发行目的的不同，股份发行分为设立公司而发行股份、为扩大公司资本而发行股份两种类型。

2. 股份发行的原则

我国股份有限公司的股份发行实行公开、公正的原则，同股同权，同股同利。其中，公开原则是股份发行的核心原则，旨在最大限度地保护社会公众的利益，保障投资者在掌握充分和可信的信息的情况下作出投资决策。公平和公正原则是对公开原则的重要补充，旨在平等地保护投资者的利益。

3. 股份发行的一般规则

股份发行无论是设立发行还是新股发行，除应符合法定条件并履行法定程序外，还应当遵守下列规定：

（1）不得折价发行。按照股份发行价格与股票票面金额的关系，股份发行价格有平价发行、溢价发行和折价发行三种形式。平价发行也称面额发行，是指按照股票票面金额发行股份；溢价发行是指按照高于股票票面金额的价格发行股份；折价发行是指按照低于股票票面金额的价格发行股份。我国《公司法》规定，股票发行价格可以按票面金额，也可以超过票面金额，但不得低于票面金额。我国现行法律禁止折价发行股份，主要是为了与现行注册资本制度相衔接，以稳定股份有限公司的财产基础。

（2）必须同股同价发行。所谓同股同价发行，是指同次发行的股份，其每股发行的条件和价格应当相同，不得在股份的同次发行中采用不同的发行价格和条件，任何单位或者个人所订购的股份，每股应当支付相同价额。

4. 股份发行的条件

设立股份有限公司申请公开发行股票，应当符合以下条件：①其生产经营符合国家产业政策；②其发行的普通股限于一种，同股同权；③发起人认购的股本数额不少于公司拟发行的股本总额的35%；④在公司拟发行的股本总额中，发起人认购的部分不少于人民币3 000万元，国家另有规定的除外；⑤向社会公众发行的部分不少于公司拟发行的股本总额的25%，公司拟发行的股本总额超过人民币4亿元的，向社会公众发行部分的比例最低不少于公司拟发行的股本总额的10%；⑥发起人在近3年内没有重大违法行为；⑦国务院证券管理部门规定的其他条件。

对由原企业改组设立的股份有限公司申请公开发行股票的，除应符合上述条件外，还应符合以下两项条件：①发行股票前1年末的净资产在总资产中所占比例不低于30%，无形资产（土地使用权除外）在净资产中所占比例不高于20%，国家另有规定的除外；②近3年连续盈利。

公司增资发行股票即公司发行新股，主要有两种方式：一是向社会投资者公开发行股票；二是向原公司股东以配售股份的形式公开发行股票。公司增资发行股票除符合前述公司设立时发行股票的各项条件外，还应当符合下列条件：①前一次发行的股份已募足，并间隔1年以上；②公司在最近3年内连续盈利，并可向股东支付股利；③公司在最近3年内财务会计文件无虚假记录；④公司预期利润率可达同期银行存款利率。

（三）股份转让

股份转让是指股份有限公司的股份持有人依照法定条件和程序将其持有的股份让与他人，从而使他人成为公司股东的行为。

我国《公司法》对股份有限公司的股份转让作了以下规定：

（1）股东转让其股份，应当在依法设立的证券交易场所进行或者按照国务院规定的其他方式进行。

（2）记名股票，由股东以背书方式或者法律、行政法规规定的其他方式转让；转让后由公司将受让人的姓名或者名称及住所记载于股东名册。

股东大会召开前20日内或者公司决定分配股利的基准日前5日内，不得进行《公司法》规定的股东名册的变更登记。但是，法律对上市公司股东名册变更登记另有规定的，从其规定。

（3）无记名股票的转让，只要股东在依法设立的证券交易场所将股票交付给受让人后即发生转让法律效力。股票原持有人即丧失其相应的股份和股东权，股票受让人即获得相应的股份和股东权。

（4）发起人持有的本公司股份，自公司成立之日起1年内不得转让。公司公开发行股份前已发行的股份，自公司股票在证券交易所上市交易之日起1年内不得转让。

公司董事、监事、高级管理人员应当向公司申报所持有的本公司的股份及其变动情况，在任职期间内每年转让的股份不得超过其所持有本公司股份总数的25%；所持本公司股份的自公司股票上市交易之日起1年内不得转让。上述人员离职后半年内，不得转让其所持有的本公司股份。公司章程可以对公司董事、监事、高级管理人员转让其所持有的本公司股份作出其他限制性规定。

（5）国家授权投资的机构可以依法转让其持有的股份，也可以购买其他股东持有的股份。

（6）公司不得收购本公司股份。但是，有下列情形之一的除外：①减少公司注册资本；②与持有本公司股份的其他公司合并；③将股份奖励给本公司职工；④股东因对股东大会作出的公司合并、分立决议持异议，要求公司收购其股份的。公司因上述第①项至第③项的原因收购本公司股份的，应当经股东大会决议。公司依照规定收购本公司股份后，属于第①项情形的，应当自收购之日起10日内注销；属于第②项、第④项情形的，应当在6个月内转让或者注销；公司依照第③项规定收购本公司股份的，不得超过本公司已发行股份总额的5%；用于收购的资金，应当从公司的税后利润中支出；所收购的股份应当在1年内转让给职工。

（7）公司不得接受本公司的股票作为抵押权的标的。

第六节　公司债券

一、公司债券的概念和种类

（一）公司债券的概念

公司债券是指公司依照法定程序发行，约定在一定期限内还本付息的有价证券。

公司债券与公司股票有不同的法律特征。公司债券表示发行者与投资者之间的债权债务关系，公司股票表示投资者对发行股票的公司拥有股东的一系列权利；公司债券的本金到期退还，公司股票所表示的股金则一般不予退还；持有公司债券的收益即利息是固定的，而公司股票的收益可能较高或者较低，股票风险比债券风险大；公司债券具有优先偿还权，持有人在公司解散或者破产的情况下，优先于公司股票得到债务清偿。

公司债券具有以下特征：

（1）公司债券是公司依照法定程序发行的到期由公司还本付息的有价证券。

（2）公司债券是债权凭证。持有某一公司债券，则表明持有人在债券约定的期限到来时具有要求公司还本付息的权利。

（二）公司债券的种类

依照不同的标准，对公司债券可作不同的分类。

（1）记名公司债券和无记名公司债券。记名公司债券是指在公司债券上记载债权人姓名或者名称的债券；无记名公司债券是指在公司债券上不记载债权人的姓名或者名称的债券。记名公司债券的转让，转让人须在债券上背书；而无记名公司债券的转让，交付债券即发生转让的法律效力。

（2）可转换公司债券与不可转换公司债券。可转换公司债券是指可以转换成公司股票的公司债券，这种公司债券在发行时规定了转换为公司股票的条件与办法，当条件具备时，债券持有人拥有将公司债券转换成公司股份的选择权；不可转换公司债券是指不能转换为公司股票的公司债券。凡在发行债券时未作出转换约定的，均为不可转换公司债券。

根据《公司法》的规定，上市公司经股东大会决议可以发行可转换为股票的公司债券，并在公司债券募集办法中规定具体的转换办法。上市公司发行可转换公司债券的，除应具备发行公司债券的条件外，还应当符合股票发行的条件。发行可转换公司债券的，公司应当在债券上标明“可转换公司债券”的字样，在公司债券存根簿上载明可转换公司债券的数额。可转换公司债券持有人对是否转换为股票有选择权。

二、公司债券的发行

1．*发行条件*

公司发行公司债券应当符合证券法规定的发行条件：①股份有限公司的净资产不低于人民币 3 000 万元，有限责任公司的净资产不低于人民币 6 000 万元；②累计债券余额不超过公司净资产的 40%；③最近 3 年平均可分配利润足以支付公司债券一年的利息；④筹集的资金投向符合国家产业政策的产业；⑤债券的利率不超过国务院限定的利率水平；⑥国务院规定的其他条件。

公开发行公司债券筹集的资金，必须用于核准的用途，不得用于弥补亏损和非生产性支出。上市公司发行可转换为股票的公司债券，还应当符合证券法关于公开发行股票的条件，并报国务院证券监督管理机构核准。

证券法还规定有下列情形之一的，不得再次公开发行公司债券：①前一次公开发行的公司债券尚未募足；②对已公开发行的公司债券或者其他债务有违约或者延迟支付本息的事实，仍处于继续状态；③违反本法规定，改变公开发行公司债券所募资金的用途。

2．*报送文件*

申请公开发行公司债券，应当向国务院授权的部门或者国务院证券监督管理机构报送下列文件：①公司营业执照；②公司章程；③公司债券募集办法；④资产评估报告和验资报告；⑤国务院授权的部门或者国务院证券监督管理机构规定的其他文件。依照证券法规定聘请保荐人的，还应当报送保荐人出具的发行保荐书。

3．*公司债券募集办法*

发行公司债券的申请经国务院授权的部门核准后，应当公告公司债券募集办法。公司债券募集办法中应当载明下列主要事项：①公司名称；②债券募集的资金的用途；③债券总额和债券的票面金额；④债券利率的确定方式；⑤还本付息的期限和方式；⑥债券担保情况；⑦债券的发行价格、发行的起止日期；⑧公司净资产额；⑨已发行的尚未到期的公司债券总额；⑩公司债券的承销机构。

三、公司债券的转让

我国《公司法》规定，公司债券可以依法进行转让，公司债券的转让应当在依法设立的证券交易所进行，不得私下进行。公司债券的转让价格由转让人与受让人自己约定。

根据公司债券的种类不同，公司债券的转让有两种不同的方式。记名公司债券由债券持有人以背书方式转让或者根据法律、行政法规规定的其他方式转让，并由公司将受让人的姓名或者名称及住所记载于公司债券存根簿上，以备公司存查；无记名公司债券的转让手续较为简单，只需由债券持有人在依法设立的证券交易所，将要转让的债券交付给受让人即发生转让效力。受让人一经持有该债券，即成为公司的债权人。

第七节　公司财务、会计

一、公司的财务会计报告

公司应当依照法律、行政法规和国务院财务主管部门的规定建立公司的财务、会计制度，并在每一会计年度终了时制作财务会计报告，并依法经审查验证。公司的财务会计报告应当依照有关具体规定制作。

有限责任公司应当按照公司章程规定的期限，将公司的财务会计报告及时送交公司的各个股东。股份有限公司的财务会计报告应当在召开股东大会年会的 20 日以前置备于本公司，供股东查阅。以募集设立方式成立的股份有限公司，必须公告其财务会计报告。

二、公司的利润分配

公司的利润是指公司在一定时期内从事经营活动的财务成果，包括营业利润、投资净收益以及营业外收支净额。

根据《公司法》的规定，公司应当按如下顺序进行利润分配：

（1）弥补以前年度的亏损，但不得超过税法规定的弥补期限。

（2）缴纳所得税。

（3）法定公积金不足弥补以前年度亏损的，在提取法定公积金前应先弥补亏损。

（4）依法提取法定公积金与任意公积金。股东会或者董事会违反规定，在弥补亏损和提取法定公积金之前向股东分配利润的，必须将违反规定分配的利润退还公司。公司分配当年税后利润时，应当提取利润的 10% 列入公司的法定公积金。公司法定公积金累计额为公司注册资本的 50% 以上的，可以不再提取。

公司的公积金应当按照规定的用途使用。公司的公积金主要有两方面用途：一是弥补亏损。公司的亏损按照国家税法规定，可以用缴纳所得税前的利润弥补，超过用所得税前利润弥补期限而仍未补足的亏损，可以用公司的公积金抵补。二是转增资本。公司的公积金用于弥补公司的亏损、扩大公司生产经营或者转为增加公司资本。但是，资本公积金不得用于弥补公司的亏损。法定公积金转为资本时，所留存的该项公积金不得少于转增前公司注册资本的25%。

公司从税后利润中提取法定公积金后，经股东会或者股东大会决议，还可以从税后利润中提取任意公积金。任意公积金主要用于维护企业员工的发展与福利。

（5）股东分配利润。公司弥补亏损和提取公积金后所余的税后利润，有限责任公司依照股东的出资比例或公司章程的规定分配；股份有限公司按照股东持有的股份比例分配，但股份有限公司章程规定不按持股比例分配的除外。

第八节　公司合并、分立、解散与清算

一、公司合并

公司的合并是指两个或两个以上的公司依照法定程序变更为一个公司的法律行为。有限责任公司的合并，应当由股东会作出决议。股份有限公司的合并，除由股东大会作出决议外，还必须经国务院授权的部门或者省级人民政府批准。

（一）公司合并的形式

（1）吸收合并。一个公司吸收其他公司，被吸收的公司解散。

（2）新设合并。两个或两个以上公司合并设立一个新的公司，合并各方解散。

（二）公司合并的程序

公司合并，应当由合并各方签订合并协议，并编制资产负债表及财产清单。公司应当自作出合并决议之日起10日内通知债权人，并于30日内在报纸上公告。债权人自接到通知书之日起30日内，未接到通知书的自公告之日起45日内，可以要求公司清偿债务或者提供相应的担保。

公司合并后，应当依法向公司登记机关办理有关的登记手续。吸收合并后存续的公司应当依法办理公司设立登记，合并后解散的公司应当依法办理注销登记。

（三）公司合并各方的债权债务

公司合并时，合并各方的债权债务应当由合并后存续的公司或者新设立的公司承接。

二、公司分立

（一）公司分立的概念

公司分立是指一个公司依法分为两个或两个以上的公司。对于公司分立的形式，我国《公司法》未作明确规定，但一般应有两种形式：一是公司以其部分财产和业务另设一个新的公司，原公司存续；二是公司以全部财产分别归入两个或两个以上的新设公司，原公司解散。公司的分立应当由股东会作出决议。股份有限公司的分立还必须经国务院授权的部门或者省级人民政府批准。

（二）公司分立的程序

公司分立的程序与公司合并的程序基本一样，要签订分立协议，清理财产，清理债务，报经有关部门批准，并办理工商登记和税务登记手续。

（三）公司分立前的债务

公司分立前的债务，按所达成的协议由分立后的公司承担。

三、公司解散与清算

（一）公司解散

根据我国《公司法》的规定，公司解散的原因有四种：

（1）公司章程规定的营业期限届满或者公司章程规定的其他解散事由出现。

（2）股东会决议解散。

（3）因公司合并或者分立需要解散的。

（4）公司因违反法律、行政法规被依法责令关闭的。

（二）公司解散时的清算

1．成立清算组

公司解散时，应当依法进行清算，清算就是了结终止公司的各项财产关系。进行清算必须成立清算组，因公司章程规定的营业期限届满或者公司章程规定的其他解散事由出现，或股东会决议解散的，应当在15日内成立清算组。有限责任公司的清算组由股东组成，股份有限公司的清算组由股东大会确定其人选。逾期不成立清算组进行清算的，债权人可以申请人民法院指定有关人员组成清算组进行清算。

公司违反法律、行政法规被依法责令关闭的，由有关主管机构组织有关机关及有关人员成立清算组进行清算。

2．清算组的职权

根据我国《公司法》的规定，清算组在清算期间可行使下列职权：清理公司财产，分别编制资产负债表和财产清单；通知或者公告债权人；处理与清算有关的公司未了结的业务；清缴所欠税款；清理债权债务；处理公司清偿债务后的剩余财产；代表公司参与民事诉讼活动。

3．清算组的义务与责任

清算组在公司清算期间代表公司进行一系列的民事活动，全权处理公司的经济事务和发生的诉讼活动，其地位是十分重要的。我国《公司法》规定，清算组成员应当忠于职守，依法履行清算义务，清算组成员不得利用职权收受贿赂或者获取其他非法收入，不得侵占公司财产。清算组成员因故意或者重大过失给公司的债权人造成损失的，应当承担赔偿责任。

4. 清算工作程序

清算工作的程序如下：

（1）登记债权。清算组应当自成立之日起 10 日内通知债权人，并于 60 日内在报纸上至少公告 3 次。债权人应当自接到通知书之日起 30 日内，未接到通知书的自第一次公告之日起 90 日内，向清算组主张债权，并提供有关债权的证明材料，清算组应当对债权进行登记。

（2）清理公司财产，制订清算方案。清算组应当对公司财产核算清理，编制资产负债表和财产清单，制订清算方案。清算方案报经股东会或者有关主管机关确认。清算组在清理公司财产后，发现公司财产不足清偿公司债务的，应当立即向人民法院申请宣告破产。人民法院裁定宣告破产后，清算组应当将清算事务移交给人民法院。

（3）清偿债务。公司财产能够清偿公司债务的，应优先拨付清算费用，在拨付清算费用后，按下列顺序清偿：职工工资和劳动保险费用；缴纳所欠税款；清偿公司债务。公司财产按上述顺序清偿后的剩余财产，有限责任公司按股东的出资比例进行分配，股份有限公司按股东所持股份比例进行分配。清算组未按上述顺序清偿时，不得将公司财产分配给各个股东。

（4）公告公司终止。公司清算结束后，清算组应提出清算报告，并出具清算期内收支报表和各种账务账册，报送公司股东会或者有关主管机关确认，并办理有关的注销工商登记和税务登记事项，公告公司终止。

第九节 公司董事、监事、高级管理人员的资格与义务

一、公司董事、监事、高级管理人员的资格

公司董事、监事、高级管理人员在公司中处于重要的位置并具有法定的职责与地位。在现行《公司法》中，公司法定代表人的担任，不再仅仅是公司的董事长或执行董事，也可以由公司经理担任。《公司法》对公司董事、监事、高级管理人员的任职资格进行了限制性的规定。

我国《公司法》规定，有下列情形之一的，不得担任公司的董事、监事、高级管理人员。

（1）无民事行为能力或者限制民事行为能力。

（2）因贪污、贿赂、侵占财产、挪用财产或者破坏社会主义市场经济秩序，被判处刑罚，执行期满未逾 5 年，或者因犯罪被剥夺政治权利，执行期满未逾 5 年。

（3）担任破产清算的公司、企业的董事或者厂长、经理，对该公司、企业的破产负有个人责任的，自该公司、企业破产清算完结之日起未逾 3 年。

（4）担任因违法被吊销营业执照、责令关闭的公司、企业的法定代表人，并负有

个人责任的，自该公司、企业被吊销营业执照之日起未逾3年。

(5) 个人所负数额较大的债务到期未清偿。

公司违反前款规定选举、委派董事、监事或者聘任高级管理人员的，该选举、委派或者聘任无效。

董事、监事、高级管理人员在任职期间出现《公司法》第一百四十七条第一款所列情形的，公司应当解除其职务。

二、公司董事、监事、高级管理人员的义务

公司董事、监事、高级管理人员应当遵守法律、行政法规和公司章程，对公司负有忠实和勤勉义务。董事、监事、高级管理人员不得利用职权收受贿赂或者获取其他非法收入，不得利用职权侵占公司的财产。

《公司法》规定，董事、高级管理人员不得有下列行为：挪用公司资金；将公司资金以其个人名义或者以其他个人名义开立账户存储；违反公司章程的规定，未经股东会、股东大会或者董事会同意，将公司资金借贷给他人或者以公司财产为他人提供担保；违反公司章程的规定或者未经股东会、股东大会同意，与公司订立合同或者进行交易；未经股东会或者股东大会同意，利用职务便利为自己或者他人谋取属于公司的商业机会，自营或者为他人经营与所任职公司同类的业务；接受他人与公司交易的佣金并归为己有；擅自披露公司秘密；违反对公司忠实义务的其他行为。董事、高级管理人员违反前款规定所得的收入应当归公司所有。

董事、监事、高级管理人员执行公司职务时违反法律、行政法规或者公司章程的规定，给公司造成损失的，应当承担赔偿责任。

三、公司董事、监事、高级管理人员对公司损害民事责任的追究

《公司法》第一百五十二条规定："董事、高级管理人员有本法第一百五十条规定的情形的，有限责任公司的股东、股份有限公司连续180日以上单独或者合计持有公司1%以上股份的股东，可以书面请求监事会或者不设监事会的有限责任公司的监事向人民法院提起诉讼；监事有本法第一百五十条规定的情形的，前述股东可以书面请求董事会或者不设董事会的有限责任公司的执行董事向人民法院提起诉讼。监事会、不设监事会的有限责任公司的监事，或者董事会、执行董事收到前款规定的股东书面请求后拒绝提起诉讼，或者自收到请求之日起30日内未提起诉讼，或者情况紧急、不立即提起诉讼将会使公司利益受到难以弥补的损害的，前款规定的股东有权为了公司的利益以自己的名义直接向人民法院提起诉讼。他人侵犯公司合法权益，给公司造成损失的，本条第一款规定的股东可以依照前两款的规定向人民法院提起诉讼。"《公司法》第一百五十三条规定："董事、高级管理人员违反法律、行政法规或者公司章程的规定，损害股东利益的，股东可以向人民法院提起诉讼。"所以，我国现行《公司法》规定了股东代表诉讼与股东直接提起诉讼两种诉讼追究方式。

第十节　公司的法律责任

一、公司设立和登记中发起人、股东的有关违法行为及其法律责任

（1）办理公司登记时虚报注册资本、提交虚假证明文件或者采取其他欺诈手段隐瞒重要事实而取得公司登记的，责令改正，对虚报注册资本的公司，处以虚报注册资本金额5%以上15%以下的罚款；对提交虚假证明文件或者采取其他欺诈手段隐瞒重要事实的公司，处以5万元以上50万元以下的罚款；情节严重的，撤销公司登记或者吊销其营业执照。

（2）公司发起人、股东未交付货币、实物或者未转移财产权，虚假出资，欺骗债权人的，责令改正，处以虚假出资额5%以上15%以下的罚款。构成犯罪的，依法追究刑事责任。

（3）公司发起人、股东在公司成立后，抽逃其出资的，责令改正，处以所抽逃出资金额5%以下15%以下的罚款。构成犯罪的，依法追究刑事责任。

（4）未依法登记为有限责任公司或者股份有限公司，而冒充有限责任公司或者股份有限公司的名义的，责令改正或者予以取缔，并处以1万元以上10万元以下的罚款。构成犯罪的，依法追究刑事责任。

（5）公司成立后无正当理由超过6个月未开业的，或者开业后自行停业连续6个月以上的，由公司登记机关吊销其公司营业执照。

（6）公司登记事项发生变更时，未按照《公司法》规定办理有关变更登记的，责令限期登记，逾期不登记的，处以1万元以上10万元以下的罚款。

二、公司的法律责任

（一）公司发行股票、债券时的有关违法行为及其法律责任

（1）制作虚假的招股说明书、认股书、公司债券的募集办法发行股票或者公司债券的，责令停止发行，退还所募资金及利息，处以非法募集资金金额1%以上5%以下的罚款。构成犯罪的，依法追究刑事责任。

（2）未经《公司法》规定的有关主管部门批准，擅自发行股票或者公司债券的，责令停止发行，退还所募资金与及其利息，处以非法所募资金金额1%以上5%以下的罚款。构成犯罪的，依法追究刑事责任。

（二）公司的财务会计和国有资产管理中的违法行为及其法律责任

（1）在法定的会计账簿以外另立账簿的。由县级以上人民政府财政部门责令改正，并处以5万元以上50万元以下的罚款。构成犯罪的，依法追究刑事责任。

（2）将公司资产以任何个人名义开立账户存储的，没收违法所得，并处以违法所得1倍以上5倍以下的罚款。构成犯罪的，依法追究刑事责任。

（3）公司向股东和社会公众提供虚假的或者隐瞒重要事实的财务会计报告的，对

直接负责的主管人员和其他责任人员处以3万元以上30万元以下的罚款。构成犯罪的，依法追究刑事责任。

(4) 公司不按照《公司法》规定提取法定公积金、法定公益金的，由县级以上人民政府财政部门责令如数补足应当提取的金额，并可以对公司处以20万元以下的罚款。

(5) 将国有资产低价折股、低价出售或者无偿分给个人的，对直接负责的主管人员和其他直接责任人员依法给予行政处分。构成犯罪的，依法追究刑事责任。

(三) 公司在合并、分立、减少注册资本和清算中的违法行为及其法律责任

(1) 公司在合并、分立、减少注册资本或者进行清算时，不按照《公司法》的规定通知或者公告债权人的，由公司登记机关责令改正，对公司处以1万元以上10万元以下的罚款。

(2) 公司在进行清算时，隐匿财产，对资产负债表或者财产清单作虚假记载或者在未清偿债务前分配公司财产的，由公司登记机关责令改正，对公司处以隐匿财产或者未清偿债务前分配公司财产金额5%以上10%以下罚款。对直接负责的主管人员和其他直接责任人员处以1万元以上10万元以下的罚款。构成犯罪的，依法追究刑事责任。

(3) 清算组不依照《公司法》规定向公司登记机关报送清算报告，或者报送清算报告隐瞒重要事实或者有重大遗漏的，由公司登记机关责令改正。

(4) 清算组成员利用职权徇私舞弊、谋取非法收入或者侵占公司财产的，由公司登记机关责令退还公司财产，没收违法所得，并可处以违法所得1倍以上5倍以下的罚款。构成犯罪的，依法追究刑事责任。

思考题

1. 简述公司、公司法的特征。
2. 有限责任公司与股份有限公司有何异同？
3. 试述股份公司设立的条件及程序。
4. 试述公司的合并与分立。

案例分析题

案例一　甲、乙、丙准备成立一有限责任公司，注册资本为300万元。公司拟不设董事会，由甲任执行董事长；不设监事会，由乙任监事。公司成立后，经营状况一直不好，已欠某银行150万元未到期贷款。经股东会决定，将公司唯一的生产工厂分离出去，成立一独立法人生产企业。后公司进行了增资扩股，其间丙将其股份全部转让给了丁公司。

讨论：

1. 该有限责任公司设立独立法人企业的行为在公司法中属于什么性质的行为？设立后原公司的债权债务如何承担？
2. 公司关于组织机构的设置是否合法？
3. 丙的股份转让应遵循哪些规则？

案例二　A企业为国家授权投资的机构出资设立的国有独资有限责任公司。公司因无股东会，故由董事会行使股东会的部分职权。董事会成员有4人，全部是国家投资的机构任命的干部，董事会每届任期两年。董事会决定由董事长张某兼任另一有限责任公司的总经理。监事会有3名成员，他们是董事长、总经理和职工代表。

问题：该国有独资公司的组织机构在哪些方面违反了《公司法》的规定？

案例三　某股份有限公司根据公司的实际情况，决定以发行债券的方式向社会筹集部分资金。为此，公司董事会制订了一个发行债券的方案，该方案的要点如下：

(1) 根据会计师事务所的审计结果，本公司的净资产额已达到4 500万元。在此条件下，此次发行债券金额计划为1 800万元。这样，加上前次已发行的500万元债券，公司的债券发行总额将达到2 300万元。

(2) 此次发行债券筹集的资金部分用于扩大生产经营规模，部分用于偿还前次发行债券应该偿还而尚未偿还的本息。

(3) 为了保证此次债券的发行成功，本公司发行的债券利率将高于国务院限定利率水平的1个百分点，即年利率为14.6%。

问题：请根据我国相关法律的规定，逐条分析上述方案要点并说明理由。

第四章

合伙企业法律制度

内容要点

本章主要讲述我国合伙企业法规定的合伙企业的特征与合伙企业类型；合伙企业的财产；合伙人的财产权利与合伙企业的事务执行；合伙企业与第三人的关系；入伙和退伙；合伙企业的解散与清算。

第一节　合伙企业法概述

一、合伙企业的概念

合伙企业是指由两个或两个以上的自然人、法人和其他组织依照合伙企业法在中国境内设立的普通合伙企业和有限合伙企业。合伙企业是由合伙人订立合伙协议，共同出资、合伙经营、共享收益、共担风险，并且至少有一个合伙人承担无限责任的营利性组织。合伙企业是一种以合同关系，即合伙协议为基础的企业组织形式。

二、合伙企业法的概念

合伙企业法是国家立法机关或者其他有权机关依法制定的、调整合伙企业合伙关系的各种法律规范的总称。主要包括《中华人民共和国合伙企业法》（以下简称《合伙企业法》）以及其他相关的法律规范。《合伙企业法》于 1997 年 2 月 23 日第八届全国人民代表大会常务委员会第二十四次会议通过，现已由中华人民共和国第十届全国人民代表大会常务委员会第二十三次会议于 2006 年 8 月 27 日修订通过，自 2007 年 6 月 1 日起施行。

三、合伙企业法规定的合伙企业类型

合伙企业法规定合伙企业为普通合伙与有限合伙两种企业类型。普通合伙企业由普通合伙人组成，合伙人对合伙企业债务承担无限连带责任。普通合伙人承担责任的形式有特别规定的，从其规定。

有限合伙企业由普通合伙人和有限合伙人组成，普通合伙人对合伙企业债务承担无限连带责任，有限合伙人以其认缴的出资额为限对合伙企业债务承担责任。

第二节　普通合伙企业

一、普通合伙企业的概念与特征

普通合伙企业是指由普通合伙人组成，合伙人对合伙企业债务承担无限连带责任的一种合伙企业。其主要特征为：

（1）由普通合伙人组成。所谓普通合伙人，是指在合伙企业中对合伙企业的债务承担无限连带责任的自然人、法人和其他组织。国有独资公司、国有企业、上市公司以及公益性的事业单位、社会团体不得成为普通合伙人。

（2）无限连带责任。所有的合伙人对合伙企业的债务都有责任清偿，而不论其在合伙协议中的约定如何。所有的合伙人不仅要以在合伙企业中的投资与合伙企业的资产对合伙企业的债务承担清偿责任，而且在不够清偿时还要以自己所有的资产对合伙企业债务承担清偿责任。

（3）所谓法律的另有特殊规定，是指合伙企业法规定的“特殊的普通合伙企业”。合伙企业法规定以专业知识和专门技能为客户提供有偿服务的专业服务机构，可以设立特殊的普通合伙企业。对于特殊的普通合伙企业，一个合伙人或者数个合伙人在执业活动中因故意或者重大过失造成合伙企业债务的，应当承担无限责任或者无限连带责任，其他合伙人以其在合伙企业中的财产份额为限承担责任；合伙人在执业活动中非因故意或者重大过失造成的合伙企业债务以及合伙企业的其他债务，由全体合伙人承担无限连带责任；合伙人在执业活动中因故意或者重大过失造成的合伙企业债务，以合伙企业财产对外承担责任后，该合伙人应当按照合伙协议的约定对给合伙企业造成的损失承担赔偿责任。

二、合伙企业的设立条件

设立合伙企业应当具备下列条件：

（1）有两个以上合伙人。合伙人为自然人的，应当为具有完全民事行为能力的人，无民事行为能力人和限制民事行为能力人不得成为普通合伙企业设立时的合伙人。

（2）有书面合伙协议。合伙协议是由各合伙人通过协商，共同决定相互间的权利义务而达成的具有法律约束力的文件。合伙协议应当依法由全体合伙人协商一致，以书面形式订立。合伙协议应当载明下列事项：合伙企业的名称和主要经营场所的地点；合伙目的和合伙企业经营范围；合伙人的姓名及其住所；合伙人出资的方式、数额和缴付出资的期限；利润分配和亏损分担办法；合伙企业事务的执行；入伙与退伙；合伙企业的解散与清算；违约责任。合伙协议经全体合伙人签名、盖章后生效。

（3）有合伙人认缴或者实际缴付的出资。合伙协议生效后，合伙人应当按照合伙协议的规定缴纳出资。合伙人可以用货币、实物、土地使用权、知识产权或者其他财产权利缴纳出资。合伙人对于自己用于缴纳出资的财产或者财产权，应当拥有合法的处分权，合伙人不得将自己无权处分的财产或财产权用于缴纳出资。此外，经全体合伙人协商一致，合伙人也可以用劳务出资。

（4）有合伙企业名称。合伙企业在其名称中不得使用“有限”或者“有限责任”的字样。

（5）有营业场所和从事经营的必要条件。

三、合伙企业的设立程序

合伙企业的设立登记，应按照如下程序进行：

（1）向企业登记机关提出申请，并提交全体合伙人签署的合伙申请书、全体合伙人的身份证明、合伙协议、出资权属证明、经营场所证明、合伙协议约定或者全体合伙人的委托书以及其他文件。法律、行政法规规定设立合伙企业须报经有关部门审批的，还应当提交有关批准文件。

（2）企业登记机关审核，作出是否登记的决定。合伙企业的营业执照的签发日期，为合伙企业的成立日期。合伙企业领取营业执照前，合伙人不得以合伙企业的名义从事经营活动。合伙企业设立分支机构，应当向分支机构所在地的企业登记机关申请登记，领取营业执照。

四、合伙企业财产

（一）合伙企业财产的构成

合伙企业存续期间，合伙人的出资和所有以合伙企业名义取得的收益均为合伙企业的财产。包括合伙人的出资、以合伙企业名义取得的收益、依法取得的其他财产，如合法接受赠与的财产。

（二）合伙企业财产的性质

合伙企业的财产只能由全体合伙人共同管理和使用。在合伙企业存续期间，除非有合伙人退伙等法定事由，合伙人不得请求分割合伙企业的财产。合伙企业的合伙财产具有共有财产的性质，对合伙财产的占有、使用、收益和处分，均应当依据全体合伙人的共同意志进行。合伙企业财产具有整体性和对立性。

（三）合伙企业财产的转让

合伙企业财产的转让是指合伙人将自己在合伙企业中的财产份额转让于他人。由于合伙企业及其财产性质的特殊性，其财产的转让，将会影响到合伙企业以及各合伙人的切身利益，因此，《合伙企业法》对合伙企业财产的转让作了以下限制规定：

（1）合伙企业存续期间，合伙人向合伙人以外的人转让其在合伙企业中的全部或者部分资产份额时，须经其他合伙人一致同意。

（2）合伙人之间转让在合伙企业中的全部或者部分财产份额时，应当通知其他合伙人。

（3）合伙人依法转让其财产份额时，在同等条件下，其他合伙人有优先受让的权利。

（4）合伙人以其在合伙企业中的财产份额出质的，须经其他合伙人一致同意。未经其他合伙人一致同意的，其出质行为无效，或者作为退伙处理；由此给善意第三人造成损失的，依法承担赔偿责任。

经全体合伙人同意，合伙人以外的人依法受让合伙企业财产份额时，经修改合伙协议即成为合伙企业新的合伙人，合伙企业的各合伙人依照修改后的合伙协议享有权利和承担责任。

五、合伙企业的事务执行

（一）合伙企业事务执行的形式

合伙人执行合伙企业事务，有全体合伙人共同执行合伙企业事务、委托一名或数名合伙人执行合伙企业事务两种形式。

全体合伙人共同执行合伙企业事务是合伙企业事务执行的基本形式，也是在合伙企业中经常使用的一种形式。在采取这种形式的合伙企业中，按照合伙协议的约定，各个合伙人都直接参与经营，处理合伙企业的事务，对外代表合伙企业。

委托一名或数名合伙人执行合伙企业事务，即由合伙协议约定或者全体合伙人决定委托一名或者数名合伙人执行合伙企业事务，对外代表合伙企业。未接受委托执行合伙企业事务的其他合伙人，不再执行合伙企业的事务。

合伙企业的下列事项必须经全体合伙人一致同意：改变合伙企业的名称；改变合伙企业的经营范围、主要经营场所的地点；处分合伙企业的不动产；转让或者处分合伙企业的知识产权和其他财产权利；以合伙企业名义为他人提供担保；聘任合伙人以外的人担任合伙企业的经营管理人员。

（二）合伙人在执行合伙事务中的权利和义务

1. 合伙人在执行合伙事务中的权利

合伙人在执行合伙事务中的权利主要有以下内容：合伙人平等享有合伙事务执行权；执行合伙事务的合伙人对外代表合伙企业；不参加执行事务的合伙人有权监督执行事务的合伙人，检查其执行合伙企业事务的情况；各合伙人有权查阅合伙企业的账簿和其他有关文件；合伙人有提出异议权和撤销委托执行事务权。在合伙人分别执行合伙事务的情况下，由于合伙事务执行人的行为所产生的亏损和责任要由全体合伙人承担。因此，合伙企业法规定，合伙协议约定或者经全体合伙人决定，合伙人分别执行合伙企业事务时，合伙人可以对其他合伙人执行的事务提出异议。提出异议时，应暂停该项事务的执行。如果发生争议，可由全体合伙人共同决定。被委托执行合伙事务的合伙人不按照合伙协议或者全体合伙人的决定执行事务的，其他合伙人可以决定撤销该委托。

2. 合伙人在执行合伙事务中的义务

合伙人在执行合伙事务中的义务主要有以下内容：合伙事务执行人向不参加执行事务的合伙人报告事务执行情况以及企业经营状况和财务状况；合伙人不得自营或者同他人合作经营与本合伙企业竞争的业务；合伙人不得同本合伙企业进行交易，合伙协议另有约定或者经全体合伙人同意的除外；合伙人不得从事损害本合伙企业利益的活动。合伙人在执行合伙事务过程中，不得为了自己的私利，坑害其他合伙人利益，也不得与他人恶意串通，损害合伙企业的利益。

（三）合伙事务执行的决议办法

合伙人依法或者按照合伙协议对合伙企业有关事项作出决议时，除《合伙企业法》另有规定或者合伙协议中另有约定外，经全体合伙人决定可以实行一人一票的表决办法。

（四）合伙企业的损益分配

1. 合伙损益的内容

合伙损益包括两方面的内容：一是合伙利润，是指以合伙企业的名义所取得的经济利益，它反映了合伙企业在一定期间的经营成果。合伙利润包括营业利润、投资净收益和营业外收支净额。二是合伙亏损，是指以合伙企业的名义从事经营活动所形成的亏损，即合伙人共同承担的经济责任。

2. 合伙损益分配原则

合伙企业的利润分配、亏损分担，按照合伙协议的约定办理；合伙协议未约定或者约定不明确的，由合伙人协商决定；协商不成的，由合伙人按照实缴出资比例分配、分担；无法确定出资比例的，由合伙人平均分配、分担。合伙协议不得约定将全部利润分配给部分合伙人或者由部分合伙人承担全部亏损。

3. 合伙损益分配的具体形式

合伙企业年度的或者一定时期的利润分配或者亏损分担的具体方案，由全体合伙人协商决定或者按照合伙协议约定的办法决定。合伙损益分配的时间比较灵活，既可以按年度进行分配，也可以在一定时期内进行分配。合伙损益分配的具体方案应由全体合伙人共同决定。

（五）非合伙人参与经营管理

经全体合伙人同意，合伙企业可以聘任合伙人以外的人担任合伙企业的经营管理人员。被聘任的合伙企业的经营管理人员应当在合伙企业授权范围内履行职务。超越合伙企业授权范围而从事经营活动，或者因故意或者重大过失，给合伙企业造成损失的，依法承担赔偿责任。

六、合伙企业与第三人关系

合伙企业与第三人关系，实际上是指有关合伙企业的对外关系、涉及合伙企业对外代表权的效力、合伙企业和合伙人的债务清偿等问题。

《合伙企业法》规定，执行合伙企业事务的合伙人，对外代表合伙企业。依据这一规定，可以取得合伙企业对外代表权的合伙人，主要有三种情况：

（1）由全体合伙人共同执行合伙企业事务的，全体合伙人均有权对外代表合伙企业，即全体合伙人都取得了合伙企业的对外代表权。

（2）由部分合伙人执行企业事务的，只有受委托执行合伙企业事务的那一部分合伙人才有权对外代表合伙企业。

（3）并可特别授权在单项合伙事务上有执行权的合伙人，依照授权范围可以对外代表合伙企业。

执行合伙企业事务的合伙人，在取得对外代表权后，可以以合伙企业的名义进行经营活动，并可在其授权的范围内作出法律行为。

合伙人执行合伙事务的权利和对外代表合伙企业的权利，都会受到一定的内部限制。《合伙企业法》规定，合伙企业对合伙人执行合伙企业事务以及对外代表合伙企业权利的限制，不得对抗不知情的善意第三人。这里所指的合伙人，是指在合伙企业中有合伙事务执行权与对外代表权的合伙人；限制是指合伙企业对合伙人所享有的事务执行权与对外代表权的一种界定；对抗是指合伙企业否定第三人的某些权利和利益，拒绝承担某些责任；不知情是指与合伙企业有经济联系的第三人不知道合伙企业所作的内部限制，或者不知道合伙企业对合伙人行使权利所作限制的事实；善意第三人是指本着合法交易的目的，诚实地通过合伙企业的事务执行人，与合伙企业之间建立民商事法律关系的法人、非法人团体或自然人。如果第三人与合伙企业事务执行人恶意串通、损害合伙企业利益，则不属善意的情形。

七、入伙与退伙

1. 入伙

入伙是指在合伙企业存续期间，合伙人以外的第三人加入合伙企业，从而取得合伙人资格。新合伙人入伙时，应当经全体合伙人同意，并依法订立书面入伙协议。订立入伙协议时，原合伙人应当向新合伙人告知原合伙企业经营状况和财务状况。入伙的新合伙人与原合伙人享有同等的权利，承担同等的责任。入伙的新合伙人对入伙前合伙企业的债务承担连带责任。

2. 退伙

退伙是指合伙人退出合伙企业，从而丧失合伙人资格。合伙人退伙，一般有两种原因：一是自愿退伙；二是法定退伙。

自愿退伙是指合伙人基于自愿的意思表示而退伙。自愿退伙可以分为协议退伙和通知退伙两种。合伙协议约定合伙期限的，在合伙企业存续期间，有下列情形之一的，合伙人可以退伙：合伙协议约定的退伙事由出现；经全体合伙人一致同意；发生合伙人难以继续参加合伙的事由；其他合伙人严重违反合伙协议约定的义务或者合伙协议未约定合伙企业的经营期限的，合伙人在不给合伙企业的事务执行造成直接经济损失或不利影响的情况下，可以退伙，但应当提前30日通知其他合伙人。合伙人违反上述规定擅自退伙的，应当赔偿由此给其他合伙人造成的损失。

法定退伙是指合伙人因出现法律规定的事由而退伙。法定退伙分为当然退伙和除名退伙两类。合伙人有下列情形之一的，视为当然退伙：①死亡或者被依法宣告死亡；②被依法宣告为无民事行为能力人；③个人丧失偿债能力；④被人民法院强制执行在合伙企业中的全部财产份额。当然退伙以法定事由实际发生之日为退伙生效日。

合伙人被依法认定为无民事行为能力人或者限制民事行为能力人的，经其他合伙人一致同意，可以依法转为有限合伙人，普通合伙企业依法转为有限合伙企业。其他合伙人未能一致同意的，该无民事行为能力或者限制民事行为能力的合伙人当然退伙。

合伙人有下列情形之一的，经其他合伙人一致同意，可以决议将其除名：①未履行出资义务；②因故意或者重大过失给合伙企业造成损失；③执行合伙企业事务时有不正当行为；④合伙协议约定的其他事由。对合伙人的除名决议应当书面通知被除名人。被除名人自接到除名通知之日起，除名生效，被除名人退伙。被除名人对除名决议有异议的，可以在接到除名通知之日起30日内，向人民法院提起诉讼。

合伙人死亡或者被依法宣告死亡的，对该合伙人在合伙企业中的财产份额享有合法继承权的继承人，按照合伙协议的约定或者经全体合伙人一致同意，从继承开始之日起，取得该合伙企业的合伙人资格。有下列情形之一的，合伙企业应当向合伙人的继承人退还被继承合伙人的财产份额：继承人不愿意成为合伙人；法律规定或者合伙协议约定合伙人必须具有相关资格，而该继承人未取得该资格；合伙协议约定不能成为合伙人的其他情形。

合伙人的继承人为无民事行为能力人或者限制民事行为能力人的，经全体合伙人一致同意，可以依法成为有限合伙人，普通合伙企业依法转为有限合伙企业。全体合伙人未能一致同意的，合伙企业应当将被继承合伙人的财产份额退还该继承人。

合伙人退伙，其他合伙人应当与该退伙人按照退伙时的合伙企业财产状况进行结算，退还退伙人的财产份额。退伙人对给合伙企业造成的损失负有赔偿责任的，相应扣减其应当赔偿的数额。退伙时有未了结的合伙企业事务的，待该事务了结后进行结算。退伙人在合伙企业中财产份额的退还办法，由合伙协议约定或者由全体合伙人决定，可以退还货币，也可以退还实物。退伙人对基于其退伙前的原因发生的合伙企业债务，承担无限连带责任。

第三节　有限合伙企业

一、有限合伙企业的概念

有限合伙企业是指由普通合伙人和有限合伙人组成，普通合伙人对合伙企业债务承担无限连带责任，有限合伙人以其认缴的出资额为限对合伙企业债务承担责任的合伙企业。

与普通合伙企业比较，有限合伙企业具有以下显著特征：一是在经营管理上，有限合伙人不参与合伙企业的经营，由普通合伙人负责管理经营；二是在风险承担上，在有限合伙企业中，有限合伙人以其出资额为限对合伙企业的债务承担责任，普通合伙人之间承担连带无限责任。

二、有限合伙企业设立的特殊规定

1. 有限合伙企业的合伙人数

有限合伙企业由2个以上50个以下合伙人设立，法律另有规定的除外。有限合伙企业至少应当有一个普通合伙人。自然人、法人和其他经济组织可以依照法律的规定设立有限合伙企业。

2. 有限合伙企业的名称

有限合伙企业名称中应当标明“有限合伙”字样。

3. 有限合伙企业协议

有限合伙企业的合伙协议除应符合普通合伙协议的规定外，还应当载明下列事项：普通合伙人和有限合伙人的姓名或者名称及其住所；执行事务合伙人应具备的条件和选择程序；执行事务合伙人的权限与违约处理办法；执行事务合伙人的除名条件和更换程序；有限合伙人入伙、退伙的条件、程序以及相关责任；有限合伙人和普通合伙人相互转变的程序。

4. 有限合伙企业的出资形式与出资义务

有限合伙人可以用货币、实物、知识产权、土地使用权或者其他财产权利作价出资。有限合伙人不得以劳务出资。有限合伙人应当按照合伙协议的约定按期足额缴纳出资；未按期足额缴纳的，应当承担补缴义务，并对其他合伙人承担违约责任。有限合伙企业登记事项中应当载明有限合伙人的姓名或者名称及其认缴的出资数额。

三、有限合伙企业事务执行的特殊规定

有限合伙企业的事务由普通合伙人负责，有限合伙人不执行合伙事务，不得对外代表有限合伙企业。有限合伙人的下列行为，不视为执行合伙事务：参与决定普通合伙人入伙、退伙；对企业的经营管理提出建议；参与选择承办有限合伙企业审计业务的会计

师事务所；获取经审计的有限合伙企业财务会计报告；对涉及自身利益的情况，查阅有限合伙企业财务会计账簿等财务资料；在有限合伙企业中的利益受到侵害时，向有责任的合伙人主张权利或者提起诉讼；执行事务合伙人怠于行使权利时，督促其行使权利或者为了本企业的利益以自己的名义提起诉讼；依法为本企业提供担保。

有限合伙企业不得将全部利润分配给部分合伙人，合伙协议另有约定的除外。有限合伙人可以同本有限合伙企业进行交易，合伙协议另有约定的除外。有限合伙人可以自营或者同他人合作经营与本有限合伙企业相竞争的业务，合伙协议另有约定的除外。

四、有限合伙企业财产的特殊规定

有限合伙人可以将其在有限合伙企业中的财产份额出质，合伙协议另有约定的除外。

有限合伙人可以按照合伙协议的约定向合伙人以外的人转让其在有限合伙企业中的财产份额，但应当提前30日通知其他合伙人。

有限合伙人的自有财产不足清偿其与合伙企业无关的债务的，可以将其从有限合伙企业中分取的收益用于清偿；债权人也可以依法请求人民法院强制执行该合伙人在有限合伙企业中的财产份额用于清偿。

人民法院强制执行有限合伙人的财产份额时，应当通知全体合伙人。在同等条件下，其他合伙人有优先购买权。

五、有限合伙企业入伙与退伙的特殊规定

新入伙的有限合伙人对入伙前有限合伙企业的债务，以其认缴的出资额为限承担责任。作为有限合伙人的自然人在有限合伙企业存续期间丧失民事行为能力的，其他合伙人不得因此要求其退伙。作为有限合伙人的自然人死亡、被依法宣告死亡或者作为有限合伙人的法人及其他组织终止时，其继承人或者权利承受人可以依法取得该有限合伙人在有限合伙企业中的资格。有限合伙人退伙后，对基于其退伙前的原因发生的有限合伙企业债务，以其退伙时从有限合伙企业中取回的财产承担责任。

六、有限合伙企业性质的转变

除合伙协议另有约定外，普通合伙人转变为有限合伙人，或者有限合伙人转变为普通合伙人，应当经全体合伙人一致同意。有限合伙人转变为普通合伙人的，对其作为有限合伙人期间有限合伙企业发生的债务承担无限连带责任。普通合伙人转变为有限合伙人的，对其作为普通合伙人期间合伙企业发生的债务承担无限连带责任。

第四节　合伙企业解散与清算

一、合伙企业解散

合伙企业解散是指各合伙人解除合伙协议，合伙企业终止活动。合伙企业有下列情形之一的，应当解散：

（1）合伙协议约定的经营期限届满，合伙人不愿意继续经营的。

（2）合伙协议约定的解散事由出现。

（3）全体合伙人决定解散。

（4）合伙人已不具备法定人数满30天。

（5）合伙协议约定的合伙目的已经实现或者无法实现。

（6）被依法吊销营业执照。

（7）出现法律、行政法规规定的合伙企业解散的其他原因。

二、合伙企业清算

合伙企业解散时，应当进行清算，清算的步骤如下：

（1）通知和公告债权人。合伙企业解散后应当进行清算，并通知和公告债权人。

（2）确定清算人。合伙企业解散，清算人由全体合伙人担任；不能由全体合伙人担任清算人的，经全体合伙人过半数同意，可自合伙企业解散后15日内指定一名或者数名合伙人，或者委托第三人担任清算人；15日内未确定清算人的，合伙人或者其他利害关系人可以申请人民法院指定清算人。

清算人在清算期间应履行下列职责：清理合伙企业财产，分别编制资产负债表和财产清单；处理与清算有关的合伙企业未了结的事务；清缴所欠税款；清理债权债务；处理合伙企业清偿债务后的剩余财产；代表合伙企业参与民事诉讼活动。

（3）财产清偿顺序。合伙企业财产在支付清算费用后，按下列顺序清偿：合伙企业所欠职工工资和劳动保险费用；合伙企业所欠税款；合伙企业的债务；返还合伙人的出资。

合伙企业财产按上述顺序清偿后仍有剩余的，按《合伙企业法》规定的财产分配顺序分配；合伙企业的利润分配、亏损分担，按照合伙协议的约定办理；合伙协议未约定或者约定不明确的，由合伙人协商决定；协商不成的，由合伙人按照实缴出资比例分配、分担；无法确定出资比例的，由合伙人平均分配、分担。

（4）清算结束。在清算期间，如果全体合伙人以个人财产承担清偿责任后，仍不足清偿合伙企业债务的，应当结束清算程序。对于未能清偿的债务，由原合伙人继续承担连带清偿责任，但如果债权人在连续5年内未向债务人提出清偿请求的，则债务人的清偿责任归于消灭。

清算结束后，清算人应当编制清算报告，经全体合伙人签名、盖章后，在15日内向企业登记机关报送清算报告，办理合伙企业注销登记。

思考题

1. 分析比较普通合伙企业与有限合伙企业在性质特征与设立条件上的差异。
2. 试述合伙企业财产的范围与性质。
3. 试述入伙的法律要件与法律效力。
4. 试述退伙的类型与法定情形。

案例分析题

甲、乙、丙、丁四人出资成立一有限合伙企业。其中甲、乙为普通合伙人，丙、丁为有限合伙人。合伙企业存续期间，发生以下事项：

6月，合伙企业向A银行贷款100万元。

7月，经全体合伙人一致同意，普通合伙人甲转为有限合伙人，有限合伙人丙转为普通合伙人。

8月，甲、丁提出退伙。经结算，甲从合伙企业分回10万元，丁从合伙企业分回20万元。

10月，戊、庚新入伙，戊为有限合伙人，庚为普通合伙人。其中两者出资均为30万元。

12月，A银行贷款100万元到期，合伙企业全部资产仅有40万元。

问题：

(1) 对不足的60万元，A银行能否要求甲全部偿还？请说明理由。

(2) 对不足的60万元，A银行能否要求乙全部偿还？请说明理由。

(3) 对不足的60万元，A银行能否要求丙全部偿还？请说明理由。

(4) 对不足的60万元，A银行能否要求丁全部偿还？请说明理由。

(5) 对不足的60万元，A银行能否要求戊全部偿还？请说明理由。

(6) 对不足的60万元，A银行能否要求庚全部偿还？请说明理由。

第五章

外商投资企业法律制度

内容要点

本章主要讲述外商投资企业的类型与法律性质以及中外合资经营企业、中外合作经营企业、外商独资企业的设立条件、组织机构与经营管理。

第一节　中外合资经营企业法律制度

一、中外合资经营企业的概念

中外合资经营企业（简称合营企业）是指外国的公司、企业和其他经济组织或者个人同中国的公司、企业或者其他经济组织，依照我国的法律和行政法规，经我国政府批准，设在中国境内的，由双方共同投资、共同经营，并按照投资比例共担风险、共负盈亏的企业。

合营企业法律制度主要包括1989年7月发布并于1990年4月和2001年3月修正的《中华人民共和国中外合资经营企业法》（以下简称《中外合资经营企业法》）及1983年9月发布并于2001年7月修正的《中华人民共和国中外合资经营企业法实施条例》。

二、中外合资经营企业的设立

（一）设立合营企业的条件

申请设立的合营企业，必须符合下列一项或数项要求：

（1）采用先进技术设备和科学管理方法，能增加产品品种，提高产品质量和产量，节约能源和材料。

（2）有利于技术改造，能做到投资少、见效快、收益大。

（3）能扩大产品出口，增加外汇收入。

（4）能培训技术人员和经营管理人员。

对于申请设立的合营企业有损中国主权、违反中国法律、不符合中国国民经济发展要求、造成环境污染、签订的协议合同章程显属不公平损害合营一方权益的，不予批准。

（二）设立合营企业的审批机关

设立合营企业必须经国务院对外经济贸易主管部门（以下简称审批机关）审查批准。合营企业批准设立后，由审批机关发给批准证书。但具备以下两个条件的，审批机关可以委托有关的省、自治区、直辖市人民政府或国务院有关行政机关审批：①投资总额在国务院规定的限额以内，中国合营者的资金来源已经落实的；②不需要国家增拨原材料，不影响燃料、动力、交通运输、外贸出口配额等全国平衡的。受托机关批准设立合营企业后，应报审批机关备案，并由审批机关发给批准证书。

（三）设立合营企业的程序

根据中外合资经营企业法及其实施条例的规定，设立合营企业一般要经过如下程序：

（1）由中国合营者向企业主管部门呈报拟与外国合营者设立合营企业的项目建议书和初步可行性研究报告。

（2）由中国合营者向审批机关报送下列文件：设立合营企业的申请书；合营各方共同编制的可行性研究报告；由合营各方授权代表签署的合营企业协议、合同和章程；由合营各方委派的合营企业董事人选名单以及由合营各方协商确定或由董事会选举产生的董事长、副董事长人选名单；中国合营者的企业主管部门和合营企业所在地的省、自治区、直辖市人民政府对设立该合营企业签署的意见。

（3）由审批机关审查批准。审批机关在接到中国合营者按规定报送的全部文件之日起3个月内决定批准或者不批准。

（4）向工商行政管理机关申请登记。合营企业申请人应在收到审批机关的批准证书后1个月内，向合营企业所在地的工商行政管理机关办理合营企业的登记手续，领取营业执照。合营企业的营业执照签发日期，即为合营企业的成立日期。

三、中外合资经营企业的注册资本与合营各方的出资方式、出资期限

（一）合营企业的注册资本

合营企业的注册资本是指合营企业在工商行政管理机关登记注册的资本，应为合营企业各方认缴的出资额之和。在合营企业的注册资本中，外国合营者的投资比例一般不低于25%。合营企业在合营期限内，不得减少其注册资本，但合营各方的投资比例在一定条件下是可以变化的。合营企业增加注册资本，应当经合营各方协商一致，由合营企业董事会会议通过后，报原审批机关批准，并向原工商行政管理机关办理变更登记手续。

合营企业的投资总额是指按照合营合同、章程规定的生产规模需要投入的基本建设资金和生产流动资金的总和。如果合营各方的出资额之和达不到投资总额，可以以合营企业的名义进行借款。合营企业的注册资本与企业借款必须保持一个适当的、合理的比例。现行有关规定如下：

(1) 合营企业的投资总额在300万美元以下（含300万美元）的，其注册资本至少应占投资总额的7/10。

(2) 合营企业的投资总额在300万美元以上至1 000万美元（含1 000万美元）的，其注册资本至少应占投资总额的1/2；其中投资总额在420万美元以下的，注册资本不得低于210万美元。

(3) 合营企业的投资总额在1 000万美元以上至3 000万美元（含3 000万美元）的，其注册资本至少应占投资总额的2/5；其中投资总额在1 250万美元以下的，注册资本不得低于500万美元。

(4) 合营企业的投资总额在3 000万美元以上的，其注册资本至少应占投资总额的1/3；其中投资总额在3 600万美元以下的，注册资本不得低于1 200万美元。

（二）合营企业合营各方的出资方式

合营企业合营各方可以用现金出资，也可以用实物、工业产权、专有技术和土地使用权等作出资。以实物、工业产权、专有技术作为出资的，其价值应经评估确定。合营各方按照合营合同的规定认缴的出资，必须是合营者自己所有的现金、自己所有并且未设立任何担保物权的实物、工业产权、专有技术等。凡是以实物、工业产权、专有技术作价出资的，出资者应当出具拥有所有权和处置权的有效证明。

作为外国合营者出资的机器设备或者其他物料，必须符合下列各项条件：①为合营企业生产必不可少的；②中国不能生产，或虽能生产但价格过高或者技术性能和供应时间上不能保证需要的；③作价不得高于同类机器设备或其他物料当时的国际市场价格。

作为外国合营者出资的工业产权或专有技术，必须符合下列条件之一：

(1) 能生产中国急需的新产品或出口适销产品的。

(2) 能显著改进现有产品的性能、质量，提高生产效率的。

(3) 能显著节约原材料、燃料、动力的。

外国合营者以工业产权或专有技术作为出资的，应提交该工业产权或专有技术的有关资料；外国合营者作为出资的机器设备或其他物料、工业产权或专有技术，应经中国合营者的企业主管部门审查同意，报审批机关批准。

中国合营者可以用合营企业在经营期间提供的土地使用权作为出资。如果土地使用权未作为中国合营者出资的一部分，合营企业应向中国政府缴纳土地使用费。

合营企业任何一方不得以用合营企业名义取得的贷款、租赁的设备或者其他财产以及合营者以外的他人财产作为自己的出资，也不得以合营企业的财产和权益或者合营他方的财产和权益为其出资担保。

（三）合营企业合营各方的出资期限

合营各方应当在合营合同中确定出资期限，并且应当按照合营合同规定的期限缴清各自的出资。合营合同规定一次缴清出资的，合营各方应当从营业执照签发之日起6个月内缴清；合营合同规定分期缴付出资的，合营各方的第一期出资，不得低于各自认缴出资额的15%，并且应当在营业执照签发之日起3个月内缴清。

合营企业投资者分期出资的总期限为：注册资本在50万美元以下（含50万美元）的，自营业执照核发之日起1年内，应将资本全部缴齐；注册资本在50万美元以上、100万美元以下（含100万美元）的，自营业执照核发之日起1年半内，应将资本全部缴齐；注册资本在100万美元以上、300万美元以下（含300万美元）的，自营业执照核发之日起2年内，应将资本全部缴齐；注册资本在300万美元以上、1 000万美元以下（含1 000万美元）的，自营业执照核发之日起3年内，应将资本全部缴齐；注册资本在1 000万美元以上的，出资期限由审批机关根据实际情况审定。

通过收购国内企业资产或股权设立合营企业的外国投资者，应自合营企业营业执照颁发之日起3个月内支付全部购买金。对因特殊情况需要延长支付者，经审批机关批准后，应自营业执照颁发之日起6个月内支付购买总金额的60%以上，在1年内付清全部购买金，并按实际缴付的出资额的比例分配收益。控股投资者在付清全部购买金额之前，不能取得企业决策权，不得将其在企业中的权益、资产以合并报表的方式纳入该投资者的财务报表中。

合营企业合同经审批后，如确有特殊情况需要超过合同规定的缴资期限延期缴资的，应报原审批机关批准和登记机关备案，并办理相关手续。合营企业的投资者均须按合同规定的比例和期限同步缴付认缴的出资额。因特殊情况不能同步缴付的，应报原审批机关批准，并按实际缴付的出资额比例分配收益。对合营企业中控股的投资者，在其实际缴付的投资额未达到其认缴的全部出资额之前，不能取得企业决策权，不得将其在企业中的权益、资产以合并报表的方式纳入该投资者的财务报表中。

四、中外合资经营企业的组织形式和组织机构

（一）合营企业的组织形式

合营企业的组织形式为有限责任公司。合营企业合营各方以其认缴的出资额对企业承担有限责任，合营企业以其全部资产对企业债务承担责任。

（二）合营企业的组织机构

根据中外合资经营企业法及其实施条例的规定，合营企业的组织机构是董事会和经营管理机构。

1. 董事会

合营企业的董事会是合营企业的最高权力机构。合营企业的组织形式虽然是有限责任公司，但并不设立股东会。

董事会由董事长、副董事长及董事组成，董事会成员不得少于3人。董事长和副董事长由合营各方协商确定或者由董事会选举产生。中外合营者的一方担任董事长的，由他方担任副董事长。董事长是合营企业的法定代表人。董事名额的分配由合营各方参照出资比例协商确定，董事由合营各方按照分配的名额委派和撤换。董事任期4年，可以

连任。

董事会的职权是按照合营企业章程的规定，讨论决定合营企业的一切重大问题，包括企业发展规划、生产经营活动方案、收支预算、利润分配、劳动工资计划、停业，以及总经理、副总经理等高级管理人员的任命或聘请及其职权和待遇等。

董事会会议由董事长召集。董事长不能召集时，可以由董事长委托副董事长或者其他董事召集。董事会会议每年至少召开1次。经1/3以上的董事提议，可召集董事会临时会议。董事会会议应有2/3以上董事出席方能举行。董事不能出席时，可出具委托书委托他人代表其出席和表决。董事会会议一般应在合营企业的法定所在地举行。

下列事项由出席董事会会议的董事一致通过方可作出决议：合营企业章程的修改；合营企业的中止、解散；合营企业注册资本的增加、转让；合营企业与其他经济组织的合并。

2. 经营管理机构

合营企业的经营管理机构，负责企业的日常经营工作。

经营管理机构设总经理1人，副总经理和其他高级管理人员若干人。总经理、副总经理由合营企业董事会聘请，可以由中国公民担任，也可以由外国公民担任。

总经理执行董事会会议的各项决议，组织领导合营企业的日常经营管理工作。在董事会授权范围内，总经理对外代表合营企业，对内任免下属人员，行使董事会授予的其他职权，副总经理协助总经理工作。总经理或副总经理不得兼任其他经济组织的总经理或副总经理，不得参与其他经济组织对本企业的商业竞争。

五、中外合资经营企业的经营管理

（一）合营企业的生产经营管理

合营企业的基本建设计划，应根据批准的可行性研究报告编制，并纳入企业主管部门的基本建设计划，企业主管部门应优先予以安排和保证实施。

合营企业按照合营合同规定的经营范围和生产规模所制订的生产经营计划（包括购买物资计划、产品销售计划、外汇收支计划、劳动工资计划等），由董事会批准执行，报企业主管部门备案。企业主管部门和各级计划管理部门，不得对合营企业下达指令性的生产经营计划。

合营企业所需的机器设备、原材料、燃料、配套件、运输工具和办公用品等，有权自行决定在中国购买或者在国外购买。

（二）合营企业的财务与会计管理

合营企业应当建立健全的财务会计管理机构，执行国家统一的财务会计制度，根据中国有关的法律和财务会计制度的规定，制定适合本企业的财务会计制度，并报当地财政、税务机关备案。合营企业应向合营各方、当地税务机关、主管财政机关、企业主管部门报送季度和年度的会计报表。年度会计报表应抄报原审批机关。

合营企业原则上采用人民币为记账本位币，但经合营各方商定，也可采用某一种外币为记账本位币。以外币记账的合营企业，除编制外币的会计报表外，还应另编折合人民币的会计报表。

合营企业的税后利润中可向出资人分配的利润，按照合营企业各方出资比例进行分配。合营企业以前年度尚未分配的利润，可并入本年度的可分配利润中进行分配。

合营企业的下列文件、证件、报表，应经中国注册会计师验证和出具证明，方为有效：①合营各方的出资证明书；②合营企业的年度会计报表；③合营企业清算的会计报表。

（三）合营企业的劳动用工管理

合营企业在劳动用工方面享有自主权，但同时也要遵守中国的法律和行政法规的规定。合营企业用工实行劳动合同制，劳动合同由合营企业同本企业的工会组织代表职工集体签订，规模较小的合营企业，也可以由合营企业同职工个人签订。劳动合同的内容一般包括以下事项：合营企业职工的雇用、解雇和辞退；生产和工作任务；工资和奖惩；工作时间和假期；劳动保险和生活福利；劳动保护；劳动纪律等。

合营企业应加强对职工的业务、技术培训。合营企业要制订切实可行的培训计划，提供必要的经费，建立严格的考核制度，加强对职工培训工作的组织领导。

六、中外合资经营企业的合营期限、解散与清算

（一）合营企业的合营期限

合营企业的合营期限是指合营各方根据中国的法律、行政法规的规定和合营企业的经营目标的期望，在合营合同中对合营企业存续期间的规定。有关合营企业的合营期限的具体规定如下：

（1）举办的合营企业属于下列行业的，合营各方应当依照国家有关法律、行政法规的规定，在合营合同中约定合营企业的合营期限。这些行业包括：①服务性行业，如饭店、公寓、写字楼、娱乐、饮食、出租汽车、彩扩、洗相、维修、咨询等；②从事土地开发及经营房地产；③从事资源勘查开发；④国家规定限制投资项目；⑤国家其他法律法规规定需要约定合营期限的。

合营企业的合营期限，一般项目原则上为10～30年；投资大、建设周期长、资金利润率低的项目以及外国合营者提供先进技术或者关键技术生产尖端产品的项目，或者在国际上竞争能力强的产品项目，其合营期限可以延长到50年；经国务院特别批准的，可以在50年以上。

（2）对于从事属于国家规定鼓励投资和允许投资项目的合营企业，除上述行业外，合营各方可以在合同中约定合营期限，也可以不约定合营期限。

（3）约定合营期限的合营企业，合营各方同意延长合营期限的，应当在合营期限届满前6个月向审批机关提出申请。审批机关应当在收到申请之日起1个月内决定批准或者不批准。合营企业合营各方如一致同意将合营合同中约定的合营期限条款改为不约定合营期限的条款，应提出申请，报原审批机关审查，原审批机关应当自收到上述申请文件之日起90日内决定批准或者不批准。

（二）合营企业的解散

合营企业有下列情形之一的，应予解散：①营业期限届满；②企业发生严重亏损，无力继续经营；③合营一方不履行合营企业协议、合同、章程规定的义务，致使企业无法继续经营；④因自然灾害、战争等不可抗力原因使合营企业遭受严重损失，无法继续经营；⑤合营企业未达到其经营目的，同时又无发展前途；⑥合营企业合同、章程所规定的其他解散原因已经出现。

除合营期限届满外，其他情形下的合营企业的解散均由董事会提出解散申请，并报审批机关批准。

（三）合营企业的清算

合营企业解散时应当进行清算。合营企业的清算由企业董事会提出清算的程序、原则和清算委员会人选，报经合营企业主管部门审查并进行监督。

清算委员会的成员一般应在合营企业的董事中选任。董事不能担任或不适合担任清算委员会成员时，合营企业可聘请在中国注册的会计师、律师担任。审批机关认为必要时，可以派人进行监督。

清算委员会的任务主要是：对合营企业的财产、债权债务进行全面清查；编制资产负债表和财产目录，提出财产作价和计算依据，制订清算方案；履行企业偿债义务；清算委员会代表合营企业起诉和应诉。

合营企业解散时，其资产净额或剩余财产超过注册资本的部分视为利润，应依法缴纳所得税。

合营企业清偿债务后的剩余财产按照合营各方的出资比例进行分配，合营企业协议、合同、章程另有规定的除外。

合营企业清算工作结束后，由清算委员会提出清算结束报告，提请董事会会议通过后，报原审批机关，并向原登记主管机关办理注销登记手续，缴销营业执照。

第二节 中外合作经营企业法律制度

一、中外合作经营企业的概念

中外合作经营企业是指外国的公司、企业和其他经济组织或者个人同中国的公司、企业或者其他经济组织，依照中国的法律和行政法规，经中国政府批准，设在中国境内的，由双方通过合作企业合同约定各自的权利和义务的企业。

中外合作经营企业法律制度主要包括1988年4月发布并于2000年10月修正的《中华人民共和国中外合作经营企业法》（以下简称《中外合作经营企业法》）及1995年9月国务院发布的《中华人民共和国中外合作经营企业法实施细则》。

二、中外合作经营企业的设立

在中国境内设立合作企业，应当符合国家的发展政策和产业政策，遵守国家关于指导外商投资方向的规定。

根据中外合作经营企业法的规定，国家鼓励举办的合作企业有产品出口的生产型合作企业、技术先进的生产型合作企业。

根据中外合作经营企业法实施细则的规定，申请设立合作企业，有下列情形之一的，不予批准：损害国家主权或者社会公共利益的；危害国家安全的；对环境造成污染损害的；违反法律、行政法规或者国家产业政策的其他情形的。

（一）设立合作企业的审批机关

设立合作企业由国务院对外经济贸易主管部门或者国务院授权的部门和地方人民政府（以下简称审批机关）审查批准。

属于下列情形的，由国务院授权部门或者地方人民政府批准：

（1）投资总额在国务院规定由国务院授权部门或者地方人民政府审批的投资限额以内的。

（2）自筹资金，且不需要国家平衡建设、生产条件的。

（3）产品出口不需要领取国家有关主管部门发放的出口配额、许可证，或者需要领取，但在报送项目建设书前已征得各有关主管部门同意的。

（4）有关法律、行政法规规定由国务院授权部门或者地方人民政府审查批准的其他情形的。

国务院对外经济贸易主管部门和国务院授权部门批准设立的合作企业，由国务院对外经济贸易主管部门颁发批准证书。国务院授权的地方人民政府批准设立的合作企业，由有关地方人民政府颁发批准证书，并在批准之日起30日内将有关批准文件报送国务院对外经济贸易主管部门备案。

（二）设立合作企业的程序

根据中外合作经营企业法及其实施细则的规定，设立合作企业一般要经过如下程序：

1. 由中国合作者向审批机关报送有关文件

这些文件包括：①设立合作企业的项目建议书，并附送主管部门审查同意的文件；②合作各方共同编制的可行性研究报告，并附送主管部门审查同意的文件；③同合作各方的法定代表人或授权的代表签署的合作企业协议、合同、章程；④合作各方的营业执照或注册登记证明、资信证明及法定代表人的有效证明文件，外国合作者是自然人的，应当提供有关其身份、履历和资信情况的有效证明文件；⑤合作各方协商确定的合作企业董事长、副董事长、董事或者联合管理委员会主任、副主任、委员的人选名单；⑥审查批准机关要求报送的其他文件。

2. 由审批机关审查批准

审批机关应当自收到规定的合作企业设立申请的全部文件之日起45日内决定批准

或者不予批准。审批机关认为报送的文件不全或者有不当之处的，有权要求合作各方在指定期间内补全或修正。

3. 向工商行政管理机关申请登记

经批准设立的合作企业应当自接到批准证书之日起30日内向工商行政管理机关申请登记，领取营业执照。营业执照的签发日期，为合作企业成立日期。

三、中外合作经营企业的注册资本与投资、合作条件

（一）合作企业的注册资本

合作企业的注册资本是指为设立合作企业，在工商行政管理机关登记的合作各方认缴的出资额之和。注册资本可以用人民币表示，也可以用合作各方约定的一种可自由兑换的外币表示。合作企业的注册资本在合作期限内不得减少。因投资总额和生产经营规模等变化，确需减少的，须经审查批准机关批准。

（二）合作企业的投资和合作条件

1. 合作各方的出资方式

合作各方向合作企业投资或者提供合作条件的方式可以是货币，也可以是实物或者工业产权、专有技术、土地使用权等财产权利。合作各方应当以其自有的财产或者财产权利作为投资或者提供的合作条件，对该投资或者提供的合作条件不得设置抵押或者其他形式的担保。中国合作者的投资或者提供的合作条件，属于国有资产的，应当依照有关法律、行政法规的规定进行资产评估。

2. 合作各方的出资比例

在依法取得法人资格的合作企业中，外国合作者的投资一般不低于合作企业注册资本的25%。在不具有法人资格的合作企业中，对合作各方向合作企业投资或者提供合作条件的具体要求，由国务院对外经济贸易主管部门确定。

3. 合作各方的出资期限

合作各方应当根据合作企业的生产经营需要，依照有关法律、行政法规的规定，在合作企业合同中约定合作各方向合作企业投资或者提供合作条件的期限。合作各方未按照合同约定缴纳投资或者提供合作条件的，工商行政管理机关应当限期履行；限期届满仍未履行的，审查批准机关应当撤销合作企业的批准证书，工商行政管理机关应当吊销合作企业的营业执照，并予以公告。

未按照合作企业合同约定缴纳投资或者提供合作条件的一方，应当向已缴纳投资或者已提供合作条件的他方承担违约责任。

合作各方缴纳投资或者提供合作条件后，应当经由中国注册会计师验证并出具验资报告，由合作企业据以发给合作各方出资证明书。

四、中外合作经营企业的组织形式和组织机构

（一）合作企业的组织形式

合作企业可以申请为具有法人资格的合作企业，也可以申请为不具有法人资格的合

作企业。

具有法人资格的合作企业，其组织形式为有限责任公司。合作各方对合作企业的责任以各自认缴的出资额或者提供的合作条件为限。合作企业以其全部资产对企业债务承担责任。

不具有法人资格的合作企业，合作各方的关系是一种合伙关系。合作各方依照中国民事法律的有关规定，承担民事责任。

（二）合作企业的组织机构

合作企业在组织机构的设置上有较大的灵活性，同合营企业相比有很大的区别。

具备法人资格的合作企业，一般设立董事会；不具备法人资格的合作企业，一般设立联合管理委员会。董事会或者联合管理委员会是合作企业的权力机构，按照合作企业章程的规定，决定合作企业的重大问题。

董事会或者联合管理委员会成员不得少于3人，其名额的分配由中外合作者参照其投资或者提供的合作条件协商确定。董事会或者联合管理委员会成员由合作各方自行委派或者撤换。董事会董事长、副董事长或者联合管理委员会主任、副主任的产生办法由合作企业章程规定；中外合作者一方担任董事长、主任的，副董事长、副主任由他方担任。董事或者委员的任期由合作企业章程规定，但是每届任期不得超过3年。董事或者委员任期届满，委派方继续委任的，可以连任。

董事会会议或者联合管理委员会会议每年至少召开1次，由董事长或者主任召集并主持。董事长或者主任因特殊情况不能履行职务时，由董事长或者主任指定副董事长、副主任或者其他董事、委员召集并主持。1/3以上董事或者委员可以提议召开董事会会议或者联合管理委员会会议。董事会会议或者联合管理委员会会议应当有2/3以上董事或者委员出席方能举行。不能出席董事会会议或者联合管理委员会会议的董事或者委员，应当书面委托他人代表其出席和表决。董事会会议或者联合管理委员会会议作出决议，须经全体董事或者委员的过半数通过。董事或者委员无正当理由不参加又不委托他人代表其参加董事会会议或者联合管理委员会会议的，视为出席会议并在表决中弃权。会议的召开应提前10日通知全体董事或者委员。董事会或者联合管理委员会也可以用通讯的方式作出决议。

下列事项由出席董事会会议或者联合管理委员会会议的董事或者委员一致通过，方可作出决议：合作企业章程的修改；合作企业注册资本的增加或者减少；合作企业的资产抵押；合作企业的解散；合作企业合并、分立和变更组织形式；合作各方约定由董事会会议或者联合管理委员会会议一致通过方可作出决议的其他事项。

合作企业成立后，经合作各方一致同意，可以委托合作一方进行经营管理，另一方不参加管理；也可以委托合作各方以外的第三人经营管理。合作企业委托第三人经营管理的，必须经董事会或者联合管理委员会一致同意，并报审批机关批准，向工商行政管理机关办理变更登记手续。

五、中外合作经营企业的经营管理

（一）合作企业的生产经营管理

合作企业在批准的合作企业协议、合同、章程范围内，依法自主地开展业务、进行经营管理活动，不受任何组织或者个人的干涉。合作企业按照批准的经营范围和生产经营规模，自行制定生产经营计划。政府部门不得强令合作企业执行政府部门确定的生产经营计划。

合作企业可以自行决定在中国境内或者境外购买本企业自用的机器、原材料、燃料、零部件、配套件、运输工具和办公用品等物资。合作企业可以自行向国际市场销售其产品。合作企业销售产品的价格，由合作企业依法自行确定。合作企业不得以明显低于国际市场同类产品的价格出口产品，不得以高于国际市场同类产品的价格进口物资。应当按照国家有关规定申领手续。

（二）合作企业的收益分配

合作企业的中外合作者可以在合同中约定采用分配利润、分配产品或者其他方式分配收益。合作企业合作各方约定采用分配产品或者其他方式分配收益的，应当按照中国税法的有关规定，计算应纳税额。

（三）合作企业外国合作者的投资回收

根据中外合作经营企业法及其实施细则的规定，中外合作者在合作企业合同约定的合作期限届满时，合作企业的全部固定资产归中国合作者所有的。外国合作者在合作期限内可以申请以下方式先行回收其投资：

（1）在按照投资或者提供合作条件进行分配的基础上，在合作企业合同中约定扩大外国合作者的收益分配比例。

（2）经财政税务机关审查批准，外国合作者在合作企业缴纳所得税前回收投资。

（3）经财政税务机关和审查批准机关批准的其他回收投资方式。

外国合作者在合作期限内先行回收投资的，应符合下列法定条件：

（1）中外合作者在合作企业合同中约定合作期满时，合作企业的全部固定资产无偿归中国合作者所有。

（2）对于税前回收投资的，必须向财政税务机关提出申请，并由财政税务机关依法审查批准。

（3）中外合作者应当依照有关法律的规定和合作企业合同的约定，对合作企业的债务承担责任。

（4）外国合作者提出先行回收投资的申请，应当具体说明先行回收投资的总额、期限和方式，经财政税务机关审查同意后，报审查批准机关审批。

（5）外国合作者应当在合作企业的亏损弥补之后，才能先行回收投资。

六、中外合作经营企业的期限和终止

（一）合作企业的期限

合作企业的期限由中外合作者协商，在合作企业合同中确定。合作各方协商同意要求延长合作期限的，应当在合作期限届满的180天前向审查批准机关提出申请，说明原合作企业合同执行情况、延长合作期限的原因，同时报送合作各方就延长的期限内各方的权利、义务等事项所达成的协议。审查批准机关应当自接到申请之日起30日内，决定批准或者不批准。经批准延长合作期限的，合作企业凭批准文件向工商行政管理机关办理变更登记手续，延长的期限从期限届满后第一天计算。

合作企业合同约定外国合作者先行回收投资的，并且投资已经回收完毕的，合作企业期限届满不再延长。但外国合作者增加投资的，经合作各方协商同意，可以依照有关法律规定向审查批准机关申请延长合作期限。

（二）合作企业的终止

根据中外合作经营企业法及其实施细则的规定，合作企业有下列情形之一的，应予以终止：①合作期限届满；②合作企业发生严重亏损，或者因不可抗力原因遭受严重损失，无力继续经营；③中外合作者一方或者数方不履行合作企业合同、章程规定的义务，致使合作企业无法继续经营；④合作企业合同、章程中规定的其他解散原因已经出现；⑤合作企业违反法律、行政法规，被依法责令关闭。

如有上述第②项、第④项所列情形发生，应当由合作企业的董事会或者联合管理委员会作出决定，报审查批准机关批准。在上述第③项所列情形下，不履行合作企业合同、章程规定的义务的合作者一方或者数方，应当对履行合同的他方因履行合同而遭受的损失承担赔偿责任；履行合同的一方或者数方有权向审查批准机关提出申请，解散合作企业。

合作企业期满或者提前终止时，应当依照法定程序对资产和债权债务进行清算。中外合作者应当按照合作企业合同的约定确定合作企业财产的归属。合作企业终止后，应当向工商行政管理机关和税务机关办理注销登记手续。

第三节　外商独资企业法律制度

一、外资企业的概念

外资企业亦称外商独资企业，是指外国的公司、企业和其他经济组织或者个人，依照中国的法律和行政法规，经中国政府批准，设在中国境内的，全部资本由外国投资者投资的企业。外资企业不包括外国公司、企业和其他经济组织在中国境内设立的分支机构。

外资企业法律制度主要包括1986年4月发布并于2000年10月修正的《中华人民

共和国外资企业法》（以下简称《外资企业法》）及1990年12月国务院发布并于2000年12月修正的《中华人民共和国外资企业法实施细则》。

二、外资企业的设立

（一）设立外资企业的条件

设立外资企业，必须有利于中国国民经济的发展。国家鼓励举办产品出口或者技术先进的外资企业。对于申请设立的外资企业有损中国主权或者社会公众利益，危及中国国家安全，违反中国法律法规，不符合中国国民经济发展要求，可能造成环境污染的，不予批准。

（二）设立外资企业的审批机关

根据《外资企业法》的规定，设立外资企业的申请，由国务院对外经济贸易主管部门和国务院授权的机关（以下简称审批机关）审查批准，发给批准证书。设立外资企业的申请属于下列情形的，由国务院授权省、自治区、直辖市和计划单列市、经济特区人民政府审查批准：①投资总额在国务院规定的投资审批限额以内的；②不需要国家调拨原材料，不影响能源、交通运输、外贸出口配额等全国综合平衡的。

在国家规定限制设立外资企业的行业中申请设立外资企业的，除法律法规另有规定外，须经国务院对外经济贸易主管部门批准。申请设立的外资企业，其产品涉及出口许可证、出口配额、进口许可证或者属于国家限制进口的，应当依照有关管理权限事先征得国务院对外经济贸易主管部门的同意。

（三）设立外资企业的程序

根据《外资企业法》及其实施细则的规定，申请设立外资企业一般应经过如下程序：

1．设立外资企业的申请

外国投资者在提出设立外资企业的申请前，应当向拟设立外资企业所在地的县级或者县级以上人民政府提交报告。报告的内容包括：设立外资企业的宗旨；经营范围、规模、生产产品；使用的技术设备；用地面积及要求；需要用水、电、煤、煤气或者其他能源的条件及数量；对公共设施的要求等。县级或者县级以上人民政府应当在收到外国投资者提交的报告之日起30日内以书面形式答复外国的投资者。

外国投资者设立外资企业，应当通过拟设立外资企业所在地的县级或者县级以上人民政府向审批机关提出申请，并报送下列文件：设立外资企业的申请书；可行性研究报告；外资企业章程；外资企业法定代表人（或者董事会人选）名单；外国投资者的法律证明文件和资信证明文件；拟设立外资企业所在地的县级或者县级以上人民政府的书面答复；需要进口的物资清单；其他需要报送的文件。

两个或者两个以上的外国投资者共同申请设立外资企业的，应当将其签订的合同副本报送审批机关备案。

2．设立外资企业的审批

审批机关应当在收到申请设立外资企业的全部文件之日起90日内决定批准或者不批

准。审批机关如果发现上述文件不齐备或者有不当之处，可以要求限期补报或者修改。

3. 设立外资企业的登记

设立外资企业的申请经批准后，外国投资者应当在接到批准证书之日起30日内，向国家工商行政管理总局或者国家工商行政管理总局授权的地方工商行政管理局申请开业登记。登记主管机关应当在受理申请后30日内，作出核准登记或者不予核准登记的决定。申请开业登记的外国投资者，经登记主管机关核准登记注册，领取营业执照后，企业即告成立。外资企业的营业执照签发日期，为该企业成立日期。

三、外资企业的注册资本和外国投资者的出资

（一）外资企业的注册资本

外资企业的注册资本是指为设立外资企业在工商行政管理机关登记的资本总额，即外国投资者认缴的全部出资额。外资企业的注册资本要与其经营规模相适应，注册资本与投资总额的比例应当符合中国法律的有关规定，目前参照中外合资经营企业的有关规定执行。

外资企业在经营期限内不得减少其注册资本。外资企业注册资本的增加、转让，须经审批机关批准，并向工商行政管理机关办理变更登记手续。外资企业将其财产或者权益对外抵押、转让，须经审批机关批准，并向工商行政管理机关备案。

（二）外国投资者的出资

1. 外国投资者的出资方式

外国投资者可以用可自由兑换的外币出资，也可以用机器设备、工业产权、专有技术等作为出资。经审批机关批准，外国投资者也可以用其从中国境内兴办的其他外商投资企业获得的人民币利润出资。

外国投资者以机器设备作为出资的，该机器设备必须符合下列要求：外资企业生产所必需的；中国不能生产的，或者虽能生产，但在技术性能或者供应时间上不能保证需要的。

外国投资者以工业产权、专有技术作价出资时，该工业产权、专有技术必须符合下列要求：外国投资者自己所有的；能生产中国急需的新产品或者出口适销产品的；该工业产权、专有技术的作价应当与国际上通常的作价原则相一致，其作价金额不得超过外资企业注册资本的20%。

2. 外国投资者的出资期限

外国投资者缴付出资的期限应当在设立外资企业申请书和外资企业章程中载明。外国投资者可以分期缴付出资，但最后一期出资应当在营业执照签发之日起3年内缴清。其中第一期出资不得少于外国投资者认缴的出资额的15%，并应当在外资企业营业执照签发之日起90天内缴清。

外国投资者未能在外资企业营业执照签发之日起90天内缴付第一期出资的，或者无正当理由逾期30天不缴付其他各期出资的，外资企业批准证书即自动失效。外资企业应当向工商行政管理机关办理注销登记手续，缴销营业执照；不办理注销登记手续和

缴销营业执照的，由工商行政管理机关吊销其营业执照，并予以公告。

外国投资者有正当理由要求延期出资的，应当经审批机关同意，并报工商行政管理机关备案。

外国投资者缴付每期出资时，外资企业应当聘请中国的注册会计师验证，并出具验资报告，报审批机关和工商行政管理机关备案。

四、外资企业的组织形式、组织机构和经营管理

（一）外资企业的组织形式

根据《外资企业法》及其实施细则的规定，外资企业的组织形式为有限责任公司，经批准也可以为其他责任形式。外资企业为有限责任公司的，外国投资者以其认缴的出资额为限，外资企业以其全部资产对其债务承担责任。外资企业为其他责任形式的，外国投资者对企业的责任适用有关中国法律和法规的规定。

（二）外资企业的组织机构

外资企业的组织机构可以由外国投资者根据企业不同的经营内容、经营规模、经营方式，本着精简、高效、科学合理的原则自行设置，中国政府不加干涉。按照国际惯例，设立外资企业的权力机构应遵循资本占有权同企业控制权相统一的原则，即外资企业的最高权力机构由资本持有者组成。

外资企业应根据其组织形式设立董事会并推选出董事长，同时向审批机关申报备案。董事长是企业的法定代表人。

（三）外资企业的经营管理

1. 外资企业的生产经营管理

外资企业自行制订和执行生产经营计划，该计划应报其所在地行业主管部门备案。

外资企业有权自行决定购买本企业自用的机器设备、原材料等物资，既可以在中国购买，也可以在国际市场购买。外资企业在中国购买物资，在同等条件下，享受与中国企业同等待遇。

外资企业有权自行出口本企业生产的产品，也可以委托中国的外贸公司代销或者委托中国境外的公司代销。外资企业在本企业经营范围内出口本企业生产的、不属于出口许可证管理的产品，海关凭出口合同等有关证件验放。

外资企业进口的物资以及技术劳务的价格，不得高于当时的国际市场同类物资以及技术劳务的价格，外资企业出口产品的价格。由其参照当时国际市场价格自行确定，但不得低于合理的出口价格。用高价进口、低价出口等方式逃避税收的，税务机关有权根据税法规定追究其法律责任。

2. 外资企业的土地使用管理

外资企业的用地，由其所在地县级或者县级以上地方人民政府审核安排。外资企业应在营业执照签发之日起30日内，持批准证书和营业执照到所在地县级或者县级以上地方人民政府的土地管理部门办理土地使用手续，领取土地使用证书。土地使用证书为外资企业使用土地的法律凭证。

外资企业的土地使用年限，与经批准的该外资企业的经营期限相同。外资企业在经营期限内未经批准，不得转让其土地使用权。

外资企业在领取土地使用证书时，应当向其所在地土地管理部门缴纳土地使用费；使用经过开发的土地，还应缴付土地开发费。

3．外资企业的财务会计管理

外资企业应当按照国家统一的财务会计制度，并根据中国有关法律和财务会计制度的规定，制定适合本企业的财务会计制度，报当地财政、税务机关备案。

外资企业的年度会计报表应当聘请中国的注册会计师进行验证并出具报告。外资企业的年度会计报表，连同中国注册会计师出具的报告，应当在规定的时间内报送财政、税务机关，并报审批机关和工商行政管理机关备案。

4．外资企业的劳动管理

外资企业应当依照中国的法律、行政法规的规定在中国境内雇用职工并签订劳动合同。合同中应当确定雇用、辞退、报酬、福利、劳动保护、劳动保险等事项。

外资企业应当负责职工的业务、技术培训，建立考核制度，使职工在生产、管理技能方面能够适应企业的生产与发展的需要。

外资企业的职工有权建立工会组织，开展工会活动。企业研究决定有关职工奖惩、工资制度、生活福利、劳动保护和劳动保障等问题，工会代表有权列席会议。企业应当听取工会的意见，与工会充分合作。

五、外资企业的期限、终止和清算

（一）外资企业的期限

根据外资企业法及其实施细则的规定，外资企业的经营期限，根据不同行业和企业的具体情况，由外国投资者在设立外资企业的申请书中拟订，经审批机关批准。外资企业的经营期限，从其营业执照签发之日起计算。

外资企业经营期限届满需要延长经营期限的，应当在经营期满前180天向审批机关报送延长经营期限的申请书，审批机关应当在收到申请书之日起30天内决定批准或者不批准。外资企业经批准延长经营期限的，应当自收到批准延长期限的文件之日起30天内，向工商行政管理机关办理变更登记手续。

（二）外资企业的终止

根据《外资企业法》的规定，外资企业有下列情形之一的，应予以终止：①经营期限届满；②经营不善，严重亏损，外国投资者决定解散；③因自然灾害、战争等不可抗力原因而遭受严重损失，无法继续经营；④破产；⑤违反中国法律法规，危害社会公共利益，依法解散；⑥外资企业章程规定的其他解散事由已经出现。

外资企业如存在上述第②、第③、第⑥项所列情形，应当自行提交终止申请书，报审批机关核准。审批机关作出核准的日期为企业的终止日期。

（三）外资企业的清算

外资企业终止后，应当进行清算。外资企业除因破产或者依法撤销而予以终止外，应当在终止之日起15日内对外公告通知债权人，并在终止公告发出之日起15日内提出清算程序、原则和清算委员会人选，报审批机关审核后进行清算。

清算委员会应由外资企业的法定代表人、债权人代表以及有关主管机关的代表组成，并聘请中国的注册会计师、律师等参加。

外资企业清算结束之前，外国投资者不得将该企业的资金汇出或者携带出中国境外，不得自行处理企业财产。外资企业清算结束，其资产净额或剩余财产超过注册资本的部分视同利润，应当依照中国税法的规定缴纳所得税。外资企业清算处理财产时，在同等条件下，中国的企业或其他经济组织有优先购买权。

外资企业清算结束，应当向工商行政管理机关办理注销登记手续，缴销营业执照。

外资企业因破产终止的，参照中国法律法规的规定进行清算。外资企业被依法解散的，依照中国有关的规定进行清算。

思考题

1. 简述中外合资经营企业与中外合作经营企业的区别。
2. 简述中外合作经营企业中外国合作者提前收回投资的条件。
3. 简述外商独资经营企业的组织形式与出资要求。

案例分析题

案例一　我国某化工厂欲引进国外先进技术，经与某国一化工公司协商，达成协议。主要内容为：投资总额为1 200万美元，其中注册资本为480万美元；中方以货币、厂房、设备出资380万美元，外方以化工生产的专利技术作价50万美元，另外又向中方所在地的中国银行贷款50万美元作为出资，该贷款由合资经营企业提供担保；在合营期间内如协议双方认为有必要，可经双方同意减少企业注册资本；该协议产生争议时选择适用外方所在国法律。

根据有关规定，指出该协议是否存在问题？请说明理由。

案例二　法国某电气公司于2007年12月准备和中国一家电气公司合办中外合作企业。该公司提供的条件是：合作企业的全部固定资产归中方所有，外方先收回投资，以4 : 6的比例分配利润和承担风险。中方提供的合作条件是：以劳动力、厂房、机器实物、销售渠道出资合作。企业成立后，设立联合管理机构进行经营管理。法方认为，应由双方合作者以外的另一家销售公司负责合作企业的经营管理。在联合管理大会上，绝大多数选票支持此决议，法方决定实行此方案。在第一年的经营中，法方先收回投资60万元。此时公司从法国进口一批原料，由于轮船碰撞事故，导致原料不能如期到达，从而使和销售公司签订的合同不能如期履行，导致企业被债权人起诉。法方认为应先收回投资，拒绝承担债务责任，中方则要求其必须承担债务。

问题：

1. 法方应否承担债务？请说明理由。
2. 上述合作企业在其经营管理过程中有何不妥之处？请说明理由。

第六章

企业破产法律制度

内容要点

本章主要讲述破产法规定的破产程序；我国破产法的适用范围；破产申请的提出与受理；管理人制度与重整、和解制度；破产宣告及清算程序。

第一节 破产法概述

一、破产及破产法的概念

破产是在债务人不能清偿到期债务时，由法院主持强制执行其全部财产，公平清偿全体债权人的法律制度。就破产的性质来说，破产乃是一种法律规定的债务清偿的特殊手段，其目的在于通过破产的程序使债权人获得公平受偿，保护债权人的合法权益。

破产程序强调在债权人间的公平履行以及对债务人正当权益的维护，破产程序中的债务人已丧失清偿能力，其对个别债权人的自动履行违背对全体债权人公平清偿的原则，是为法律所限制的。

破产法是规定在债务人不能清偿到期债务时，法院强制对其全部财产清算分配，公平清偿债权人，或通过和解、整顿、企业重整清偿债务的法律规范的总称。《中华人民共和国企业破产法》（以下简称《破产法》）已由中华人民共和国第十届全国人民代表大会常务委员会第二十三次会议于2006年8月27日通过，并于2007年6月1日起施行，《中华人民共和国企业破产法（试行）》同时废止。《破产法》共有十二章一百三十六条，分别为总则、申请和受理、管理人、债务人财产、破产费用和共益债务、债权申报、债权人会议、重整、和解、破产清算、法律责任、附则。

对于法律的适用对象，《破产法》规定，企业法人不能清偿到期债务，并且资产不足以清偿全部债务或者明显缺乏清偿能力的，依照本法规定清理债务。企业法人有前款规定情形的，或者有明显丧失清偿能力可能的，可以依照本法规定进行重整。

二、破产原因

破产原因是指法院据以宣告债务人破产的法律标准，也称为破产界限。

《破产法》规定："企业法人不能清偿到期债务，并且资产不足以清偿全部债务或者明显缺乏清偿能力的，依照本法规定清理债务。"据此，破产界限的实质是不能清偿到期债务，其有两种情况：第一种是债务人不能清偿到期债务，并且资产不足以清偿全部债务；第二种情况是，债务人不能清偿到期债务，并且明显缺乏清偿能力。其核心是不能清偿。

不能清偿是指债务人对请求偿还的到期债务因丧失清偿能力而无法偿还的客观经济状况。其要点为：①债务人明显丧失清偿能力，不能以财产、信用或能力等任何方法清偿债务；②债务人不能清偿的是已到期、债权人提出偿还要求的、无争议或已确定（指已经判决生效、裁决确定）的债务；③债务人对全部或主要债务长期连续不能偿还。

资不抵债又称债务超过，指债务人负债（不论到期与否）数额超过实有资产（不考虑信用、能力等偿还因素）。

宣告债务人企业破产必须符合法律规定的破产原因，但并非所有达到破产界限的企业均应被宣告破产。《破产法》规定：破产宣告前，有下列情形之一的，人民法院应当裁定终结破产程序，并予以公告：一是第三人为债务人提供足额担保或者为债务人清偿全部到期债务的；二是债务人已清偿全部到期债务的。

三、破产申请的提出

根据《破产法》规定，债权人和债务人均有权提出破产申请。破产申请应以书面形式向对案件有管辖权的人民法院提出。

企业破产案件由债务人所在地人民法院管辖。债务人所在地是指企业主要办理机构的所在地。县级工商行政管理机关核准登记企业的破产案件一般由基层人民法院管辖，地级以上工商行政管理机关核准登记企业的破产案件一般由中级人民法院管辖。个别案件可以依照民事诉讼法关于转移管辖的规定确定管辖级别，由上级人民法院审理下级人民法院管辖的案件，或由下级人民法院审理上级人民法院管辖的交办案件。

向人民法院提出破产申请，应当提交破产申请书和有关证据。破产申请书应当载明下列事项：申请人、被申请人的基本情况；申请目的；申请的事实和理由；人民法院认为应当载明的其他事项。

债务人提出申请的，还应当向人民法院提交财产状况说明、债务清册、债权清册、有关财务会计报告、职工安置预案以及职工工资的支付和社会保险费用的缴纳情况等。

人民法院受理破产申请前，申请人可以请求撤回申请。

四、破产申请的受理

(一) 破产申请与受理

债权人提出破产申请的，人民法院应当自收到申请之日起5日内通知债务人。债务人对申请有异议的，应当自收到人民法院的通知之日起7日内向人民法院提出。人民法院应当自异议期满之日起10日内裁定是否受理。

除上述情形外，人民法院应当自收到破产申请之日起15日内裁定是否受理。有特殊情况需要延长裁定受理期限的，经上一级人民法院批准，可以延长15日。

人民法院受理破产申请的，应当自裁定作出之日起5日内送达申请人。

债权人提出申请的，债务人应当自裁定送达之日起15日内，向人民法院提交财产状况说明、债务清册、债权清册、有关财务会计报告以及职工工资的支付和社会保险费用的缴纳情况。

人民法院裁定不受理破产申请的，应当自裁定作出之日起5日内送达申请人并说明理由。申请人对裁定不服的，可以自裁定送达之日起10日内向上一级人民法院提起上诉。

人民法院受理破产案件后，应组成合议庭进行审理，并在受理案件后10日内通知债务人和发布公告。公告内容应包括：申请人、被申请人的名称或者姓名；人民法院受理破产申请的时间；申报债权的期限、地点和注意事项；管理人的名称或者姓名及其处理事务的地址；对债务人或者财产持有人应当向管理人清偿债务或者交付财产的要求；第一次债权人会议召开的时间和地点；人民法院认为应当通知和公告的其他事项。

(二) 破产受理的法律效力

破产开始的效力是破产程序开始所带来的法律后果。破产开始的效力主要表现在以下三个方面：

(1) 人民法院受理破产案件后，对债务人财产的其他民事执行程序，包括已经审结但尚未执行的，已采取冻结、扣留、查封、扣押措施的，或开始执行但尚未执行完毕等情况，都必须停止，由债权人凭生效的法律文书向受理破产案件的人民法院申报债权，统一依破产程序公平受偿。

(2) 破产受理后，债务人的有关人员应承担下列义务：妥善保管其占有和管理的财产、印章和账簿、文书等资料；根据人民法院、管理人的要求进行工作，并如实回答询问；列席债权人会议并如实回答债权人的询问；未经人民法院许可，不得离开住所地；不得新任其他企业的董事、监事、高级管理人员。

(3) 人民法院受理破产案件后，禁止债务人对部分债权人个别清偿的行为。债务人对部分债权人的清偿无效，但是债务人所实施的、为维持其正常生产经营所必需的债务清偿除外，此类清偿在清算组成立前应当经人民法院审查批准。债务人的开户银行支取维持债务人正常生产经营所必需的费用，需经人民法院许可。

此外，对于以债务人为一方当事人的经济纠纷案件，应根据情况分别予以处理：

(1) 以破产企业为债权人的经济纠纷案件，受理的人民法院不能在3个月以内结案时，应当移送受理破产案件的人民法院，由其按照最高人民法院有关破产法司法解释中对破产企业债务人的有关规定办理，解决债务问题。人民法院受理破产案件后，发现破产企业作为债权人的案件在其他人民法院受理，并且在3个月内难以审结的，应通知该人民法院向其移送案件。

（2）以破产企业为债务人的，尚未审结且另无连带责任人的经济纠纷案件，应当终结诉讼，由债权人向受理破产案件的人民法院申报债权，依破产程序受偿。

（3）以破产企业为债务人的，尚未审结且另有连带责任人的经济纠纷案件，应当中止诉讼，由债权人向受理破产案件的人民法院申报债权，经债权确认程序后依破产程序受偿。待破产程序终结后，原案件恢复审理，债权人再追究连带责任人的民事责任。

在民事诉讼程序或民事执行程序进行过程中，受理案件的人民法院获悉债务人不能清偿到期债务时，应当告知债务人可以向所在地人民法院申请破产，以解决债务问题。债务人提出破产申请的，债务人所在地的人民法院应当依法宣告债务人破产。但债务人不申请破产的，人民法院不得依职权宣告债务人破产，原诉讼程序或执行程序应继续进行。

第二节　债务人的财产与管理人

一、债务人财产

（一）破产财产的范围

根据《破产法》第三十条的规定，破产申请受理时属于债务人的全部财产以及破产申请受理后至破产程序终结前债务人取得的财产，为债务人财产。

（二）破产财产的撤销权与无效制度

撤销权是为防止债权人的利益受到侵害，即某行为对债权人构成损害的事实时，可撤销该行为。《破产法》第三十一条规定：“人民法院受理破产申请前一年内，涉及债务人财产的下列行为，管理人有权请求人民法院予以撤销：（1）无偿转让财产的；（2）以明显不合理的价格进行交易的；（3）对没有财产担保的债务提供财产担保的；（4）对未到期的债务提前清偿的；（5）放弃债权的。”第三十二条规定：“人民法院受理破产申请前六个月内，债务人有本法第二条第一款规定的情形，仍对个别债权人进行清偿的，管理人有权请求人民法院予以撤销。但是，个别清偿使债务人财产受益的除外。”这两条是对可撤销权行为的规定。

无效行为制度。《破产法》第三十三条规定：“涉及债务人财产的下列行为无效：（1）为逃避债务而隐匿、转移财产的；（2）虚构债务或者承认不真实的债务的。”同时，第三十四条规定因《破产法》第三十一条、第三十二条或者第三十三条规定的行为而取得的债务人的财产，管理人有权追回。

（三）债务人财产的追回

《破产法》第三十五条规定："人民法院受理破产申请后，债务人的出资人尚未完全履行出资义务的，管理人应当要求该出资人缴纳所认缴的出资，而不受出资期限的限制。"为维护债权人与债务人的合法权益，《破产法》第三十六条规定："债务人的董事、监事和高级管理人员利用职权从企业获取的非正常收入和侵占的企业财产，管理人应当追回。"

在人民法院受理破产申请后，管理人可以通过清偿债务或者提供为债权人接受的担保，取回质物、留置物。管理人所作的债务清偿或者替代担保，在质物或者留置物的价值低于被担保的债权额时，以该质物或者留置物当时的市场价值为限。这是实现立法公平的需要。

（四）破产中的取回权

《破产法》中的取回权分为一般取回权与特别取回权。《破产法》第三十八条规定："人民法院受理破产申请后，债务人占有的不属于债务人的财产，该财产的权利人可以通过管理人取回。但是，本法另有规定的除外。"这是对一般取回权的规定。

《破产法》第三十九条规定："人民法院受理破产申请时，出卖人已将买卖标的物向作为买受人的债务人发运，债务人尚未收到且未付清全部价款的，出卖人可以取回在运途中的标的物。但是，管理人可以支付全部价款，请求出卖人交付标的物。"这是特别取回权中，关于出卖人的特别取回权的特别规定。

（五）破产中的抵消权

《破产法》规定，债权人在破产申请受理前对债务人负有债务的，可以向管理人主张抵消。但是，有下列情形之一的，不得抵消：

（1）债务人的债务人在破产申请受理后取得他人对债务人的债权的。

（2）债权人已知债务人有不能清偿到期债务或者破产申请的事实，对债务人负担债务的。但是，债权人因为法律规定或者有破产申请一年前所发生的原因而负担债务的除外。

（3）债务人的债务人已知债务人有不能清偿到期债务或者破产申请的事实，对债务人取得债权的。但是，债务人的债务人因为法律规定或者有破产申请一年前所发生的原因而取得债权的除外。

二、破产费用与共益债务

《破产法》规定，人民法院受理破产申请后发生的下列费用，为破产费用：破产案件的诉讼费用；管理、变价和分配债务人财产的费用；管理人执行职务的费用、报酬和聘用工作人员的费用。

人民法院受理破产申请后发生的下列债务，为共益债务：①因管理人或者债务人请求对方当事人履行双方均未履行完毕的合同所产生的债务；②债务人财产受无因管理所产生的债务；③因债务人不当得利所产生的债务；④为债务人继续营业而应支付的劳动报酬和社会保险费用以及由此产生的其他债务；⑤管理人或者相关人员执行职务致人损害所产生的债务；⑥债务人财产致人损害所产生的债务。

破产费用和共益债务由债务人财产随时清偿。债务人财产不足以清偿所有破产费用和共益债务的，先行清偿破产费用。债务人财产不足以清偿所有破产费用或者共益债务的，按照比例清偿。债务人财产不足以清偿破产费用的，管理人应当提请人民法院终结破产程序。人民法院应当自收到请求之日起15日内裁定终结破产程序，并予以公告。

三、破产管理人制度

（一）管理人的资格与指定

新修订的《破产法》用管理人制度取代了旧法中的清算制度。管理人是破产程序中最为重要的机构。管理人是指在破产宣告后，全面接管企业并负责破产财产的保管、清理、估价、处理和分配等破产清算事务的专门机构。

管理人由人民法院指定。债权人会议认为管理人不能依法、公正执行职务或者有其他不能胜任职务情形的，可以申请人民法院予以更换。指定管理人和确定管理人报酬的办法，由最高人民法院规定。管理人依照《破产法》中规定执行职务，向人民法院报告工作，并接受债权人会议和债权人委员会的监督。管理人应当列席债权人会议，向债权人会议报告职务执行情况，并回答询问。

管理人可以由有关部门、机构的人员组成的清算组或者依法设立的律师事务所、会计师事务所、破产清算事务所等社会中介机构担任。人民法院根据债务人的实际情况，可以在征询有关社会中介机构的意见后，指定该机构具备相关专业知识并取得执业资格的人员担任管理人。有下列情形之一的，不得担任管理人：因故意犯罪受过刑事处罚；曾被吊销相关专业执业证书；与本案有利害关系；人民法院认为不宜担任管理人的其他情形。个人担任管理人的，应当参加执业责任保险。

（二）管理人的职责与报酬

管理人应当勤勉尽责，忠实执行职务。管理人应履行下列职责：①接管债务人的财产、印章和账簿、文书等资料；②调查债务人财产状况，制作财产状况报告；③决定债务人的内部管理事务；④决定债务人的日常开支和其他必要开支；⑤在第一次债权人会议召开之前，决定继续或者停止债务人的营业；⑥管理和处分债务人的财产；⑦代表债务人参加诉讼、仲裁或者其他法律程序；⑧提议召开债权人会议；⑨人民法院认为管理人应当履行的其他职责。《破产法》对管理人的职责另有规定的，从其规定。

管理人经人民法院许可，可以聘用必要的工作人员。管理人的报酬由人民法院确定。债权人会议对管理人的报酬有异议的，有权向人民法院提出。

第三节 债权人会议

一、债权人会议的组成

债权人会议是由全体债权人组成，以维护债权人共同利益为目的，在法院监督下讨论决定有关破产事宜，表达债权人意志的破产机构。债权人会议是债权人行使破产参与权的场所，本身不是执行机关，其所作出的各项决议要由破产管理人即清算组等相应机构执行。债权人会议不是民事权利主体，不能以其名义对外进行民事活动。

所有依法申报债权的债权人为债权人会议成员，有权参加债权人会议，享有表决权。当债权人兼有有财产担保和无财产担保债权人双重身份时，在债权人会议上享有表决权，但表决时所代表的债权额仅限于无财产担保的部分。有财产担保的债权人在担保物价款不足以清偿其担保债权时，就未受清偿的债权额在债权人会议上享有表决权。债务人的保证人，在代替债务人清偿债务后，可以作为债权人，享有表决权。债权人可以委托代理人出席会议并行使表决权。债权人会议主席由人民法院从有表决权的债权人中指定。

债务人的法定代表人必须列席债权人会议，并有义务回答债权人的询问。债务人的法定代表人不出席和不委托代理人代为列席，无正当理由拒绝列席的，人民法院可依法对其拘传强制列席。债务人的上级主管部门可以派人员列席债权人会议。

债权人会议是依靠召集方式活动的。第一次债权人会议由人民法院召集，自债权申报期限届满之日起15日内召开。以后的债权人会议，在人民法院认为必要时，或者管理人、债权人委员会、占债权总额1/4以上的债权人向债权人会议主席提议时召开。召开债权人会议，管理人应当提前15日通知已知的债权人。

二、债权人会议的职权与决议

根据《破产法》规定，债权人会议行使下列职权：核查债权；申请人民法院更换管理人，审查管理人的费用和报酬；监督管理人；选任和更换债权人委员会成员；决定继续或者停止债务人的营业；通过重整计划；通过和解协议；通过债务人财产的管理方案；通过破产财产的变价方案；通过破产财产的分配方案；人民法院认为应当由债权人会议行使的其他职权。

债权人会议应当将所议事项的决议形成会议记录。债权人会议的职权是以表决通过决议的方式行使的。债权人会议的决议，由出席会议的有表决权的债权人过半数通过，并且其所代表的债权额必须占无财产担保债权总额的半数以上。债权人会议的决议，对全体债权人均有法律约束力。但是，有财产担保的债权人享有优先受偿权，不受债权人会议的决议约束。

三、债权人委员会

《破产法》规定，债权人会议可以决定设立债权人委员会。债权人委员会由债权人会议选任的债权人代表和一名债务人的职工代表或者工会代表组成。债权人委员会成员不得超过9人。

债权人委员会成员应当经人民法院书面决定认可。债权人委员会行使下列职权：监督债务人财产的管理和处分；监督破产财产分配；提议召开债权人会议；债权人会议委托的其他职权。债权人委员会执行职务时，有权要求管理人、债务人的有关人员对其职权范围内的事务作出说明或者提供有关文件。

管理人、债务人的有关人员违反本法规定，拒绝接受监督的，债权人委员会有权就监督事项请求人民法院作出决定，人民法院应当在5日内作出决定。管理人实施下列行为，应当及时报告债权人委员会：涉及土地、房屋等不动产权益的转让；探矿权、采矿权、知识产权等财产权的转让；全部库存或者营业的转让；借款；设定财产担保；债权和有价证券的转让；履行债务人和对方当事人均未履行完毕的合同；放弃权利；担保物的取回；对债权人利益有重大影响的其他财产的处分行为。未设立债权人委员会的，管理人实施前款规定的行为应当及时报告人民法院。

第四节　重整、和解制度

一、重整制度的概念与特征

重整是新破产法的创建，是指濒临破产或已经产生破产原因但又有挽回希望的企业，通过对企业各利害关系人的协调，借助法律手段强制进行营业重整，以避免破产而重回新生的法律制度。我国的重整制度适用范围限于企业法人。

重整制度体现国家权力透过司法程序对私人经济活动的主动介入与干预，强调对经济整体与社会利益的保护。从我国《破产法》的规定来看，重整制度具有以下特征：

（1）重整提出的时间提前性，启动主体多元化。重整的提出于企业破产原因可能发生时。而对于提出的主体，不仅债务人、债权人在一定条件下可以提出，而且《破产法》第一百三十四条规定国务院金融监督管理机构可以向人民法院提出对金融机构进行重整的申请。

（2）参与重整主体的多元化、重整措施多样化。凡是与企业有利害关系的各方关系人均参与到重整程序中来。重整的目的是维护公司的事业，可以进行企业改制、公司合并、分离等方式措施。

（3）具有严格的程序强制性和计划性。重整必须严格按照法律的程序提起与进行，并按照法律的程序要求制订程序计划与工作步骤。

二、重整申请与重整期间

（一）重整申请

《破产法》规定，债务人或者债权人可以依照本法规定，直接向人民法院申请对债务人进行重整。债权人申请对债务人进行破产清算的，在人民法院受理破产申请后、宣告债务人破产前，债务人或者出资额占债务人注册资本1/10以上的出资人，可以向人民法院申请重整。

人民法院经审查认为重整申请符合《破产法》规定的，应当裁定债务人重整，并予以公告。

（二）重整期间

自人民法院裁定债务人重整之日起至重整程序终止，为重整期间。《破产法》规定，在重整期间，经债务人申请，人民法院批准，债务人可以在管理人的监督下自行管理财产和营业事务。依照《破产法》规定，已接管债务人财产和营业事务的管理人应当向债务人移交财产和营业事务，破产法规定的管理人的职权由债务人行使。管理人负责管理财产和营业事务的，可以聘任债务人的经营管理人员负责营业事务。

在重整期间，担保权人对债务人的特定财产享有的担保权暂停行使。但是，担保物有损坏或者价值有明显减少的可能，足以危害担保权人权利的，担保权人可以向人民法院请求恢复行使担保权。在重整期间，债务人或者管理人为继续营业而借款的，可以为该借款设定担保。

债务人合法占有的他人财产，该财产的权利人在重整期间要求取回的，应当符合事先约定的条件。在重整期间，债务人的出资人不得请求投资收益分配。在重整期间，债务人的董事、监事、高级管理人员不得向第三人转让其持有的债务人的股权。但是，经人民法院同意的除外。

在重整期间，有下列情形之一的，经管理人或者利害关系人请求，人民法院应当裁定终止重整程序，并宣告债务人破产：债务人的经营状况和财产状况继续恶化，缺乏挽救的可能性；债务人有欺诈、恶意减少债务人财产或者其他显著不利于债权人的行为；由于债务人的行为致使管理人无法执行职务。

三、重整计划的制订与批准

债务人或者管理人应当自人民法院裁定债务人重整之日起6个月内，同时向人民法院和债权人会议提交重整计划草案。期限届满，经债务人或者管理人请求，有正当理由的，人民法院可以裁定延期3个月。债务人或者管理人未按期提出重整计划草案的，人民法院应当裁定终止重整程序，并宣告债务人破产。

债务人自行管理财产和营业事务的，由债务人制订重整计划草案。管理人负责管理财产和营业事务的，由管理人制订重整计划草案。重整计划草案应当包括下列内容：债务人的经营方案；债权分类；债权调整方案；债权受偿方案；重整计划的执行期限；重整计划执行的监督期限；有利于债务人重整的其他方案。

《破产法》规定，下列各类债权的债权人参加讨论重整计划草案的债权人会议，依照下列债权分类，分组对重整计划草案进行表决：①对债务人的特定财产享有担保权的债权；②债务人所欠职工的工资和医疗、伤残补助、抚恤费用，所欠的应当划入职工个人账户的基本养老保险、基本医疗保险费用以及法律、行政法规规定应当支付给职工的补偿金；③债务人所欠税款；④普通债权。

人民法院在必要时可以决定在普通债权组中设小额债权组对重整计划草案进行表决。重整计划不得规定减免债务人欠缴的除《破产法》第八十二条第一款第二项规定以外的社会保险费用；该项费用的债权人不参加重整计划草案的表决。人民法院应当自收到重整计划草案之日起 30 日内召开债权人会议，对重整计划草案进行表决。出席会议的同一表决组的债权人过半数同意重整计划草案，并且其所代表的债权额占该组债权总额的 2/3 以上的，即为该组通过重整计划草案。债务人或者管理人应当向债权人会议就重整计划草案作出说明，并回答询问。债务人的出资人代表可以列席讨论重整计划草案的债权人会议。重整计划草案涉及出资人权益调整事项的，应当设出资人组，对该事项进行表决。

各表决组均通过重整计划草案时，重整计划即为通过。自重整计划通过之日起 10 日内，债务人或者管理人应当向人民法院提出批准重整计划的申请。人民法院经审查认为符合《破产法》规定的，应当自收到申请之日起 30 日内裁定批准，终止重整程序，并予以公告。部分表决组未通过重整计划草案的，债务人或者管理人可以同未通过重整计划草案的表决组协商。该表决组可以在协商后再表决一次。双方协商的结果不得损害其他表决组的利益。未通过重整计划草案的表决组拒绝再次表决或者再次表决仍未通过重整计划草案，但重整计划草案符合下列条件的，债务人或者管理人可以申请人民法院批准重整计划草案：

（1）按照重整计划草案，《破产法》第八十二条第一款第一项所列债权就该特定财产将获得全额清偿，其因延期清偿所受的损失将得到公平补偿，并且其担保权未受到实质性损害，或者该表决组已经通过重整计划草案。

（2）按照重整计划草案，《破产法》第八十二条第一款第二项、第三项所列债权将获得全额清偿，或者相应表决组已经通过重整计划草案。

（3）按照重整计划草案，普通债权所获得的清偿比例，不低于其在重整计划草案被提请批准时依照破产清算程序所能获得的清偿比例，或者该表决组已经通过重整计划草案。

（4）重整计划草案对出资人权益的调整公平、公正，或者出资人组已经通过重整计划草案。

（5）重整计划草案公平对待同一表决组的成员，并且所规定的债权清偿顺序不违反《破产法》第一百一十三条的规定。

（6）债务人的经营方案具有可行性。

人民法院经审查认为重整计划草案符合前款规定的，应当自收到申请之日起 30 日内裁定批准，终止重整程序，并予以公告。重整计划草案未获得通过且未依照《破产法》第八十七条的规定获得批准，或者已通过的重整计划未获得批准的，人民法院应当裁定终止重整程序，并宣告债务人破产。

四、重整计划的执行、监督与终止

重整计划由债务人负责执行。人民法院裁定批准重整计划后，已接管财产和营业事务的管理人应当向债务人移交财产和营业事务。

自人民法院裁定批准重整计划之日起，在重整计划规定的监督期内，由管理人监督重整计划的执行。在监督期内，债务人应当向管理人报告重整计划的执行情况和债务人财务状况。监督期届满时，管理人应当向人民法院提交监督报告。自监督报告提交之日起，管理人的监督职责终止。管理人向人民法院提交的监督报告，重整计划的利害关系人有权查阅。经管理人申请，人民法院可以裁定延长重整计划执行的监督期限。

经人民法院裁定批准的重整计划，对债务人和全体债权人均有约束力。债权人未依照《破产法》规定申报债权的，在重整计划执行期间不得行使权利；在重整计划执行完毕后，债权人可以按照重整计划规定的同类债权的清偿条件行使权利。债权人对债务人的保证人和其他连带债务人所享有的权利，不受重整计划的影响。

债务人不能执行或者不执行重整计划的，人民法院经管理人或者利害关系人请求，应当裁定终止重整计划的执行，并宣告债务人破产。人民法院裁定终止重整计划执行的，债权人在重整计划中作出的债权调整的承诺失去效力。债权人因执行重整计划所受的清偿仍然有效，债权未受清偿的部分作为破产债权。按照重整计划减免的债务，自重整计划执行完毕时起，债务人不再承担清偿责任。

五、和解的提出

根据《破产法》规定，债务人可以依照《破产法》直接向人民法院申请和解；也可以在人民法院受理破产申请后、宣告债务人破产前，向人民法院申请和解。债务人申请和解，应当提出和解协议草案。和解草案一般应具备以下内容：清偿债务的财产来源；清偿债务的办法；清偿债务的期限等。债务人如请求债务清偿的，还应写明请求减少的数额或比例。

六、和解协议及其效力、和解的执行与终止

人民法院经审查认为和解申请符合《破产法》规定的，应当裁定和解，予以公告，并召集债权人会议讨论和解协议草案。对债务人的特定财产享有担保权的权利人，自人民法院裁定和解之日起可以行使权利。

债权人会议通过和解协议的决议，必须由出席会议的有表决权的债权人过半数同意，并且其所代表的债权额占无财产担保债权总额的2/3以上。债权人会议通过和解协议的，由人民法院裁定认可，终止和解程序，并予以公告。管理人应当向债务人移交财产和营业事务，并向人民法院提交执行职务的报告。

和解协议草案经债权人会议表决未获得通过，或者债权人会议通过的和解协议未获得人民法院认可的，人民法院应当裁定终止和解程序，并宣告债务人破产。经人民法院

裁定认可的和解协议，对债务人和全体和解债权人均有约束力。

和解债权人是指人民法院受理破产申请时对债务人享有无财产担保债权的人。和解债权人未依照《破产法》规定申报债权的，在和解协议执行期间不得行使权利；在和解协议执行完毕后，可以按照和解协议规定的清偿条件行使权利。和解债权人对债务人的保证人和其他连带债务人所享有的权利，不受和解协议的影响。

债务人应当按照和解协议规定的条件清偿债务。因债务人的欺诈或者其他违法行为而成立的和解协议，人民法院应当裁定无效，并宣告债务人破产。针对上述情形，《破产法》规定，和解债权人因执行和解协议所受的清偿，在其他债权人所受清偿同等比例的范围内，不予返还。

债务人不能执行或者不执行和解协议的，人民法院经和解债权人请求，应当裁定终止和解协议的执行，并宣告债务人破产。人民法院裁定终止和解协议执行的，和解债权人在和解协议中作出的债权调整的承诺失去效力。和解债权人因执行和解协议所受的清偿仍然有效，和解债权未受清偿的部分作为破产债权。

人民法院受理破产申请后，债务人与全体债权人就债权债务的处理自行达成协议的，可以请求人民法院裁定认可，并终结破产程序。按照和解协议减免的债务，自和解协议执行完毕时起，债务人不再承担清偿责任。

第五节　破产宣告和破产清算

一、破产宣告及其法律效力

（一）破产宣告

破产宣告是人民法院依据当事人的申请或法定职权裁定宣告债务人破产以清偿债务的活动。

人民法院宣告债务人破产的，应当自裁定作出之日起 5 日内送达债务人和管理人；自裁定作出之日起 10 日内通知已知债权人，并予以公告。

在破产宣告前，有下列情形之一的，人民法院应当裁定终结破产程序，并予以公告：

（1）第三人为债务人提供足额担保或者为债务人清偿全部到期债务的。

（2）债务人已清偿全部到期债务的。

（二）破产宣告的效力

人民法院宣告企业破产的裁定自宣告之日起发生法律效力，破产企业自即日起应当停止生产经营活动，但人民法院或清算组认为确有必要继续生产经营的除外。债务人被宣告破产后，债务人称为破产人，债务人财产称为破产财产，人民法院受理破产申请时对债务人享有的债权称为破产债权。

二、破产企业财产的变价

在破产宣告后，管理人应当及时拟订破产财产变价方案，提交债权人会议讨论。管理人应当按照债权人会议通过的或者人民法院依照《破产法》第六十五条第一款规定予以裁定的破产财产变价方案，适时变价出售破产财产。变价出售破产财产应当通过拍卖进行。但是，债权人会议另有决议的除外。

破产企业可以全部或者部分变价出售。企业变价出售时，可以将其中的无形资产和其他财产单独变价出售。按照国家规定不能拍卖或者限制转让的财产，应当按国家规定的方式处理。

三、破产中的别除权

《破产法》第一百零九条规定："对破产人的特定财产享有担保权的权利人，对该特定财产享有优先受偿的权利。"此项权利即破产法理论上的别除权，是基于担保物权及特别优先权产生的，其优先受偿权的行使不受破产清算与破产程序的限制，但在重整程序中受限制。《破产法》第一百一十条规定，享有别除权的债权人行使优先受偿权利未能完全受偿的，其未受偿的债权作为普通债权；放弃优先受偿权利的，其债权作为普通债权。

四、破产财产的分配

破产财产的分配，是指破产财产按照法律规定的债权清偿顺序和案件实际情况决定的受偿比例进行清偿的程序。

破产财产在优先清偿破产费用和共益债务后，依照下列顺序清偿：①破产人所欠职工的工资和医疗、伤残补助、抚恤费用，所欠的应当划入职工个人账户的基本养老保险、基本医疗保险费用以及法律、行政法规规定应当支付给职工的补偿金；②破产人欠缴的除前项规定以外的社会保险费用和破产人所欠税款；③普通破产债权。破产财产不足以清偿同一顺序的清偿要求的，按照比例分配。破产企业的董事、监事和高级管理人员的工资按照该企业职工的平均工资计算。

破产财产的分配应当以货币分配方式进行。但是，债权人会议另有决议的除外。管理人应当及时拟订破产财产分配方案，提交债权人会议讨论。破产财产分配方案应当载明下列事项：①参加破产财产分配的债权人名称或者姓名、住所；②参加破产财产分配的债权额；③可供分配的破产财产数额；④破产财产分配的顺序、比例及数额；⑤实施破产财产分配的方法。债权人会议通过破产财产分配方案后，由管理人将该方案提请人民法院裁定认可。破产财产分配方案经人民法院裁定认可后，由管理人执行。

管理人按照破产财产分配方案实施多次分配的，应当公告本次分配的财产额和债权额。管理人实施最后分配的，应当在公告中指明，并载明"对于附生效条件或者解除条件的债权，管理人应当将其分配额提存"的字样。对管理人依照规定提存的分配额，在最后分配公告日，生效条件未成就或者解除条件成就的，应当分配给其他债权人；在最后分配公告日，生效条件成就或者解除条件未成就的，应当交付给债权人。债权人未受领的破产财产分配额，管理人应当提存。债权人自最后分配公告之日起满 2 个月仍不领取的，视为放弃受领分配的权利，管理人或者人民法院应当将提存的分配额分配给其他债权人。

破产财产分配时，对于诉讼或者仲裁未决的债权，管理人应当将其分配额提存。自破产程序终结之日起满 2 年仍不能受领分配的，人民法院应当将提存的分配额分配给其他债权人。

五、破产程序的终结与遗留事务的处理

（一）破产程序的终结

依据现行《破产法》的规定，破产终结程序有三种情形：一是因重整、和解程序的顺利进行、完成而终结；二是因债务人的破产财产不足支付破产费用而终结；三是因破产分配完毕而终结。而破产程序只在后两种情形中存在。

破产人无财产可供分配的，管理人应当请求人民法院裁定终结破产程序。管理人在最后分配完结后，应当及时向人民法院提交破产财产分配报告，并提请人民法院裁定终结破产程序。人民法院应当自收到管理人终结破产程序的请求之日起 15 日内作出是否终结破产程序的裁定。裁定终结的，应当予以公告。

（二）遗留的处理

管理人应当自破产程序终结之日起 10 日内，持人民法院终结破产程序的裁定，向破产人的原登记机关办理注销登记。管理人于办理注销登记完毕的次日终止执行职务。但是，存在诉讼或者仲裁未决情况的除外。

《破产法》规定，自破产程序依照《破产法》第四十三条第四款或者第一百二十条的规定，终结之日起 2 年内，有下列情形之一的，债权人可以请求人民法院按照破产财产分配方案进行追加分配：

（1）发现有依照《破产法》第三十一条、第三十二条、第三十三条、第三十六条规定应当追回的财产的。

（2）发现破产人有应当供分配的其他财产的。

对有这些情形，但财产数量不足以支付分配费用的，不再进行追加分配，由人民法院将其上交国库。

破产人的保证人和其他连带债务人，在破产程序终结后，对债权人依照破产清算程序未受清偿的债权，依法继续承担清偿责任。

思考题

1. 简述我国《破产法》的适用范围。
2. 简述债务人财产的范围。
3. 简述管理人的选任资格与享有的职权和应负的义务。
4. 简述重整制度与和解制度的程序性差异。

案例分析题

2007年6月20日，甲、乙两公司签订100万元的买卖合同，7月1日，人民法院受理了甲公司的破产申请，同时指定丙会计师事务所担任清算人。该买卖合同均未履行。

根据破产法律制度的规定，回答下列问题：

1. 对于甲、乙公司未履行的合同，管理人应如何处理？

2. 该买卖合同在什么情况下视为解除？

3. 如果管理人决定解除合同，由此给乙公司造成10万元的损失，对此损失应如何处理？

4. 如果管理人决定继续履行合同，乙公司按照合同发货后，100万元的货款应如何支付？

5. 在第一债权人会议召开前，管理人是否可以自行决定继续履行合同？请说明理由。

第七章

合同法律制度

内容要点

本章主要讲述合同法律制度的基本内容，重点介绍合同法的总则部分，包括合同的含义及其种类，合同法的作用、合同的订立、合同的履行、合同的变更与解除、无效合同的处理，合同担保及违反合同应承担的违约责任。重点应掌握合同运行的全过程，以防范合同的无效与合同纠纷的发生。

第一节 合同法概述

一、合同的概念与分类

（一）合同的概念和特征

合同又称契约，是平等主体的自然人、法人、其他组织之间设立、变更、终止民事权利义务关系的协议。这种协议只能是具有财产性质的，不包括婚姻、收养、监护等与人的身份有关的协议。后者适用的是其他的法律规定。作为财产性质的合同具有如下的法律特征：

（1）合同是平等主体之间的协议。这里的平等主体包括自然人、法人和其他组织。自然人的权利是基于出生而获得的权利，包括公民、外国人和无国籍人；法人是基于法律的规定而取得独立民事主体资格的社会组织；其他组织是指虽不具备独立民事主体资格，但有一定财产可独立支配且可以作为民事法律关系主体的社会组织。

（2）合同是平等主体之间就债权债务的关系所订立的协议。债权债务关系是特定当事人之间以给付为对象所建立的权利义务关系。

（3）合同是平等主体之间意思表示真实、一致的行为。只有当事人双方在平等和意思表示真实、一致的情况下才能达成有效的协议。任何违背当事人的意志或欺骗、强迫、胁迫当事人所签订的协议都是无效的，并且不能得到法律的保障。

(4) 合同可以是双方的，也可以是多方的，合同的内容是设立、变更、终止权利义务关系。因此，合同的主体是多元化的，既可以是在个人之间，个人与法人之间，也可以是在法人与法人之间，还可以是在法人与国家之间设立债权债务关系。

(二) 合同的分类

1. 有名合同与无名合同

根据法律上是否规定了一定的合同名称、内容，可以将合同分为有名合同和无名合同。我国《合同法》规定的十五种合同就是有名合同，如买卖合同、赠与合同、租赁合同、运输合同、承揽合同、借款合同等。无名合同又称非典型合同，是指法律上尚未确定一定的名称和规则的合同，如房地产业中的开发商和住户之间的物管合同就属此类。

2. 双务合同和单务合同

根据合同当事人双方是否负有对等给付义务，可将合同分为双务合同和单务合同。双务合同是指当事人双方互相负有对等的给付义务的合同，即一方当事人所享有的权利是另一方当事人所应承担的义务，反之亦然。例如，买卖合同中买方的权利是验收货物，义务是交付货款，而卖方的权利是取得货款，义务是交付货物。单务合同指一方只享有权利而不承担义务，另一方则只承担义务而不享有权利的合同，如赠与合同。

3. 有偿合同与无偿合同

根据合同当事人之间的权利义务是否有对价，可将合同分为有偿合同与无偿合同。有偿合同是有对价的合同，无偿合同则没有。买卖合同、承揽合同、租赁合同等都是典型的有偿合同；借用合同、赠与合同是典型的无偿合同。

4. 实践合同与诺成合同

根据合同签订的双方是否以交付标的物为条件可将合同分为实践合同与诺成合同。实践合同是指除当事人意思表示一致达成协议之外，还须交付标的物才能成立的合同，如保管合同、质押合同、赠与合同。诺成合同是指双方意思表示一致达成协议即成立的合同，买卖合同即是典型的诺成合同。应当注意的是，我国合同法为保障营业者的利益，将金融机构借款、仓储合同等实践合同定为诺成合同。区分实践合同与诺成合同的意义在于确定合同成立与生效的时间。

5. 要式合同与非要式合同

根据合同成立是否须依据法律规定的方式，可将合同分为要式合同和非要式合同。要式合同是指法律规定必须具备一定形式或履行一定手续的合同，如建设工程合同。非要式合同是指法律不要求必须具备一定形式和手续的合同。现代社会以非要式合同为多数。我国法律规定，要式合同不仅要求是书面的，而且还必须经过国家有关机关的批准。

6. 主合同与从合同

根据合同间的主从关系，可将合同分为主合同与从合同。主合同是指不需要其他合同的存在即可独立存在的合同。从合同是指依附于主合同，以主合同的有效存在为存在前提的合同。如借款合同是主合同，担保合同就是从合同；买卖合同是主合同，定金合同则是从合同。从合同以主合同的存在并生效为前提，主合同不成立则从合同也不能单独存在，主合同终止则从合同也随之终止。

（三）我国合同法确立的合同种类

我国合同法将合同分为十五种：

（1）买卖合同，是出卖人转移标的物的所有权与买受人，买受人支付价款的合同。

（2）供用电、水、热力合同，是供电、水、热力的单位向用电、水、热力的单位和个人提供电、水、热力，使用者支付费用的合同。

（3）赠与合同，是赠与人将自己的财产无偿给予受赠人，受赠人表示接受的合同。

（4）借款合同，是借款人向贷款人借款，并在借款到期时返还本金及利息的合同。

（5）租赁合同，是出租人将租赁物交给承租人使用、收益，承租人支付费用的合同。

（6）融资租赁合同，是出租人根据承租人对出卖人、租赁物的选择，向出卖人购买租赁物，提供给承租人使用，承租人支付租金的合同。

（7）承揽合同，是承揽人按照定作人的要求完成加工、定作、修理、复制、测试、检验等工作并交付工作成果，定作人给付报酬的合同。

（8）建设工程合同，是建筑承包人进行工程建设，由建筑物的所有人支付价款的合同。包括工程勘察合同、设计合同、施工合同。

（9）运输合同，是承运人将旅客或货物从起点运送到约定地点，旅客和托运人或收货人支付票款或运费的合同。包括客运合同、货运合同、多式联运合同。

（10）技术合同，是当事人就技术开发、转让、咨询或者服务订立的合同。包括技术开发合同、技术转让合同、技术咨询合同、技术服务合同。

（11）保管合同，是保管人保管寄存人的财物，同时收取保管费的合同。

（12）仓储合同，是由保管人储存存货人交付的货物，存货人支付仓储费用的合同。

（13）委托合同，是由委托人和受托人约定，由受托人处理委托人事物的合同。

（14）行纪合同，是行纪人以自己名义为委托人从事贸易活动，委托人支付报酬的合同。

（15）居间合同，是居间人向委托人报告订立合同的机会或者提供订立合同的媒介服务，委托人支付报酬的合同。

二、合同法的基本原则

合同法的基本原则是指贯穿整个合同法律制度中的总的指导思想，是合同法在立法中的基本规则，更是国家机关执法和司法以及公民、法人守法的基本规则。合同法的基本原则主要有以下五点：

（一）合同当事人法律地位平等

合同当事人法律地位平等，是由市场经济的客观规律及合同是当事人意思表示一致的需要所决定的。《合同法》第三条规定："合同当事人的法律地位平等，一方不得将自己的意志强加给另一方。"即当事人在订立、履行、变更、转让、承担违约责任等涉及合同的民事活动中的法律地位是平等的，无论当事人是法人还是自然人，或者是其他组织，也不论其组织形式、经济实力的大小，都应该平等地享有权利、履行义务、承担责任。不允许以大压小、恃强凌弱，把自己的意志强加于人。

（二）当事人自愿订立合同原则

签订合同的行为是当事人自由意志的结果。合同的自愿原则体现了民事活动的本质特征。《合同法》第四条规定："当事人依法享有自愿订立合同的权利，任何单位和个人不得非法干预。"体现为当事人之间自由缔结合同，自愿选择合同的相对人，自愿协商决定合同的内容，自愿选择合同的形式，自愿变更或解除合同，自愿约定违约责任；任何一方都不得将自己的意志强加给对方，合同以外的任何单位和个人也不得干预双方当事人权利、义务的约定。

（三）公平原则

公平的本义在于公正合理，把双方利益均衡作为价值判断的标准来确定当事人之间的利益关系。《合同法》第五条规定："当事人应当遵循公平合理原则确定各方的权利义务。"公平原则是社会道德观念在法律上的体现。合同当事人应当遵循公平原则确定双方的权利义务，使各方在合同活动中机会均等、权利要求对等，从而保护当事人的合法权益。

（四）诚实信用原则

诚实信用原则是指恪守信用、诚实不欺、遵循诺言、不弄虚作假、欺骗合同当事人。《合同法》第六条规定："当事人行使权利，履行义务应当遵循诚实信用的原则。"诚实信用原则包含两层含义：一是指当事人在行使权利时应当承担不损害对方当事人的合法权益的责任；二是指当事人在履行义务时对对方当事人承担不欺诈、不蒙骗的责任。诚实信用原则具有弹性的特点。司法机关在适用法律上，如果没有相应的规定，可以根据此原则作出司法解释，以解决法律的适用问题。

（五）合法原则

《合同法》第七条规定："当事人订立、履行合同应当遵守法律、行政法规，尊重社会公德，不得扰乱社会经济秩序，损害社会公共利益。"合同只有依法成立才能受到法律的保护。任何违反法律法规或损坏社会公共利益，违背社会公德的合同都将要承担相应的法律责任。

第二节　合同的订立

合同订立，是指当事人之间意思表示一致的合意。订立合同的行为是人们社会交往、相互劳动协作、从事商品交换以实现自己目的的最主要和最重要的法律手段。

一、合同的主体

合同的主体是指合同法律关系中享有权利和承担义务的自然人、法人和其他组织。合同主体订立合同时必须具备一定的独立表达自己意思和了解自己行为性质和后果的能力，在法律上称之为民事行为能力。只有具备相应的民事行为能力的主体才能订立合同，合同才具有法律效力。

二、合同的形式

合同的形式，是合同当事人合意的表现形式，是合同内容的载体。《合同法》规定："当事人订立合同，有书面形式，口头形式和其他形式。法律、行政法规规定采用书面形式的，应当采用书面形式。当事人约定采用书面形式的，应当采用书面形式。"合同的形式主要有以下几种：

（1）口头形式。口头形式是指当事人用口头言语的方式订立的合同。

（2）书面形式。书面形式是指以文字表现当事人所订立的合同的形式。包括合同书、信件、数据电文（如电报、电传、传真、电子邮件等）等，都是可以形象地表现所载内容的形式。书面形式又分为一般书面形式和特殊书面形式。一般书面形式的合同，只要内容合法，当事人书面签订协议就成立了，不需要履行其他手续。特殊书面合同的成立则需要公正、签证或政府机关的审批。如中外合资企业合同、房屋拆迁补偿合同等。

（3）其他形式。主要是人们的行为代表某种合同形式的存在，表现为推定形式和默示形式。推定形式是指当事人并不用书面和口头形式进行意思表示，而是通过某种行为来表示。默示形式是指当事人一方对另一方的行为给予沉默的认可。

三、合同的内容

合同的内容即合同的条款，是合同权利义务的具体规定。《合同法》对合同条款的规定只是概括性的规定，具有示范性的作用，并不将其作为合同成立的必备条件。一般合同包括以下条款：

（1）当事人的名称或姓名和住所。合同当事人包括自然人、法人和其他组织。合同是自然人时，应写明当事人的姓名、性别、年龄、住所、联系方式等；当事人是法人和其他组织时，应写明其名称、住所、法人代表、联系方式等。

（2）标的。标的是合同权利义务指向的对象，是合同必备的条款。合同的标的可以是货物，也可以是劳务或工程项目，但法律禁止的行为或禁止转让的物品不得作为合同的标的。

（3）数量和质量。合同的数量或质量直接规定了当事人的权利和义务的范围和程度。在大宗的交易合同中除规定具体数量条款外，还应规定损耗的幅度和正负尾差。质量条款包括标的的名称、品种、规格、等级、标准和技术要求等。

（4）价款或者报酬。价款和报酬是一方取得标的所支付的代价。在以物为标的的合同中一般称为价款，如货款、租金等；在以劳务或工作成果为标的的合同中一般称为报酬，如运输费、加工费等。在有偿合同中，价款是必备条款。

(5) 履行期限、地点和方式。履行期限是享有权利一方要求对方履行义务的时间范围；履行地点是指合同当事人约定的合同交货或者执行劳务的处所；履行方式是指当事人约定用什么方法来执行合同的义务。这些条款是选择性的条款，对主要针对大型项目的合同的执行是必备条款。

(6) 违约责任。违约责任是合同当事人双方在不履行合同义务时应当承担的法律责任。一是约定的责任，如违约金及其幅度；二是法定的责任，即《合同法》规定的固有责任，如违约就必须承担赔偿损失的责任。

(7) 解决争议的方法。这也是选择性的条款。当事人在签订和履行合同时一般把解决争议的条款写明，以便双方的纠纷能得到及时的解决。例如，是诉讼解决还是仲裁解决，其法律效果是大相径庭的。

四、格式条款合同

格式条款合同是当事人之间因重复使用而预先拟订好的合同。在合同法实践中，格式合同的条款都表现了一方具有绝对的经济优势地位，使其可以将条款强加于对方，而接受方一般别无选择。格式合同的运用主要是供电、供水、供气、供热、邮政、电信、交通、保险等行业。为限制这些行业的权利和保护弱势群体的利益，《合同法》规定了以下限制性的条款：

(1) 提供格式合同的当事人应当遵循公平原则，确定当事人之间的权利和义务。

(2) 格式合同的使用者有提示或说明的义务。提供格式合同的一方应采取合理的方式提请对方注意免责条款和限制其责任的条款，按照对方要求对条款予以说明。包括该条款的基本含义、该条款操作给对方带来的风险和负担的大小及其可能性。

(3) 免责条款的无效。《合同法》第四十条规定："格式条款凡具备合同绝对无效条件之一的，一律无效；凡是规定造成对方人身伤害而予以免责的，规定因故意或重大过失给对方造成财产损失而予以免责的条款，一律无效；凡免除提供格式条款一方当事人主要义务、排除对方当事人主要权利的，一律无效。"

(4) 歧义不利于表意者解释的原则。对格式条款的理解发生争议时，应当按照通常的理解予以解释。对格式条款有两种以上解释的，应当作出不利于提供格式条款一方的解释。

(5) 约定条款优先原则。格式条款与约定条款不一致时，应当采用约定条款。

五、合同订立的程序

(一) 要约

1. 要约的概念和条件

要约是一方当事人为某种经济目的向对方当事人所发出的欲订立合同的意思表示。发出要约的当事人称为要约人，接到要约的当事人称为受要约人。一般有效的要约应当具备以下条件：

（1）要约必须是特定人的意思表示。要约人发出要约的目的在于签订合同。所以，只有以订立合同为目的的意思表示，才能构成要约。而且要约人必须是特定的，受要约人才能对之承诺。

（2）要约必须是向特定的受要约人发出的。要约人向谁发出要约，受要约人应当是特定的，如果不是特定的受要约人，那么合同就无法签订。

（3）要约的内容必须具体明确。一是要约的内容必须包括足以使合同成立的必要条款，如买卖合同中的标的物和价款；二是内容必须确定，即包含的合同必要条款要明确，不能含糊不清。否则，受要约人无法对之作出承诺。

总之，要约的成立必须具备上述三个条件，缺少任何一个条件，要约都不能成立。但是，在一些情况下可以成立要约邀请，这是在合同订立过程中应当注意的一个重要问题。根据《合同法》第十五条的规定："要约邀请是希望他人向自己发出要约的意思表示。寄送的价目表、拍卖公告、招标公告、招股说明书、商业广告等为要约邀请。"可见，要约邀请是希望对方向自己发出要约，在于唤起别人的注意。

2．要约的法律效力

（1）要约生效的时间。根据我国合同法规定，要约到达受要约人时生效。可见，我国法律采用了到达主义的观点。要约到达受要约人是指受要约人实际收到了要约。

（2）要约对要约人的拘束力。这是指要约人不得随意撤销或变更要约。这是保护受要约人的利益，维护交易安全所必需的。

（3）要约对受要约人的拘束力。要约发出后，对受要约人来说是一种承诺权。承诺权的行使与否，完全取决于受要约人的决定。如果受要约人对要约承诺，则合同就成立；反之则不成立，并且受要约人不承担告知要约人的义务。即便是要约人要求受要约人告知不承诺时应当回复，受要约人也可以不回复，因为要约人无权强加自己的意志于别人。

3．要约的消灭

（1）要约被撤回。要约人发出要约后可以撤回，要约被撤回即告消灭。但要约的撤回时间必须是要约未到达受要约人或者与撤回的通知同时到达受要约人。《合同法》第十七条规定："要约可以撤回，撤回要约的通知应当在要约到达受要约人之前或同时到达受要约人。"

（2）要约被撤销。要约被撤销是要约生效后，要约人取消要约，是消灭要约法律效力的行为。要约人可以撤销要约，但符合《合同法》第十九条规定的情形则不得撤销。即要约人确定了承诺期限或者以其他形式明示要约不可撤销；受要约人有理由认为要约是不可撤销的，并且已经为履行合同作了准备。

（3）拒绝要约的通知到达要约人。受要约人可以承诺，也可以拒绝要约。如果受要约人拒绝要约，则在拒绝要约的通知到达要约人时，要约失效。但是，受要约人在拒绝要约后，也可以撤回拒绝。不过撤回的通知应当先于拒绝要约的通知到达要约人，才能发生撤回拒绝的效力。

（4）承诺期限届满，受要约人未作答复。如果要约人在要约中明确规定了承诺期限，则承诺必须在规定的期限内作出，超过该期限，要约自动失效。另外，口头合同的受要约人没有对要约立即承诺的，也视为失效。

（5）受要约人对要约的内容作出实质性变更。受要约人若对要约的内容作出实质性的变更，是对要约的拒绝。拒绝可以构成一个新要约，通常称之为反要约。

（6）要约人死亡或丧失了行为能力。要约人发出要约后死亡或丧失行为能力的，要约自动消灭，即要约没有生效的，不再发生效力；要约已经生效的，要约失去效力。

（二）承诺

1. 承诺的概念和条件

《合同法》第二十一条规定："承诺是受要约人同意要约的意思表示。"承诺是独立合同的最后阶段。一般须具备下列四个条件：

（1）承诺必须由受要约人作出。受要约人是要约人选定的，受要约人以外的人都不具有承诺的资格。即使第三人向要约人发出的同意要约的意思表示，也不是承诺，而是一种要约。受要约人作出承诺可以由本人进行，也可以授权代理人进行。

（2）承诺必须是向要约人作出。如果承诺是向要约人以外的人作出，则不产生承诺的效力，而只能是一种新的要约。承诺可以向要约人本人作出，也可以向要约人的代理人作出。

（3）承诺的内容必须和要约的内容相一致。承诺人对要约表示同意，即意味着受要约人具有与要约人订立合同的目的。因此，只有承诺的内容与要约的内容相一致，合同才能成立。如果承诺的内容发生了变更，这种承诺则变成了一种新的要约。

（4）承诺必须在要约规定的有效期限内作出。超过了要约的有效期限，要约即失去效力，要约人不再受要约的拘束。《合同法》第二十四条规定："要约以信件或者电报作出的，承诺期限自信件载明日期或电报交发的邮戳日期开始计算。要约以电话、传真等快速通讯方式作出的，承诺期限自要约到达受要约人时开始计算。"

2. 承诺的方式

在一般情况下，作出承诺的方式与要约的方式相同。但如果要约人对承诺方式有特殊规定的，则承诺应当依照规定作出。《合同法》第二十二条规定："承诺应当以通知方式作出，但根据交易习惯或者要约表明可以通过行为作出承诺的除外。"

3. 承诺的法律效力

承诺的法律效力在于，承诺生效后，合同成立。一般来说，承诺的生效采取到达主义。《合同法》第二十二条规定："承诺的通知到达要约人时生效。承诺不需要通知的根据交易习惯或者要约的要求作出承诺的行为时生效。"

4. 承诺的撤回和迟到

（1）承诺的撤回是指受要约人在发出承诺通知后，于生效前取消承诺。《合同法》第二十七条规定："承诺可以撤回。撤回的通知应当在承诺通知到达要约人之前或者与承诺通知同时到达要约人。"因此，如果撤回承诺的通知晚于承诺通知到达要约人，则撤回承诺的通知不发生效力，合同仍成立。

（2）承诺的迟到是指承诺在承诺期限届满后到达要约人。《合同法》第二十八条规定："受要约人超过期限发出的承诺，除要约人及时通知受要约人该承诺有效的以外，为新要约。”承诺迟到是因为送达的原因造成的，要约人如不承认该承诺的，应当立即将原因通知承诺方；否则，视为承诺未迟到，承诺仍然有效。《合同法》第二十九条规定：“受要约人在承诺期限内发出承诺，按照通常情形能够及时到达要约人，但因其他原因承诺到达要约人时超过承诺期限的，除要约人及时通知受要约人因承诺超过期限不接受该承诺的以外，该承诺有效。”

六、合同成立的时间和地点

合同成立的时间和地点具有重要意义。合同成立的时间关系到当事人的权利义务和责任的发生，而合同成立的地点则涉及案件的管辖。正确认定合同成立的时间和地点才能准确地处理合同纠纷。

在一般情况下，承诺生效的时间就是合同成立的时间。当事人采取口头形式订立合同的，合同自双方达成协议时成立；当事人采取书面形式订立合同的，合同自双方签字或盖章时成立。签字或盖章不在同一时间的，最后签字或盖章时合同成立。当事人采用信件、数据电文等形式订立合同的，可以约定在合同成立之前签订确定书，签订确定书时合同成立。

《合同法》第三十四条规定：“承诺生效的地点为合同成立的地点。采用数据电文形式订立合同的，收件人的主营业地为合同成立的地点；没有主营业地的，其经常居住地为合同成立地点。当事人另有约定的按照其约定。”如果当事人采取合同书形式订立合同，双方当事人签字或盖章的地点为合同成立的地点。盖章不在同一地点的，最后签字或盖章的地点为合同成立的地点。

七、缔约过失责任

(一) 缔约过失责任的概念与构成要件

缔约过失责任是指缔约当事人在订立合同过程中，因故意或者过失致使合同未成立、未生效、被撤销或无效，给他人造成损失而应承担的损害赔偿责任。

《合同法》第四十二条确立了缔约过失责任制度，该条规定：“当事人在订立合同过程中有下列情形之一，给对方造成损失的，应当承担损害赔偿责任：（一）假借订立合同，恶意进行磋商；（二）故意隐瞒与订立合同有关的重要事实或者提供虚假情况；（三）有其他违背诚实信用原则的行为。”缔约过失责任的基础在于诚实信用原则。

(二) 缔约过失责任的主要类型

《合同法》第四十二条规定，缔约过失责任主要有以下类型：

1．假借订立合同，恶意进行磋商

这是指当事人根本没有订立合同的目的，假借订立合同而损害相对人利益的行为。

2．故意隐瞒与订立合同有关的重要事实或者提供虚假情况

在合同订立过程中，当事人负有如实告知的义务。当事人故意隐瞒与订立合同有关的重要事实或者提供虚假情况，属于一种欺诈行为。

3. 其他违背诚实信用原则的行为

当事人在订立合同过程中，有其他违背诚实信用行为，造成对方损害的，也产生缔约过失责任。如要约人在合同生效后，擅自撤销或变更要约，造成对方损失的，要约人就要承担缔约过失责任。

（三）缔约过失责任的赔偿范围

缔约过失责任中，缔约一方因过错违反诚实信用原则负有的先合同义务，导致合同不能成立或未生效，其赔偿范围应以信赖利益的损失为基本范围。信赖利益的损失，既不是现有财产的毁损灭失，也不是履行利益的丧失，而是缔约当事人因相信合同有效成立而遭受的损失。这种信赖利益的损失主要表现为与订立合约有关的费用支出。

第三节　合同的效力

一、合同效力概述

合同的效力即合同的法律效力，是指已成立的合同对当事人的法律约束力。合同的生效与合同的成立是不同的，合同的成立是合同当事人就合同的主要条款已达成一致，只表明当事人之间存在合意的事实；而合同的生效反映的是法律对已经成立合同的评价。只有依法成立的合同，即具有合同生效的有效要件才是一个有效的合同。有效合同在当事人之间产生法律约束力，法律对其予以保护。所以依据合同效力状态的不同，可将其分为有效合同、无效合同、可撤销与变更合同、效力待定合同四种类型。

二、有效合同

有效合同必须具备以下三个生效要件：

（1）当事人缔约时具有相应的缔约能力。相应的缔约能力包括三个方面的含义：一是缔约人要有相应的行为能力；二是缔约时缔约人要有相应的缔约资格；三是缔约时缔约人要有对其财产权利处分的相应处分能力。

（2）意思表示真实。只有当事人内在的意愿与外在的表示一致时才能产生当事人所预期的法律效果，才能达到当事人所追求的经济目的。因此，法律要求缔约当事人的意思表示必须真实。

（3）不违反法律和社会公共利益。所谓合同不违反法律，是指合同不得违反法律法规的强制性规定。法律保护当事人的合法行为，只有当事人缔结的合同内容符合法律规定，不损害公共利益，法律才会对其作出肯定性评价，才会赋予其法律效力。

三、无效合同

无效合同是指虽然已经成立，但不具备合同生效要件，没有法律约束力的合同。无效合同自始无效，法律不予以承认和保护。

根据我国《合同法》的规定，存在下列情形之一的合同属于无效合同：

（1）一方以欺诈、胁迫的手段订立合同，损害国家利益。

（2）恶意串通，损害国家、集体或第三人利益。

（3）以合法形式掩盖非法目的。

（4）损害社会公共利益。

（5）违反法律、行政法规的强制性规定。

根据我国最高人民法院对《合同法》作出的司法解释，《合同法》实施以后，人民法院确认合同无效，应当以全国人大及其常务委员会制定的法律和国务院制定的行政法规为依据，不得以地方法规、行政规章为依据。对当事人违反经营范围订立的合同，人民法院不能因此认定无效，但违反国家限制经营、特许经营或国家法律、行政法规禁止性规定的除外。

对合同的无效，如果仅是合同部分无效，不影响其他部分效力的，其他部分仍然有效。合同无效、被撤销或者终止的，不影响合同中独立存在的有关解决争议方法的条款的效力。

四、可撤销、可变更合同

（一）可撤销、可变更合同的概念与类型

可撤销、可变更合同又称相对无效合同，是指欠缺有效要件，存在法定的事由，合同当事人一方可请求人民法院或者仲裁机构撤销或者变更的合同。

可撤销、可变更合同有以下三种类型：

（1）因重大误解订立的合同。重大误解是指当事人对合同的性质，对对方当事人以及标的物的种类、数量、质量等涉及合同后果的重要事项存在错误认识，违背其真实意思表示订立合同，并因此受到较大损失的情形。

（2）显失公平的合同。显失公平是指一方当事人利用优势或者对方没有经验，在订立合同时致使双方的权利与义务明显违反公平、等价有偿原则的情形。

（3）一方以欺诈、胁迫的手段或者乘人之危，使对方在违背真实意思的情况下订立的合同。与上述因欺诈、胁迫订立的无效合同相比较，二者的区别在于是否损害了国家利益。损害国家利益的为无效合同，未损害国家利益的为可撤销合同。

（二）撤销权的行使

对可撤销、可变更的合同，意思表示不真实的一方享有撤销权，有权请求人民法院或者仲裁机构撤销或变更合同，当事人请求变更的，不得撤销。撤销权的行使有着期限与条件的限制。有下列情形之一的，撤销权消灭：

（1）具有撤销权的当事人自知道或者应当知道撤销事由之日起 1 年内没有行使撤销权。

（2）具有撤销权的当事人知道撤销事由后明确表示或者以自己的行为放弃撤销权。

五、效力待定合同

效力待定合同是指虽已成立，但因缔约一方当事人欠缺相应的缔约能力，其是否发生效力尚不能确定，有待于其他行为或法律事实使之效力确定的合同。效力待定合同虽欠缺合同生效的要件，但并不属于上述无效合同或可撤销合同，法律允许根据情况对这类合同予以补救。根据我国《合同法》第四十七条、第四十八条和第五十一条的规定，效力待定合同有以下三种：

1. 限制民事行为能力人订立的合同

对于这种合同，需经限制民事行为能力人的法定代理人追认合同才有效。但是限制民事行为能力人订立的纯获利益的合同或者与其年龄、智力、精神健康状况相适应而订立的合同，不必经法定代理人追认。

为避免因限制民事行为能力人订立的合同效力长期处于不确定状态而影响相对人的权益，《合同法》规定了相对人对此享有催告权。相对人可以催告法定代理人在一个月内予以追认。在催告期内，法定代理人未作表示的，视为拒绝追认，合同无效。合同被追认之前，善意相对人有撤销的权利。撤销应当以通知的方式作出。

2. 行为人没有代理权、超越代理权或者代理权终止后以被代理人名义订立的合同

这类合同又被称为无权代理合同，该合同经被代理人追认，代理行为有效，合同对被代理人发生效力。该合同未经被代理人追认，对被代理人不发生效力，由行为人承担责任。

相对人可以催告被代理人在一个月内予以追认。被代理人未作表示的，视为拒绝追认。合同被追认之前，善意相对人有撤销的权利。撤销应当以通知的方式作出。如果相对人有理由相信行为人（无权代理人）有代理权的，该代理行为有效，即表见代理。表见代理是指客观上存在使相对人相信无权代理人有代理权的情况和理由，且相对人主观上为善意时，代理行为有效，被代理人承担授权人的责任。无权代理行为与越权代表行为不同。越权代表行为不适用无权代理的规定。《合同法》第五十条规定："法人或者其他组织的法定代表人、负责人超越权限订立的合同，除相对人知道或者应当知道其超越权限的以外，该代表行为有效。"

3. 无处分权的人处分他人财产的合同

这种合同经权利人追认或者无处分权的人订立合同后取得处分权的，该合同有效。如果无处分权的人订立合同后未能取得处分权并且权利人拒绝追认的，该合同无效，但权利人的拒绝追认，不得对抗善意第三人。

六、合同无效和合同被撤销的法律后果

无效的合同或者被撤销的合同自始没有法律约束力。但合同无效或者被撤销后也会产生以下三种法律后果：

(1) 返还财产。合同无效或者被撤销后，因该合同取得的财产应当予以返还；不能返还或者没有必要返还的，应当折价补偿。

（2）赔偿损失。对合同无效或者被撤销，有过错的一方当事人应当赔偿对方当事人因此所受到的损失；双方都有过错的，应当各自承担相应的责任。

（3）收缴财产。当事人恶意串通，损害国家、集体或者第三人利益的，因此取得的财产收归国家所有或者返还集体、第三人。

第四节　合同的履行

一、合同履行的概念和规则

（一）合同履行的概念

合同的履行是指合同生效后，双方当事人完成合同中规定的各项义务的行为。在合同的履行中，当事人应当遵循诚实信用原则完成合同中规定的各项义务，同时还要根据合同的性质、目的和交易习惯履行通知、协助、保密等义务。

（二）合同履行的规则

1. 合同内容约定不明确时的履行规则

合同生效后，当事人就质量、价款或者报酬、履行地点等内容没有约定或者约定不明确的，可以补充协议；不能达成补充协议的，按照合同有关条款或者交易习惯确定。若仍不能确定的，适用《合同法》的下列规定：

（1）质量要求不明确的，按照国家标准、行业标准履行；没有国家标准、行业标准的，按照通常标准或者符合合同目的的特定标准履行。

（2）价款或者报酬不明确的，按照订立合同时履行地的市场价格履行；依法应当执行政府定价或者政府指导价的，按照规定履行。

合同约定执行政府定价或者政府指导价的，在合同约定的交付期限内政府价格调整时，按照交付时的价格计价。逾期交付标的物的，遇价格上涨时，按照原价格执行；价格下降时，按照新价格执行。逾期提取标的物或者逾期付款的，遇价格上涨时，按照新价格执行；价格下降时，按照原价格执行。

（3）履行地点不明确的，给付货币的，在接受货币一方所在地履行；交付不动产的，在不动产所在地履行；其他标的在履行义务一方所在地履行。

（4）履行期限不明确的，债务人可以随时履行；债权人也可以随时要求履行，但应当给对方必要的准备时间。

（5）履行方式不明确的，按照有利于实现合同目的的方式履行。

（6）履行费用的负担不明确的，由履行义务一方负担。

2. 合同主体变化时的履行规则

合同生效时，当事人不得因姓名、名称的变更或者法定代表人、负责人、承办人的变动而不履行合同义务。

二、合同履行中的抗辩权

（一）同时履行抗辩权

1．同时履行抗辩权的概念

同时履行抗辩权是指当事人互负债务且没有先后履行顺序，一方当事人在对方未履行前，有权拒绝对方请求自己履行合同义务的权利。

《合同法》第六十六条规定："当事人互负债务，没有先后履行顺序的，应当同时履行。一方在对方履行债务不符合约定时有权拒绝其相应的履行要求。"可见，同时履行抗辩权只适用于双务合同。在双务合同中当事人的权利义务存在着牵连性，即当事人的权利与义务是相对应的，一方的权利即为他方的义务，一方的义务即为他方的权利。如果一方的权利义务不成立或无效，则另一方的权利义务也就会发生同样的效果。

2．同时履行抗辩权的成立条件

（1）当事人须互负义务。同时履行抗辩权适用于双务合同，如买卖合同、租赁合同、承揽合同、运输合同、仓储合同等。当事人须基于同一双务合同而互负义务，才能产生同时履行抗辩权。双方的债务是基于两个不同的双务合同产生的，即使双方在事实上具有密切联系，也不能产生同时履行抗辩权。

（2）当事人双方所负的债务没有先后履行顺序且均已到清偿期。就是说，当事人在合同中没有约定履行顺序，在这种情况下，当事人应当同时履行。如果合同中约定了当事人的义务有先后履行顺序，则负有先履行义务的当事人应先履行合同义务，不能适用同时履行抗辩权。

（3）一方当事人未履行债务或未按约定履行债务。当事人一方请求对方履行债务时，如果请求方自己没有履行，则被请求方可以主张行使同时履行抗辩权，拒绝履行债务。

（4）对方当事人的对应履行是可能的。法律设立同时履行抗辩权的目的，在于双方当事人同时履行自己的义务。因此，只有在债务可以履行的情况下，同时履行抗辩权才具有意义。

3．同时履行抗辩权的效力

同时履行抗辩权属于延期的抗辩权，不具有消灭对方请求权的效力，而仅产生使对方请求权延期的效力。当事人一方要求履行义务的，自己必须同时履行义务。而在对方没有履行义务时，则可以暂时拒绝履行自己的义务。

（二）先履行抗辩权

1．先履行抗辩权的概念

先履行抗辩权是指在双务合同中应当先履行义务的一方当事人没有履行合同义务，后履行一方当事人可以拒绝履行自己的合同义务的权利。《合同法》第六十七条规定："当事人互负债务，有先后履行顺序，先履行一方未履行的，后履行一方有权拒绝其履行要求。先履行一方履行债务不符合约定的，后履行一方有权拒绝其相应的履行要求。"

2. 先履行抗辩权的成立条件

（1）当事人因双务合同互负债务。先履行抗辩权与同时履行抗辩权一样，只在双务合同中存在，单务合同不发生先履行抗辩权的问题。在双务合同中，当事人之间存在对价关系，当事人一方履行义务，目的是为了换取对方的履行。

（2）当事人一方须有先履行的义务。在双务合同中，当事人可以同时履行义务，也可以异时履行义务。在同时履行的情况下，如果一方没有履行义务，对方可以援用同时履行抗辩权。在异时履行的情况下，负有先履行义务的一方应当先履行义务。对履行顺序，应当按照法律规定、合同约定或交易习惯确定。

（3）先履行一方到期未履行债务或未适当履行债务。在合同异时履行的情况下，负有先履行义务的一方应当先履行义务。如果先履行一方的债务已届履行期而不履行债务，则属于违约，后履行一方有权拒绝先履行一方的要求。

先履行抗辩权也属于延期的抗辩权，不具有消灭对方要求权的效力，只是暂时阻止先履行一方请求权的行使。如果先履行一方完全履行了合同义务，先履行抗辩权即归消灭，后履行一方应恢复履行。

（三）不安抗辩权

1. 不安抗辩权的概念

不安抗辩权，指双务合同成立后，应当先履行的当事人有证据证明对方不能履行合同义务，或者有不能履行合同义务的可能性时，在对方没有履行或提供担保前，有权中止履行合同义务。

2. 不安抗辩权的成立条件

（1）双方当事人因同一双务合同而互负债务。

（2）后给付义务人的履行能力明显降低，有可能存在不能履行给付义务的现实危险。

（3）后履行义务一方没有对给付义务提供担保。

不安抗辩权的主要效力在于抗辩权人不享有同时履行或提供担保的请求权。先履行一方有权中止履行，但同时应负及时通知对方的义务。在先履行的一方中止合同后，后履行一方在一定期限内仍没有恢复履行合同的能力，则应当允许中止履行方解除合同，以保护其利益。

三、合同的保全

合同的保全是指合同在履行过程中，由于债务人的财产状况会直接影响债权人的债权实现，为保护债权人的债权免受债务人财产不当行为减少带来的危害，允许债权人对债务人的不当行为作出积极反应的法律制度。

合同的保全，主要包括代位权与撤销权两种形式。

（一）代位权

代位权指因债务人怠于行使其到期债权，对债权人造成损害的，债权人可以向人民法院请求以自己的名义代位行使债务人的债权。但是，该债权专属于债务人具有身份性的除外。代位权的行使范围，以债权人的债权为限。债权人行使代位权，产生的必要费用由债务人负担。

代位权的行使，应同时符合下列条件：

(1) 债权人对债务人的债权合法。

(2) 债务人怠于行使其到期债权，对债权人造成损害。

(3) 债务人的债权已到期。

(4) 债务人的债权不是专属于债务人自身的债权。专属于债务人自身的债权，是指基于扶养关系、抚养关系、赡养关系、继承关系产生的给付请求权和劳动报酬、退休金、养老金、抚恤金、安置费、人寿保险、人身伤害赔偿请求权等权利。

(二) 撤销权

撤销权是指因债务人放弃其到期债权或者无偿转让财产，对债权人造成损害的，债权人可以请求人民法院撤销债务人的行为。债务人以明显不合理的低价转让财产，对债权人造成损害，并且受让人知道该情形的，债权人也可以请求人民法院撤销债务人的行为。撤销权的行使范围以债权人的债权为限。债权人行使撤销的必要费用由债务人负担。

根据《合同法》第七十四条的规定，债权人行使撤销权必须具备客观要件和主观要件，并且因债务人的行为是否为有偿而有所不同。

(1) 客观要件。首先，必须是债务人实施了处分其财产的行为，包括放弃到期债权、无偿转让财产和以明显不合理的低价转让财产的行为；其次，债务人处分其财产的行为已经发生效力，对尚未发生效力的行为不存在撤销的问题；再次，债务人处分其财产的行为已经或将要严重损害债权人的债权。

(2) 主观要件。债务人与第三人主观上具有恶意。这里的第三人仅指上述债务人的第三种处分行为中的第三人，即以明显不合理的低价受让财产的第三人。对于第三人来说，只要其知道债务人是以明显不合理的低价向其转让财产，即可认定其具有恶意。债权人撤销权行使的效果是使债务人不当处分财产行为的效力溯及既往地消灭，恢复债务人的责任财产，以保障债权人债权的实现。

根据我国《合同法》的规定，撤销权自债权人知道或者应当知道撤销事由之日起1年内行使。自债务人的行为发生之日起5年内没有行使撤销权的，该撤销权消灭。

第五节　合同的担保

一、担保的概念和特征

(一) 担保的概念

担保是指依照法律规定或由当事人双方经过协商约定，为保障当事人一方债权得以实现的法律措施。

（二）担保的特征

1．担保具有从属性

担保以主合同的成立为前提，随主合同的消灭而消灭，主合同无效，担保合同也无效。

2．担保具有预防性

当主合同的当事人不履行或不完全履行合同规定的义务时，担保关系的义务人便依约定的担保措施承担法律责任。

3．担保是当事人双方自愿的民事行为

债权人为了保证自己的债权得以实施，可以请求债务人提供担保，但债权人不能把自己的意志强加给对方。

二、担保的方式

我国《担保法》设定了五种担保方式，即保证、抵押、质押、留置和定金。

（一）保证

保证是指由债务人以外的第三人为债务人的债务履行作担保，当债务人不履行债务时，由第三人按照约定履行债务或者承担责任的行为。其中，为债务人的债务履行作担保的第三人称为保证人；被担保的债务人称为被保证人。

1．保证人的资格

我国《合同法》规定，具有代为清偿债务能力的法人、其他组织或者公民可以作为保证人。除经国务院批准为外国政府或者国际经济组织贷款进行转贷担保外，国家机关不得作为保证人；学校、幼儿园、医院等以公益为目的的事业单位、社会团体不得作为保证人；企业法人的分支机构、职能部门不得作为保证人（企业法人的分支机构有法人书面授权的，可以在授权范围内提供保证）。

2．保证的方式

根据我国《合同法》的规定，保证的基本方式有以下两种：

（1）一般保证。当事人在保证合同中约定，债务人不能履行债务时，由保证人承担保证责任的，为一般保证。一般保证的成立以债权人和保证人有明确约定为要件。一般保证的保证人在主合同纠纷未经审判或仲裁，并在债务人财产被依法强制执行仍不能清偿债务前，对债权人可拒绝承担保证责任。但是，债务人住所变更，致使债权人要求其履行债务发生重大困难，或者法院受理债务人破产案件、中止执行程序的，或者保证人以书面形式放弃先诉抗辩权的，保证人应承担保证责任。

（2）连带责任保证。当事人在保证合同中约定保证人与债务人对债务承担连带责任的，为连带责任保证。连带责任保证的债务人在主合同规定的债务履行期限届满时没有履行债务的，债权人可以直接要求保证人在其保证范围内承担保证责任。

当事人如果在保证合同中对保证方式没有约定或者约定不明确的，则按连带责任保证承担保证责任。

3．保证期间

保证期间是指保证人承担保证责任的时间范围。超过保证期限的，保证人不承担保证责任。保证人与债权人约定保证期间的，按照约定执行；保证人与债权人未约定保证期间的，法定保证期间为主债务履行期限届满之日起6个月。

4．保证责任

保证责任即保证人在担保事项出现时应承担的法律责任。保证责任的范围包括主债权及利息、违约金、损害赔偿金和实现债权的费用。

（1）保证责任免除。根据我国合同法的规定，有下列情形之一的，保证人不承担民事责任：①主合同当事人双方串通，骗取保证人提供保证的；②合同债权人采取欺诈、胁迫等手段，使保证人在违背真实意思的情况下提供保证的。

（2）保证人的数量与保证责任的关系。同一债务有两个以上保证人的，保证人应当按照保证合同约定的保证份额承担保证责任；未约定保证份额的，保证人承担连带保证责任，即债权人可以要求任何一个保证人承担全部保证责任，保证人都负有担保实现全部债权的义务。

（3）主合同变更对保证责任的影响。除保证合同另有约定外，债权人与债务人协议变更主合同的，应当取得保证人的书面同意；未经保证人书面同意的，保证人不再对变更后的主合同承担保证责任。

（4）债权债务转让对保证责任的影响。债权人依法将主债权转让给第三人的，除保证合同另有约定外，保证人在原保证的范围内继续承担保证责任。在保证期间内，债权人许可债务人转让债务的，应当取得保证人的书面同意，保证人对未经其同意转让的债务部分不再承担保证责任。

（5）保证与物的担保并存时的规定。同一债权既有保证又有物的担保时应优先执行物的担保，保证人仅对物的担保以外的债权承担保证责任；如果债权人放弃物的担保，保证人在债权人放弃权利的范围内免除保证责任。

（6）保证人的追偿权。保证人承担保证责任后享有追偿权，即有权向债务人追偿其代为清偿的部分。保证人自行履行保证责任时，其实际清偿额大于主债权范围的，保证人只能在主债权范围内对债务人行使追偿权。

（二）抵押

1．抵押的概念

抵押是指债务人或者第三人的特定财产在不转移占有的前提下将该财产作为债权的担保，当债务人不履行债务时，债权人有权依法以该财产折价或者以拍卖、变卖该财产的价款优先受偿。在抵押法律关系中，提供财产的债务人或者第三人称为抵押人；债权人享有的当债务人不履行债务时以变卖抵押物优先受偿的权利称为抵押权；享有抵押权的债权人称为抵押权人。

2．抵押物

用于抵押的财产称为抵押物。根据法律规定，下列财产可以抵押：①抵押人所有的房屋和其他地上定着物；②抵押人所有的机器、交通运输工具和其他财产；③抵押人依法有权处分的国有土地使用权、房屋和其他地上定着物；④抵押人依法有权处分的机器、交通运输工具和其他财产；⑤抵押人依法承包并经发包方同意抵押的荒山、荒沟、荒丘、荒滩等荒地的土地使用权。根据我国《合同法》的规定，下列财产不得抵押：①土地所有权；②耕地、宅基地、自留地、自留山等集体所有的土地使用权，但法律另有规定的除外；③学校、幼儿园、医院等以公益为目的的事业单位、社会团体的教育设施、医疗卫生设施和其他社会公益设施；④所有权、使用权不明或者有争议的财产；⑤依法被查封、扣押、监管的财产；⑥依法不得抵押的其他财产。

这里值得一提的是，我国法律对房地产的抵押作了专门规定，实行房与地同时抵押的原则。以依法取得的国有土地上的房屋抵押的，该房屋占用范围内的国有土地使用权同时抵押。以出让方式取得的国有土地使用权抵押的，应当将抵押时该国有土地上的房屋同时抵押。乡（镇）、村企业的土地使用权不得单独抵押。以乡（镇）、村企业的厂房等建筑物抵押的，其占用范围内的土地使用权同时抵押。抵押人所担保的债权不得超出其抵押物的价值。财产抵押后，该财产的价值大于所担保债权的余额部分可以再次抵押。

另外，经法定程序确认为违法、违章的建筑物抵押的，抵押无效。共有人以其共有财产设定抵押，未经其他共有人同意的，抵押无效。但是，其他共有人知道或者应当知道而未提出异议的视为同意，抵押有效。

3. 抵押物登记

当事人根据法律规定的需要办理抵押物登记的财产抵押的，应当向有关部门办理抵押物登记，抵押合同自登记之日起生效。

根据抵押物的不同，办理登记的部门也不同：一是以土地上定着物的土地使用权抵押的，为核发土地使用权证书的土地管理部门；二是以城市房地产或者乡（镇）、村企业的厂房等建筑物抵押的，为县级以上地方人民政府规定的部门；三是以林木抵押的，为县级以上林木主管部门；四是以航空器、船舶、车辆抵押的，为运输工具的登记部门；五是以企业的设备和其他动产抵押的，为财产所在地的工商行政管理部门。

当事人以上述五种财产以外的财产抵押的，可以自愿办理抵押物登记，登记部门为抵押人所在地的公证部门。是否办理抵押物登记，不影响抵押合同的生效，抵押合同自签订之日起生效。但是，未办理登记的抵押合同不得对抗第三人。

4. 抵押的效力

根据我国《合同法》的规定，抵押权因抵押物灭失而消灭。因抵押物灭失所得的赔偿部分应作为抵押财产。抵押人对特定财产设定抵押后并不丧失对该财产的所有权，仍有权对已抵押的财产进行处分，但要受到抵押权效力的影响，主要表现为：

（1）抵押人将已出租的财产抵押的，抵押权实现后，租赁合同在有效期内对抵押物的受让人继续有效。

（2）抵押人将已抵押的财产出租的，抵押权实现后，租赁合同对抵押权人不具有约束力。抵押人将已抵押的财产出租时，如果抵押人未书面告知承租人该财产已抵押的，抵押人对出租抵押物造成承租人的损失须承担赔偿责任。

（3）在抵押期间，抵押人转让已办理登记的抵押物的，应当通知抵押权人并告知受让人转让物已经抵押的情况。抵押人未通知抵押权人或者未告知受让人的，转让行为无效，抵押权人仍可以行使抵押权。取得抵押物所有权的受让人，可以代替债务人清偿其全部债务，使抵押权消灭，受让人清偿债务后可以向抵押人追偿。抵押人转让未经登记的抵押物，抵押权不得对抗受让人，因此给抵押权人造成损失的，由抵押人承担赔偿责任。转让抵押物的价款明显低于其价值的，抵押权人可以要求抵押人就债务清偿提供相应的担保；抵押人不提供的，不得转让抵押物。

5. *抵押担保债权的清偿顺序*

债务履行期限届满，抵押权人未受清偿的，可以与抵押人协议以抵押物折价或者以拍卖、变卖该抵押物所得的价款受偿；协议不成的，抵押权人可以向人民法院提起诉讼。抵押物折价或者拍卖、变卖后，其价款超过债权数额的部分归抵押人所有，不足部分由债务人清偿。

若是同一财产向两个以上债权人抵押的，应遵循以下原则：

(1) 抵押合同自登记之日起生效的，拍卖、变卖抵押物所得的价款按照抵押物登记的先后顺序清偿；顺序相同的，按照债权比例清偿。

(2) 抵押合同自签订之日起生效的，该抵押物已登记的，按照上述原则清偿；该抵押物未登记的，按照合同生效时间的先后顺序清偿；顺序相同的，按照债权比例清偿。另外，抵押物已登记的先于未登记的受偿。

同一债权有两个以上抵押人的，当事人对其提供的抵押财产所担保的债权份额顺序没有约定或者约定不明的，抵押权人可以就其中任一或者各个财产行使抵押权。抵押人承担担保责任后可以向债务人追偿，也可以要求其他抵押人清偿其应当承担的份额。

(三) 质押

质押是指债务人或者第三人将动产或权利交与债权人所有，作为其债务履行的担保。在质押法律关系中，提供动产或权利的债务人或者第三人称为出质人；提供担保的动产或权利称为质物；债权人享有的当债务人不履行债务时以变卖质物优先受偿的权利称为质权；享有质权的债权人称为质权人。质押分为动产质押与权利质押。

1. *动产质押*

动产质押是指债务人或第三人将动产移交债权人占有，将该动产作为债权的担保。设立动产质押必须由出质人与质权人订立质押合同。

(1) 质权人的权利。根据我国《合同法》的规定，质权人享有的权利包括：①留置质物的权利。质权人在债务人未清偿债务之前有权留置质物，并有收取留置质物所产生的孳息的权利。②请求担保权。如果质物有损坏或者价值有明显减少的可能，足以危害质权人权利的，质权人可以要求出质人提供相应的担保。出质人不提供的，质权人可以拍卖或者变卖质物，并与出质人协议将拍卖或者变卖所得的价款用于提前清偿所担保的债权或者向与出质人约定的第三人提存。③优先受偿权。债务履行期限届满时质权人未受清偿的可以与出质人协议以质物折价，也可以依法拍卖、变卖质物。质物折价或者拍卖、变卖后，其价款优先清偿债务，其价款超过债权数额的部分归出质人所有，不足部分由债务人清偿。

(2) 质权人的义务。根据我国《合同法》的规定，质权人的义务包括：①质权人负有妥善保管质物的义务。因保管不善致使质物灭失或者毁损的，质权人应当承担民事赔偿责任。质权人在质权存续期间，未经出质人同意，擅自使用、出租、处分质物的，如果因此给出质人造成损失，由质权人承担赔偿责任。②质权人返还质物的义务。债务履行期限届满，债务人履行债务的，或者出质人提前清偿所担保的债权的，质权人应当返还质物。

2．权利质押

权利质押是指以所有权以外的财产为标的物而设置的债权担保。

根据我国合同法的规定，下列权利可以质押：汇票、支票、本票、债券、存款单、仓单、提单；依法可以转让的股份、股票；依法可以转让的商标专用权、专利权、著作权中的财产权；依法可以质押的其他权利，包括公路桥梁、公路隧道或者公路渡口等不动产的收益权。

权利质押合同因出质标的不同，合同生效的时间也不同：

（1）以汇票、支票、本票、债券、存款单、仓单、提单出质的应当在合同约定的期限内将权利凭证交付质权人。质押合同自权利凭证交付之日起生效。

（2）以依法可以转让的股份、股票出质的，出质人和质权人应当订立书面合同，并向证券登记机构办理出质登记。质押合同自办理出质登记之日起生效。

（3）以依法可以转让的商标专用权、专利权、著作权中的财产权出质的，出质人与质权人应当订立书面合同，并向其管理部门办理出质登记。质押合同自办理出质登记之日起生效。

权利出质后，出质人不得转让或者许可他人使用，但质权人许可的除外。

出质人未经质权人同意而转让或者许可他人使用已出质权利的，应认定为转让或许可使用行为无效。如果因此给质权人或者第三人造成损失的，由出质人承担民事责任。出质人所得的转让费、许可费应当向质权人提前清偿所担保的债权人或者向与质权人约定的第三人提存。

（四）留置

留置是指债权人按照合同约定占有债务人的动产，债务人不按照合同约定的期限履行债务时，债权人有权扣留该动产，以该动产折价或者以拍卖、变卖该动产的价款优先受偿的一种债权担保方式。

因保管合同、运输合同、加工承揽合同及其他法律规定可以留置动产的合同而发生的债权，债务人不履行债务的，债权人有留置权。债权人与债务人应当在合同中约定，债权人留置动产后，债务人应当在不少于两个月的期限内履行债务。债权人与债务人在合同中未约定的，债权人留置债务人动产后，应当确定两个月以上的期限，通知债务人在该期限内履行债务。债务人逾期仍不履行债务的，债权人可以与债务人协议，以折价或依法拍卖、变卖留置物来偿还债务。债权人未通知债务人履行偿债义务，直接变价处分留置物的，应当对由此造成的损失承担赔偿责任。留置担保的范围包括主债权及利息、违约金、损害赔偿金、留置物保管费用和实现留置权的费用。留置物折价或者拍卖、变卖后，其价款超过债权数额的部分归债务人所有，不足部分由债务人清偿。

（五）定金

定金是指合同当事人一方为保证合同的履行，在合同成立后、履行前预先向对方当事人交付一定数额的货币。定金与预付款不同，预付款是合同当事人一方为履行付款义务而预先向对方当事人支付一定数额的款项，无担保作用，若对方不履行合同也无惩罚规定。根据我国《合同法》的规定，当事人可以约定一方向对方给付定金作为债权的担保。债务人履行债务后，定金应当抵作价款或者收回。给付定金的一方不履行约定的债务的，无权要求返还定金；收受定金的一方不履行约定的债务的，应当双倍返还定金。定金应当以书面形式约定。当事人在定金合同中应当约定交付定金的期限。定金合同从实际交付定金之日起生效。定金的数额由当事人约定，但不得超过主合同标的额的20%。

此外，《合同法》还规定，当事人既约定违约金又约定定金的，在对方违约时，可以选择适用违约金或定金条款，但两者不可以并用。

第六节　合同的变更和解除

一、合同的变更

（一）合同变更的概念

合同变更有广义与狭义之分。广义的合同变更是指合同关系的要素发生变化，包括合同的主体、内容和客体发生变化；狭义的合同变更是指合同的内容和客体发生变化，也就是对合同权利义务条款的修改、补充或限制等。合同主体的变更是由新的主体取代原合同的主体，而合同的内容和客体并没有变化，属于债的移转问题。因此，这里所讲的合同变更是指狭义的合同变更。具体来说，合同的变更是指在合同没有履行或没有全部履行前，当事人对合同规定的权利和义务所作出的部分修改和补充。

（二）合同变更的条件

依法成立的合同，当事人不得擅自变更合同。但在具备一定条件的情况下，法律允许当事人变更合同。一般来说，合同变更的条件包括：

（1）当事人之间须存在有效合同关系。

（2）合同的变更须有法定原因或当事人的约定。

（3）合同的变更须是合同的内容发生变化。

（三）合同变更的程序

当事人协商一致，可以变更合同。合同的变更需要经过一定的程序。合同变更的程序因合同变更的原因不同而有所不同。

（四）合同变更的效力

合同变更后，将产生以下两方面效力：一是合同的变更不具有溯及力。合同变更后，当事人应当履行变更后的合同，对原合同不再履行。二是合同的变更不影响要求赔偿损失的权利。《民法通则》第一百一十五条规定，合同的变更不影响当事人要求赔偿损失的权利。

二、合同的解除

（一）合同解除的概念

合同的解除是指在合同依法成立后而尚未全部履行前，当事人基于协商、法律规定或者约定而使合同关系归于消灭的一种法律行为。合同解除有狭义和广义之分。狭义的合同解除是指在合同依法成立后而尚未全部履行前，当事人一方基于法律规定或当事人约定行使解除权而使合同关系归于消灭的一种法律行为。广义的合同解除包括狭义的合同解除和协议解除。我国《合同法》对合同解除采取了以下广义的概念：

（1）合同的解除须以当事人之间存在有效合同为前提。

（2）合同的解除须具备一定的条件。

（3）合同解除是一种消灭合同关系的法律行为。

（二）合同解除的种类

（1）协议解除。协议解除是指在合同依法成立后而尚未全部履行前，当事人通过协商而解除合同。

（2）约定解除。约定解除是指在合同依法成立后而尚未全部履行前，因当事人双方约定的事由出现行使解除权的情况而解除合同。

（三）合同解除的条件

（1）因不可抗力不能实现合同目的。

（2）在履行期限届满之前，当事人一方明确表示或者以自己的行为表明不履行主要债务。

（3）当事人一方延期履行主要债务经催告后在合理期限内仍未履行。

（4）当事人一方迟延履行债务或者有其他违约行为致使不能实现合同目的。

（5）依法规定的其他情形。

（四）合同解除的效力

法律规定或者当事人约定解除权行使期限，期限届满当事人不行使的，该权利消灭。

法律没有规定或者当事人没有约定解除权行使期限，经对方催告后在合理期限内不行使的，该权利消灭。

当事人一方主张解除合同的，应当通知对方。合同自通知到达对方时解除。对方有异议的，可以请求人民法院或者仲裁机构确认以解除合同的效力。

合同解除后，尚未履行的，终止履行；已经履行的，根据履行情况和合同性质，当事人可以要求恢复原状、采取其他补救措施，并有权要求赔偿损失。

合同的权利义务终止，不影响合同中纠纷解决、结算和清理条款的效力。

第七节　违约责任

一、违约责任的概念和特征

违约责任是指当事人一方不履行合同义务或履行合同义务不符合约定时，应向对方承担的继续履行、采取补救措施、赔偿损失或支付违约金等民事责任。违约责任作为一种民事责任，具有民事责任的一般法律特征。违约责任又具有民事责任所不具有的一些特征，具体表现在：

（1）违约责任是以合同债务为基础的民事责任。

（2）违约责任是一种财产责任。

（3）违约责任可以由当事人约定。

（4）违约责任具有相对性。

二、违约责任的归责原则

违约责任的归责原则是确定违约方的违约责任的根据或准则。在违约行为发生后，应当根据合同约定要求违约方承担违约责任。

《合同法》第一百零七条规定："当事人一方不履行合同义务或者履行合同义务不符合约定的应当承担继续履行、采取补救措施或者赔偿损失等违约责任。"从这一规定可以看出，合同法在违约原则上采取了无过错责任原则或严格责任原则，即无论违约方是否存在过错，都应对违约行为承担违约责任，除非存在法定的免责事由。应当指出的是，虽然合同法采取无过错责任原则，但合同法也并没有完全否定过错责任原则的适用。合同法分则中规定的违约责任中，有许多是基于当事人的过错产生的。

三、违约责任的一般构成条件

违约责任的构成条件是指当事人承担违约责任须具备的条件，也就是指在何种情形下，合同当事人才需承担违约责任。

与一般民事责任的构成要件相比较，违约责任具有其自身的特点：

（1）违约责任以有效合同的存在为前提。当事人之间存在有效合同，是违约责任的基本前提条件。

（2）违约责任的条件可以约定。在当事人对于违约责任条件有特别约定的情况下，只要当事人的约定不违反法律的强行性规定和公序良俗，就应当从其约定。

（3）不同的违约责任形式要求不同的构成条件。确定当事人的违约责任时，就要根据当事人具体应承担的责任形式来分析责任构成条件。

四、违约责任的分类

根据《合同法》的规定，违约行为首先应分为预期违约和实际违约两种基本形态，实际违约又有不履行和不适当履行两种形式。

（一）预期违约

《合同法》第一百零八条规定：“当事人一方明确表示或者以自己的行为表明不履行合同义务的，对方可以在履行期限届满之前要求其承担违约责任。”这一条所规定的就是预期违约。在合同履行期限到来之前，合同一方当事人没有正当理由，明示或默示表示将不履行合同，即明示预期违约和默示预期违约。明示预期违约是指在合同履行期限到来之前，合同一方当事人无正当理由而明确、肯定地向另一方表示将不履行合同义务。默示预期违约是指在合同履行期限到来之前，合同一方当事人以自己的行为表示不履行合同义务。

（二）不履行合同

不履行合同是指合同当事人根本就没有实施履行合同义务的行为，其又可分为：

（1）拒绝履行，是指合同债务人在履行期限到来后，没有正当理由而又表示不履行合同。

（2）合同的不可能履行，又称为履行不能，是指合同债务人已经不可能再履行合同。债务人在客观上已失去履行合同的条件或能力。如合同标的物为特定物的，标的物已毁损灭失。

（三）不适当履行

不适当履行是指合同债务人虽有履行合同义务的行为，但该履行行为不符合合同的约定。

（1）数量上的不适当履行。数量上的不适当履行包括给付的物的数量不足或超过约定的数量等。如少交货物或多交货物都为不适当履行。

（2）质量上的不适当履行。质量上的不适当履行包括瑕疵履行和加害履行。瑕疵履行是指当事人交付的商品或者提供的服务不符合约定的规定或质量标准，包括品质、品种、规格、型号、花色等不符合合同约定或法律规定的标准；加害履行又称加害给付，是指因合同债务人交付的产品有缺陷而造成合同相对方的人身损害或缺陷产品以外的财产损害。

（3）履行地点的不适当履行。地点的不适当履行也就是债务人履行债务的地点不正确。地点不仅关系双方对履行费用的负担，而且也与履行期限有关。债务人应在规定的地点履行其义务，如果在其他地点履行，则构成履行地点的不适当履行。

（4）履行方法、方式的不适当履行。方法、方式的不适当履行是指债务人实行给付的手段或方式不符合法定的或者约定的条件。

（5）履行期限的不适当履行。期限的不适当履行即迟延履行，包括给付迟延和受领迟延。给付迟延是指债务人在合同履行期限届满时能够履行合同而没有按期履行，因此又称为债务人迟延。给付迟延应具备下列条件：①债务人违反了履行期限的规定；

②债务人须能够继续履行合同；③债务人须没有正当理由。受领迟延是指债务人作出履行时，债权人没有正当理由而未及时接受债务人的履行，因此又称为债权人迟延。

五、违约责任的免责事由

（一）违约责任免责事由的概念

违约责任的免责事由又称为免责条件，是指法律规定的或者当事人约定的免除违约当事人承担违约责任的理由。免除违约责任，也就是违约合同的当事人对于违约行为不承担违约责任。当存在免责事由时，违约行为人可以以自己有免责事由而对抗另一方当事人的请求，所以，免责事由也是债务人得以对抗债权人的违约责任请求权的抗辩事由。

（二）违约责任的法定免责事由

1. 不可抗力

《民法通则》第一百零七条规定："因不可抗力不能履行合同或者造成他人损害的，不承担民事责任，法律另有规定的除外。"《合同法》第一百一十七条规定："因不可抗力不履行合同的，根据不可抗力的影响，部分或者全部免除责任，但法律另有规定的除外，当事人迟延履行后发生不可抗力的，不能免除责任。"不可抗力作为违约责任的一般法定免责事由，根据合同法的规定，其效力主要体现在以下两个方面：

（1）部分或全部免除违约责任。当事人因不可抗力不能履行合同的，根据不可抗力的影响，应部分或全部免除违约方的违约责任。

（2）通知义务和提供证明义务。根据《合同法》第一百一十八条规定，当事人一方因不可抗力不能履行合同义务的，应当及时通知对方，以减轻可能给对方造成的损失，并应当在合同期限内提供证明。

2. 债权人的过错

因债权人的故意行为致使合同不履行或不适当履行的，债务人当然地不承担违约责任，由债权人自行承担合同不履行的不利法律后果，因为任何人都应对自己的故意行为负责。因债权人的过错而免责的情形主要有以下三种：

（1）因债权人过错造成合同不履行。

（2）因债权人过错造成违约损害后果扩大。

（3）法律规定的其他免责事由。

六、违约责任的形式

《合同法》第一百零七条规定："当事人一方不履行合同义务或者履行合同义务不符合约定的，应当承担继续履行、采取补救措施或者赔偿损失等违约责任。"

（1）继续履行。继续履行是指合同当事人一方不履行合同义务或履行合同不符合约定时，违约方应当承担按合同的约定履行合同的责任。按照《合同法》的规定，继续履行的，除适用有违约行为外，还应具备以下条件：①债权人在合同期限内请求继续履行；②继续履行须有可能；③继续履行须有必要；④债务的标的须适于强制履行。

（2）支付违约金。《合同法》第一百一十四条规定：“当事人可以约定一方违约时应当向对方支付一定数额的违约金，也可以约定因违约的损失赔偿额计算方法。”违约金是违反合同的当事人一方所须承担的违约责任。适用这种责任形式的，除须具备违约行为外，还须具备以下两个条件：①合同中须有关于违约金的约定或者法律中有关于违约金的规定；②违约方的违约行为属于应支付违约金的情形。

（3）赔偿损失。赔偿损失是指违约方赔偿因其违约而给对方造成的损失。当事人一方违反合同给对方造成损失时，对方当事人有权要求赔偿损失，违约方也应当承担赔偿损失的违约责任。在适用赔偿损失这一责任形式时，遵循完全赔偿原则，赔偿范围包括实际损失和可得利益损失。我国《合同法》对赔偿损失的范围也作了规定，该法第一百一十三条规定：“当事人一方不履行合同义务或者履行合同义务不符合约定，给对方造成损失的，损失赔偿额应当相当于因违约所造成的损失，包括合同履行后获得的利益，但不得超过违反合同一方订立合同时预见到或者应当预见到的因违反合同可能造成的损失。”

（4）采取补救措施。补救措施是指矫正合同不适当履行的责任形式。从广义上讲，补救措施是违反合同的债务人承担违约责任的具体方式。从狭义上讲，补救措施是与继续履行并列的一种违约责任形式。合同法将继续履行、采取补救措施、赔偿损失并列规定，这表明，在我国的违约责任中，补救措施是一种单独的违约责任形式。我国《合同法》第一百一十一条规定：“质量不符合约定的，应当按照当事人的约定承担违约责任。对违约责任没有约定或者约定不明确，依照本法第六十一条的规定仍不能确定的，受害方根据标的的性质以及损失的大小，可以合理选择要求对方承担修理、更换、重作、退货、减少价款或者报酬等违约责任。”

思考题

1. 《合同法》的基本原则有哪些？
2. 简述要约和承诺及其有效的条件。
3. 试述无效合同。
4. 试述合同中的抗辩权、代位权及撤销权。
5. 试述违约责任。

案例分析题

案例一　甲宾馆与乙家具厂签订了一份豪华床具定做合同，合同约定：乙家具厂于8月5日、9月5日分两批交付200套家具，每批100套。合同签订后，乙家具厂如期交付了第一批家具。8月20日，乙家具厂因工作人员在休息时抽烟不慎导致火灾，使乙家具厂未能如期交付第二批家具。10月5日，甲宾馆以乙家具厂违约为由，向法院提起诉讼，要求乙家具厂继续履行合同，并赔偿营业损失1万元。

问题：乙家具厂的行为是否构成违约？如乙家具厂构成违约，其应承担何种违约责任？

案例二 甲与某出版社签订了一份出版合同，约定甲应于2003年4月底交稿，以赶上学生秋季用书。为按期完成写作任务，甲于2003年1月5日从乙电脑公司租用台式电脑一部，乙公司保证电脑正常运转，并约定如果出现异常情况，甲不得自行拆机修理。甲使用电脑后，经常发生电脑死机现象。甲的朋友提醒甲将文档存到软盘上，但甲未加注意，最终甲所写作的文稿因电脑故障而全部遗失，导致甲不能按时履行出版合同，向出版社支出违约金5 000元。甲在未通知乙公司的情况下，自行拆开电脑进行修理，结果使电脑CPU损失，损失达2 000元。

问题：本案的违约责任应如何处理？

第八章

工业产权法律制度

内容要点

本章主要讲述我国工业产权的一般原理与基本制度；重点掌握商标权和专利权的取得条件和申请程序以及其主体、客体和内容。

第一节　工业产权法概述

一、工业产权法概述

（一）工业产权的概念

工业产权是指人们对应用于商品生产和流通中的创造发明和显著标记等智力成果享有的专有权利。工业产权的范围十分广泛，主要包括发明、实用新型、外观设计、商标、服务标记、厂商名称、货源标记、原产地名称以及制止不正当竞争的权利。在我国，工业产权主要指专利权和商标权。

（二）工业产权的特征

工业产权属于知识产权的范畴，是一种无形财产权，是人们对自己的脑力劳动所创造出的精神财富依法享有的权利。与有形财产权相比具有下列法律特征：

（1）专有性。专有性又称排他性，是指依照法律规定取得的专利权和商标权专属于权利人所有，排除他人享有同样权利的可能性；享有该项权利的人有权使用或依其意志进行转让，其他任何人非经权利人同意不得使用，否则即为侵权。

（2）地域性。地域性是指工业产权的法律保护具有域内效力，即一国授予的专利权和商标权只在该国领域内有效，对其他国家没有任何效力。一国的发明创造或商标要在他国获得专利权或商标权，必须依照他国的法律程序去申请并获得批准，否则得不到他国法律的保护。

（3）时间性。时间性是指工业产权的法律保护是有一定期限的，即权利人在法定期限内享有专有权，有效期限届满后，该产权就不再受法律保护，成为社会财富，任何人都可以自由地使用而不发生侵权问题。

（4）确认性。确认性是指工业产权必须是依据国家有关法律规定的程序确认的。例如，专利权、商标专用权的取得，必须依据专利法、商标法的规定，向国家的专门主管机关提出申请，经主管机关依法审查批准，并以法定形式确认后，才能给予法律保护。

（三）工业产权法的概念

工业产权法是指调整因确认、保护和使用工业产权而发生的各种社会关系的法律规范的总称。

工业产权法主要包括专利法和商标法以及与此相关的条例、细则等。我国调整工业产权的法律法规主要有《中华人民共和国商标法》、《中华人民共和国商标法实施细则》、《中华人民共和国专利法》、《中华人民共和国专利法实施细则》等。《民法通则》专设知识产权一节，对有关著作权、专利权、商标权、发现权或者其他科技成果权都作了原则性规定。

二、工业产权的国际保护

工业产权的效力是有地域限制的，它只能在授予这种权利的国家内存在和行使。但是，在各国对外经济、政治、文化等方面交流日益增强的情况下，如果缺乏国家之间的有力协作，跨国界的侵权行为势必泛滥，如抢注商标、盗版软件等。为此，有关工业产权保护的国际性、地区性国际条约先后出台。保护工业产权的条约主要有《保护工业产权巴黎公约》、《商标国际注册马德里协定》、《为商标注册目的而使用的商品与服务的国际分类协定》（简称《尼斯协定》）、《保护原产地名称及其国际注册协定》、《专利合作条约》、《商标注册条约》等。我国已经加入的有关工业产权的国际公约有《成立世界知识产权组织公约》（1980 年加入）、《巴黎公约》（1985 年加入）、《商标国际注册马德里协定有关协定书》（1989 年加入）、《专利合作条约》（1993 年加入）、《关于供商标注册用的商品和服务的国际分类的尼斯协定》（1994 年加入）、《国际植物新品种保护公约》（1999 年加入）等。

第二节　商标法

一、商标及商标法概述

（一）商标的概念

商标是指商品生产者或经营者为使自己生产、销售的商品或者提供的服务与其他生产者或经营者生产、销售的商品或者提供的服务相区别而使用文字、图形或其组合的特定标记。

（二）商标的作用

（1）表明商品来源。商标可以表明使用该商标的商品来源于哪个企业。企业可以通过商标将自己的商品与他人的商品进行区别。

（2）便于质量监督。已经注册的商标受国家法律保护，但以次充好、粗制滥造、质量没有保证者也会受到相应的处罚，严重者将被注销注册商标。转让注册商标、许可他人使用注册商标，按规定要求受让方、被许可方保证商品质量，许可方有权监督商品质量。

（3）促进市场交易。市场上许多驰名商标往往代表名牌商品，具有很强的市场竞争力。一个好的商品，配之以好的商标，有利于商品生产者、经营者开拓市场，提高商品知名度，从而赢得经济效益。

（三）商标的分类

根据不同的标准可以对商标进行不同的分类。

（1）平面商标和立体商标。平面商标是指以文字、图形或文字、图形组合而成的标志。文字商标是最为常见的平面商标类型。立体商标是指以商品形状或者其容器、包装的形状构成的三维标志。

（2）注册商标和未注册商标。这是按照商标的法律状态进行划分的。注册商标是指由当事人申请，经国家管理机关审查核准，予以注册的商标。注册商标是商标法保护的对象，其所有人享有商标专用权。未注册商标是指其使用人未申请注册或者注册申请未被核准的商标。未注册商标可以自行在市场上使用，但其使用人不享有商标专用权。

（3）商品商标和服务商标。这是按照商标的识别对象进行划分的。商品商标是商品生产者或经营者在生产、制造、加工、拣选或经销的有形商品上使用的标记。服务商标是提供服务的经营者在其向社会提供的服务项目上使用的标记。服务商标用以标示和区别无形商品即服务、劳务，它的使用者是从事宾馆、餐饮、旅游、运输、广告、娱乐、金融、保险等服务的经营者。

（4）集体商标和证明商标。这是按照商标的特殊性质进行划分的。集体商标是指以团体、协会或者其他组织名义注册，供该组织成员在商事活动中使用，以表明使用者在该组织中的成员资格的标志。集体商标虽然也表示商品来源，但它并非标示某一单个厂商，而是代表由若干企业组成的集体组织。证明商标是指由对某种商品或者服务具有监督能力的组织所控制，而由该组织以外的人使用其商品或者服务，用以证明该商品或者服务的原产地、原料、制造方法、质量或者其他特定品质的标志。证明商标的使用具有开放性，凡是其商品或者服务的质量达到规定标准的，任何人都可以申请使用。

（5）驰名商标。驰名商标是指享有较高声誉，为公众所熟知的商标。相对于普通商标而言，驰名商标不仅具有区别来源的基本功能，更重要的是它还具有品质担保和信誉标示的作用。《巴黎公约》要求成员国给予驰名商标特别保护，即任何与驰名商标相混淆的商标应被拒绝或取消注册，禁止使用。

（四）商标权

商标权是商标所有人对法律确认并给予保护的商标所享有的权利。经商标局核准注册的商标为注册商标。在我国，商标注册人对其注册商标享有的商标专有权受法律保护。

（五）商标法的概念

商标法是指调整确认保护商标专有权和商标使用过程中发生的社会关系的法律规范的总称。

为完善我国商标专有权保护制度，适应我国加入世界贸易组织（WTO）的需要，第九届全国人大常委会第二十四次会议于 2001 年 10 月 27 日通过了《全国人民代表大会常务委员会关于修改〈中华人民共和国商标法〉的决定》，该决定自 2001 年 12 月 1 日起施行，与修改后的商标法相配套。2002 年 3 月 8 日，国务院发布第 358 号令，公布《中华人民共和国商标法实施条例》，该条例自 2002 年 9 月 15 日起施行。

二、商标权的主体、客体和内容

（一）商标权的主体

商标权的主体是指有权申请商标注册并依法取得商标所有权的自然人、法人或其他组织。《商标法》第四条规定，自然人、法人或其他组织对其生产、制造、加工、拣选或者经销的商品，需要取得商标专用权的，应当向商标局申请商标注册。另外，外国人或外国企业在中国申请商标注册的，应按其所属国和我国签订的协议或共同参加的国际条约办理，或者按对等原则办理。

（二）商标权的客体

商标权的客体，在我国是指经过国家商标局核准注册的商标，即注册商标。申请商标注册的商标必须符合以下三个条件：

（1）商标使用的文字、图形、字母、数字、三维标志和颜色组合应当有显著特征，便于识别。

（2）商标标记不得同中华人民共和国国家名称、国旗、国徽、军旗、勋章相同或者近似，或与中央国家机关所在地特定地点的名称或者标志性建筑物的名称、图形相同；不得同外国的国家名称、国旗、国徽、军旗相同或者近似，但该政府同意的除外；不得同政府间国际组织的旗帜、徽记、军旗相同或者近似，但经该组织同意或不易误导公众的除外；不得与表示实施控制、予以保证的官方标志、检验印记相同或近似，但经授权的除外；不得同“红十字”、“红新月”的标记、名称相同或相近似。此外，商标标志不得带有民族歧视性、夸大宣传并带有欺骗性和有害于社会主义道德风尚或者有其他不良影响。县级以上行政区划的地名或者公众知晓的外国地名也不得作为商标。但是，地名具有其他含义或作为集体商标证明商标组成部分的除外。已经注册的使用地名的商标继续有效。

（3）下列标志不得作为商标注册：①仅有本商品的通用名称、图形、型号的；②仅仅直接表示商品的质量、主要原料、功能、用途、重量、数量及其他特点的；③缺乏显著特征的。但如果这些标志经过使用取得显著特征，并且便于识别的，可以作为商标注册。

（三）商标权的内容

商标权的内容，即商标法律关系的权利和义务。

1. 商标权人的主要权利

（1）商标专用权。商标专用权人有权将其注册商标在核准的商品上使用，并因此获得合法利益。其他人未经商标权人许可，不得使用其注册商标。

（2）转让权。商标权人有权将其注册商标转让给其他单位或者个人。商标转让是商标所有权的转移。转让注册商标的转让人和受让人应当共同向商标局提出申请。受让人应当保证使用该注册商标的商品的质量。转让注册商标经核准后，应予以公告。

（3）许可权。商标注册人可以通过签订商标使用许可合同，许可他人使用其注册商标。许可人应当监督被许可人使用其注册商标的商品的质量；被许可人应当保证使用该注册商标的商品的质量。经许可使用他人注册商标的，必须在使用该注册商标的商品上标明被许可人的名称和商品产地。商标使用许可合同应当报商标局备案。

（4）禁用权。商标权人有禁止他人未经许可而使用其注册商标或使用与之混淆的商标的权利。他人未经许可不得在同一种商品或类似商品上使用该注册商标或相近似的商标，否则构成侵权。商标权人对他人的侵权行为有请求行政处理或提起诉讼的权利。

（5）收益权。商标权人有通过使用、许可使用、转让等方式行使其商标权而获得经济利益的权利。

2. 商标权人的主要义务

（1）使用注册商标的义务。使用注册商标的，应当标明“注册商标”或者注册标记。商标注册后必须使用，即注册商标用于商品、商品的包装或容器以及商品交易文书上，或将商标用于广告宣传、展览及其他业务活动。连续3年停止使用注册商标的，任何人都可以向商标局申请予以撤销。

（2）确保商品质量的义务。商标注册人、受让人、被许可使用人应当保证注册商标的商品质量，不得粗制滥造，以次充好，欺骗消费者。商标使用许可人对被许可人使用其注册商标的商品的质量负有监督义务。

（3）缴纳规费的义务。商标权人按规定在申请商标注册和办理其他商标事宜时应缴纳费用，否则商标局不予注册。

（4）商标权人负有遵守商标管理规定的义务，如不得自行改变注册商标注册事项，不得自行转让注册商标的义务等。

三、商标权的取得

商标权的取得方式分为原始取得和继受取得。

（一）原始取得

原始取得又称直接取得。在我国，经商标局核准注册的商标才享有注册商标专用权。

（二）继受取得

继受取得也称为商标权的传来取得，是指以他人既存的商标权及他人意志为基础而取得商标权。继受取得主要有两种情况：一是根据转让合同受让人取得出让人的商标权；二是因继承取得被继承人的商标权，商标权中的财产权可以通过继承而取得。

四、商标注册的原则

（一）注册原则

我国采用自愿注册和强制注册相结合的原则。对绝大多数商品采用自愿注册原则，商标是否注册由当事人自行决定。未注册商标不享有商标专用权。同时，商标法规定了部分商品商标必须强制注册。例如，人用药品、烟草制品必须申请商标注册，未经核准注册的不得在市场上销售。

（二）先申请原则

两个或两个以上的申请人先后就同一种类的商品以相同或相似的商标申请注册的，商标局对申请在先者予以审核和注册，并驳回其他人的申请；同一天申请的，商标局对使用在先者予以审核和注册，驳回其他人的申请。

申请先后的确定以申请日为准，申请日的确定以商标局收到申请书和有关文件为准。

（三）一类商标一件商品一份申请原则

申请商标注册的，应当按规定的商品分类表填报使用商标的商品类别和商品名称。同一申请人在不同类别的商品上使用同一商标的，应当按照商品分类表提出注册申请。注册商标需要在同一类的其他商品上使用的，应当另外提出申请。

五、商标注册的审查和核准

（一）申请

申请人按规定向商标局提交申请书和有关文件，包括商标图样等。

（二）初审和公告

申请注册的商标，符合商标法规定的，由商标局初步审定，予以公告；不符合商标法规定的，由商标局驳回申请，不予公告。对驳回申请、不予公告的商标，商标局应当书面通知申请人。申请人不服的，可以在收到通知后 15 日内申请复审，由商标评审委员会作出决定，并书面通知申请人。当事人对商标评审委员会的决定不服的，可以自收到通知之日起 30 日内向人民法院起诉。

（三）异议审查和核准制度

对初步审定的商标，自公告之日起 3 个月内，任何人均可以提出异议。公告期无异议的，予以核准注册，发给商标注册证，并予以公告；经裁定异议成立的，不予核准注册。对初步审定、予以公告的商标提出异议的，商标局应当听取异议人和申请人陈述事实和理由，经调查核实后作出裁定。当事人不服的，可以在收到通知后15日内申请复审，由商标评审委员会作出终局裁定，并书面通知异议人和申请人。

六、商标权的期限和续展

我国注册商标的有效期为10年，自核准注册之日起计算。注册商标期限届满，需要继续使用的，可以申请续展，且次数不受限制，每次续展注册的有效期为10年。注册商标的续展，应在期满前6个月内申请。在此期间未能提出申请的，可给予6个月的宽展期。续展注册经核准的，予以公告。宽展期满仍未提出续展申请的，商标局注销该注册商标。

七、商标使用管理和已注册商标发生争议的处理

（一）商标使用管理

1. 对注册商标的使用管理

使用注册商标，有下列行为之一的，由商标局责令限期改正或者撤销其注册商标：

（1）自行改变注册商标的。

（2）自行改变注册商标的注册人名字、地址或者其他注册事项的。

（3）自行转让注册商标的。

（4）连续3年停止使用的。

使用注册商标，其商品粗制滥造，以次充好，欺骗消费者的，由各级工商行政管理部门分别根据不同情况，责令限期改正，并可以予以通报或者处以罚款，或者由商标局撤销其注册商标。

国家规定必须使用商标注册的商品，未经核准注册，在市场上销售的，由工商行政管理部门责令限期申请注册，并可以处以罚款。

2. 对未注册商标的管理

使用未注册商标，有下列行为之一的，由工商行政管理部门予以制止，限期改正，并可以予以通报或者处以罚款：

（1）冒充注册商标的。

（2）使用商标禁用标志的。

（3）粗制滥造，以次充好，欺骗消费者的。

3. 对商标局撤销注册商标的决定

当事人不服商标局撤销注册商标的决定的，可以在收到通知后15日内申请复审，由商标评审委员会作出决定，并书面通知申请人；对工商行政管理部门作出的罚款决定，当事人不服的，可以在收到通知后15日内向人民法院起诉。期满不起诉又不履行的，由有关工商行政管理部门申请人民法院强制执行。

（二）注册商标争议的处理

违反有关商标禁用标志规定或者以欺骗手段或者其他不正当手段取得注册的商标，由商标局撤销该注册商标；其他单位或者个人可以请求商标评审委员会裁定撤销该注册

商标。此外，对已经注册的商标有争议的，可以在该商标经核准注册之日起 1 年内向商标评审委员会申请裁定。商标评审委员会收到裁定申请后应当书面通知有关当事人。

八、注册商标专用权的保护

(一) 商标权的保护范围

注册商标的专用权以核准注册的商标和核定使用的商品为限。

(二) 商标侵权行为

根据《商标法》第五十二条规定，有下列行为之一的，均属侵犯注册商标专用权：

(1) 未经注册商标所有人的许可，在同一种商品或者类似商品上使用与其注册商标相同或者近似的商标的。

(2) 销售侵犯注册商标的商品的。

(3) 伪造、擅自制造他人注册商标标识或者销售伪造、擅自制造的注册商标标识的。

(4) 未经商标注册人同意，更换其注册商标并将该更换商标的商品又投入市场的。

(5) 给他人的注册商标专用权造成其他损害的。

(三) 对商标侵权行为的处理

对侵犯商标专用权的行为可以通过以下途径处理：

(1) 被侵权人向县级以上工商行政管理部门要求处理，有关工商行政管理部门有权责令侵权人立即停止侵权行为，没收、销毁侵权商品和专门用于制造侵权商品、伪造注册商标标识的工具，并处以罚款。当事人对处理不服的，可以自收到处理通知书之日起 15 日内向人民法院提起行政诉讼；侵权人期满不起诉又不履行的，工商行政管理部门可以申请人民法院强制执行。侵犯商标专用权的赔偿数额，为侵权人在侵权期间因侵权所获得的利益，或者被侵权人因侵权所受到的损失，包括被侵权人为制止侵权行为所支付的合理开支。

(2) 对侵犯注册商标专用权的，被侵权人也可以直接向人民法院起诉。为制止侵权行为，在证据可能灭失或者以后难以取得的情况下，商标注册人或者利害关系人可以在起诉前向人民法院申请保全证据。

(3) 假冒注册商标等行为构成犯罪的，除赔偿被侵权人的损失外，由司法机关依法追究其刑事责任。

第三节　专利法

一、专利、专利权、专利法的概念

(一) 专利的概念

广义的“专利”一词通常有三种含义：一是指专利局授予的专利权；二是指取得

专利权的发明创造，一般包括发明、实用新型、外观设计三种形式；三是指专利文献。狭义的专利指专利权。从这个意义上说，专利就是专利权的简称。

（二）专利权的概念

专利权是指专利权人在法律规定的期限内对其发明创造所享有的一种独占权或专有权。

（三）专利法的概念

专利法是指确认、保护发明创造专有权和调整利用发明创造过程中所发生的各种社会关系的法律规范的总称。

为了保护发明创造专利权，鼓励发明创造，1992 年 9 月 4 日全国人大常委会作出《关于修改专利法的决定》，第二次修订于2000 年8 月25 日召开的第九届全国人大常委会第十七次会议上通过，修订后的《中华人民共和国专利法》自 2001 年 7 月 1 日起实施。2001 年6 月通过了与之相配套的《中华人民共和国专利法实施细则》，并与修订后的专利法同时实施。

二、专利权的主体、客体和内容

（一）专利权的主体

专利权的主体是指有权提出专利申请并获得专利权的单位和个人。当一项发明创造依法取得专利权后，专利权申请人就成了专利权所有人。

我国专利法对专利权主体的主要规定如下：

1. 发明人、申请人和专利权人

发明人也称设计人，是指真正完成发明创造的人，即对发明创造的实质性特点作出创造性贡献的人。

申请人是指就一项发明创造向专利局申请专利的人。除了发明人可以作为申请人外，通过合同从发明人那里取得发明专利申请权的其他人，或者从发明人那里继承发明专利申请权的继承人以及职务发明创造中按规定享有申请权的单位，都可以成为专利申请人。

专利权人是指依法享有专利权的人。发明人（设计人）、申请人依法申请被批准后，成为专利权人。

2. 职务发明创造和非职务发明创造

企业、事业单位、社会团体、国家机关等单位的工作人员执行本单位的任务或者主要利用本单位的物质技术条件所完成的发明创造，是职务发明创造。属于职务发明创造的情况有两种：一是执行本单位任务完成的发明创造，执行本单位任务是指在本职工作中，或者履行本单位交付的本职工作之外的任务，或者退职、退休、调动工作后一年内作出的，与其在原单位承担的本职工作或者分配的任务有关的发明创造；二是主要利用本单位的物质条件所完成的发明创造。利用本单位的物质条件所完成的发明创造，单位与发明人或设计人订有合同的，从其约定。职务发明创造的专利申请权属于该单位。申请被批准后，该单位为专利权人。

除上述两种情况外，发明人、设计人完成的发明创造是非职务发明创造，非职务发明创造的专利申请权属于发明人、设计人。申请被批准后，该发明人或设计人为专利权人。

3. 共同发明创造和委托发明

两个或两个以上对同一发明创造共同构思，并且作出了创造性贡献的人是共同发明人或共同设计人，专利被批准后，专利由他们共有。两个或两个以上单位或者个人合作完成的发明创造、一个单位或者个人接受其他单位或者个人委托所完成的发明创造，除另有协议的以外，申请专利的权利属于完成或共同完成的单位或者个人。申请被批准后，申请单位或者个人为专利权人。

委托发明创造是委托方委托受托方进行的发明创造，一般相关权利归属于委托方。合同有规定的，从其规定；合同没有规定的，相关权利属受托人。

4. 外国人待遇

在中国没有经常居所或者营业所的外国人、外国企业或者外国其他组织在中国申请专利的，依照其所属国与我国签订的协议，或者共同参加的国际条约，或者依照互惠原则，根据我国专利法的有关规定办理，并应当委托国务院专利行政部门指定的专利代理机构办理。

（二）专利权的客体

专利权的客体是指专利法规定的予以专利保护的发明创造。具体而言，不同的国家有不同的规定。我国专利法所称的发明创造是指发明、实用新型和外观设计。发明是指对产品、方法或其改进所提出的新的技术方案。发明可分为产品发明和方法发明。实用新型是指对产品的形状、构造或其结合所提出的适于实用的新的技术方案。因实用新型专利的创造性要求比发明专利低，人们又称其为“小发明”。外观设计是指对产品的形状、图案或其结合以及色彩与形状、图案所作出的富有美感并适合于工业上应用的新设计。

专利法还规定，下列各项不授予专利权：科学发现；智力活动的规则和方法；疾病的诊断和治疗方法；动物和植物品种；用原子核变换方法获得的物质。其中动物和植物品种的生产方法，可以依照专利法规定授予专利权。另外，对违反国家法律、社会公德或者妨害公共利益的发明创造不授予专利权。

（三）专利权的内容

专利权的内容即专利法律关系的权利和义务。

1. 专利权人的主要权利

根据《专利法》的有关规定，专利权人享有以下权利：

（1）实施权。专利权人在专利有效期限内享有为生产经营目的专有制造、使用和销售其专利产品或专有使用其专利方法的权利。除法律另有规定外，任何单位或个人未经专利权人许可，都不得实施其专利，即不得以生产经营为目的的制造、使用、许诺销售、销售、进口其专利产品，不得使用专利方法以及使用、许诺销售、销售、进口依照该专利方法直接获得的产品。

外观设计专利权被授予后，任何单位和个人未经专利权人许可，都不得实施其专利，即不得为生产经营目的制造、销售、进口其外观设计专利产品。

（2）许可权。专利权人有权许可他人使用其专利权，并收取专利使用费。任何单位或者个人实施他人专利的，除专利法另有规定的以外，都应当与专利权人订立书面使用许可合同，向专利权人支付专利使用费。被许可人无权允许合同规定以外的任何单位或者个人实施该专利。

（3）转让权。专利申请权和专利权可以转让。转让专利申请权或者专利权的，当事人应当订立书面合同，并向专利局登记，并由国务院专利行政部门予以公告。专利申请权或者专利权的转让自登记之日起生效。

（4）标记权。专利权人有在其专利产品或该产品的包装上标明专利标记和专利号的权利；发明人或设计人有在专利文件中写明自己是发明人或者设计人的权利。

（5）阻止权。除专利法另有规定外，任何单位或者个人未经专利权人许可，都不得实施其专利，即不得以营利为目的制造、使用、许诺销售、销售、进口其专利产品或者使用该专利方法直接获得的产品。

2. *专利权人的主要义务*

专利权人在享有上述权利的同时应当履行下列义务：

（1）实施专利。专利权被授予后，专利权人有义务实施该专利，有义务以生产经营为目的在中国境内制造、使用、销售其专利产品或者使用专利方法。

（2）按期缴纳专利年费。专利权人应当自被授予专利权的当年开始缴纳年费。年费缴纳方式为一年一次，在前一年度期满前一个月缴纳。专利权人希望维持专利权就必须缴纳年费。

三、取得专利权的条件

授予专利权的发明、实用新型应当具备新颖性、创造性和实用性。

新颖性是指在申请日以前没有同样的发明或实用新型在国内外出版物上公开发表过、在国内公开使用过或以其他方式为公众所知，也没有同样的发明或实用新型由他人向专利局提出申请并且记载在申请日以后公布的专利申请文件中。但是，申请专利的发明创造在申请日以前6个月内有下列情形之一的不丧失新颖性：①在中国政府主办或者承认的国际展览会上首次展出的；②在规定的学术会议或技术会议上首次发表的；③他人未经申请人同意而泄露其内容的。

创造性是指同申请日以前的已有技术相比，该发明有突出的实质性特点和显著的进步，该实用新型有实质性特点和进步。

实用性指该发明或实用新型能够制造或使用，并且能够产生积极效果。

关于授予外观设计专利的条件，专利法规定，授予专利权的外观设计应当同申请日以前在国内外出版物上公开发表过或在国内公开使用过的外观设计不相同或不相近似，并不得与他人在先取得的合法权利相冲突。

四、专利的申请

（一）专利申请应遵循的原则

1．一件创造发明一件申请原则

一件发明或者实用新型专利申请应当限于一项发明或者实用新型。属于一个总的发明构思的两个以上的发明或者实用新型，可以作为一件申请提出。一件外观设计专利申请应当限于一种产品所使用的一项外观设计。用于同一类并且成套出售或者使用的产品的两项以上的外观设计，可以作为一件申请提出。

2．申请在先原则

在两个以上的申请人分别就同样的发明创造申请专利的情况下，专利权授予最先提出申请的申请人。

3．优先权原则

申请人自发明或者实用新型在外国第一次提出专利申请之日起 12 个月内，或者自外观设计在外国第一次提出专利申请之日起 6 个月内，又在中国就相同主题提出专利申请的，依照该外国同中国签订的协议或者共同参加的国际条约，或者依照相互承认优先权的原则，可以享有优先权。

申请人自发明或者实用新型在中国第一次提出专利申请之日起 12 个月内，又向国务院专利行政部门就相同主题提出专利申请的，可以享有优先权。

申请人要求优先权的，应当在申请的时候提出书面声明，并且在 3 个月内提交第一次提出的专利申请文件的副本；未提出书面声明或者逾期未提交专利申请文件副本的，视为未要求优先权。

（二）专利申请手续

申请发明或实用新型专利的，应当提交请求书、说明书及其摘要、权利要求书等文件。请求书应当写明发明或者实用新型的名称，发明人或者设计人的姓名，申请人姓名或者名称、地址以及其他事项。说明书应当对发明或者实用新型作出清楚、完整的说明，以所属技术领域的技术人员能够实现为准，必要的时候应当有附图。摘要应当简明扼要地说明发明或者实用新型的技术特点。权利要求书以说明书为依据，说明要求专利保护的范围。

申请外观设计专利的，应当提交请求书及该外观设计的图片或者照片等文件，并且应当写明使用该外观设计的产品及所属的类别。

（三）专利的审查和批准

专利局对发明专利采取早期公开、迟延审查制度，对实用新型和外观设计采取登记制度。

1．发明专利的审查、批准主要程序

（1）初审和早期公开。专利局收到发明专利申请后，经初步审查认为符合专利法要求的，自申请之日起满 18 个月即行公布。专利局可以根据申请人的请求提前早日公布其申请。

（2）实质审查。实质审查是对发明专利的新颖性、创造性、实用性的全面审查。发明专利申请自申请之日起3年内，国务院专利行政部门可以根据申请人随时提出的请求，对其进行实质审查；申请人无正当理由逾期未请求实质审查的，该发明专利的申请被视为撤回。国务院专利行政部门认为有必要时，也可以对发明专利申请进行实质审查。

发明专利的申请人请求实质审查的时候，应当提交在申请日前与其发明有关的参考资料。发明专利已经在外国提出过申请的，申请人应当提交该国为审查其申请进行检索的资料或者审查结果的资料；无正当理由逾期不提交的，该申请即被视为撤回。

国务院专利行政部门对发明专利申请进行实质审查，认为不符合专利法规定的，应当通知申请人，要求其在指定的期限内陈述意见，或者对其申请进行修改；无正当理由逾期不答复的，该申请即被视为撤回。发明专利申请经申请人陈述意见或者修改后，国务院专利行政部门仍然认为不符合专利法规定的，应当予以驳回。

（3）审定公告。发明专利申请经实质审查没有发现驳回理由的，由国务院专利行政部门作出授予发明专利的决定，发给发明专利证书，并予以登记和公告。发明专利自公告之日起生效。

（4）复审制度。国务院专利行政部门设立专利复审委员会。专利申请人对国务院专利行政部门驳回申请的决定不服的，可以自收到通知之日起3个月内向专利复审委员会请求复审。专利复审委员会复审后作出决定，并通知专利申请人，专利申请人对专利复审委员会的决定不服，可以自收到通知之日起3个月内向人民法院起诉。

2. 实用新型和外观设计的审查、批准程序

实用新型和外观设计的审查、批准程序较为简便。根据专利法的规定，实用新型和外观设计专利申请经初步审查没有发现驳回理由的，专利局应当作出授予实用新型或者外观设计专利权的决定，发给相应的专利证书，并予以登记和公告。实用新型和外观设计的专利权自公告之日起生效。

五、专利权的期限、终止和无效

（一）专利权的期限

专利权的期限即专利权有效期间。发明专利权的期限为20年，实用新型专利权和外观设计专利权的期限为10年，均自申请日起计算。

（二）专利权的终止

有下列情形之一的，专利权在期限届满前终止：

（1）没有按照规定缴纳年费的。

（2）专利权人以书面声明放弃其专利权的。

专利权在期限届满前终止的，由国务院专利行政部门登记并予以公告。

（三）专利权的无效

自国务院专利行政部门公告授予专利权之日起，任何单位或者个人认为该专利权的授予不符合专利法有关规定的，都可以请求专利复审委员会宣告该专利权无效。

专利复审委员会对宣告专利权无效的请求进行审查，作出决定，并通知请求人和专利权人。宣告专利权无效的决定，由国务院专利行政部门登记和予以公告。宣告无效的专利权视为自始即不存在。

对专利复审委员会宣告发明专利权无效或者维持发明专利权的决定不服的，可以在收到通知之日起3个月内向人民法院起诉。

六、专利的实施

专利的实施是指专利权人或者他人为生产经营的目的而制造、使用、许诺销售、销售、进口专利产品或者使用专利方法。专利实施有以下四种方式：

（一）专利权人自行实施

专利权人将已经获得专利权的发明创造用于制造、使用、许诺销售、销售、进口的活动中以取得经济效益。专利权人可以自己单独实施，也可以将专利权作为投资，与他人合作实施。

（二）许可他人实施

专利权人通过订立使用许可合同，许可他人实施其专利，获取使用费。使用许可合同可分为普通许可、排他许可、独占许可。

普通许可，即专利权人有权通过使用许可合同，除授予被许可人在特定地区范围内使用其专利技术外，还有权在该特定地区再授权给其他第三人使用其专利技术。

排他许可，即在特定地区范围内，专利权人除自己和使用许可合同确定的被许可人之外，不再许可任何第三人使用该专利技术。

独占许可，即在特定地区范围内仅允许许可合同确定的被许可人在该特定地区使用该专利技术。

（三）专利权转让

专利权人在专利有效期内将专利权转让给他人，原专利权人即丧失其专利权，受让人成为新专利权人。

（四）强制许可实施

专利法和2003年国家知识产权局通过的《专利实施强制许可办法》对专利强制许可实施作出了规定。在下列情况下国务院专利行政部门可给予强制许可：

（1）具备实施条件的单位以合理的条件请求发明或者实用新型专利权人许可实施其专利，而未能在合理的时间内获得这种许可时，国务院专利行政部门根据该单位的申请，可以给予实施发明专利或者实用新型专利的强制许可。

（2）在国家出现紧急状态或者非常情况时，或者为了公共利益的目的，国务院专利行政部门可以给予实施发明专利或者实用新型专利的强制许可。

（3）关联专利，即一项取得专利权的发明或者实用新型比以前已经取得专利权的发明或者实用新型具有显著经济意义的重大技术进步，其实施又有赖于前一发明或者实用新型的实施的，专利局根据后一专利权人的申请，可以给予实施前一发明或者实用新型的强制许可。在依照该规定给予强制许可的情形下，国务院专利行政部门根据前一专利权人的申请，也可以给予实施后一发明或者实用新型的强制许可。

申请实施强制许可的单位或者个人应当提出未能以合理条件与专利权人签订实施许可合同的证明。而且，获得强制许可的实施人必须付给专利权人专利使用费，并不享有独占实施权，也无权允许他人实施。强制许可并不妨碍专利权人自己实施或授权他人实施。

国务院专利行政部门作出的给予强制许可的决定，应当及时通知专利权人，并予以登记和公告。给予实施强制许可的决定，应当根据强制许可的理由规定实施的范围和时间。强制许可的理由消除并不再发生时，国务院专利行政部门应当根据专利权人的请求，经审查后作出终止实施强制许可的决定。

七、专利权的保护

（一）专利权保护的范围

发明或者实用新型专利权的保护范围以其权利要求的内容为准，说明书及附图可以用于解释权利要求；外观设计专利权的保护范围以表示在图片或者照片中的该外观设计专利产品为准。

（二）专利侵权

专利侵权是指受专利法保护的有效专利权遭到侵害的行为。我国专利法规定的专利侵权行为主要是假冒他人专利行为，表现为：

（1）未经专利权人许可，以生产经营为目的，制造、使用、许诺销售、销售专利产品或者使用专利方法及使用、许诺销售、销售依照该专利方法直接获得的产品以及擅自制造、销售外观设计专利产品的行为。

（2）未经专利权人许可，以生产经营为目的，进口其专利产品或进口依照其专利方法直接获得的产品的行为。

（3）未经专利权人许可，在其产品或产品包装上标注专利权人的专利标记和专利号，在合同中使用他人专利号，使人误认为是他人专利的行为。

（4）伪造或变造他人的专利证书、专利文件或专利申请文件。

（三）不视为侵权的实施专利的行为

为了社会整体利益，需对专利权作出限制。专利法也规定一些实施专利的行为不视为侵犯专利权，主要有：

（1）专利权人制造、进口或者经专利权人许可制造、进口的专利产品或依照专利方法直接获得的产品售出后，使用、许诺销售或销售该产品的。

（2）在专利申请日前已经制造相同产品、使用相同方法或已经做好准备制造、使用的必要准备，并且仅在原有范围内继续制造、使用的。

（3）临时通过中国领陆、领水、领空的外国运输工具，依照其所属国同中国签订的协议或者共同参加的国际条约，或者依照互惠原则，为运输工具自身需要而在其装置和设备中使用有关专利的。

（4）专为科学研究和实验而使用有关专利的。

为生产经营目的使用或者销售不知道是未经专利权人许可制造并销售的专利产品或者依照专利方法直接获得的产品，能证明其产品合法来源的，不需承担赔偿责任。

（四）专利权的保护措施

1．专利权的保护方法

对未经专利权人许可而实施其专利的侵权行为，专利权人或者利害关系人可以请求专利管理机关进行处理，也可以直接向人民法院起诉。

专利管理机关处理时，认定侵权行为成立的，可以责令侵权人立即停止侵权行为。当事人不服的，可以自收到处理通知之日起 15 日内依照行政诉讼法向人民法院起诉；侵权人期满不起诉又不停止侵权行为的，专利管理机关可以申请人民法院强制执行。

进行处理的专利管理机关应当事人的请求，可以就侵犯专利权的赔偿数额进行调解；调解不成的，当事人可以依照民事诉讼法向人民法院起诉。侵犯专利权的赔偿数额，按照权利人因被侵权所受到的损失或者侵权人因侵权所获得的利益确定；难以确定的，参照该专利许可使用费的倍数合理确定。专利权人或利害关系人有证据证明他人正在实施或即将实施侵犯专利权的行为，如不及时制止将会使其合法权益受到难以弥补的损害的，可以在起诉前向人民法院申请采取责令停止有关行为和财产保全的措施。

2．专利权纠纷的诉讼时效

侵犯专利权的诉讼时效为 2 年，自专利权人或者利害关系人得知或者应当得知侵权行为之日起计算。

3．假冒专利的行政责任和刑事责任

假冒他人专利的，除依法承担民事责任外，由管理专利工作的部门责令改正并予以公告，没收违法所得，可以并处违法所得 3 倍以下的罚款；没有违法所得的，可以处 5 万元以下的罚款；情节严重的，依照刑法的规定追究刑事责任。

思考题

1．什么是工业产权？工业产权有哪些特征？

2．商标的含义是什么？商标的作用主要表现在哪些方面？

3．商标权人的主要权利和义务是什么？

4．侵犯商标专用权的行为主要有哪些？

5．职务发明和非职务发明主要有哪些区别？

6．专利权人享有哪些权利？

案例分析题

案例一　某无线电厂生产的“金星”牌收录机，因其造型优美，质量良好，价格合理，很快就在全国各地打开了销路。该无线电厂为了早日使产品跻身于名牌之列，便向国家商标局提出了“金星”商标的注册申请。商标局经初步审定，认为“金星”收录机的商标申请符合《商标法》规定，并予以公告。不久，以生产“金星”牌电视机著称的某电视机厂向商标局提出了异议：收录机的“金星”商标和早已注册的电视机

“金星”商标名称相同、图式相似，侵犯了他们的商标专用权。

讨论：某无线电厂是否侵犯了某电视机厂的商标专用权？为什么？

案例二　工程师王某工作之余设计制作了一种新型电动手持缝纫机，并获得了实用新型专利权。甲电器厂看好此市场，与王某签订了为期6年的限制性普通实施许可合同，并在合同中约定：甲电器厂不得将专利技术再进行转让。合同签订后，甲电器厂考虑到自身技术基础较差，为保证产品质量，决定与乙电器厂联营生产，乙电器厂表示同意，双方签订了协议并约定由乙电器厂承担一半的专利技术使用费，利润五五分成，因联营所带来的一切法律后果由甲电器厂承担。两厂联营后，起初产品销路较好，而后由于市场需求变化，该产品在市场上滞销。丙电器厂从联营厂购进一批专利产品零件，自行组装，并在外观上进行更新，销路很好。王某发现后，认为三个工厂均侵犯了其专利权，于是向法院提起诉讼，要求三个厂家停止侵权行为，赔偿损失。

讨论：三个厂家是否都侵犯了王某的专利权，为什么？

案例三　A市电池厂生产的“白马”牌电池在国际市场上享有盛誉，年出口量达60多万打，但该厂迟迟未办理“白马”商标的注册手续。不久，B市一乡办电池厂向商标局申请注册“白马”商标，商标局经初步审定后公告。A市电池厂遂以自己使用在先，并在市场上有一定知名度为由提出异议。

讨论：

(1) A市电池厂的异议是否成立？为什么？

(2) 若B市乡办电厂获得“白马”商标注册，可否禁止A市电池厂再使用该商标？

(3) 如A市电池厂故意继续使用“白马”商标或者要取得“白马”商标专用权该怎么办？

(4) 若在B市乡办电池厂获得“白马”商标注册的情况下，B市自行车厂可否在其生产的自行车上使用“白马”商标？

第九章

市场秩序规制法

内容要点

本章主要讲述不正当竞争行为的概念、特征及其种类；反不正当竞争立法的必要性和对不正当竞争行为的监督检查及执法程序；讲述消费者及消费者权益保护法的概念和特征；消费者的权利和经营者的义务，消费者权益的法律保护；消费者权益的解决方法；了解产品、产品质量、产品质量法的含义；了解产品质量的监督和管理；理解和掌握产品质量义务、产品质量责任及其承担。

第一节　反不正当竞争法

一、反不正当竞争法的概念和调整对象

1. 反不正当竞争法的概念

反不正当竞争法是指由国家制定的，调整市场交易活动中违背市场竞争规则和社会主义商业道德的不正当竞争行为的法律规范。反不正当竞争法颁布的目的就是制止不正当竞争行为。关于不正当竞争，各国立法规定不一。《保护工业产权巴黎公约》第十条明确规定："凡在工商业活动中违反诚实经营的竞争行为，即构成不正当竞争。"因此，反不正当竞争法调整的不正当竞争行为就是指在商业活动中产生的违反公平合理、诚实信用原则的竞争行为。

在世界各国的立法实践中，凡实行市场经济的国家，无论其政治与社会制度如何，都非常重视反不正当竞争方面的立法。各国均制定了反不正当竞争法的有关配套法规。例如，德国在1909年制定了《反对不正当竞争法》、《附赠法》、《折扣法》等；日本在1934年制定了《反不正当竞争防止法》、《不当赠品及不正当表示防止法》等；美国也

制定了相当数量的反垄断法。1993 年 9 月 2 日，我国颁布了《中华人民共和国反不正当竞争法》，这部法律对于保护合法竞争和规范市场交易行为具有重大作用，是市场经济的一项重要基本法。

2. 反不正当竞争法的调整对象

反不正当竞争法的调整对象主要是不正当竞争行为，具体包括：采用假冒或混淆手段从事市场交易的行为；侵犯他人商业秘密的行为；利用贿赂性销售进行竞争的行为；损害竞争对手正常生产经营活动的行为；进行虚假的广告宣传，损害其他经营者或消费者利益，破坏市场竞争秩序的行为；公用企业或其他具有独占地位的经营者限定他人购买指定商品，排挤其他竞争对手的行为；政府利用行政权力限制商品流通，限制正当竞争的行为；以排挤竞争对手为目的，以低于成本的价格销售商品的行为；搭售商品或附加其他不合理条件的行为；串通投标的行为；不符合法律规定的有奖销售行为。

二、不正当竞争行为

（一）不正当竞争行为的概念及其特征

不正当竞争行为是指经营者违反不正当竞争法的规定，损害其他经营者的合法权益，扰乱社会经济秩序的行为。其特征为：

1. 主体特征

不正当竞争行为的主体限于经营者，即从事商品经营或者营利性服务的法人、其他经济组织和个人。其主体包括企业法人和实行企业化经营并依法享有从事经营活动资格的事业单位法人；从事营利活动并依法取得经营资格的社会团体法人；不具备法人资格，但依法可以从事营利活动的社会组织及依法能够从事商品经营或服务的自然人。鉴于政府及其所属部门可能滥用行政权力妨害经营者的正当竞争行为，因此，反不正当竞争法规定，在此情况下，政府及其所属部门是不正当限制竞争行为的主体。

2. 客体特征

不正当竞争行为所侵害的客体是其他经营者的合法权益和正常的社会经济秩序。不正当竞争行为具有破坏公平竞争的市场秩序、阻碍技术进步、损害其他经营者的正常经营和合法权益等危害性。

3. 具有违法性

不正当竞争行为的违法性，主要表现在违反了反不正当竞争法的规定。包括违反了该法第二章关于禁止不正当竞争行为的各种具体规定以及违反了该法的原则规定。

（二）不正当竞争行为的表现形式

从国内外竞争立法实践来看，不正当竞争行为的表现形式多种多样，其中比较明显的有：

（1）商标混同。竞争者在同一商品或同类商品上使用与他人注册商标相同或近似的商标；或者在自己产品的包装、装潢中使用与他人注册商标相混同的文字、图形等，使消费者产生误解以致损害竞争对手的利益。

（2）企业名称混同。竞争者侵犯他人企业的名称权，直接冒用已登记的同行业企业名称或采用与他人企业名称相混淆的名称，致使消费者误认为是他人企业。

（3）商品混同。竞争者采用欺骗手段使自己的商品与他人信誉良好的商品发生混淆。

（4）不正当推销行为。竞争者改变法定推销条件采用不正当手段推销产品的行为，如违法性的有奖销售、搭配销售、谎称降价等。

（5）令人误解的广告和虚假宣传。竞争者采用令人误解的广告和虚假宣传，使消费者产生误解，从而影响其采购决策或经济行为。

（6）不当定价。竞争者为在竞争中占有优势，违反法律，擅自抬价或降价。如低价竞销、高价收购、抬价等。

（7）不正当获取他人技术和商业秘密。竞争者采用不正当手段获取能给自己带来优势的技术和商业诀窍。

（三）我国不正当竞争行为的种类

根据我国《反不正当竞争法》的规定，不正当竞争行为具体分为以下十一种：

1. 经营者采用不正当手段，从事市场交易，损害竞争对手的行为

经营者采用不正当手段从事市场交易的行为是违背诚实信用的商业道德的欺诈性市场交易行为。经营者采取的不正当手段包括：

（1）假冒他人的注册商标。商标是不同生产者和经营者用于区别商品的标志，商标一经核准注册，即取得商标专用权。任何人未经商标注册专用权人许可，使用其注册商标，即构成不正当竞争。假冒他人注册商标包括未经注册商标权人许可，在同一种或类似商品上使用与其注册商标相同或者近似的商标；伪造、擅自制造他人注册商标标识；销售明知是假冒注册商标的商品等。

（2）擅自使用知名商品特有的名称、包装、装潢，造成和他人的知名商品相混淆，使购买者误认为是该知名商品。商品的名称、包装、装潢是商品的外表特征，它们既是区别不同商品的标志，也在一定程度上反映了经营者的商业信誉和商品声誉。知名商品特有的名称、包装、装潢本身就是商品信誉的象征。擅自使用他人知名商品特有的名称、包装、装潢或者与知名商品近似的名称、包装、装潢，给他人企业造成损失或造成购买者误认、误购的，都构成不正当竞争。

（3）擅自使用他人的企业名称或者姓名，使人误认为是他人的商品。在市场交易活动中，企业名称或者姓名是经营者的营业标志，保护企业的名称或者姓名，其实质在于保护附于企业名称或姓名中的商品信誉。在仿冒他人企业名称或姓名的行为中，被仿冒的企业名称或姓名，一般都具有一定的知名度和较好的信誉。仿冒的目的通常是为了推销伪劣和质次的商品。因此，擅自使用他人的企业名称或姓名，造成购买者误认为是他人的商品，便构成仿冒的不正当竞争。

（4）在商品上伪造或者冒用认证标志、名优标志等质量标志，伪造产地，对商品质量作引人误解的虚假表示。认证标志是质量认证机构准许经其认证质量合格的企业在产品或其包装上使用的质量标志。名优标志是经国际或国内有关机构或社会组织评定为名优产品而发给经营者的一种质量荣誉标志。商品质量通常与认证标志、名优标志和产地相联系。消费者和用户也是凭标志来选择商品的，在商品上伪造、冒用认证标志、名

优标志或产地，引起消费者对商品质量的误解，不仅直接损害消费者的利益，而且也间接损害了其他诚实经营者的利益，是一种欺诈性的不正当竞争行为。

2. 公用企业强制交易的行为

公用企业强制交易行为是公用企业或者其他依法具有独占地位的经营者利用本身特殊优势地位和身份而实施的，它妨碍了市场的公平竞争原则和用户、消费者的自主选择权。《反不正当竞争法》第六条规定："公用企业或者其他依法具有独占地位的经营者，不得限定他人购买其指定的经营者的商品，以排挤其他经营者的公平竞争。"

3. 政府及其所属部门滥用行政权力，限制正常竞争的行为

规范政府及其所属部门的行为，是我国《反不正当竞争法》的一大特点。从目前来看，一些地方政府及其所属部门从地区和部门的利益出发，利用行政手段限制市场竞争和制造不公平竞争的问题非常严重，如限定他人购买、采取限制封锁和歧视性措施阻碍商品正常流通等。因此《反不正当竞争法》第七条规定："政府及其所属部门不得滥用行政权力，限定他人购买其指定的经营者的商品，限制其他经营者正当的经营活动。政府及其所属部门不得滥用行政权力，限制外地商品进入本地市场，或者本地商品流向外地市场。"

4. 商业贿赂行为

商业贿赂是指在商品交易过程中，经营者为获得交易机会，特别是获得相对于竞争对手的竞争优势，以秘密给付财物或者其他补偿为手段争取交易机会和交易条件的行为。商业贿赂具有以下特征：

（1）商业贿赂的主体是从事市场交易的经营者，既可以是卖方，也可以是买方。

（2）商业贿赂是经营者在主观上出于故意和自愿进行的行为。

（3）商业贿赂在客观方面表现为违反国家有关财务、会计等方面的法律法规，秘密给付财物或其他补偿，具有很大隐蔽性。

（4）商业贿赂的表现形式多样，其中最主要的表现形式是回扣。回扣是指经营者为了争取交易机会和交易条件，在账外暗中向交易相对人及有关人员支付的金钱或有价证券。商业贿赂是市场竞争过程中经常出现的一种消极现象，严重危害着市场经济生活中应有的公平竞争秩序，不仅阻碍市场机能的正常发挥，影响社会资源的合理配置，而且还是滋生腐败的温床。

需要注意的是，不能将回扣与折扣、佣金混为一谈。对于折扣和佣金，根据《反不正当竞争法》规定，经营者销售或者购买商品，可以以明示方式给对方折扣，可以给中间人佣金。经营者给对方折扣、给中间人佣金的，必须如实入账；接受折扣、佣金的经营者必须如实入账。该法第一次从法律角度明确了合法买卖人、中间人能以合法途径获取折扣、佣金的合法权利。

5. 引人误解的虚假宣传行为

引人误解的虚假宣传行为包括虚假宣传和引人误解的宣传。就宣传的内容而言，包括商品的质量、制作成分、性能、用途、生产者、有效期限、产地等任何一项或几项的虚假或引人误解的虚假宣传。虚假宣传是指商品宣传的内容与商品的实际情况不相符合，如将国产商品宣传为进口商品等。引人误解的宣传是指就一般的社会公众的合理判

断而言，宣传的内容可能使宣传对象或受宣传影响的人对商品的真实情况产生错误的认识或联想，从而影响其购买决策。引人误解的虚假宣传妨碍公平竞争，损害消费者利益，被称为“社会公害”。因此，《反不正当竞争法》第九条规定：“经营者不得利用广告或其他方法，对商品的质量、制作成分、性能、用途、生产者、有效期限、产地等作引人误解的虚假宣传。广告经营者不得在明知或应知的情况下，代理、制作、发布虚假广告。”

6．侵犯商业秘密的行为

商业秘密是指不为公众所知悉，能为权利人带来经济利益，具有实用性并经权利人采取保密措施的技术信息和经营信息。它包括凭技能和经验产生的技术信息（如化学配方、工艺流程、技术秘诀、设计图纸等）和具有秘密性质的经营管理方法及与经营管理方法密切相关的经营信息（如管理方法、产销策略、货源情况、客户名单等）。

能够成为商业秘密的技术信息和经营信息，必须具备以下三项基本条件：①秘密性，即技术信息和经营信息不为公众所知悉；②保密性，即权利人对技术信息和经营信息采取了保密措施；③实用性，即技术信息和经营信息能给权利人带来实际的或潜在的经济利益及竞争优势。

商业秘密是权利人投入了一定时间、资金和精力而得来的，对权利人具有实际的或潜在的经济价值和竞争优势，因此有必要将侵犯商业秘密的行为作为一种不正当竞争行为加以制止。

我国《反不正当竞争法》第十条规定，经营者不得采取下列手段侵犯他人商业秘密：

（1）以盗窃、利诱、胁迫或者其他不正当手段获取权利人的商业秘密。盗窃商业秘密既包括内部知情人员也包括外部人员盗窃权利人的商业秘密；以利诱手段获取商业秘密，是指行为人通过向掌握、了解商业秘密的有关人员直接提供财物或提供更优厚的工作条件或对此作出某些承诺，诱使其向行为人提供商业秘密；以胁迫手段获取商业秘密是指行为人用威胁、强制方式迫使了解、掌握商业秘密的人员向其提供商业秘密；以其他不正当手段获取商业秘密是指用除盗窃、利诱、胁迫等之外的手段，如通过虚假陈述而从权利人处骗取商业秘密，通过所谓“洽谈业务”、“合作开发”、“学习取经”等活动套取权利人的商业秘密。

（2）披露、使用或允许他人使用以盗窃、利诱、胁迫或者其他不正当手段获取的权利人的商业秘密。以盗窃、利诱、胁迫或其他不正当手段获取权利人的商业秘密是不正当竞争行为。因此，商业秘密非法获取者再向第三人披露、自己使用或允许第三人使用以不正当手段获取的商业秘密同样应予以禁止。

（3）违反约定或者违反权利人有关保守商业秘密的要求，披露、使用或者允许他人使用其所掌握的商业秘密。在与权利人签订有保密协议或权利人对其商业秘密有保密要求的情况下，掌握或了解权利人商业秘密的人，应当遵守有关保密的约定或权利人提出的保密要求。否则，如果违反约定和要求，擅自向他人披露、使用或允许他人使用其所掌握的商业秘密，便构成侵犯他人商业秘密的不正当竞争行为。但是，如果权利人与通过合法手段掌握、了解权利人的商业秘密的人之间没有保守商业秘密的约定，或者权利人也没有向他们提出保守商业秘密的要求，商业秘密的合法获取人披露、使用或允许他人使用其所掌握的商业秘密，则不构成侵犯商业秘密的行为。

此外，第三人明知或者应知以上违法行为，获取、使用或者披露他人的商业秘密的，也视为侵犯商业秘密。

7. 低价竞销行为

低价竞销是指经营者以排挤竞争对手为目的，以低于成本的价格销售商品。低价竞销侵犯了同业竞争对手的公平交易权利和社会的正常竞争秩序。其主要特征有：①行为的主体是在市场交易中处于销售者地位的经营者；②经营者实施该行为在主观上是基于故意，其目的是为了排挤竞争对手；③经营者实施了以低于成本的价格销售商品的行为。

经营者实施低价竞销的主要表现形式是以低于成本的价格销售商品，目的在于排挤竞争对手。但在某些情况下，经营者为了解决自身的一些困难，也会以低于成本的价格销售商品，但因主观目的不是为了排挤竞争对手，所以法律上不将其列为低价竞销行为。《反不正当竞争法》第十一条规定，经营者不得以排挤竞争对手为目的，以低于成本的价格销售商品，但有下列情形之一的，不属于不正当竞争行为：销售鲜活商品；处理即将到期的商品或者其他积压的商品；季节性降价；因清偿债务、转产、歇业而降价销售商品。

8. 搭售或附加其他不合理条件的行为

经营者销售商品，不得违背购买者的意愿搭售商品或者附加其他不合理的条件。所谓搭售或附加其他不合理条件，是指经营者利用其经济优势，违背购买者的意愿，在销售一种商品时，要求购买者购买另一种商品，或者就商品的价格、销售对象、销售地区等进行不合理的限制。

搭售或附加其他不合理条件的行为限制了市场竞争，破坏了公平竞争秩序，极大地损害了购买者的利益。因此，经营者销售商品，一定要遵循公平自愿原则，不能违背购买者的意愿，强行搭售或附加不合理条件，否则便构成不正当竞争。

但是，如果购买者自愿接受经营者的搭售或附加条件，则不能认定为不正当竞争行为。至于附加条件是否合理，衡量的标准应是经营者在市场交易中应当遵循的自愿、平等、公平的原则。当然，在适用这一标准时，要结合当事人的意图、目的、市场地位、商品特征、市场结构等作全面的分析。

9. 不正当的有奖销售行为

有奖销售是指经营者以提供奖品或奖金的手段进行推销的行为，主要包括附赠式有奖销售和抽奖式有奖销售两种形式。对于附赠式有奖销售，许多国家均予以认可，但从所赠物品的价值的大小等方面予以限制。对于抽奖式有奖销售，有的国家明确禁止，有的国家则是有条件地许可。一般来说，有奖销售这种促销手段对市场竞争秩序有着双重的影响。符合公认的商业道德的有奖销售可以起到活跃市场、促进公平竞争的积极作用；违背公认的商业道德，采取不正当竞争手段的有奖销售，不仅会损害其他经营者的合法权益、损害消费者的利益，而且还会扰乱社会经济秩序。因此，我国《反不正当竞争法》并没有简单地肯定或否定有奖销售，而是禁止以下三种形式的有奖销售行为：

（1）采用谎称有奖或者故意让内定人员中奖的欺骗方式进行有奖销售。很明显，这是一种欺骗性的有奖销售。主要特征是谎称有奖，实际上根本无奖，或者虽然有奖但故意让内定人员中奖，此“奖”对于广大消费者而言，形同虚设。其中“内定人员”可能是经营者自身，也可能是其亲友或其他特定的购买者。

（2）利用有奖销售的手段推销质次价高的商品。与前一种非法有奖销售不同的是，这一种非法有奖销售的经营者既没有谎称有奖，也没有通过故意让内定人员中奖来欺骗消费者，其违法性并不在于采用了有奖销售的促销手段，而在于经营者采用有奖销售所要实现的目的，即推销质次价高的商品。

（3）抽奖式的有奖销售，最高奖金额超过5 000元。我国《反不正当竞争法》之所以对抽奖式有奖销售的最高奖金额作出限制，是因为巨奖销售会引发消费者的暴利心理，传递错误的市场信息，妨碍市场机能的正常发挥，破坏正常的市场竞争秩序。

10. 商业诽谤行为

商业诽谤是指经营者本人或利用他人，通过捏造、散布虚伪事实等不正当手段，对竞争对手的商业信誉、商品声誉进行恶意诋毁、贬低，以削弱其市场竞争能力，并为自己谋取不正当利益的行为。经营者的商业信誉和商品声誉是从商业角度对经营者的能力和品德、对其商品品质的积极的社会评价，是经营者通过参与市场竞争的连续性活动逐渐形成的。经营者要树立良好的商业信誉和商品声誉，一般都需要经过大量的市场研究、技术开发、广告宣传、公关活动等一系列活动才能形成。因此商业信誉和商品声誉是经营者在市场竞争中赢得优势地位的资本和支柱。

商业诽谤行为，会给竞争对手的正常经营活动造成消极影响，甚至可能使竞争对手遭受严重的经济损失，所以它是许多国家的反不正当竞争法所禁止的一种典型的不正当竞争行为。我国《反不正当竞争法》第十四条规定：“经营者不得捏造、散布虚伪事实，损害竞争对手的商业信誉、商品声誉。”

11. 不正当的招标投标行为

招标投标是指以招标的形式，使投标者分别提出其条件，由招标者选择其中最优者，并与之订立合同的活动。合法的招投标可以为竞争者提供一个公平竞争的机会；相反，不正当的招投标行为只能破坏公平竞争，使招投标失去其存在的意义。

我国《反不正当竞争法》第十五条规定：“投标者不得串通投标，抬高标价或者压低标价。投标者和招标者不得相互勾结，以排挤竞争对手的公平竞争。”从上述规定可以看出，《反不正当竞争法》规定了以下两种常见的违法招投标行为：

（1）投标者串通投标，抬高或压低标价的行为。这类行为的主体是投标者，而且是所有参加投标的投标者所共同实施的，其目的是为了避免相互间竞争，或协议轮流在项目中中标，共同损害招标人的利益。

（2）投标者和招标者之间相互勾结，以排挤竞争对手的行为。这类行为的主体是招标者和特定的投标者，其共同实施的目的是为了排挤竞争对手，所造成的后果则是招标投标流于形式，损害其他投标人的利益。它可能表现为招标者在开标前，私自开启投标者的文件，并泄漏给内定投标者，或招标者在审查评选标书时，对不同的投标者实施差别对待等。

三、对不正当竞争行为的监督检查

（一）监督检查机构

《反不正当竞争法》规定，县级以上人民政府工商行政管理部门对不正当竞争行为进行监督检查；法律、行政法规规定由其他部门监督检查的，依照其规定。同时，国家鼓励、支持和保护一切组织和个人对不正当竞争行为进行社会监督。

由此可见，对不正当竞争行为的监督检查机构包括县级以上人民政府工商行政管理局，法律、行政法规规定的其他有关业务部门以及有关组织和公民个人的社会监督。县级以上工商行政管理部门是对不正当竞争行为进行监督检查的主管机关。为了进一步健全和完善监督检查机构，1994 年 8 月 11 日经国务院批准，正式成立了国家工商行政管理局公平交易局。公平交易局是以监督检查市场主体的交易行为，以贯彻实施《反不正当竞争法》、《消费者权益保护法》为主要任务的专门机构。

（二）监督检查部门的职权

根据《反不正当竞争法》的规定，监督检查部门在监督检查不正当竞争行为时，有权行使下列职权：

（1）按照规定程序询问被检查的经营者、利害关系人、证明人，并要求提供证明材料或者与不正当竞争行为有关的其他资料，被检查的经营者、利害关系人和证明人应当如实提供有关资料或者情况，不得虚报或隐瞒。

（2）查询、复制与不正当竞争行为有关的协议、账册、单据、文件、记录、业务函电和其他资料。被检查的经营者，必须为其提供方便，不得拒绝或阻碍。

（3）检查与假冒他人的注册商标，擅自使用知名商品特有的名称、包装、装潢，或者他人企业名称和姓名以及在商品上伪造或者冒用认证标志、名优标志、产地等不正当竞争有关的财物，必要时可以责令被检查的经营者说明该商品的来源和数量，暂停销售，听候检查，不得转移、隐藏、销毁该财物。

监督检查部门的工作人员监督检查不正当竞争行为时，应当出示检查证件。这既是监督检查工作的程序之一，也是监督检查部门工作人员应遵守的义务。

（三）社会监督

不正当竞争行为直接产生于社会经济生活的各个方面，严重地破坏了社会正常的竞争秩序和制约经济的发展。单凭监督检查机关的监督检查力量是有限的，必须动员广泛的社会力量，发挥各方面的积极作用，形成对不正当竞争行为的全面监督。社会监督主体的广泛性和形式的多样性将使不正当竞争行为难以逃避法律的制裁。

四、不正当竞争行为的法律责任

不正当竞争行为是经营者违反法律规定，损害合法经营者的权益，扰乱社会经济秩序的违法行为。因此，实施了各种不正当竞争行为以及与不正当竞争有关的违法行为，就应当承担相应的法律责任。

（一）经营者的法律责任

1．不正当竞争行为的民事赔偿责任

经营者违反《反不正当竞争法》的规定，给被侵害的经营者造成损失的，应当承担损害赔偿责任；被侵害的经营者的损失难以计算的，赔偿额为侵权人在侵权期间因侵权所获得的利润，并应当承担被侵害的经营者因调查该经营者侵害其合法权益的不正当竞争行为所支付的合理费用。

2．欺诈性市场交易行为的法律责任

经营者假冒他人的注册商标，擅自使用他人的企业名称或者姓名，伪造或冒用认证标志、名优标志等质量标志，伪造产地，对商品质量作引人误解的虚假宣传的，依照《中华人民共和国商标法》、《中华人民共和国产品质量法》的有关规定进行处罚。经营者擅自使用知名商品特有的名称、包装、装潢，造成和他人的知名商品相混淆，使购买者误认为是该知名商品的，监督检查部门应当责令停止违法行为，没收违法所得，并可以根据情节处以违法所得1倍以上3倍以下的罚款；情节严重的，可以吊销营业执照；销售伪劣商品，构成犯罪的，依法追究刑事责任。

3．限制正当竞争行为的法律责任

公用企业或者其他依法具有独占地位的经营者，限定他人购买其指定的经营者的商品，以排挤其他经营者的公平竞争的，省级或者设区的市的监督检查部门应当责令停止违法行为，可以根据情节处以5万元以上20万元以下的罚款。被指定的经营者借此销售质次价高的商品或者滥收费用的，监督检查部门应当没收违法所得，可以根据情节处以违法所得1倍以上3倍以下的罚款。

4．商业贿赂行为的法律责任

经营者采用财物或者其他手段进行贿赂，以销售或者购买商品构成犯罪的，依法追究刑事责任；不构成犯罪的，监督检查部门可以根据情节处以1万元以上20万元以下的罚款；有违法所得的予以没收。

5．虚假宣传的法律责任

经营者利用广告或者其他方法，对商品作虚假宣传的，监督检查部门应当责令停止违法行为，消除影响，可以根据情节处以1万元以上20万元以下的罚款。广告经营者在明知或者应知的情况下，代理、设计、制作、发布虚假广告的，监督检查部门应当责令停止违法行为，没收违法所得，并依法处以罚款。

6．侵犯商业秘密的法律责任

侵犯他人商业秘密的，监督检查部门应当责令停止违法行为，可以根据情节处以1万元以上20万元以下的罚款。

7．不正当有奖销售的法律责任

经营者进行不正当有奖销售的，监督检查部门应当责令停止违法行为，可根据情节处以1万元以上10万元以下的罚款。

8．串通投标的法律责任

投标者串通投标，抬高标价或者压低标价，投标者和招标者相互勾结，以排挤竞争对手的公平竞争的，其中标无效，监督检查部门可以根据情节处以1万元以上20万元以下的罚款。

9. 其他法律责任

经营者有违反被责令暂停销售，不得转移、隐匿、销毁与不正当竞争行为有关的财物的行为的，监督检查部门可以根据情节处以被销售、隐匿、销毁财物的价款的1倍以上3倍以下的罚款。

（二）政府及其所属部门的法律责任

政府及其所属部门违法限定他人购买其指定的经营者的商品，限制其他经营者正当的经营活动，或者限制商品在地区之间正常流通的，由上级机关责令其改正；情节严重的，由同级或者上级机关对直接责任人员给予行政处分。被指定的经营者借此销售质次价高商品或者滥收费用的，监督检查部门应当没收违法所得，可以根据情节处以违法所得1倍以上3倍以下的罚款。

（三）国家机关工作人员的法律责任

监督检查不正当竞争行为的国家机关工作人员滥用职权、玩忽职守，构成犯罪的，依法追究刑事责任；不构成犯罪的，给予行政处分。监督检查不正当竞争行为的国家机关工作人员徇私舞弊，对明知有违反《反不正当竞争法》的规定构成犯罪的经营者故意包庇，不使其受追诉的，依法追究刑事责任。

（四）争议的解决

当事人对监督检查部门作出的处罚决定不服的，可以自收到处罚决定之日起15日内向上一级主管机关申请复议；对复议决定不服的，可以自收到复议决定书之日起15日内向人民法院提起诉讼；也可以不经过复议直接向人民法院提起诉讼。

第二节　消费者权益保护法

一、消费者权益保护法概述

消费者权益保护法是调整国家机关、经营者、消费者相互之间因保护消费者利益而产生经济关系的法律规范的总称。

1. 消费者的含义

消费是人类生活中不可缺少的内容，是社会生产与流通的重要环节之一，没有生产就没有消费；同时，消费也是生产、交换、分配的目的与归宿。人们创造物质财富的根本目的就是为了消费，在社会生活中，自然人成为消费的主体，即消费者。狭义上讲，消费者仅指为生活消费需要购买、使用商品或者接受服务的公民；广义上讲，消费者还包括有偿取得商品服务、满足生产消费或物质、文化消费的单位和个人。我们这里仅采用狭义的解释，这与国际上消费者利益法对消费者解释的通行做法是一致的。

在经济学上，消费者是在经济运行中与政府和企业并列的三大主体之一；在法学中，消费者是消费者权益保护法最重要的主体。但不管怎样，法律规定或是法律实践，一般都把消费者看作是从事生活消费的主体，而非生产消费的主体。例如，日本学者竹内昭夫认为："所谓消费者就是为生活消费而购买，利用他人供给的物质劳务的人，是供给者的对称。"国际标准化组织（ISO）也认为，消费者是以个人消费为目的而购买或使用商品和服务的个体社会成员。故消费者就是为了满足个人生活需要而购买使用商品或者接受服务的居民。

2. 消费者权益的含义

消费者权益是指消费者依法享有的权利及该权利受到保护时给消费者带来的应得利益，包括安全、卫生、经济、适用等利益。由于消费者所购买和使用的商品或者所接受的服务是由经营者提供的，因此，在保护消费者权益方面，经营者首先负有直接义务；同时，国家和社会也负有相应的义务。

3. 消费者权益保护法的调整对象

消费者权益保护法的调整对象是消费者在消费过程中所发生的经济关系，包括三个方面：

（1）国家机关与经营者之间的关系，主要是指国家有关管理部门因对经营者的生产、销售、服务活动进行监督管理，维护消费者合法利益而发生的关系。

（2）国家机关与消费者之间的关系，主要是指国家管理部门在为消费者提供指导、服务与保护时所发生的关系。

（3）经营者与消费者之间的关系，主要是指经营者因进行违法经营给消费者造成损害，消费者请求赔偿以及消费者对经营者进行监督而发生的关系。

我国在加快建设社会主义市场经济体制的过程中，依法保护消费者的合法权益的问题已日渐受到重视，其立法和执法工作正随着客观需要而不断加强，并陆续出台了一批地方性的法规。1993 年 10 月 31 日第八届全国人民代表大会常务委员会第四次会议通过了《中华人民共和国消费者权益保护法》（以下简称《消费者权益保护法》），并自 1994 年 1 月 1 日起施行。与此同时，行政、司法机构保护消费者权益的职责得到了充实和强化，消费者的自我保护意识也进一步得到提高。消费者权益保护法具有群体受益性、综合性、保护对象的倾向性等特征。消费者权益保护法应当遵循以下原则：平等、自愿、公平、信用原则；国家援助和优先保护消费者原则；职能部门监督与社会监督相结合原则。

二、消费者的权利

消费者权利作为一种基本人权，是生存权的重要组成部分。由于消费者权利是人类在生活消费中应享有的权利，因此，法律必须予以保障。我国《消费者权益保护法》专门规定了消费者的权利，根据该法的规定，消费者的权利主要包括：

（一）保障安全权

保障安全权是消费者最基本的权利，它是消费者在购买、使用商品和接受服务时所享有的保障其人身、财产安全不受损害的权利。由于消费者取得商品和服务是用于生活消费，因此，商品和服务必须安全可靠，必须保证商品和服务的质量不会损害消费者的生命和健康。消费者依法有权要求经营者提供的商品和服务必须符合保障人身、财产安全的要求。

（二）知悉真情权

也称知情权，即消费者享有知悉其购买、使用的商品或者接受的服务的真实情况的权利。依据该法规定，消费者有权根据商品或者服务的不同情况，要求经营者提供商品的价格、产地、生产者、用途、性能、规格、等级、主要成分、生产日期、检验合格证明、使用方法说明书、售后服务或者服务的内容、规格、费用等有关情况，以使消费者在从事消费行为时知己知彼，并表达其真实的意思。

（三）自主选择权

自主选择权是指消费者享有的自主选择商品或者服务的权利，其内容包括：

（1）自主选择提供商品或者服务的经营者的权利。

（2）自主选择商品品种或者服务方式的权利。

（3）自主决定是否购买商品或者接受服务的权利。

（4）在自主选择商品或服务时所享有的进行比较、鉴别和挑选的权利。

（四）公平交易权

公平交易权是指消费者在购买商品或者接受服务时所享有的获取质量保障和价格合理、计量正确等公平交易条件的权利和拒绝经营者的强制交易权利。

（五）依法求偿权

依法求偿权是指消费者在因购买、使用商品或者接受服务受到人身、财产损害时，依法享有的要求并获得赔偿的权利。依法求偿权是弥补消费者所受损害的必不可少的救济性权利。

（六）依法结社权

依法结社权是指消费者享有的依法成立维护自身合法权益的社会团体的权利。消费者的依法结社权非常重要，它使得消费者能够从分散、弱小走向集中和强大，并通过集体的力量来改变自己的弱者地位，以与实力雄厚的经营者相抗衡。因此，必须依法保护消费者的结社权。

（七）求教获知权

求教获知权也称获取知识权，是从知悉真情权中引申出来的一种消费者权利，指的是消费者所享有的获得有关消费和消费者权益保护方面的知识的权利。保障这一权利的目的是使消费者更好地掌握所需商品或者服务的知识和使用技能，以使其正确使用商品，提高自我保护意识。应该说，获取相关知识，提高自我保护能力，既是消费者的权利，也是消费者的义务。

（八）人格尊严权

人格尊严权是指消费者在购买、使用商品和接受服务时所享有的其人格尊严、民族风俗习惯得到尊重的权利。尊重消费者的人格尊严和民族习俗，是社会文明进步的表现，也是尊重和保障人权的重要内容。

（九）监督批评权

依据《消费者权益保护法》，消费者享有对商品和服务以及保护消费者权益工作进行监督的权利。此外，消费者有权检举、控告侵害消费者权益的行为和国家机关及其工作人员在保护消费者权益工作中的违法失职行为，有权对保护消费者权益工作提出批评、建议。

三、经营者的义务

由于经营者是为消费者提供商品或者服务的市场主体，是与消费者直接进行交易的另一方，因此，明确经营者的义务对于保护消费者权益尤为重要。依据我国《消费者权益保护法》的规定，在保护消费者权益方面，经营者负有下列义务：

（一）依法或约定履行义务

经营者向消费者提供商品或者服务，应当依照《中华人民共和国产品质量法》和其他有关法律法规的规定履行义务，这是经营者的法定义务。此外，经营者和消费者有约定的，在其约定不违反有关法律法规的强行性规定的情况下，经营者应当按照约定履行义务，这是经营者的约定义务。

经营者提供的商品或者服务损害消费者利益的，应当按照国家规定或者与消费者的约定，承担包修、包换、包退的责任或者其他责任，不得故意拖延或者无理拒绝，这是《消费者权益保护法》为体现上述依法或约定履行义务的精神而作出的具体规定。

（二）听取意见和接受监督

经营者应当听取消费者对其提供的商品或者服务的意见，接受消费者的监督。这是与消费者的监督批评权或称质询权相对应的经营者的义务，对此加以法律规定对于改善消费者的地位甚为有益。

（三）保障人身和财产安全

这是与消费者的保护安全权相对应的经营者的义务。经营者应当保证其提供的商品或者服务符合保障人身、财产安全的要求。对可能危及人身、财产安全的商品和服务，应当向消费者作出真实的说明和明确的警示，并说明和标明正确使用商品或者接受服务的方法以及防止危害发生的方法。

经营者发现其提供的商品或者服务存在严重缺陷，即使正确使用商品或者接受服务仍然可能对人身、财产安全造成危害的，应当立即向有关行政部门报告和告知消费者，并采取防止危害发生的措施。

（四）不作虚假宣传

这是与消费者的知悉真情权相对应的经营者的义务。经营者应当向消费者提供有关商品或者服务的真实信息，不得作引人误解的虚假宣传，否则即构成侵犯消费者权益的行为和不正当竞争行为。

经营者对消费者就其提供的商品或者服务的质量和使用方法等具体问题提出的询问，应当作真实、明确的答复。在价格核算方面，商店提供的商品应当明码标价。

（五）出具相应的凭证和单据

经营者提供商品或者服务，应当按照国家有关规定或者商业惯例向消费者出具购货凭证或服务单据；消费者索要购货凭证或者服务单据的，经营者必须出具。由于购货凭证或者服务单据具有重要的证据价值，对于界定消费者和经营者的权利义务亦具有重要意义。因此，明确经营者出具相应的凭证和单据的义务，有利于保护消费者权益。

（六）提供符合要求的商品或服务

经营者应当保证在正常使用商品或者提供服务的情况下说明其提供的商品或者服务应当具有的信息、性能、用途和有效期限，但消费者在购买该商品或者接受该服务前已经知道其存在瑕疵的除外。经营者从广告、产品说明、实物样品或者其他方式表明商品或者服务的质量状况的，应当保证其提供的商品或者服务的实际质量与表明的质量状况相符。

（七）不得从事不公平、不合理的交易

为了保障消费者的公平权，经营者不得以格式合同、通知、声明、店堂告示等方式作出对消费者不公平、不合理的规定，或者减轻、免除其损害消费者合法权益时应当承担的民事责任。格式合同、通知、声明、店堂告示等方式有对消费者作出的不公平、不合理的规定或者减轻、免除经营者损害赔偿责任等内容的，其内容无效。

（八）不得侵犯消费者的人身权

消费者的人身权是其基本人权，消费者的人身自由、人格尊严不受侵犯。经营者不得对消费者进行侮辱、诽谤，不得搜查消费者的身体及其携带的物品，不得侵犯消费者的人身自由。

四、对消费者合法权益的保护

（一）国家对消费者权益的保护

根据《消费者权益保护法》的规定，国家通过各种方式和有关机关的活动，保护消费者的权益。

1. 健全和完善保护消费者权益的法制

国家把保护消费者权益纳入法制轨道，不断完善和加强保护消费者权益的法律法规，尽量做到有法可依，执法必严，违法必究。《消费者权益保护法》第二十六条规定，国家制定有关保护消费者权益的法律法规和政策时，应当听取消费者的意见和要求，体现消费者的意志和利益。

2. 各级国家机关对消费者权益的保护

各级国家机关应该把保护消费者权益列入行政管理的重要职责。《消费者权益保护法》规定，各级人民政府应当加强领导、组织、协调、督促有关行政部门做好保护消费者合法权益的工作；加强监督，预防危害消费者人身、财产安全行为的发生，及时制止危害消费者人身、财产安全的行为。

各级工商行政管理部门和其他有关行政部门应当依照法律法规的规定，在各自的职

责范围内，采取措施，保护消费者的合法权益；有关行政部门应当听取消费者及其社会团体对经营者交易行为、商品和服务质量问题的意见，及时调查处理。

3．司法机关对消费者权益的保护

有权行使国家强制力的有关机关，应当依照法律法规的规定，惩处经营者在提供商品和服务中侵害消费者合法权益的违法犯罪行为。人民法院应当采取措施，方便消费者提起诉讼。对符合《中华人民共和国民事诉讼法》规定的起诉条件的消费者权益争议，必须受理，并及时审理和判决。

（二）消费者组织的保护

保护消费者的合法权益是全社会的共同责任。除国家有关机关采取各种措施，积极保护消费者权益外，国家还鼓励、支持一切组织和个人对损害消费者合法权益的行为进行社会监督。大众传播媒介应当做好维护消费者合法权益的宣传，对损害消费合法权益的行为进行舆论监督。

为了加强消费者的自我保护意识，动员社会力量保护消费者的合法权益，消费者依法成立消费者协会和其他消费者组织，作为消费者对商品和服务进行社会监督的保护消费者合法权益的社会团体。消费者组织不得从事商品经营和营利服务，不得以牟利为目的向社会推荐商品和服务。

根据《消费者权益保护法》第三十二条的规定，消费者协会履行下列职责：

（1）向消费者提供消费信息和咨询服务。

（2）参与有关行政部门对商品和服务的监督、检查。

（3）就有关消费者合法权益的问题，向有关行政部门反映、查询，提出建议。

（4）受理消费者的投诉，并对投诉事项进行调查、调解。

（5）投诉事项涉及商品和服务质量问题的，可以提请鉴定部门鉴定，鉴定部门应当告知鉴定结论。

（6）就损害消费者合法权益的行为，通过大众传播媒介予以揭露、批评。

（7）就损害消费者合法权益的行为，支持受损害的消费者提起诉讼。

各级人民政府对消费者协会履行职能应当予以支持。

五、争议的解决和法律责任

（一）争议的解决

1．争议解决的途径

消费者与经营者之间发生消费者权益争议时，根据《消费者权益保护法》第三十四条的规定，可以通过下列途径解决：

（1）协商解决。消费者以实事求是的态度，经营者以认真负责的精神，对发生的消费者权益争议，在互谅互让的基础上，通过双方自愿协商的办法予以解决，避免事态扩大，造成不必要的损失。

（2）请求调解。不愿经过协商解决，或者协商不成时，当事人双方有权请求消费者协会或其他社会组织居中依法调解，达成协议，使争议获得公平、合理的解决。

(3) 提出申诉。消费者对于经营者损害消费者权益的违法行为，根据实际情况，有权向工商行政管理部门，物价管理部门，标准、计量或卫生等部门提出申诉，由有关部门依照法律、行政法规的规定，在其职责范围内进行查处。

(4) 申请仲裁。发生消费者权益争议，在不能协商调解解决时，可根据消费者与经营者达成的仲裁协议提请仲裁机构予以仲裁。

(5) 提起诉讼。当事人双方没有达成仲裁协议的，可以向人民法院起诉，人民法院依法受理和判决。

2. 经营者承担赔偿责任的划分

《消费者权益保护法》第六章规定了不同经营者承担赔偿责任的条件。

(1) 生产者、销售者的赔偿责任。消费者在购买、使用商品时，其合法权益受到损害的，可以向销售者要求赔偿。销售者赔偿后，属于生产者的责任或者属于向销售者提供商品的其他销售者的责任的，销售者有权向生产者或者其他销售者追偿。消费者或者其他受害人因商品缺陷造成人身、财产损害的，可以向销售者要求赔偿，也可以向生产者要求赔偿。属于生产者责任的，销售者赔偿后，有权向生产者追偿；属于销售者责任的，生产者赔偿后，有权向销售者追偿。

(2) 服务者的赔偿责任。消费者在接受服务时，其合法权益受到损害的，可以向服务者要求赔偿。

(3) 经营者组织变动后的赔偿责任。消费者在购买、使用商品或者接受服务后，其合法权益受到损害，因原企业分立、合并的，可以向变更后承受其权利义务的企业要求赔偿。

(4) 借用他人营业执照经营者的赔偿责任。经营者使用他人营业执照违法经营所提供的商品或者服务，损害消费者合法权益的，消费者可以向其要求赔偿，也可以向营业执照的持有人要求赔偿。

(5) 租赁柜台经营者的赔偿责任。消费者在展销会、租赁柜台购买商品或者接受服务，其合法权益受到损害的，消费者可向销售者或者服务提供者要求赔偿。展销会结束或者柜台租赁期满后，也可以向展销会的举办者、柜台的出租者要求赔偿。展销会的举办者、柜台的出租者赔偿后，有权向销售者或者服务提供者追偿。

(6) 经营者利用虚假广告的赔偿责任。经营者利用虚假广告提供商品或者服务，使消费者合法权益受到损害的，消费者可以向经营者要求赔偿。广告的经营者发布虚假广告的，消费者可以请求行政主管部门予以惩处。广告的经营者不能提供经营者的真实名称、地址的，应当承担赔偿责任。

(二) 法律责任

经营者违反《消费者权益保护法》和其他法律、法规，损害消费者权益的，应依法承担相应的法律责任。根据《消费者权益保护法》第七章的规定，承担的法律责任有以下四种形式：

1. 民事责任

《消费者权益保护法》第四十条规定，经营者提供商品或者服务有下列情形之一的，除《消费者权益保护法》另有规定外，应当依照《中华人民共和国产品质量法》

和其他有关法律法规的规定，承担民事责任：

（1）商品存在缺陷的。

（2）不具备商品应当具备的使用性能而出售时未作说明的。

（3）不符合在商品或者在包装上注明采用的商品标准的。

（4）不符合商品说明、实物样品等方式表明的质量状况的。

（5）生产国家明令淘汰的商品或者销售失效、变质的商品的。

（6）销售的商品数量不足的。

（7）服务的内容和收取的费用违反约定的。

（8）对消费者提出的修理、重作、更换、退货、补足商品数量、退还货款和服务费用或者赔偿损失的要求，故意拖延或者无理拒绝的。

（9）法律法规规定的其他损害消费者权益的情形。

2. 经济责任

（1）经营者提供商品或者服务，造成消费者或其他受害人人身伤害的，应当支付受害人医疗费、治疗期间的护理费、因误工减少的收入等费用；造成残疾的，还应当支付残疾者生活补助费、残疾赔偿金以及由其抚养的人所必需的生活费等费用；造成消费者或者其他受害人死亡的，应当支付丧葬费、死亡赔偿金及由死者生前抚养的人所必需的生活费等费用。

（2）按国家规定或者经营者与消费者约定包修、包换、包退的商品，经营者应当负责修理、更换或者退货。在保修期内两次修理仍不能正常使用的，经营者应当负责更换或者退货。对包修、包换、包退的大件商品，消费者要求经营者修理、更换、退货的，经营者应当承担运输等合理费用。

（3）经营者以邮购方式提供商品的应当按照约定提供。未按照约定提供的，应当按照消费者的要求履行约定或者退回预付款，并承担预付款的利息和消费者必须支付的合理费用。

（4）经营者提供商品或者服务有欺诈行为的，应当按照消费者的要求增加赔偿其受到的损失，增加赔偿的金额为消费者购买商品的价款或者接受服务的费用的1倍。

（5）经营者以预收款方式提供商品或者服务的，应当按照约定提供。未按照约定提供的，应当按照消费者的要求履行约定或者退回预付款，并承担预付款的利息和消费者必须支付的合理费用。

（6）经营者对消费者进行侮辱、诽谤、搜身等侵害人格尊严或者侵犯消费者人身自由的行为的，应当停止侵害、恢复名誉、消除影响、赔礼道歉、赔偿损失。

3. 行政责任

根据《消费者权益保护法》第五十条的规定，经营者有下列情形之一的，法律法规规定有处罚机关和处罚方式的，按法律法规的规定执行；法律法规未作规定的，由工商行政管理部门责令改正，并可以根据情节单处或者并处警告、没收违法所得、处以违法所得1倍以上5倍以下的罚款；没有违法所得的，处1万元以下的罚款；情节严重的，责令停业整顿、吊销营业执照：

（1）生产、销售的商品不符合保障人身、财产安全要求的。

（2）在商品中掺杂、掺假，以假充真，以次充好，或者以不合格商品冒充合格商品的。

（3）生产国家已经明令淘汰的商品或者销售失效、变质的商品的。

（4）伪造商品的产地，伪造或者冒用他人的厂名、厂址，伪造或者冒用认证标志、名优标志等质量标志的。

（5）销售的商品应当检验、检疫而未检验、检疫或者伪造检验、检疫结果的。

（6）对商品或者服务作引人误解的虚假宣传的。

（7）对消费者提出的修理、重作、更换、退货、补足商品数量、退还货款和服务费用或者赔偿损失的要求，故意拖延或者无理拒绝的。

（8）侵害消费者人格尊严或者侵犯消费者人身自由的。

（9）法律法规规定的对损害消费者权益应当予以处罚的其他情形。

依法经有关行政部门认定为不合格的商品，消费者要求退货的，经营者应当负责退货。

经营者对行政处罚决定不服的，可以自收到处罚决定之日起15日内向上一级机关申请复议；对复议决定不服的，可以自收到复议决定书之日起15日内向人民法院提起诉讼；也可以直接向人民法院起诉。

4．刑事责任

（1）经营者提供商品或者服务，造成消费者或者其他受害人人身伤害或死亡，构成犯罪的，依法追究刑事责任。

（2）以暴力、威胁等方法阻碍有关行政部门工作人员依法执行职务的，依法追究刑事责任；未使用暴力、威胁方法的，由公安机关依照《中华人民共和国治安管理处罚法》的规定处罚。

（3）国家机关工作人员玩忽职守或者包庇经营者侵害消费者合法权益的行为，由其所在单位或者上级机关给予行政处分；情节严重，构成犯罪的，依法追究其刑事责任。

第三节　产品质量法

一、产品质量法概述

（一）产品质量法的概念

产品质量法是指调整在产品生产和销售以及对产品质量监督管理等活动中所发生的社会关系的法律规范。它有广义和狭义之分，广义的产品质量法是指涉及产品质量的法律法规、条例及其他规范性文件，包括《食品卫生法》、《药品管理法》、《标准化法》、《进出口商品检验法》、《中华人民共和国产品质量法》等；狭义的产品质量法仅指《中华人民共和国产品质量法》（以下简称《产品质量法》），该法于1993年2月22日由第七届全国人大常委会通过，同年9月1日起生效，并于2000年7月8日由第九届全国人大常委会第十六次会议审善后通过了修改案，修订后的产品质量法于2000年9月1日起施行。

(二) 产品质量法的适用范围

1. 空间范围

产品质量法调整的空间范围是除台湾、香港、澳门地区以外的我国其他所有地区。

2. 主体范围

产品质量法调整的主体范围包括：

(1) 产品的生产者、销售者，包括产品的生产企业、销售企业和个体工商户。

(2) 用户、消费者及不是产品的消费者但受到缺陷产品损害的人。

(3) 监督产品质量的行政部门及从事产品质量监督工作的国家工作人员。监督产品质量的行政部门包括技术监督管理部门、工商行政管理部门以及法律、行政法规规定的其他监督管理产品质量的行政部门。

3. 产品范围

(1) 产品质量法调整的产品范围：

①产品质量法调整的是经过加工、制作，用于销售的产品。这里所说的产品必须同时具备两个条件：第一，该产品经过加工、制作。未经加工、制作的狩猎品和原矿产品以及种植业、畜牧业、渔业等所生产的中初级农产品等，不属于本法的调整范围。第二，该产品用于销售。虽然经过加工制作，但不是用于销售的产品，也不属于本法的调整范围。

②经过加工、制作，用于销售的建筑材料、建筑构配件和设备适用本法。产品质量法虽不适用于建筑工程，但建筑工程所用的材料、建筑构配件和设备，如建筑钢材、水泥、建筑工程所用的一次成型门窗等，在其未形成整体的建筑工程之前，应当适用本法。

③在中华人民共和国境内销售的属于产品质量法所称产品范围的进口产品，也适用产品质量法的有关规定。

(2) 产品质量法排除的产品范围：

①建筑工程不属于产品质量法的调整范围。建筑工程虽然经过加工制作，并用于销售，但因其具有特殊性，并且加工制作的过程也与一般的产品有很大的不同，因此，产品质量法不适用于建筑工程。

②狩猎品、原矿产品以及初级农产品不属于产品质量法的调整范围。由于狩猎品、原矿产品以及初级农产品未经加工制作，虽然可用于销售，但不具备产品质量法调整的产品的特质，故不属于产品质量法的调整范围。

③军工产品也不属于产品质量法的调整范围。由于军工产品一般不进入市场销售，因此，军工产品的质量监督管理办法，由国务院、中央军委另行制定。

另外，对核设施、核产品造成损害的赔偿责任，法律、行政法规另有规定的，从其规定。

需要注意的是，产品质量法的调整对象与调整范围是两个不同的问题。调整范围包括空间范围、主体范围和产品范围。产品质量法的调整对象是指在产品生产与销售以及对产品质量进行监督管理过程中所形成的社会关系，包括：生产者、销售者与用户、消费者之间的关系；质量监督管理机构与生产者、销售者之间的关系；生产者、销售者之间及其与其他经营者之间的关系。

二、产品质量的监督

（一）产品质量监督管理体制

我国的产品质量监督管理体制是，国务院产品质量监督管理部门负责全国的产品的质量监督管理工作。国务院有关部门在各自的职责范围内负责产品质量监督管理工作。县级以上地方人民政府的产品质量监督管理部门负责本行政区域内的产品质量监督管理工作。县级以上地方人民政府有关部门在各自的职责范围内负责产品的质量监督管理工作。

“国务院产品质量监督管理部门”和“县级以上地方人民政府的产品质量监督部门”是指国家质量技术监督检验检疫总局和地方各级（县以上）质量技术监督局。国家质量技术监督检验检疫总局主管全国产品质量监督工作，其主要职责包括：拟订并贯彻执行国家有关的质量监督工作的方针、政策和法律法规，制定和发布不同的涉及产品质量监督的规章、制度；组织实施相关法律法规，指导、监督行政执法工作，管理和指导质量监督检查；管理产品质量仲裁中的检验、鉴定工作，组织协调依法查处经销假冒伪劣产品活动中的质量违法行为，组织制定质量技术监督事业发展规划；组织协调行业和专业的质量技术监督工作。

“国务院有关部门”和“县级以上地方人民政府有关部门”是指国务院和县级以上人民政府设置的除质量技术监督部门以外的其他与质量监督工作有关的部门，这些部门主要包括工商行政管理部门、各种行业主管部门，它们负责本行政区域内、本行业关于产品管理和商标管理中的经销掺假及假冒产品行为，如各级卫生行政部门负责食品卫生的监督检验；进出口商品检验局负责组织全国进出口商品的检验等。

在产品质量监督工作中，各级人民政府工作人员和其他有关部门的国家工作人员，应依照产品质量法及有关法律的规定，忠于职守、依法执法，不得滥用职权、玩忽职守、徇私舞弊，不得包庇、纵容本地区、本系统发生产品生产、销售中违反产品质量法规定的行为，不得发生阻挠、干预依法对产品生产、销售中违反产品质量法规定的行为进行查处的行为。

（二）产品质量监督的形式

1．国家监督

国家监督是指国务院产品质量监督部门和地方各级人民政府的产品质量监督部门依法进行的具有法律效力的监督。产品质量法对国家监督检查的产品、监督检查的方式以及监督检查的产品检验等问题作了规定。

（1）监督检查的产品。产品质量监督检查的重点包括三个方面：①可能危及人体健康和人身、财产安全的产品。这类产品直接涉及人身安全，往往与人们的日常生活关系密切，例如，家用电器、热水器、电工设备、饮料、食品等。②影响国计民生的主要工业产品。这类产品虽然不直接影响人体健康和人身财产安全，但对社会经济影响较大，如种子、化肥、钢材、水泥等各种重要的原材料。③用户、消费者或者有关组织反映有质量问题的产品。这类产品社会往往比较关注，因为关系到全社会的质量信誉问题。

（2）监督检查的方式。产品质量国家监督检查的方式主要有：国家监督抽查、地方监督抽查。

①国家监督抽查。国家监督抽查是产品质量监督检查的主要方式。国务院产品质量监督部门有规划、有组织地安排对全国的产品质量进行抽查。抽查的样品应当在市场上或者企业的成品仓库内的待销产品中随机抽取。这种监督检查的特点具有广泛性、权威性和计划性。因为这种监督检查一般是全国范围的，涉及面广，参加抽查的人员较多，被抽查的企业和产品较多，检查的准确性较高，检查的结果在全国性的报纸上专栏公布，而且往往是定期进行检查，检查的目的十分明确。

②地方监督抽查。地方监督抽查是产品质量监督检查的另一种方式。各级人民政府产品质量监督部门可以根据本地产品质量的实际情况和需要，对市场中商品的质量不定期地进行抽查。这种抽查应当是针对市场中正在销售的商品或者是销售者库存的商品。这种检查具有一定的灵活性和随机性，可以避免专门到大企业进行监督检查，而不对中小企业生产的产品进行检查；而且可通过对流通领域的商品的抽查，把好商品进入市场的关口。

国家监督抽查与地方监督抽查在执行中应当做到：国家监督抽查的产品，地方不得另行重复抽查；上级监督抽查的产品，下级不得另行重复抽查。依法进行监督抽查的产品质量不合格的，由实施监督检查的产品质量监督部门责令其生产者、销售者限期改正；逾期不改正的，由省级以上人民政府产品质量监督部门予以公告；公告后经复查仍不合格的，责令停业，限期整顿；整顿期满后经复查产品质量仍不合格的，吊销营业执照。监督抽查的产品有严重质量问题的，按规定进行处罚。

（3）监督抽查的产品检验。国家根据监督抽查的需要，可以对产品进行检验。产品质量检验机构必须具备相应的检测条件和能力，经省级以上人民政府产品质量监督管理部门或者其授权的部门考核合格后，方可承担产品质量检验工作。法律、行政法规对产品质量检验机构另有规定的，依照有关法律法规的规定执行。从事产品质量检验、认证的社会中介机构必须依法设立，不得与行政机关和其他国家机关存在隶属关系或者其他利益关系。生产者、销售者对抽查检验的结果有异议的，可以自收到检验结果之日起15 日内向实施监督抽查的产品质量监督部门或其上级产品质量监督部门申请复检，由受理复检的产品质量监督部门作出复检结论。

检验抽取样品数量不得超过检验的合理需要，不得向被检查人收取检验费。监督抽查所需的检验费用按照国务院规定列支；国家监督抽查所需的费用，由国务院财政部专项拨款，不向企业收取产品检验费用，但企业申请产品复查检验的，其检验费由申请复检的企业自行支付；各级地方产品质量监督部门组织的监督抽查，所需经费由各级财政拨款；其他有关部门组织的抽查，所需经费由部门开支。

产品质量监督部门在监督抽查中超过规定的数量索取样品或者向被检查人收取检验

费用的，由上级产品质量监督部门或者监察机关责令退还；情节严重的，对直接负责的主管人员和其他直接责任人员依法给予行政处分。

2. 社会监督

社会监督有用户、消费者监督，社会组织监督，新闻媒介监督等几种形式。用户、消费者监督是指用户、消费者遇有产品质量问题时，可以检举、申诉。如《产品质量法》第十条规定："任何单位和个人有权对违反本法规定的行为，向产品质量监督部门或者其他有关部门检举。"第二十二条规定："消费者有权就产品质量问题，向产品的生产者、销售者查询；向产品质量监督部门、工商行政管理部门及有关部门申诉，接受申诉的部门应当负责处理。"社会组织监督主要是指各地消费者协会的监督，如《产品质量法》第二十三条规定："保护消费者权益的社会组织可以就消费者反映的产品质量问题建议有关部门负责处理，支持消费者对因产品质量造成的损害向人民法院起诉。"新闻媒介监督主要是电视、报纸等舆论工具利用其本身的宣传力量，赞扬正面形象，呼吁惩治反面形象，对生产假冒伪劣产品的单位和个人予以曝光，提醒消费者注意。

3. 企业监督

企业自身监督是产品质量监督管理的基础。《产品质量法》第三条规定："生产者、销售者应当建立健全内部产品质量管理制度，严格实施岗位质量规范、质量责任以及相应的考核办法。"质量是企业的生命，也是企业在市场竞争中立于不败之地的重要筹码。企业要获得生机与活力，必须加强内部质量管理，狠抓质量工作。

（三）产品监督管理的内容

1. 产品质量标准制度

国家有关法律明确禁止无标准生产。产品标准是对产品结构、规格、质量和检验方法所作的技术规定。产品标准按照制定的主体和适用范围，分为国家标准、地方标准、行业标准和企业标准。国家标准主要是指有关国家经济发展的重要产品的标准和与广大人民生活有关的重要产品的标准。国家标准在整个标准体系中层次最高，其他标准的内容不得与国家标准的内容相抵触。凡有国家标准的不再制定行业标准、地方标准。各级生产、建设、科研、设计、管理部门和企业、事业单位都要严格贯彻执行，不得擅自更改或降低。国家标准由国务院标准化行政主管部门组织制定，其代号为GB。

地方标准由地方（省、自治区、直辖市）标准化行政主管部门制定，并报国务院标准化行政主管部门备案。在地方标准化行政主管部门所管辖区域内适用。

行业标准由国务院有关行政主管部门制定，并报国务院标准化行政主管部门备案，在全国某一行业范围内适用。

企业标准是由企业制定并报当地政府标准化主管部门和有关主管部门备案，在企业内部适用。

产品标准根据是否必须执行分为强制性标准和推荐性标准。强制性标准是要求有关各方必须遵守执行的标准，一般是与人身健康、财产安全有关的产品标准和在国民经济中具有重大意义的产品标准。其他的则为推荐性标准，它是不强制有关各方遵守执行的标准。推荐性标准用附加符号"T"表示。我国《产品质量法》第八条规定："可能危及人体健康和人身财产安全的工业产品，必须符合保障人体健康、人身财产安全的要求。”未制定国家标准、行业标准的，必须符合保障人体健康、人身财产安全的要求。

2. 企业质量体系认证制度

企业质量体系认证制度是指法定的认证机构对企业质量管理水平进行公正检验后，确认和证明该企业质量管理达到国际通用标准的一种制度。该制度通过对产品质量构成的各种因素，如产品设计、工艺准备、制造过程、质量检验、组织机构和人员素质等质量保证能力进行严格评定，以使企业形成持续稳定地生产符合标准的产品的能力，减少、消除和预防质量缺陷的产生。我国根据国际通用的质量管理标准，推行企业质量体系认证制度。企业根据自愿的原则可以向国务院产品质量监督管理部门或其授权的部门认可的认证机构，申请企业质量体系认证。经认证合格的，由认证机构颁发企业质量体系认证证书。

3. 产品质量认证制度

产品质量认证制度是指经法定认证机构对有关产品的质量进行公正的检验后，借助于合格证件和合格标志证明该企业能够生产符合产品标准和技术要求的产品的一种制度。产品质量的认证对象是产品，国家参照国际先进的产品标准和技术要求，推行产品质量认证制度。企业根据自愿原则可向国务院产品质量监督管理部门或其授权的部门认可的认证机构，申请产品质量认证。经认证合格的由认证机构颁发产品质量认证证书，准许企业在产品或者其包装上使用产品质量认证标志。

自 2002 年 5 月 1 日起，我国对 132 种产品实行强制性认证，并统一使用中国强制认证标志（英文缩写为“CCC”）。这 132 种产品分为 19 类，具体为：电线电缆、电路开关及保护或连接用电器装置、低压电器、小功率电动机、电动工具、电焊机、家用和类似用途设备、音视频设备类、信息技术设备、照明设备、电信终端设备、机动车辆及安全附件、机动车辆轮胎、安全玻璃、农机产品、乳胶制品、医疗器械产品、消防产品、安全技术防范产品。

产品质量认证与企业质量体系认证是不同的，主要区别为：第一，认证对象不同。质量体系认证的对象是企业；产品质量认证的对象是实物产品，不包括非实物产品，如服务、劳务等。第二，认证依据不同。企业质量体系认证的依据是国际通用的质量管理标准，目前就是 CB/T19000—ISO9000“质量管理和质量保证”系列国家标准；产品质量认证的依据是具有国际水平的国家标准、行业标准及其他补充技术要求。第三，认证原则不同。根据《产品质量法》第十四条的规定，企业质量体系认证实行完全的自愿原则，是否实行认证由企业自主决定，任何组织和个人无权横加干涉；产品质量认证则不尽相同，它以自愿申请为一般原则，同时对关系到人体健康，人身、财产安全的产品实行强制认证，任何企业不得与之相违背。第四，使用要求不同。质量体系认证不能代替对产品的认证，因此，经质量体系认证合格的企业的产品不能使用产品合格标志，企业只能依据质量体系认证证书广为宣传企业形象；而经产品质量认证合格的企业，可以在该产品上添加产品认证标志，以证明该产品的安全性及质量的优越性，从而增强产品在市场上的竞争力。

产品质量认证机构应当依照国家规定对准许使用认证标志的产品进行认证后的跟踪检查，对不符合认证标准而使用认证标志的，要求其改正；情节严重的，取消其使用认证标志的资格。

（四）产品质量监督检查制度

产品质量监督检查是指国务院产品质量监督管理部门及地方各级产品质量监督管理部门，依国家有关法律法规和规章的规定以及同级人民政府赋予的行政职权，对生产、流通领域的产品质量，代表政府实施的一种具有监督性质的检查活动。这项制度的内容，在前面产品质量的国家监督中作了详细介绍，这里不再赘述。

三、生产者、销售者的产品质量义务

（一）产品质量义务

产品质量义务是指产品的生产者和销售者在保护产品质量方面应该做的行为和不应该做的行为。如果生产者、销售者不履行产品质量义务，将承担相应的法律后果，这种法律后果就表现为承担产品质量责任。所谓产品质量责任，是指当事人违反产品质量法律规范，不履行产品质量义务而应承担的法律后果。它是一种综合责任，包括产品质量的民事责任、行政责任和刑事责任。因此，产品质量责任和产品质量义务是紧密关联、不可分割的。产品质量法对生产者和销售者的产品质量义务作了具体规定。

（二）生产者的产品质量义务

根据《产品质量法》的规定，生产者应当对其生产的产品质量负责。其义务主要有以下四项：

1. 对其生产的产品质量负责

生产者应对其生产的产品质量负责，具体应当符合下列要求：

（1）不存在危及人身、财产安全的不合理的危险，有保障人体健康和人身、财产安全的国家标准、行业标准的，应当符合该标准。该项要求为生产者的默示担保义务，包括两点：一是不合理危险不应存在；二是有国家标准和行业标准的还要符合标准。

值得注意的是，“不合理危险”是相对于合理危险而言的。如在目前科学技术条件下，某些药品是药毒性并存的，这类危险属于合理的危险。电视机爆炸则属于不合理的危险，因为这种危险完全可以消除。法律要求产品不存在危及人身、财产安全的不合理危险。

（2）具备产品应当具备的使用性能，但是，对产品存在使用性能的瑕疵作出说明的除外。

产品应当具备的使用性能因产品而异，如冰箱应当具备冷藏的功能，笔应当具备书写的功能，自行车应当具有行驶的性能等。产品质量没有达到其基本使用性能的要求，即存在瑕疵。所谓瑕疵，是指产品存在不符合规定或者通用的质量规格，影响使用效果的情形，也就是产品质量不合格。如保温瓶的保温效果不太理想、冰箱的制冷效果差等。对瑕疵产品，生产者作出说明的，可以销售。

实践中需要分清“不合格产品”、“处理品”、“伪劣品”等名词的含义。不合格产品包括处理品和伪劣品。

处理品是指产品质量未达到规定的使用性能要求，或者未达到明示采用的产品标准、产品说明、实物样品等方式表明的质量状况，但是产品不存在危及人体健康，人身、财产安全的不合理危险，仍然具备使用价值。

所谓伪劣品，是指产品质量不符合法律法规的规定要求，产品存在可能危及人体健康和人身、财产安全的不合理危险，或者丧失了原定作用性能的产品。伪劣产品主要包括：失效变质的商品；危及安全和人身健康的商品；所标明的指标与实际不符的商品；冒用优质或认证标志和伪造许可证标志的商品；掺杂掺假、以假充真或以次充好的商品；国家有关法律法规明令禁止生产、销售的商品。

处理品与伪劣品的最大区别是：处理品不存在危及人体健康及人身、财产安全的危险，尚有使用价值；而伪劣品质量则不符合法律法规的规定要求，产品存在可能危及人体健康和人身、财产安全的不合理危险，或者丧失了原定作用性能。对于处理品，应当明示“处理品”、“残次品”、“等外品”等字样出厂销售，并降价处理，以质量论价。对于伪劣品，严禁出厂、销售，应当监督销毁或作必要的技术处理。

(3) 符合在产品或其包装上注明采用的产品标准，符合以产品说明、实物样品等方式表明的质量状况。

当生产者在产品的说明中标明了产品的功能、效用、保质期、质量等级等质量状况时，这就成为生产者的一项保证，证明该产品的质量状况达到了说明的情形；同样，当生产者以实物样品表明产品的质量时，说明生产者保证产品的质量符合实物样品的质量。如果生产者生产的产品不符合以上明示担保，应该承担产品质量责任。

2. 产品或其包装上的标识应当符合要求

产品或其包装上的标识必须真实，并符合下列要求：

(1) 有产品质量的检验合格证明。产品质量检验合格证明是产品进入流通领域的“身份证”，除特别加以说明的处理品外，没有产品检验合格证明的产品应视为禁止流通物。产品质量检验合格证明的形式主要有三种：合格证书、检验合格印章和检验工序编号印鉴。

(2) 有中文标明的产品名称、生产厂厂名和厂址。不管是中国的产品还是进口产品，都必须用中文标明这三项，否则便是三无产品。三无产品禁止进入流通领域。而且厂名、厂址对生产者、销售者、消费者都具有特殊的作用，当出现产品质量纠纷时，可以根据标识上的厂名、厂址找到生产者进行索赔。因此，法律禁止伪造、冒用厂名、厂址，否则便构成不正当竞争。

(3) 根据产品的特点和使用要求，需要标明产品规格、等级、所含主要成分的名称和含量的，用中文相应予以标明；需要事先让消费者知晓的，应当在外包装上标明，或者预先向消费者提供有关资料。

(4) 限期使用的产品，应当在显著位置标明生产日期和安全使用期或者失效日期。限期使用的产品多为化工产品、饮料、食品、药品以及部分日用工业品。这类产品标注生产日期和安全使用期或者失效日期时必须在显著位置。

(5) 使用不当，容易造成产品本身损坏或者可能危及人身、财产安全的产品，应当有警示标志或者中文警示说明。

警示标志是一种易为大众所识别的图案和符号，如剧毒的警示标志是人头骷髅图案，易燃的警示标志是火图案。警示说明是以文字形式提出说明。生产者若没有按要求加注警示标志或警示说明，给用户、消费者造成损害的，应承担赔偿责任。

裸装的食品和其他根据产品的特点难以附加标识的裸装产品，可以不附加标识。如饭馆做的糕点、稀饭，商店卖的纽扣、针线等，可以不附加任何标识。

3．危险物品、有特殊要求的产品的包装要求

易碎、易燃、易爆、有毒、有腐蚀性、有放射性等危险物品以及储运中不能倒置和有其他特殊要求的产品，应当符合三点要求：一是包装质量必须符合相应要求；二是依照国家有关规定在包装上作出警示标志或者中文警示说明；三是在包装上标明储运时应注意的事项。

4．不得从事下列禁止行为

（1）生产者不得生产国家明令淘汰的产品。目前，国家明令淘汰的产品都是由国务院的有关部委明令淘汰的，如卫生部公布淘汰的药品、化工部公布淘汰的化肥和农药。

（2）生产者不得伪造产地，不得伪造或者冒用他人的厂名、厂址。一些产品因产地不同，其性能、质量指标会有很大的差异，特别是一些土特产，与产地的气候、环境有密切关系。伪造厂名、厂址与冒用他人的厂名、厂址是不同的。伪造厂名、厂址，是指编造或捏造厂名、厂址，其厂名、厂址是虚假不实的；而冒用他人的厂名、厂址，是指在自己生产的产品上标注他人的厂名、厂址，不仅违反了产品质量法，也构成了对他人的侵权。

（3）生产者不得伪造或者冒用认证标志等质量标志。质量标志是标明产品质量状况的证书、标记，比较常见的有：产品质量认证标志、检验机构检验合格证书及封记、产品合格证明等。伪造或者冒用认证标志等质量标志，不仅违反产品质量法，而且构成不正当竞争行为。

（4）生产者生产产品，不得掺杂、掺假，不得以假充真、以次充好，不得以不合格的产品冒充合格产品。此规定包含了生产者必须履行的三项义务：一是不得在产品中掺杂、掺假；二是不得以假充真、以次充好；三是不得以不合格的产品冒充合格产品。违反以上义务均是生产假冒伪劣产品的行为，应当承担法律责任。

（三）销售者的产品质量义务

（1）销售者应当执行进货检查验收制度，验明产品合格证明和其他标识。销售者在执行进货检查验收制度时，不仅可以确保进货的质量，还可以使供需双方及时分清产品质量责任，防止双方在产品交付消费者后发生争议，互相推诿，损害消费者的合法权益。

（2）销售者应当采取措施，保持销售产品的质量。销售者有义务在销售过程中采取必要的措施，保持产品的质量，防止产品过期失效、发生霉变，影响产品质量。如销售熟食、肉制品的，可以增加冷藏设备；销售药品的，要购置必要的存放设备和制定管理制度，防止药物失效、混杂、串味。

（3）销售者销售产品的标识应当符合生产者产品或者包装上标识的要求。

（4）销售者不得销售失效、变质的产品。

（5）销售者不得伪造产地，不得伪造或者冒用他人的厂名、厂址。

（6）销售者不得伪造或者冒用认证标志、名优标志等质量标志。

（7）销售者销售产品，不得掺杂、掺假，不得以假充真、以次充好，不得以不合格产品冒充合格产品。

四、违反产品质量法的法律

（一）民事责任

生产者、销售者违反产品质量法的民事责任分为产品瑕疵责任和产品侵权责任。

1. *产品瑕疵责任*

产品瑕疵责任也称产品合同责任、产品瑕疵担保责任，是指产品的销售者不履行或不适当履行产品质量义务而承担的责任。

在买卖合同中，出卖人具有担保其销售的产品无质量瑕疵的义务，出卖人没有履行瑕疵担保义务，其售出的产品质量不符合合同明确规定的质量要求（明示担保）及法律规定等默示的质量要求（默示担保）时，出卖人就应承担相应的责任。

（1）产品瑕疵责任的特征。产品的瑕疵责任具有以下特征：

①产品的瑕疵责任以合同为基础，受损害的消费者与产品销售者之间有合同关系存在，这是瑕疵责任产生的前提条件。

②产品的瑕疵责任仅限于具有合同关系的买卖双方当事人。这是由于产品的瑕疵责任是以合同为基础、为条件的，因而产品的瑕疵责任仅限于（只能适用于）直接向消费者出售产品的销售者和直接从销售者处购买产品的消费者（买受者）。

③从损害赔偿的范围看，产品瑕疵责任中的损害包括产品本身的损害及由此引起的其他损失，通常以赔偿买卖的产品本身为主。

（2）承担产品瑕疵责任的情形。销售者承担产品瑕疵责任的情形有以下三种：

①不具备产品应当具备的使用性能而事先未作说明的。产品“具备应当具备的使用性能”，也就是指产品的使用性（或适用性）应当达到一般水平。它是法律对卖方出售的产品的最基本的质量要求，不论其是否在合同中明确规定，都构成出卖人必须履行的义务。如暖水瓶应具有保温性，不论合同规定与否，出卖人都应保证其售出的暖水瓶具有保温性。出卖人具有上述默示担保义务，但出卖人可以通过合同中的明确规定来排除这种担保。如出卖人在出售暖水瓶时明确表示该暖水瓶不具有通常的保温性，即保温性能差；那么该出卖人就没有义务担保该暖水瓶具有通常的性能——正常的保温性。因而，只有当产品不具备应具备的使用性能而又事先未作说明的，销售者才承担产品瑕疵责任。

②不符合在产品或者其包装上注明采用的产品标准。产品标准分为强制性标准和推荐性标准。产品标准一旦被生产者明示采用，不论其是强制性标准还是推荐性标准，均构成具有合同约束力的明示担保，即视为生产者、销售者明确确保其生产、销售的产品符合其采用的标准。如果生产者、销售者不履行该合同义务，那么他们将承担违约责任。

③不符合以产品说明、实物样品等方式表明的质量状况。产品说明是指出卖方向买受方所作的关于所售产品的构造、成分、性能、功用、特点等方面的陈述。它通常是出卖人提供的书面说明书，同时也包括出卖人口头声明或者回答问题时所作的允诺。由于这种说明可以诱使买受人成交，并影响成交的条件，因而应将其视为具有合同约束力的明示担保。然而视为明示担保的说明应限于对所售产品质量事实状况的说明，而不包括对产品的质量、价值等方面状况的主观见解和评价。

实物样品，又称样货。销售者出售产品、订立合同时，往往出示货物样品，并向买方保证，出售的产品质量将与实物样品质量相同，因而合同就不必对出售产品的质量作具体规定，而是通过实物样品来表明产品应具备的质量状况。在这种情况下，实物样品所表明的产品质量状况也构成出卖人对产品质量的明示担保。如果所售产品不符合以该实物样品表明的质量状况，则出卖人应当承担违约责任。

（3）承担产品瑕疵责任的形式。销售者承担产品瑕疵责任的形式包括：

①修理、更换、退货。这是销售者违反产品质量义务所采取的补救措施，产品不符合质量要求的，出卖人应酌情采取修理或者更换措施。如果经修理可达到质量要求而不影响产品的性能、价值的，出卖人应无偿修理；如果修理后达不到质量要求或者影响产品的性能、价值的，或者买受人要求更换的，出卖人应予以更换。对不符合质量要求的产品，买受人可以要求出卖人退货。

②赔偿损失。赔偿损失是承担产品瑕疵责任的重要方式。销售者售出的产品质量不符合合同要求，给用户、消费者造成损失的，用户、消费者有权要求销售者赔偿损失。

销售者违反合同规定的质量义务，又不按规定承担修理、更换、退货或者赔偿损失责任的，由产品质量监督部门或者工商行政管理部门责令其改正。

③销售者对生产者、供货者的追偿权。销售者与生产者或提供产品的其他销售者（供货者）之间存在着合同关系，在这一合同关系中，销售者为买受方，生产者、供货者则是向销售者提供产品的出卖方。因而，生产者和供货者对销售者具有瑕疵担保责任，要保证其提供的产品符合合同明确规定的质量要求（明示担保）及法律规定的质量要求（默示担保）。否则，生产者、供货者应当承担违约责任。

如果因生产者、供货者的责任造成产品不符合合同规定的质量要求及法律默示的质量要求的，那么销售者在对买受人（消费者）承担违约责任，对产品进行修理、更换、退货或赔偿损失后，就有权要求生产者、供货者承担赔偿责任。但如果生产者之间、销售者之间、生产者与销售者之间订立的买卖合同、承揽合同有不同约定的，那么合同当事人按照合同的约定执行。例如，某商店售出一批童鞋，其中的几双有质量问题，属生产厂家的责任，商店负责给消费者退换后，即向生产厂家追偿。生产厂家以在订立该批货物的购销合同中已明确规定由生产厂家多付10%的货物为由，拒绝承担产品瑕疵担保责任。该例中生产厂家的做法是合法的，因为双方在购销合同中另有约定，应当按合同约定执行。

2．产品侵权责任

产品侵权责任是指因产品存在缺陷造成用户、消费者或第三人的人身、财产损害时，生产者及销售者应承担的民事赔偿责任。

（1）产品侵权责任的特征。产品侵权责任具有如下三个特征：

①产品侵权责任不以生产者、销售者与受害消费者有直接合同关系为前提条件。受害者不论与生产者、销售者之间是否有直接的合同关系，都可就缺陷产品引起的损害向加害人提起赔偿诉讼。

②产品侵权责任的主体不限于合同当事人。产品侵权责任的权利主体（即享有损害赔偿请求权人）包括由于产品缺陷而受到损害的一切人，即不仅包括与生产者、销售者有直接合同关系的买受人，还包括产品的使用人、买受人的家属、亲友，甚至无关的过路人等。产品侵权责任中的责任主体也不限于同受害人有直接合同关系的出卖人，还包括产品制造商，零部件制造商和装配商、批发商等。

③从损害赔偿的范例看，侵权责任主要赔偿缺陷产品引起的人身、财产损失，一般不赔偿缺陷产品本身。

（2）产品侵权责任的构成要件。构成侵权责任必须具备以下要件：

①产品存在缺陷。产品存在缺陷，是承担产品侵权责任的前提条件。

所谓产品缺陷，一是指产品存在危及人身、财产安全的不合理的危险；二是指产品有不符合保障人体健康和人身、财产安全的国家标准、行业标准的，不符合该标准。

产品缺陷包括以下几种情况：①设计上的缺陷，如结构设计不合理、有关参数计算失误等；②原材料缺陷，如原材料选择不当、原材料存在质量问题等；③制造上的缺陷，如产品不符合设计规范、加工工艺存在问题等；④指示上的缺陷，如产品的警示说明、警示标志等产品标明未能清楚地告知使用人应当注意的使用方法、产品使用了虚假说明等；⑤产品投入流通时的科学技术水平尚不能发现的缺陷，对这种缺陷，我国产品质量法规定，生产者免予承担损害赔偿责任。

需要注意的是，产品的缺陷与瑕疵是两个不同的概念，其不同之处体现在：

第一，侧重点不同。缺陷强调的是产品存在危害人体健康和人身、财产安全的不合理危险，这体现了人们对于安全权的重视，一旦产品不具备安全性因素而酿成损害，则认为产品存在缺陷，而瑕疵主要是合同法上的概念。由此可见，区分二者的关键就是看是否存在危及人身、财产安全的不合理危险。

第二，二者所引起的责任不同。产品存在缺陷导致的是侵权责任，因而必须符合侵权责任的要件；产品存在瑕疵导致的是合同违约责任，因而必须符合违约责任的要件，它不以损害的事实为前提，即无论该产品是否造成损害后果，都要承担违约责任。

第三，范围不同。产品缺陷主要体现于产品的安全范围；产品瑕疵主要体现于产品的适用性、维修性领域。

第四，能否进入流通领域不同。瑕疵产品不具备应当具备的主要使用性能，即失去了原有的使用价值，但还可能存在某些辅助性能，在这种情况下仍能发挥一定的作用。如标明是“处理品”、“次品”，消费者仍然可以接受。如果产品本身质量存在着一般性的问题，而销售者事先未作说明的，则认定销售者有意欺诈，产品存在瑕疵。而缺陷产品因存在着威胁人体健康、人身财产安全的不合理危险，如果进入流通领域则会给消费者带来巨大的损害，故而法律规定缺陷产品一律不准进入流通领域。

第五，索赔对象不同。一般来讲，因产品存在瑕疵只能向销售者索赔；而产品存在缺陷时，既可以向生产者要求赔偿，也可以向销售者主张赔偿。

第六，时效不同。产品存在缺陷，则其诉讼时效和请求权期间都由产品质量法明确规定；而产品存在瑕疵，其担保责任的期限可经由行政法规来确定，也可以由生产者、销售者在产品包装、标识上明示。

②存在人身伤害、财产损害的事实。要构成产品侵权责任，必须有某种形式的损害，若产品只是存在缺陷，而没有造成他人人身财产的损害，生产者和销售者就不必承担产品侵权责任。

人身伤害是指缺陷产品导致受害人患病、健康水平下降或者人体受到伤害甚至死亡；财产损害是指缺陷产品引起其他财产的毁损、灭失，不包括缺陷产品本身的损害。

那么，如何判断造成损害事实的产品确有缺陷呢？主要应区分两种情况：一种是致害产品在损害事故发生后仍然存在原状态的情况，例如，甲醛含量超标的睡衣，在对穿用者的人身造成伤害后仍然存在；另一种是致害产品在损害事故发生后不复存在或虽然存在但已面目全非了，如假药、假酒及暖水瓶发生爆炸后的碎片等。

第一种情况下，判断致害产品是否带有缺陷，这比较容易解决，一般可将致害产品送交产品质量检验部门进行检验即可解决。

第二种情况下的产品质量因果关系比较难以认定。根据国内外的实践经验，一般可采取以下三种方法推定：其一，从产销者的产品质量违法行为推定其提供的产品有缺陷，如某企业违反国家的法律规定，将不合格的原材料投入生产，从而导致产品质量缺陷。其二，应用类比方法推定致害产品有缺陷。如果同批产品普遍存在质量问题，可推定同批产品中造成损害的、已经不复存在的产品同样存在质量问题，是有缺陷的产品。其三，根据“事实本身说明问题”的原则，认定致害产品的质量有缺陷。

特别需要指出的是，在采用以上三种方法推定产品是否有缺陷时，必须严格遵守这些方法得以适用的条件：其一，损害事故的原因不明确，且合理地排除了致损的其他原因；其二，被害人经证明确实不存在过错；其三，被告人举不出证据证明质量合格。如果不具备上述任何一种情形，都不能采取推定方法认定产品质量存在缺陷。

③产品存在缺陷与损害事实之间有因果关系。也就是说产品缺陷是引起损害的原因，损害是产品缺陷的结果。如果损害事实不是缺陷产品造成的，缺陷产品的生产者就不必承担产品侵权赔偿责任。

（3）产品侵权责任的归责原则。产品侵权责任的归责原则是确立产品生产者或销售者承担损害责任的基本准则。我国产品质量法规定，对生产者实行无过错责任原则，即严格责任原则；对销售者实行过错责任原则。

所谓无过错责任原则，是指无论生产者有无过错，只要生产的产品存在缺陷，并造成了他人人身财产的损害，就应当承担损害赔偿责任。

所谓过错责任原则，是指销售者由于过错使产品存在缺陷，造成他人人身财产损害的，才承担赔偿责任。例如，由于销售者操作不当使机器原有的安装备件脱落而导致产品存在缺陷，进而给用户造成的损害的，销售者就应当承担损害赔偿责任。另外，销售者没有过错，但其销售的产品存在缺陷，给消费者造成损害的，如果销售者不能指明缺陷产品的生产者和缺陷产品的供货者的，销售者应当承担赔偿责任，这种情况等于推定销售者有过错。

(4) 损害赔偿范围。损害赔偿的范围包括人身伤害、财产损失、精神损害。

因产品存在缺陷造成受害人人身伤害的，侵害人应当赔偿医疗费、治疗期间的护理费、因误工减少的收入等费用；造成残疾的，还应当支付残疾者生活自助费、生活补助费、残疾赔偿金以及由其抚养的人所需的生活费；造成受害人死亡的，并应当支付丧葬费、死亡赔偿金、死者生前抚养的人所必需的生活费等费用。

因产品存在缺陷造成受害人财产损失的，侵害人应当恢复原状或者折价赔偿。受害人因此遭受其他重大损失的，侵害人应当赔偿损失。

恢复原状必须具备两个条件：第一，必须有修复的可能，修复后的财产同原财产具有同样的使用价值；第二，必须有修复的必要，如果修复在经济上不合算或者所有人已不需要，则不采取这种责任形式。

折价可按购买价（原价）减去折旧计算，或按重置价格计算。

受害人遭受的其他重大损失，属于间接损失。一般应理解为：事故发生后，为避免缺陷产品发生其他损害而花费的数额较大的费用以及因缺陷产品造成的重大利润损失。例如，有缺陷的锅炉爆炸引起火灾致使旅馆营业停止，则缺陷锅炉的生产者不仅要赔偿因锅炉爆炸引起火灾烧毁的财产损失（直接损失），还要赔偿因灭火发生的费用及锅炉爆炸导致旅馆停业而造成的利润损失（间接损失）。

关于精神损害赔偿，《产品质量法》未作规定，但是该法修订后，最高人民法院于2001年3月8日公布、2001年3月10日起实施的《关于确定民事侵权精神损害赔偿责任若干问题的解释》中明确规定了精神损害的赔偿，这是要求精神损害赔偿的法律依据。

(5) 损失赔偿的诉讼时效。因产品质量发生民事纠纷时，当事人可以通过协商或者调解解决。当事人不愿通过协商或者调解解决或者协商、调解不成的，可以根据当事人各方的协议向仲裁机构申请仲裁；当事人没有达成仲裁协议或者仲裁协议无效的，可以直接向人民法院起诉。因产品质量存在缺陷造成损害而要求赔偿的起诉书时效为2年，自当事人知道或者应当知道其权益受到损害时起计算。超过2年时效，若无法律规定的诉讼时效中止、中断的情况出现，则原告丧失胜诉权，但起诉权并未丧失。

(6) 生产者免于承担赔偿责任的情形。因产品存在缺陷造成人身、财产损害的，生产者应当承担赔偿责任。如果生产者能证明有下列情形之一的，可以不承担赔偿责任：

①未将产品投入流通的。具有缺陷的产品尚未出厂、销售，发生了损害的，生产者不承担赔偿责任。例如，某厂生产电风扇，未经检验合格，本厂职工某甲偷出一台，赠与其友某乙，某乙在使用中由于风扇漏电而触电死亡，厂家不承担责任。

②产品投入流通时，引起损害的缺陷尚不存在的。生产者能够提出证明，指出缺陷的存在是投入流通领域后才发生的，不承担赔偿责任。如生产者生产的食品，销售者进货时是合格品，但由于储存不当、存放太久而变质，因此给购买者造成的损害，生产者不承担责任。

③将产品投入流通时的科学技术不能发现缺陷存在的。这里需要注意的是，判定生

产者是否知道或者应当知道产品投入流通时存不存在缺陷，并不是依据生产者所掌握的科学技术为依据，而是以当时社会所具有的科学技术为依据。

（7）生产者和销售者之间的责任关系。因产品存在缺陷造成他人人身、财产损害的，受害人可以向产品的生产者要求赔偿，也可以向产品的销售者要求赔偿。属于产品生产者的责任，产品销售者赔偿的，产品销售者有权向产品生产者追偿。属于产品销售者的责任，产品生产者赔偿的，产品的生产者有权向产品销售者追偿。这表明，不管受害人向生产者要求赔偿还是向销售者要求赔偿，也不管生产者或销售者有无责任，生产者或销售者都应先赔偿费用，待没有责任的生产者或销售者替对方垫付了赔偿费用后，有权要求有责任的一方支付自己已经垫付的赔偿费用。如果对方拒绝支付，还可以依照法定程序要求对方支付。

（二）行政责任

根据《产品质量法》的规定，对于生产者与销售者违反产品质量义务的，由产品质量监督部门给予责任人行政处罚。

（1）凡生产、销售不符合保障人体健康和人身、财产安全的国家标准、行业标准的产品的，予以行政处罚。

（2）生产者、销售者在产品中掺杂、掺假，以假充真，以次充好，或者以不合格产品冒充合格产品的，由工商行政管理部门根据产品质量监督部门的建议作出行政处罚。

（3）生产国家明令淘汰的产品的，销售国家明令淘汰并停止销售的产品的，予以行政处罚。

（4）销售失效、变质的产品的，予以行政处罚。

（5）生产者、销售者伪造产品的产地的，伪造或者冒用他人的厂名、厂址的，伪造或者冒用认证标志等质量标志的，予以行政处罚。

（6）对产品标识不符合产品质量法的处罚，包括两种情况：

①对一般产品标识不符合《产品质量法》第二十七条规定的，责令改正。

②对有包装的产品标识不符合《产品质量法》第二十七条第四项、第五项规定，情节严重的，责令停止生产、销售，并处以违法生产、销售的产品货值金额30%以下的罚款；有违法所得的，并处没收违法所得。

（7）对拒绝接受产品的质量监督检查的生产者与销售者，给予警告，责令改正；拒不改正的，责令停业整顿；情节特别严重的，吊销营业执照。

（三）刑事责任

生产者、销售者有下列情形之一，构成犯罪的，追究刑事责任：①生产、销售不符合保障人体健康和人身、财产安全的国家标准、行业标准的产品的；②在产品中掺杂、掺假，以假充真，以次充好，或者以不合格产品冒充合格产品的；③销售失效、变质的产品的。

第四节 反垄断法

一、反垄断的概念和特征

（一）反垄断法的概念

反垄断法是调整市场经济法竞争主体之间的竞争行为的法律规范。其目的在于维护市场的公平竞争，保护竞争参与者的权利的平等性，促进竞争体制的有序发展。防止市场上出现垄断以及对合法生产的垄断企业进行监督，防止它们滥用市场优势地位。《中华人民共和国反垄断法》（以下简称《反垄断法》）已由中华人民共和国第十届全国人民代表大会常务委员会第二十九次会议于2007年8月30日通过，自2008年8月1日起施行。

（二）反垄断法的基本特点

1．限制市场优势地位的占有者独占市场

垄断企业形成后，往往在市场上对某种产品的产、供、销形成自己的独占地位，排挤其他竞争者。反垄断法的首要特点就是要限制这些独占者的权利，维护市场竞争主体公平竞争的权利，保护弱势群体的利益。

2．促进市场经济中竞争行为的公平性

垄断行为抹杀了同行业中缺乏竞争实力的竞争者，不利于市场的平衡发展，不利于发掘中小企业的产品开发和销售技术，违背了市场竞争中主体之间的权利平等的原则。因此，反垄断法在规范竞争主体行为时，就是要通过限制垄断企业的垄断行为，从而实现大、中、小企业公平竞争的权利。

3．监督和防止行政机关滥用行政职权

垄断行为绝大部分是由企业的市场优势带来的垄断。但也有些企业特别是公用企业还有政府在后面进行干涉，甚至以文件的形式直接干预企业的垄断行为。反垄断法的颁布，能有效地监督政府的行政行为，防止行政机关利用职权保护垄断，甚至滥用职权破坏市场经济中经营者正常的、公平的竞争秩序。

二、垄断行为及其表现

（一）经营者达成垄断协议

垄断协议是市场中具有竞争关系的经营者签订的独占市场的合约。《反垄断法》第十三条规定：“①固定或者变更商品价格；②限制商品的生产数量或者销售数量；③分割销售市场或者原材料采购市场；④限制购买新技术、新设备或者限制开发新技术、新产品；⑤联合抵制交易；⑥国务院反垄断执法机构认定的其他垄断协议。”上述这些具体的行为就是垄断协议的具体表现，是反垄断法所禁止的。同时，《反垄断法》第十四条规定："禁止经营者与交易相对人达成下列垄断协议：①固定向第三人转售商品的价格；②限制向第三人转售商品的最低价格。"这些都是法律规定的不允许的垄断行为之一。但也有例外，那就是《反垄断法》第十五条规定的情形之一："一是为改进技术，研究开发新产品的；二是为提高产品质量，降低成本，增进效率，统一产品规格、标准，或者实行专业化分工的；三是为提高中小经营者效率，增强中小经营者竞争力的；四是为节约能源，保护环境，救灾救助等社会公共利益的；五是因经济不景气，为缓解销售量严重下降或者明显生产过剩的；六是为保障对外贸易和对外经济合作中的正常利益的。"尽管此规定是例外，但经营者还须证明自己所达成的协议不会严重限制相关市场的竞争，并且能够使消费者分享由此产生的利益。再就是行业协会不得组织本行业的经营者从事前述的垄断行为。

（二）经营者滥用市场支配地位

垄断行为的突出表现就是经营者利用自己对市场占有的优势地位而控制整个市场的生产和销售，同时排挤同行业的其他经营者。其具体表现如《反垄断法》第十七条的规定："①以不公平的高价销售商品或者以不公平的低价购买商品；②没有正当理由，以低于成本的价格销售商品；③没有正当理由，拒绝与交易相对人进行交易；④没有正当理由，限定交易相对人只能与其进行交易或者只能与其指定的经营者进行交易；⑤没有正当理由搭售商品，或者在交易时附加其他不合理的交易条件；⑥没有正当理由，对条件相同的交易相对人在交易价格等交易条件上实行差别待遇。"

认定经营者具有市场支配地位的因素，《反垄断法》第十八条规定："①该经营者在相关市场的市场份额以及相关市场的竞争状况；②该经营者控制销售市场或者原材料采购市场的能力；③该经营者的财力和技术条件；④其他经营者对该经营者在交易上的依赖程度；⑤其他经营者进入相关市场的难易程度。"同时，第十九条规定，有下列情形之一的，可推定经营者具有市场支配地位："①一个经营者在相关市场的份额达到二分之一；②两个经营者在相关市场的份额合计达到三分之二；③三个经营者在相关市场的市场份额达到了四分之三。"前者因素是构成垄断行为的基础，后者是垄断行为形成的基本尺度。经营者的市场支配地位是其垄断行为高度集中的外在表现。没有市场的支配地位也就不能形成对市场的垄断。

（三）经营者集中

经营者集中是经营者实现垄断的常用手段，托拉斯企业就是如此。其主要是通过企业之间的合并、控股等方法使经营者在市场上形成庞大的生产、销售群体，从而控制和独占市场。《反垄断法》第二十条规定："①经营者合并；②经营者通过取得股权或者资产的方式取得对其他经营者的控制权；③经营者通过合同等方式取得对其他经营者的控制权或者能够对其他经营者施加决定性影响。"这些都是经营者集中的具体表现。当然，经营者集中并不都是垄断的行为，只有可能具有排除、限制竞争效果的经营者集中才能称之为垄断行为。同时，经营者的集中超过法定范围的，必须向国务院反垄断执法机构申报。《反垄断法》第二十二条规定："参与集中的一个经营者拥有其他多个经营者百分之五十以上有表决权的股份或者资产；参与集中的多个经营者百分之五十以上有表决权的股份或者资产被同一个未参与集中的经营者拥有的。”以上三种情形不须报经国务院反垄断执法机构就可以相对集中。

(四)滥用行政权力排除、限制竞争

行政机关和法律法规授权的具有管理公共事务职能的组织不得滥用行政权力，限定或者变相限定单位或者个人经营、购买、使用其指定的经营者提供的商品。《反垄断法》第三十三、三十四、三十五、三十六、三十七条规定的情形就属于滥用职权的行为。具体表现是：①对外地商品设定歧视性的收费项目，实行歧视性收费标准，或者规定歧视性价格；②对外地商品规定与本地同类商品不同的技术要求和检验标准，或者对外地商品采取重复检验、重复认证等歧视性技术措施，限制外地商品进入本地市场；③采取专门针对外地商品的行政许可，限制外地商品进入本地市场；④设置关卡或采取其他手段，阻碍外地商品进入或者本地商品运出；⑤设定歧视性资质要求、评审标准或者以不依法发布信息等方式，排斥或者限制外地经营者参加本地的招标投标活动；⑥采取与本地经营者不平等待遇等方式，排斥或者限制外地经营者在本地投资或者设立分支机构；⑦行政机关制定含有排除、限制竞争内容的规定。

上述七种行为都是《反垄断法》所禁止的垄断行为，对这些行为的规制，可以有效地防止市场竞争的无序和垄断的形成，为法治化的竞争秩序提供标准。

三、对垄断行为的调查和执法

(一)对垄断行为的调查和执法

(1)《反垄断法》第九条规定：“国务院设立反垄断委员会，负责组织、协调、指导反垄断的工作。主要履行下列职责：①研究拟订有关竞争政策；②组织调查、评估市场总体竞争状况、发布评估报告；③制定、发布反垄断指南；④协调反垄断行政执法工作。”可见，对反垄断行为的调查和执法工作是由国务院统一布置的，同时，第十条规定，国务院反垄断的执法机构根据工作需要，可以授权省、自治区、直辖市人民政府相应的机构，依照本法规定，负责有关反垄断执法工作。

(2)反垄断执法机构在发现垄断行为之后，可以采取以下措施：①进入被调查的经营者的营业场所进行检查；②询问被调查者、利害关系人或者相关单位或者个人，要求说明有关情况；③查阅、复制被调查的经营者的单位的单证、协议、会计账簿、业务函电、电子数据等文件资料；④查封、扣押相关证据；⑤查询经营者的银行账户。

反垄断执法机构在执法中应符合法定的程序，即应向当事人出示证明身份的证件，执法人员不得少于二人，尤其应当保护当事人的商业秘密。对查实的垄断行为可以依法作出处理并向社会公布。在经营者承诺自己在一定期限内采取具体措施消除垄断行为后果的，执行机构可以决定中止调查，但经营者未履行承诺或提供的信息不完整、不真实的，则可以恢复调查。

(二)关于经营者的法律责任

(1)经营者违反本法规定达成并实施垄断协议的，由反垄断执法机构责令停止违法行为，没收违法所得，并处上一年度销售额1%以上10%以下的罚款；未实施垄断协

议的，可处50万元以下的罚款。经营者主动提供情况和证据的，可以酌情减轻或者免除对该经营者的处罚。行业协会违反本法规定的，反垄断执法机构可以处50万元以下的罚款，情节严重的，可以依法撤销该行业协会的登记。

（2）经营者违反本法规定，滥用市场支配地位的，由反垄断执法机构责令停止违法犯罪行为，没收违法所得，并处一年度销售额1%以上10%以下的罚款。

（3）经营者违反本法规定实施集中的，由反垄断执法机构责令停止实施集中，限期处分股份或者资产，限期转让营业以及采取其他必要措施恢复到集中前的状态的，可以处50万元以下的罚款。

（4）行政机关和授权具有管理公共事物职能的组织，滥用行政权力，实施排除、限制竞争行为的，由上级机关责令改正；对直接负责的主管人员和其他责任人员依法给予处分。反垄断执法机构可以向有关上级机关提出依法处理的建议。

（5）对反垄断执法机构依法实施的审查和调查，拒绝提供有关材料、信息，或者提供虚假材料、信息，或者隐匿、销毁、转移证据，或者有其他拒绝、阻碍调查行为的，由该机构责令改正，对个人可以处2万元以下的罚款，对单位可以处20万元以下的罚款；情节严重的，对个人可处2万元以上10万元以下的罚款，对单位可处20万元以上100万元以下的罚款；构成犯罪的，依法追究刑事责任。

对反垄断执法机构依照《反垄断法》第二十八条、第二十九条或其他规定作出的决定不服的，可以先依法申请复议，对复议决定不服的，可以依法提起行政诉讼。

关于《反垄断法》的适用范围，该法第五十五条明确规定："经营者依照知识产权的法律、行政法规行使知识产权的行为，不适用本法；但是，滥用知识产权，排除、限制竞争的行为，适用本法。"农业生产者在农产品生产、加工、运输、储存等经营活动中实施的联合协作行为，不适用本法。

思考题

1. 不正当竞争行为与垄断行为有何区别？
2. 试论不正当竞争行为的主要表现。
3. 试述侵害消费者权益的法律责任。
4. 简述产品质量责任。
5. 我国垄断法规定的垄断行为的表现有哪些？

案例分析题

案例一　原告消费者常某于2002年10月28日在被告靖江家私广场业主陆某处以3 920元的价格购买了一套沙发及一套电视柜。被告出具的送货单上载明出售的是"花梨沙发、花梨低柜"，购买后原告才知悉此家具为普通材质而非花梨木，遂诉至法院，请求法院判令被告按《消费者权益保护法》的有关规定退货、返还价款，并增加1倍赔偿。

讨论：原告要求被告退货，并增加赔偿1倍价款的诉讼请求成立吗？

案例二 女青年唐某见电视上播出的一则广告称：该市保健用品开发公司新研制出一种减肥腰带，保证用此种腰带能使任何腰粗的女青年在1个月内恢复少女优美体型，有效减至标准腰围，并称该市新城百货商店独家代理销售。唐某遂到新城百货商店，见买者甚多。减肥腰带外包装上赫然写着若1个月没有效果，代理商负责退货。唐某便放心买了一条，价格为148元。1个月过去了，唐某非但未获标准腰围，反而腰又粗了5厘米。唐某遂到新城百货商店要求退货。但商店称，腰带外包装上的退货承诺是厂家自行印上去的，与商店无关，因此不予退货。

讨论：百货商场是否应退货？为什么？

案例三 某市煤气公司在销售煤气燃具时规定：私营煤气公司的用户在购买炉具时需购买煤气公司指定的牌子，否则，公司不予安装煤气管道，并声称这是市政府的规定。此规定颁布后引起市民强烈的不满，要求政府取消此不合理的规定。

分析说明下列问题：

(1) 煤气公司的行为是否是垄断行为？

(2) 在此行为中政府的行为是否是滥用行政权力的行为？

第十章

宏观经济调控法概述

内容要点

本章主要讲述宏观经济调控行为和宏观经济调控法的概念；宏观经济调控的主要内容；我国宏观经济调控的原则和对象。

一、宏观经济调控行为

（一）宏观经济调控行为的概念

宏观经济调控行为又称国家干预经济行为，是指国家为了保持国民经济持续、稳定、健康发展，促进经济结构的优化，从整体利益出发，以稳定物价、促进就业、实现国际收支平衡为目标，从制定经济行为规范入手，采用财政、货币、信贷等经济的、法律的以及必要的行政手段，对国民经济的供求关系进行调节和控制的管理行为。

国家的宏观经济调控行为是现代国家干预经济的基本形式，从本质上看，国家的宏观经济调控行为是国家管理经济的行为。国家通过一系列的经济调控手段，通过市场中介与市场主体渠道，加强宏观经济活动与微观经济活动的结合，保持国民经济总供求的基本平衡，促进社会公共利益的实现。

（二）宏观经济调控的主要内容

宏观经济调控行为是国家依据市场经济的一系列规律，运用调节手段和调节机制，实现资源的优化配置，为微观经济运行提供良性的宏观环境，使市场经济得到正常运行和均衡发展的过程。宏观经济调控的主要内容包括：

（1）国家合理地制定各项经济政策和措施，如制定经济和社会发展战略、方针，制定产业政策，以控制总量平衡，规划和调整产业布局；制定财政政策和货币政策，调节积累和消费之间的比例关系，实现社会总供给和社会总需求的平衡，控制货币发行，抑制通货膨胀；建立和完善适应市场经济发展的制度、收入分配制度和税收征管制度等。

(2) 国家正确运用价格、税收、信贷等经济杠杆，调节国民收入的分配和再分配，从经济利益上诱导、协调和控制社会再生产各个环节。

(3) 科学地编制各项经济计划，使经济计划建立在有充分科学根据的基础上，使其在中长期的资源配置中发挥应有的作用，以弥补完全依靠市场配置资源带来的不足。

二、宏观经济调控法

(一) 宏观经济调控法的定义

宏观经济调控法是指调控国家与相对方之间因对国家经济生活进行经济宏观调控而产生的具有经济法上的权利义务关系的法律规范的总称。宏观经济调控法主要包括以下几个方面的内容：

(1) 宏观经济调控法律关系的一方主体是国家。国家为了实现国民经济的总供给与总需求的基本平衡，促进经济结构的优化，引导国民经济持续、快速、健康发展，对国民经济总体活动进行调节和控制。

(2) 宏观经济调控法律关系的内容是国家对国民经济进行宏观调控过程中形成的权利和义务关系。国家在履行管理经济职能时，运用财政、金融、税收、法律等间接手段，在国民经济的调控过程中与宏观经济调控相对方产生的权利和义务，是宏观经济调控法律关系的内容。

(3) 宏观经济调控法律关系的客体是公共利益。宏观经济调控行为的对象大都集中在国家的物价、就业、经济增长速度以及国际收支等领域，这些领域的一个共同特征在于它们都属于公共利益，而且主要是物质上的公共利益，一般不涉及行为和精神财富，而且这种公共利益是高层级或者说是全体国民的公共利益。其目标是物价稳定、充分就业、经济适度增长和国际收支的平衡，而一般经济管理法律关系的客体往往是具体的相对人的“物质财富、行为和精神财富”上的权利和义务。

(二) 宏观经济调控法的特征

宏观经济调控法在调整宏观经济调控关系时呈现如下特征：

(1) 宏观经济调控法是一种政府干预法，其调整范围具有整体性和普遍性。宏观经济调控法的价值多体现为社会本位，国民经济的整体性和社会利益的普遍性必然成为宏观经济调控关注的目标。整体性指宏观经济调控法是对整个国民经济活动进行调整。普遍性是指宏观经济调控措施以对所有的经济主体调控为目的，而不是以干预个别具体的市场主体行为为目的。

(2) 宏观经济调控法是一种政策性法律，其调整方法具有指导性和调节性。指导性是指某些特定的法律制度所具有的指导作用，如计划指导、行业政策指导，它是通过一定的法律规定，为市场主体指明具体的行为方向和行为所能达到的范围。调节性是指某些特定的法律制度通过鼓励和抑制市场主体的行为以达到宏观经济调控的目的，如税率、利率等。

(3) 宏观经济调控法是一种综合性和中介性的法律，其调整手段具有综合性和协调性。调整手段的综合性和协调性是指宏观经济调控法在调整国民经济的运行时，不仅可适用计划、价格、税收、财政、金融等多种手段，而且这几种调控手段相互渗透、相互配合、相互作用。

（三）我国宏观经济调控法的原则

宏观经济调控法主要包括宏观经济调控职权和程序法定、维护国家宏观经济利益、宏观经济调控主体分工和协调三项基本原则。

1. 宏观经济调控职权和程序法定原则

国家或者国家授权的机关作为宏观经济调控法律关系中的一方主体，其宏观经济调控的经济职能主要是通过政府及其代表机关的行为来实现的。宏观经济调控是政府的重要经济职能，政府在行使宏观经济调控权时，如果随意超越法律规定的范围，将会造成灾难性的后果。因此，宏观经济调控权应当来源于法律上的明确授权。同时，由于现代社会政府权力容易膨胀，而法律规定的原则性越来越大，实体法规制政府行政行为的能力和效果就日渐衰弱。因此，必须通过程序对政府的行为实施动态的控制，以达到宏观经济调控权的效果。宏观经济调控是一项高度复杂的政府经济行为，本身具有很强的政策性和易变性。从经济上讲，并不适合将具体的调控内容详尽无遗地规定在法律中，而必须保持宏观经济调控行为一定的弹性，使政府可以及时和灵活地采取措施应对变幻莫测的国内外经济形势。因此，程序的完善显得更为重要。事实上，宏观经济调控的程序规定也比一般的政府管理行为严格得多。

2. 维护国家宏观经济利益原则

维护社会公共利益原则应当成为经济法的基本原则。维护社会公共利益是经济法价值之所在，也是经济管理机关和市场主体应尽的义务。维护社会公共利益原则也就必然成为规范经济管理机关和市场主体行为的经济法基本原则。这就要求，制定宏观经济政策的出发点只能是维护国家的宏观经济利益。宏观经济调控部门制定和实施宏观经济政策时应以维护国家的整体利益为目标。

3. 宏观经济调控主体分工和协调原则

平衡协调原则也是经济法的基本原则之一。这一原则在经济法中既要平衡协调个体之间的利益关系，也要平衡协调国家和个体之间的利益关系，同时也要平衡协调不同的政府部门之间的利益关系。在宏观经济调控法中，平衡协调原则主要体现为不同部门之间的分工和协调。因为，宏观经济调控采用计划、财政、货币、产业政策等手段，这些手段各有不同的作用、对象、政策工具和相对独立的目标，同时也具有相当的专业性，必须由不同的部门制定和执行。因此，宏观经济调控需要在不同的部门之间进行分工。宏观经济调控主体，主要包括政府、独立于政府的机关以及国家权力机关。分工是必须的，彼此的协调亦不可忽视。当代市场经济国家的宏观经济调控通常属于综合协调型，即政府制订计划和产业政策，并以此为依据制定和实施财政政策、货币政策等经济政策，使用各种经济调节手段调节市场主体的行为，使之符合宏观经济和社会发展的目标。

（四）我国宏观经济调控法调整的对象

宏观经济调控法律关系涉及国民经济运行的全过程，内容十分广泛，主要包括以下几类：

1. 产业关系

国家通过对产业结构、产业组织形式和产业区域布局的规划和安排，实现对国民经济建设的总体布局，是宏观经济调控的目标之一。

2. 固定资产投资关系

国家通过建造和购置固定资产的活动，国民经济不断采用先进技术装备，建立新兴部门，进一步调整经济结构和生产力的地区分布，增强经济实力，为改善人民物质文化生活创造物质条件。固定资产投资是社会固定资产再生产的主要手段，这对整个国民经济的建设具有重要意义。因此，要保持经济总量的基本平衡和国民经济的协调发展，在不影响国家重大建设项目的安排的前提下，必须控制固定资产投资规模。因此调整投资关系也是宏观经济调控法的任务之一。

3. 财政、金融关系

财政关系是国家在参与社会产品和国民收入的分配和再分配过程中与各有关方面发生的分配关系。财政作为一种以国家为主体的在全社会范围内的集中性分配与再分配的活动，同整个社会生产和再生产有着密切的联系。财政关系已从以满足政府活动的需要最初的组织收入的，发展为对国民经济运行实行调控的有力手段。政府运用预算决算、税收、国家信用、财政补贴等财政调控手段来实现宏观经济调控的目标。金融关系是与货币流通和银行信贷相联系的经济关系。国家通过调整货币发行和流通，以实现对货币和信贷资金的调控。

4. 价格关系

价格作为市场参数，是调节市场最有效的手段。市场价格的变化，既关系到生产者的利益，又关系着消费者的利益。在市场经济中，价格的波动是价格发挥调节作用的形式，但价格的大幅度波动将对经济发展和生产消费产生不利影响。如果物价大幅上升造成通货膨胀，会刺激盲目投资，重复建设，片面追求数量扩张，经济效益下降；如果物价下降造成通货紧缩，则会抑制投资，生产下降，失业率上升。在社会主义市场经济条件下，绝大多数商品和服务的价格由市场决定，但政府可以运用货币等经济手段对价格进行调节，必要时也可以采取某些行政手段（如制止乱涨价、打击价格欺诈等），以保持价格的基本稳定，避免价格的大起大落。

5. 税收关系

税收作为国家强制参与社会产品分配的主要形式，在筹集财政收入的同时，也调节了各阶层社会成员及各经济组织的经济利益。正确的个人收入分配政策，不仅是调动劳动者积极性的重要手段，而且也是控制通货膨胀的重要方式。因此，国家有目的地利用税收体现其有关的社会经济政策，通过对各种经济组织和社会成员的经济利益的调节，使他们的微观经济行为尽可能符合国家预期的社会经济发展方向，以有助于社会经济的顺利发展，从而使税收成为国家调节社会经济活动的重要经济杠杆。

6. 国际收支关系

国际收支是指一个国家或地区与其他国家或地区之间由于各种交易所引起的货币收付或以货币表示的财产的转移。国家要按照效益、公正和公开的原则，对实行数量限制的进出口商品进行管理。国家主要运用汇率、税收和信贷等经济手段调节对外经济活动，保持国际收支平衡。因此，由国家宏观经济调控措施作用产生的对外宏观经济关系，应当由宏观经济调控法来调整。

思考题

1. 我国宏观经济调控法的主要原则有哪些？
2. 简述我国宏观经济调控法调整的主要对象。

第十一章

国有资产管理法律制度

内容要点

本章主要讲述国有资产管理法的概念，国有资产产权界定制度，企业国有产权转让制度，国有资产产权登记制度，企业国有资产监督管理制度。

一、国有资产及国有资产管理法概述

（一）国有资产的概述

国有资产是指国家依法取得和认定的，或者国家以各种形式对企业投资的投资收益以及国家向行政事业单位拨款等形成的资产。国有资产的管理涉及国有资产的取得、认定、使用、管理体制等多个方面。国有资产根据其存在的属性不同可分为三类：经营性国有资产、行政事业性国有资产和资源性国有资产。

经营性国有资产是指国家投入到各类企业中，用于生产、经营、服务等活动的资本金以及其收益所形成的资产。它是国有资产最重要最活跃的组成部分，也是国有资产的收益不断增长、规模不断扩大的源泉。

行政事业性国有资产是指行政事业单位占有、使用的被法律确认为国家所有的各种经济资源的总和。包括国家拨划给行政事业单位的资产，行政事业单位按照国家法律和政策规定使用国有资产所产生的收益以及行政事业单位接受捐赠和其他经法律确认为国家所有的资产。这类国有资产不以营利为目的，主要是供行政事业单位实现其行政、社会职能使用。

资源性国有资产是指具有开发价值的国家所有的自然资源，包括土地、矿藏、河流、森林、山岭、草原、滩涂、海洋等。

本章重点讲述经营性的国有资产和行政事业性的国有资产。

（二）国有资产管理法的概述

国有资产管理法是指调整在管理国有资产过程中发生的经济关系的法律的总称。国有资产管理关系一般体现为国家在对国有资产进行管理过程中的经济关系和行政关系。国有资产管理法律制度包括国有资产管理和经营管理体制、国有资产收益和处分法律制度、国有资产清产核资法律制度、国有资产产权界定法律制度、国有资产产权登记法律制度、国有资产评估法律制度、国有资产统计法律制度、国有资产流失查处法律制度等。我们重点介绍国有资产产权界定、产权登记、产权评估、产权交易和监督管理等方面的法律制度。

二、国有资产产权界定制度

国有资产产权界定涉及国有资产所有者和其他产权主体的合法权益的维护。国有资产产权的界定制度，既是一项经济制度，也是一项法律制度。我国先后颁布的有关国有资产产权界定的法律法规主要有：《国有资产产权界定和产权纠纷处理暂行办法》、《城镇集体所有制企业、单位清产核资产权界定暂行办法》、《劳动就业服务企业产权界定规定》、《企业国有产权纠纷调处工作规则》等。

（一）国有资产产权界定的概念

国有资产产权界定是指国家依法划分财产所有权和经营权、使用权等产权归属，明确各类产权主体行使权利的财产范围及管理权限的一种法律行为，即国家对全部或部分占用国有资产的全民所有制单位与其他所有制单位之间以及全民所有制单位之间的国有资产产权进行的界定。

产权界定应遵循“谁投资、谁拥有产权”的原则进行。在界定过程中，既要维护国有资产所有者及经营使用者的合法权益，又不得侵犯其他财产所有者的合法权益。

（二）国有资产所有权界定

中华人民共和国是国有资产所有权的唯一主体，国务院代表国家行使国有资产的所有权。国家对国有资产实行分级分工管理，国有资产分级分工管理主体的区分和变动不是国有资产所有权的分割和转移。国家机关及其所属事业单位占有、使用的资产以及政党、人民团体中由国家拨款等形成的资产，界定为国有资产。

1．国家机关、事业单位、党政团体的国有资产的产权界定

中央和地方国家权力机关、行政机关、司法机关、国家军事机关及其所属部门占有、使用的资产全部属于国有资产；国家机关及国有企业单位创办的或者所属的事业单位，其占有、使用的资产全部属于国有资产；非国家机关及国有企业单位创办的事业单位，由国家投入的资产归国家所有；政党和人民团体占有、使用的由国家拨款等形成的资产归国家所有。

2．全民所有制企业中的产权界定

全民所有制企业即国有企业，其资产不论是国家直接投入的，还是企业通过生产经营活动取得的，均归国家所有。具体的界定办法是：

第一，有权代表国家投资的部门和机构以货币、实物和所有权属于国家的土地使用权、知识产权等向企业投资形成的国家资本金，界定为国有资产。

第二，全民所有制企业运用国家资本金及在经营中借入的资金等所形成的税后利

润，经国家批准留给企业作为增加投资的部分以及从税后利润中提取的盈余公积金、公益金和分配利润等，界定为国有资产。

第三，由全民所有制企业和行政事业单位担保，完全用从国内外借入的资金投资创办的或完全由其他单位借款创办的全民所有制企业，其收益积累的净资产，界定为国有资产。

第四，全民所有制企业接受馈赠形成的资产，界定为国有资产。

第五，在实行《企业财务通则》、《企业会计准则》以前，全民所有制企业从留利中提取的职工福利基金、职工奖励基金和《企业财务通则》、《企业会计准则》实行后用公益金购建的集体福利设施而相应增加的所有者权益，界定为国有资产。

第六，全民所有制企业中党、团、工会组织等占用的企业的财产，不包括以个人缴纳党费、团费、会费以及按国家规定由企业拨付的活动经费等结余购建的资产，界定为国有资产。

3. 集体所有制企业中国有资产所有权界定

集体所有制企业是指以生产资料的劳动群众集体所有制为基础的、独立的商品经济组织。集体所有制企业包括城镇和乡村劳动群众集体所有制企业。集体所有制企业的资产构成体系较为复杂，有政府出资的，有国有企业投资的，也有劳动群众集体自己投资的。集体所有制企业中国有资产所有权具体的界定办法是：

第一，全民单位以货币、实物和所有权属于国家的土地使用权、知识产权等独资（包括几个全民单位合资）创办的以集体所有制名义注册登记的企业单位，其资产所有权界定按照全民所有制企业中产权界定的办法处理。但依国家法律、法规规定或协议约定并经国有资产管理部门认定的属于无偿资助的除外。

第二，全民单位用国有资产在非全民单位独资创办的集体企业中的投资以及按照投资份额应取得的资产收益留给集体企业发展生产的资本金及其权益，界定为国有资产。

第三，集体企业依据国家规定享受税前还贷形成的资产，其中属于国家税收应收而未收的税款部分，界定为国有资产；集体企业依据国家规定享受减免税形成的资产，其中列为“国家扶持基金”等投资性的减免税部分界定为国有资产。

第四，集体企业和合作社无偿占用国有土地的，应由国有资产管理部门会同土地管理部门核定其占用土地的面积和价值量，并依法收取土地占用费。集体企业和合作社改组为股份制企业时，国有土地折价部分，形成的国家股份或其他所有者权益，界定为国有资产。

第五，供销、手工业、信用等合作社中由国家拨入的资本金（含资金或者实物）界定为国有资产，经国有资产管理部门会同有关部门核定数额后，继续留给合作社使用，由国家收取资产占用费。上述国有资产的增值部分由于历史原因无法核定的，可以不再追溯产权。

第六，集体企业使用银行贷款、国家借款等借贷资金形成的资产，全民单位只提供担保的，不界定为国有资产；但履行了连带责任的，全民单位应予追索清偿或经协商转为投资。

4. 中外合资经营企业、中外合作经营企业中国有资产所有权界定

中外合资经营企业、中外合作经营企业的资产有一部分属于中方合资或者合作者，中方合资或者合作者的资产中就存在国有资产。对中外合资经营企业、中外合作经营企业中国有资产所有权界定的办法有：

第一，中方以国有资产出资投入的资本总额包括现金、厂房建筑物、机器设备、场地使用权、无形资产等形成的资产，界定为国有资产。

第二，企业注册资本增加，按双方协议，中方以分得的利润向企业再投资或优先购买另一方股份的投资活动中所形成的资产，界定为国有资产。

第三，可分配利润及从税后利润中提取的各项基金中中方按投资比例所占的相应份额，不包括已提取用于职工奖励、福利等分配给个人消费的基金，界定为国有资产。

第四，中方职工的工资差额以及企业根据中国法律和有关规定按中方工资总额一定比例提取的中方职工的住房补贴基金，界定为国有资产。

第五，企业清算或完全解散时，馈赠或无偿留给中方继续使用的各项资产，界定为国有资产。

5. 股份制企业、联营企业中国有资产所有权界定

股份制企业是指两个或两个以上的利益主体，以集股经营的方式自愿结合的一种企业组织形式。它是适应社会化大生产和市场经济发展需要，实现所有权与经营权相对分离，有利于强化企业经营管理职能的一种企业组织形式。联营企业是指两个及两个以上相同或不同所有制性质的企业法人或事业单位法人，按自愿、平等、互利的原则，共同投资组成的经济组织。联营企业包括国有联营企业、集体联营企业、国有与集体联营企业和其他联营企业。股份制企业、联营企业中国有资产所有权依下列办法界定：

第一，国家机关或其授权单位向股份制企业投资形成的股份，包括现有已投入企业的国有资产折成的股份，构成股份制企业中的国家股，界定为国有资产。

第二，全民所有制企业向股份制企业投资形成的股份，构成国有法人股，界定为国有资产。

第三，股份制企业公积金、公益金中，全民单位按照投资应占有的份额以及股份制企业未分配利润中，全民单位按照投资比例所占的相应份额，界定为国有资产。

第四，联营企业中国有资产所有权界定参照股份制企业中国有资产所有权界定办法办理。

（三）全民单位之间产权界定

全民单位又称全民所有制单位，其财产的所有权属于国家所有，但全民所有制单位的财产有不同的全民所有制单位主体占有、使用的财产。因此，必须明确和确认与不同全民所有制单位之间对国家所有财产的占有、使用、收益相关的权利和义务。

全民所有制单位之间的产权界定应坚持分级分工管理、依法调拨、谁投资谁拥有产权和政企分开等原则。

（1）对全民单位由于历史原因或管理问题造成的有关房屋产权和土地使用权关系不清或有争议的，依下列办法处理：

①全民单位租用房产管理部门的房产，因各种历史原因全民单位实际上长期占用，

并进行过多次投入、改造或翻新，房产结构和面积发生较大变化的，可由双方协商共同拥有产权。

②数家全民单位共同出资或由上级主管部门集资修建的职工宿舍、办公楼等，应在核定各自出资份额的基础上，由出资单位按份共有或共同共有其产权。

③对有关全民单位已办理征用手续的土地，但被另一些单位或个人占用，应由原征用土地一方进行产权登记，办理相应法律手续。已被其他单位或个人占用的，按规定实行有偿使用。

④全民单位按国家规定以优惠价向职工个人出售住房，凡由于分期付款，或者在产权限制期内，或者由于保留溢值分配权等原因，产权没有完全让渡到个人之前，全民单位的这部分房产应视为共有财产。

(2) 对电力、邮电、铁路和城市市政公用事业等部门，按国家规定由行业统一经营管理，可由国有资产管理部门委托行业主管部门根据历史因素及其行业管理特点，对使用单位投入资金形成的资产，依下列办法处理：

①使用单位投入资金形成的资产交付这些行业进行统一管理，凡已办理资产划转手续的，均作为管理单位法人资产；凡没有办理资产划转手续的，可根据使用单位与管理单位双方自愿的原则，协商办理资产划转手续或资产代管手续。

②对使用单位投入资金形成的资产，未交付这些行业统一管理而归使用单位自己管理的，产权由使用单位拥有。

③对由电力部门代管的农电资产，凡已按规定办理有关手续，并经过多次更新改造，技术等级已发生变化的，均作为电力企业法人资产。

④凡属于上述部门的企业代管其他企业、单位的各项资产，在产权界定或者清产核资过程中找不到有关单位协商或办理手续的，经通告在一定期限后，可以视为无主资产，归国家所有，其产权归代管企业。

⑤对于地方政府以征收的电力建设资金或集资、筹资等用于电力建设形成的资产，凡属于直接投资实行按资分利的，在产权界定中均按投资比例划分投入资本份额；属于有偿使用，已经或者将要还本付息的，其产权划归电力企业。

(四) 产权纠纷处理程序

1. 全民所有制单位之间产权纠纷处理程序

(1) 调解和裁定程序。全民所有制单位之间因对国有资产的经营权、使用权等发生争议而产生的纠纷，应在维护国有资产权益的前提下，由当事人协商解决，协商不能解决的，应向同级或共同上一级国有资产管理部门申请调解和裁定，必要时报有权管辖的人民政府裁定，国务院拥有最终裁定权。

(2) 复议程序。全民单位对国有资产管理部门的裁定不服的，可以在收到裁定书之日起 15 日内，向上一级国有资产管理部门申请复议，上一级国有资产管理部门应当自收到复议申请之日起 60 日内作出复议决定。

(3) 司法程序。因政府及其所属主管部门在对企业国有资产调整、划转过程中引起相关国有企业之间的纠纷的，应由政府或所属国有资产管理部门处理。国有企业作为当事人向人民法院提起民事诉讼的，人民法院不予受理。当事人不服政府及其所属主管部门依据有关行政法规作出的调整、划转企业国有资产决定的，可向人民法院提起行政诉讼，凡符合法定起诉条件的，人民法院应当受理。

2. 全民所有制单位与其他经济成分之间产权纠纷处理程序

全民所有制单位与其他经济成分之间发生的产权纠纷，由全民单位提出处理意见，经同级国有资产管理部门同意后，与对方当事人协商解决。协商不能解决的，依司法程序处理。

三、企业国有产权转让制度

（一）企业国有产权转让的概念

企业国有产权是指国家对企业以各种形式投入形成的权益，国有及国有控股企业各种投资所形成的应享有的权益以及依法认定为国家所有的其他权益。企业国有产权转让是指国有资产监督管理机构和持有国有资本的企业（统称转让方）通过拍卖、招投标、协议转让或其他方式有偿转让给境内外法人、自然人或者其他组织（统称受让方）的行为。

为了规范企业国有产权的转让，国务院及相关部委先后发布了一系列法规，如国有资产管理委员会和财政部 2003 年联合发布的《企业国有产权转让管理暂行办法》、2005 年联合发布的《企业国有产权向管理层转让暂行规定》、2006 年联合发布的《关于企业国有产权转让有关事项的通知》等。这些行政法规对企业国有产权转让的审批权限、转让程序等方面作出了明确的规定。

企业国有产权转让应当遵守国家法律、行政法规和政策规定，有利于国有经济布局和结构的战略性调整，从而促进国有资本优化配置；有利于坚持公开、公平、公正的原则，保护国家和其他各方合法权益。

（二）企业国有产权转让的方式、场所

根据《企业国有产权转让管理暂行办法》的规定，企业国有产权转让可以采取拍卖、招投标、协议转让以及国家法律、行政法规规定的其他方式进行。对于国民经济关键行业、领域的结构调整中对受让方有特殊要求，或者所出资企业内部资产重组中确需采取直接协议转让的，相关批准机构要进行认真审核和监控。

企业国有产权转让应当在依法设立的产权交易机构中公开进行，不受地区、行业、出资或者隶属关系的限制。国家法律、行政法规另有规定的，从其规定。企业国有产权转让应不断提高进场交易比例，严格控制场外协议转让。

企业国有产权转让可按以下基本条件选择产权交易机构：遵守国家有关法律、行政法规、规章以及企业国有产权交易的政策规定；履行产权交易机构的职责，严格审查企业国有产权交易主体的资格和条件；按照国家有关规定公开披露产权交易信息，并能够定期向国有资产监督管理机构报告企业国有产权交易情况；具备相应的交易场所、信息发布渠道和专业人员，能够满足企业国有产权交易活动的需要；产权交易操作规范，连续 3 年没有将企业国有产权拆细后连续交易行为以及其他违法、违规记录。

（三）企业国有产权转让的监督管理

1. 国有资产监督管理机构对企业国有产权转让的监管职责

国有资产监督管理机构对企业国有产权转让的监管职责主要有：按照国家有关法律、行政法规的规定，制定企业国有产权交易监管制度和办法；决定或者批准所出资企业的国有产权转让事项，研究、审议重大产权转让事项并报本级人民政府批准；选择确定从事企业国有产权交易活动的产权交易机构；负责企业国有产权交易情况的监督检查工作；负责企业国有产权转让信息的收集、汇总、分析和上报工作；履行本级政府赋予的其他监管职责。

2. 所出资企业对企业国有产权转让的职责

所出资企业是指国务院、省、自治区、直辖市人民政府，设区的市、自治州级人民政府授权国有资产监督管理机构履行出资人职责的企业。

出资企业对企业国有产权转让的职责主要有：按照国家有关规定，制定所属企业的国有产权转让管理办法，并报国有资产监督管理机构备案；研究企业国有产权转让行为是否有利于提高企业的核心竞争力，促进企业的持续发展，维护社会的稳定；研究、审议重要子企业的重大国有产权转让事项，决定其他子企业的国有产权转让事项；向国有资产监督管理机构报告有关国有产权转让情况。

（四）企业国有产权转让的程序

1. 企业决议

企业国有产权转让应当做好可行性研究，按照内部决策程序进行审议，并形成书面决议。

2. 清产核资

企业国有产权转让事项经批准或者决定后，转让方应当组织转让标的企业按照有关规定开展清产核资，根据清产核资结果编制资产负债表和资产移交清册，并委托会计师事务所实施全面审计。资产损失的认定与核销，应当按照国家有关规定办理。

3. 征集受让方

转让方应当将产权转让公告委托产权交易机构刊登在省级以上公开发行的经济或者金融类报刊和产权交易机构的网站上，公开披露有关企业国有产权转让的信息。产权转让公告期为 20 个工作日，广泛征集受让方。征集的受让方一般应当具备下列条件：①具有良好的财务状况和支付能力；②具有良好的商业信用；③受让方为自然人的，应当具有完全民事行为能力；④国家法律、行政法规规定的其他条件。

经公开征集产生两个以上受让方时，转让方应当与产权交易机构协商，根据转让标的的具体情况采取拍卖或者招投标方式组织实施产权交易。经公开征集只产生一个受让方或者按照有关规定经国有资产监督管理机构批准的，可以采取协议转让的方式。

4. 转让合同

企业国有产权转让合同应当包括的主要内容有：①转让与受让双方的名称与住所；②转让标的企业国有产权的基本情况；③转让标的企业涉及的职工安置方案；④转让标的企业涉及的债权债务处理方案；⑤转让方式、转让价格、价款支付时间和方式及付款条件；⑥产权交割事项；⑦转让涉及的有关税费负担；⑧合同争议的解决方式；⑨合同各方的违约责任；⑩合同变更和解除的条件；⑪转让和受让双方认为必要的其他条款。

5. 转让价格

企业国有产权转让的全部价款，受让方应当按照产权转让合同的约定支付。企业国有产权转让价格应当以资产评估结果为参考依据，在产权交易市场中公开竞价形成，产权交易机构应按照有利于竞争的原则积极探索新的竞价交易方式。转让企业国有产权的首次挂牌价格不得低于经核准或备案的资产评估结果。经公开征集没有产生意向受让方的，转让方可以根据标的企业情况确定新的挂牌价格并重新公告。如拟确定新的挂牌价格低于资产评估结果的90%，应当获得相关产权转让批准机构书面同意。对经公开征集只产生一个意向受让方而采取协议转让的，转让价格应按本次挂牌价格确定。

企业国有产权转让中涉及的职工安置、社会保险等有关费用，不得在评估作价之前从拟转让的国有净资产中先行扣除，也不得从转让价款中进行抵扣。在产权交易市场中公开形成的企业国有产权转让价格，不得以任何付款方式为条件进行打折、优惠。

6. 转让价款的支付方式和转让收入的处理

转让价款原则上应当一次付清。如金额较大、一次付清确有困难的，可以采取分期付款的方式。采取分期付款方式的，受让方首期付款不得低于总价款的30%，并在合同生效之日起5个工作日内支付。其余款项应当提供合法的担保，并应当按同期银行贷款利率向转让方支付延期付款期间的利息，付款期限不得超过1年。

转让企业国有产权涉及国有划拨土地使用权转让和由国家出资形成的探矿权、采矿权转让的，应当按照国家有关规定另行办理相关手续。

转让企业国有产权导致转让方不再拥有控股地位的，应当按照有关政策规定处理好与职工的劳动关系，解决转让标的企业拖欠的职工工资、欠缴的各项社会保险费以及其他有关费用，并做好企业职工各项社会保险关系的接续工作。

转让企业国有产权取得的净收益，按照国家有关规定处理。企业国有产权转让成交后，转让和受让双方应当凭产权交易机构出具的产权交易凭证，按照国家有关规定及时办理相关产权登记手续。

四、国有资产产权登记制度

企业国有资产产权登记是指国有资产管理部门代表政府对占有国有资产的各类企业的资产、负债、所有者权益等产权状况进行登记，依法确认产权归属关系的行为。根据我国《企业国有资产产权登记管理办法》和《企业国有资产产权登记业务办理规则》的规定，国有企业、国有独资公司、持有国家股权的单位以及以其他形式占有国有资产的企业，应当依照规定办理产权登记。企业产权归属关系不清楚或者发生产权纠纷的，可以申请暂缓办理产权登记。企业应当在经批准的暂缓办理产权登记期限内，将产权界定清楚、产权纠纷处理完毕，并及时办理产权登记。产权登记分为占有产权登记、变动产权登记和注销产权登记。

（一）登记机关

产权登记机关是各级国有资产监督管理机构，上级产权登记机关指导、监督下级产权登记机关的产权登记工作。各级国有资产监督管理机构负责本级政府所出资企业及其各级子企业的产权登记工作。未设立国有资产监督管理机构的，由本级政府指定的部门或机构负责产权登记工作。国有资产管理部门根据工作需要，可以按照产权归属关系委托政府有关部门或者机构办理产权登记。产权登记机关核准企业占有登记后，向企业发放产权登记证，所出资企业可将产权登记机关核准后的企业国有资产占有产权登记表留存备案。

（二）登记主体

根据《企业国有资产监督管理暂行条例》和《企业国有资产产权登记管理办法》的有关规定，下列已取得或申请取得法人资格的各级人民政府履行出资人职责的企业，应当按规定申办企业国有资产产权登记：国有企业、国有独资公司、设置国有股权的有限责任公司和股份有限公司；国有企业、国有独资公司投资设立的企业；以其他形式占有国有资产的企业。有关部门所属未脱钩企业和事业单位及社会团体所投资企业的产权登记工作，由同级国有资产监督管理机构组织实施。

（三）登记程序

企业申办产权登记，应当按规定填写相应的产权登记表，并向产权登记机关提交有关文件资料。产权登记机关对企业产权登记申报文件资料齐全的予以受理，并对企业填报的产权登记表内容是否真实可靠和企业提交的相关文件资料是否符合国家有关规定进行审核。审核符合规定的，应当在受理后10个工作日内对企业申报的产权登记作出准予登记或不予登记的决定。

（四）占有产权登记

1. 占有产权登记的主要内容

占有产权登记的主要内容有：出资人名称、住所、出资金额及法定代表人；企业名称、住所及法定代表人；企业的资产、负债及所有者权益；企业实收资本、国有资本；企业投资情况；国务院国有资产管理部门规定的其他事项。

2. 占有产权登记所需文件和资料

已取得法人资格的企业应当通过所出资企业向产权登记机关申办占有产权登记，并提交下列文件和资料：①企业国有资产占有产权登记表；②批准设立企业的文件；③企业章程和企业法人营业执照副本复印件和最近一次的验资报告；④国有资产监督管理机构审核批复的或经注册会计师审计的企业上一年度财务会计报告；⑤出资人为企业法人单位的应该提交企业法人营业执照副本复印件，其中国有资本出资人还应当提交产权登记证和产权登记机关要求的其他文件和资料。

申请取得法人资格的企业应当于办理工商注册登记前30日内通过所出资企业申办占有产权登记，并提交下列文件和资料：企业国有资产占有产权登记表；批准设立企业的文件；企业章程和企业名称预先核准通知书；出资人为企业法人单位的应该提交企业法人营业执照副本复印件、国有资产监督管理机构审核批复的或经注册会计师审计的企业上一年度财务会计报告，其中国有资本出资人还应当提交产权登记证；经注册会计师审核的验资报告，其中以非货币性资产投资的还应当提交资产评估报告的核准或备案文件；产权登记机关要求的其他文件和资料。

3. 占有产权登记内容

占有产权登记的主要内容有：出资人名称、住所、出资金额及法定代表人；企业名称、住所及法定代表人；企业的资产、负债及所有者权益；企业实收资本、国有资本；企业投资情况；国务院国有资产管理部门规定的其他事项。

（五）变动产权登记

1. 办理变动产权登记的情形

企业发生下列变动情形之一的，应当自变动之日起 30 日内办理变动产权登记：企业名称、住所或者法定代表人改变的；国有资本占企业实收资本比例发生变化的；企业分立、合并或者改变经营形式的；有国务院国有资产管理部门规定的其他变动情形的。

2. 变动产权登记的期限

企业名称改变的，应当于工商行政管理部门核准变动登记后 30 日内，向原产权登记机关申办变动产权登记。企业组织形式、级次发生变动的，或者企业国有资本额发生增减变动的，企业国有资本出资人发生变动的等，应当自企业出资人或者有关部门批准、企业股东大会或者董事会作出决定之日起 30 日内，向工商行政管理部门申请变更登记前，向原产权登记机关申办变动产权登记。

3. 变动产权登记所需文件和资料

企业申办变动产权登记，应当提交下列文件和资料：企业国有资产产权登记证；企业国有资产变动产权登记表；批准产权变动行为的文件；修改后的企业章程和企业法人营业执照副本复印件；经注册会计师审计的产权变动时的验资报告，其中以非货币性资产投资的应当提交评估报告的核准文件或备案表；企业国有资本出资人发生变动的，提交新加入的出资人的企业法人营业执照副本复印件，其中国有资本出资人还应当提交产权登记证；通过产权交易机构转让国有资产产权的，提交产权交易机构出具的转让国有资产产权的交易凭证；产权登记机关要求的其他文件和资料。

产权登记机关核准企业变动产权登记后，办理企业产权登记证变更手续，所出资企业可将产权登记机关核准后的企业国有资产产权变动登记表留存备案。

（六）注销产权登记

1. 办理注销产权登记的情形

企业发生下列情形之一的，应当自该情形发生之日起 30 日内办理注销产权登记：①企业解散、被依法撤销或者被依法宣告破产的；②企业转让全部产权或者企业被划转的；③企业改制后不再设置国有股权的；④有国务院国有资产管理部门规定的其他需要注销国有资产产权的情形。

2. 办理注销产权登记期限

企业解散的，应当自出资人的所出资企业或上级单位批准之日起 30 日内，由所出资企业向原产权登记机关申办注销产权登记。

企业被依法撤销的，应当自政府有关部门决定之日起 30 日内由所出资企业向原产权登记机关申办注销产权登记。

企业被依法宣告破产的，应当自法院裁定之日起60日内由企业破产清算机构向原产权登记机关申办注销产权登记。

企业转让全部国有资产产权（股权）或改制后不再设置国有股权的，应当自出资人的所出资企业或上级单位批准后30日内由所出资企业向原产权登记机关申办注销产权登记。

所出资企业发生上述情形的，由其出资人代表办理注销产权登记手续。

3. *注销产权登记所需文件和资料*

企业申办注销产权登记，应当提交的文件和资料有：企业国有资产产权登记证；企业国有资产注销产权登记表；批准产权注销行为的文件或法院宣告企业破产的裁决书；企业清算报告或资产评估报告的核准文件或备案表；产权登记机关要求的其他文件和资料。

产权登记机关核准企业注销产权登记后，收回产权登记证并注销，所出资企业可将经核准后的企业国有资产注销产权登记表留存备案。

五、国有资产评估制度

国有资产评估是指国有资产评估机构按国家规定的标准、程序和方法对国有资产进行评定估算。国有资产评估必须按照国家统一的规定进行。目前，我国关于国有资产评估的规定主要有：1991年国务院发布的《国有资产评估管理办法》和1992年原国有资产管理局发布的《国有资产评估管理办法施行细则》，对国有资产评估的原则、对象、范围、组织管理、评估程序、评估方法和法律责任等问题作出了规定；2001年财政部下发的《关于改革国有资产评估行政管理方式加强资产评估监督管理工作的意见》取消了政府部门对国有资产评估项目的立项确认审批制度，实行核准制和备案制；此后，财政部又先后发布了《国有资产评估项目核准管理办法》、《国有资产评估项目备案管理办法》、《国有资产评估管理若干问题的规定》、《国有资产评估项目抽查办法》、《国有资产评估违法行为处理办法》和《国有资产评估机构审批管理办法》等相关规定；2005年国务院国有资产监督管理委员会发布的《企业国有资产评估管理暂行办法》规范了企业国有资产评估行为，维护了国有资产出资人合法权益，促进了企业国有产权有序流转。

国有资产评估应当遵循真实性、科学性、可行性原则，依照国家规定的标准、程序和方法进行评定和估算。

（一）国有资产评估的种类

依据《国有资产评估管理办法》相关规定，国有资产评估可以分为法定评估和自愿评估两大类。

（1）法定评估是指国有资产占有单位基于法律的规定对国有资产所进行的评估。

国有资产占有单位有下列情形之一的，应当进行资产评估：①资产拍卖、转让；②企业兼并、出售、联营、股份经营；③与外国公司、企业和其他经济组织或者个人开办中外合资经营企业或者中外合作经营企业；④企业清算；⑤依照国家有关规定需要进行资产评估的其他情形。

(2) 自愿评估是指国有资产占有单位在法定评估的情形之外，根据实际需要所进行的国有资产评估。

占有单位有下列情形之一，当事人认为需要的，可以进行资产评估：①资产抵押及其他担保；②企业租赁；③需要进行资产评估的其他情形。

但存在以下行为的必须进行资产评估：①企业整体资产的租赁；②国有资产租赁给外商或非国营单位；③国家行政事业单位占有的非经营性资产转为经营性资产；④国有资产管理行政主管部门认为应当评估的其他情形。

（二）国有资产评估的对象和范围

国有资产评估的对象是指国有资产占有单位所占有的国有资产。国有资产占有单位主要包括国家机关、军队、社会团体及其他占有国有资产的社会组织，国有企业、事业单位，各种形式的国内联营和股份经营单位，中外合资、合作经营企业，占有国有资产的集体所有制单位，其他占有国有资产的单位。

国有资产评估范围包括：固定资产、流动资产、无形资产和其他资产。

根据《企业国有资产评估管理暂行办法》的规定，企业有下列行为之一的，应当对相关资产进行评估：①整体或者部分改建为有限责任公司或者股份有限公司；②以非货币资产对外投资；③合并、分立、破产、解散；④非上市公司国有股东股权比例变动；⑤产权转让；⑥资产转让、置换；⑦整体资产或者部分资产租赁给非国有单位；⑧以非货币资产偿还债务；⑨资产涉讼；⑩收购非国有单位的资产；⑪接受非国有单位以非货币资产出资；⑫接受非国有单位以非货币资产抵债；⑬法律、行政法规规定的其他需要进行资产评估的事项。

经各级人民政府或其国有资产监督管理机构批准，对企业整体或者部分资产实施无偿划转以及国有独资企业与其下属独资企业（事业单位）之间或其下属独资企业（事业单位）之间的合并、资产（产权）置换和无偿划转，可以不对相关国有资产进行评估。

国有资产占有单位的其他经济行为，当事人认为需要的，可以进行资产评估。

（三）国有资产评估程序

国有资产评估按照申请立项、资产清查、评定估算、验证确认程序进行。

1. 申请立项

依照规定进行资产评估的占有单位，经其主管部门审查同意后，应当向同级国有资产管理行政主管部门提交资产评估立项申请书，并附财产目录和有关会计报表等资料。经国有资产管理行政主管部门授权或者委托，占有单位的主管部门可以审批资产评估立项申请。国有资产管理行政主管部门应当自收到资产评估立项申请书之日起 10 日内进行审核，并作出是否准予资产评估立项的决定，通知申请单位及其主管部门。国务院决定对全国或者特定行业进行国有资产评估的，视为已经准予资产评估立项。

2. 资产清查

受占有单位委托的资产评估机构应当在对委托单位的资产、债权债务进行全面清查的基础上，核实资产账面与实际是否相符，经营成果是否真实，据以作出鉴定。资产评估机构对委托评估的资产，在核实的基础上，根据不同的评估目的和对象，依照国家的法律法规和政策规定，考虑影响资产价值的各种因素，运用科学的评估方法，选择适当的评估参数，独立、公正、合理地评估出资产的价值。

3. 评定估算

受占有单位委托的资产评估机构应当根据规定，对委托单位被评估的资产的价值进行评定和估算，并向委托单位提出资产评估结果报告书。委托单位收到资产评估机构的资产评估结果报告书后，应当报其主管部门审查。主管部门审查同意后，报同级国有资产管理行政主管部门确认资产评估结果。经国有资产管理行政主管部门授权或者委托，占有单位的主管部门可以确认资产评估结果。

4. 验证确认

国有资产管理行政主管部门应当自收到占有单位报送的资产评估结果报告书之日起45日内组织审核、验证、协商，确认资产评估结果，并下达确认通知书。占有单位对确认通知书有异议的，可以自收到通知书之日起15日内向上一级国有资产管理行政主管部门申请复核。上一级国有资产管理行政主管部门应当自收到复核申请之日起30日内作出裁定，并下达裁定通知书。占有单位收到确认通知书或者裁定通知书后，应当根据国家有关财务、会计制度进行账务处理。

(四) 国有资产评估方法

国有资产重估价值，根据资产原值、净值、新旧程度、重置成本、获利能力等因素和法律法规规定的资产评估方法评定。国有资产评估方法包括：收益现值法、重置成本法、现行市价法、清算价格法以及国务院国有资产管理行政主管部门规定的其他评估方法。

1. 收益现值法

收益现值法是将评估对象剩余寿命期间每年（或每月）的预期收益，用适当的折现率折现，累加得出评估基准日的现值，以此估算资产价值的方法。用收益现值法进行资产评估的，应当根据被评估资产合理的预期获利能力和适当的折现率，计算出资产的现值，并以此评定重估价值。

2. 重置成本法

重置成本法是将现时条件下被评估资产全新状态的重置成本减去该项资产的实体性贬值、功能性贬值和经济性贬值，估算资产价值的方法。实体性贬值是由于使用磨损和自然损耗造成的贬值；功能性贬值是由于技术相对落后造成的贬值；经济性贬值是由于外部经济环境变化引起的贬值。用重置成本法进行资产评估的，应当根据该项资产在全新情况下的重置成本，减去按重置成本计算的已使用年限的累积折旧额，考虑资产功能变化、成新率等因素，评定重估价值，或者根据资产的使用期限，考虑资产功能变化等因素重新确定成新率，评定重估价值。

3. 现行市价法

现行市价法是通过市场调查，选择一个或几个与评估对象相同或类似的资产作为比较对象，分析比较对象的成交价格和交易条件，进行对比调整，估算出资产价值的方法。用现行市价法进行资产评估的，应当参照相同或者类似资产的市场价格，评定重估价值。

4．清算价格法

清算价格法是指依照相关规定，对经人民法院宣告破产的企业的资产评估。评估时应当根据企业清算时其资产可变现的价值，评定重估价值。

5．其他方法

根据有关规定惯例，对流动资产中的原材料、在制品、协作件、库存商品、低值易耗品等存货资产进行评估时，可根据该项资产的现行市场价格、计划价格，考虑购置费用、产品完工程度、损耗等因素，评定重估价值；对有价证券的评估，可参照市场价格评定重估价值，没有市场价格的，可考虑票面价值、预期收益等因素，评定重估价值；对无形资产的评估，应区别情况分别评定：①外购的无形资产，根据购入成本及该项资产具有的获利能力评定价值；②自创或自身拥有的无形资产，根据其形成时的实际成本及该项资产的获利能力，评定价值；③自创或自身拥有的未单独计算成本的无形资产，根据该项资产具有的获利能力评定估算。

（五）法律责任

1．国有资产占有单位违反规定的法律责任

国有资产占有单位违反《国有资产评估管理办法》的规定，向评估机构提供虚假情况和资料，或者与评估机构串通作弊，致使评估结果失实的，国有资产管理行政主管部门可以宣布评估结果无效，并根据情节轻重，给予通报批评、限期改正、罚款等行政处罚。

占有单位有应当进行资产评估而未进行评估的，应当办理核准、备案手续而未办理的行为的，由国有资产管理部门责令改正并通报批评。

占有单位聘请不符合资质条件的评估机构从事国有资产评估活动的，由国有资产管理部门责令改正并通报批评，还可宣布原评估结果无效。

2．评估机构违反规定的法律责任

评估机构作弊或者玩忽职守，致使评估结果失实的，国有资产管理行政主管部门可宣布评估结果无效，并可根据情节轻重，对该资产评估机构给予警告、停业整顿、吊销国有资产评估资格证书等处罚。

资产评估机构与委托人或被评估单位串通作弊，故意出具虚假报告的，没收违法所得，处以违法所得1倍以上5倍以下的罚款，并予以暂停执业；给利害关系人造成重大经济损失或者产生恶劣社会影响的，吊销资产评估资格证书。

资产评估机构因过失出具有重大遗漏的报告的，责令改正。情节较重的，处以所得收入1倍以上3倍以下的罚款，并予以暂停执业。

资产评估机构有下列情形之一的，责令改正，并予以警告：①冒用其他机构名义或者允许其他机构以本机构名义执行评估业务的；②向委托人或者被评估单位索取、收受业务约定书以外的酬金或者其他财物，或者利用职务之便牟取其他不正当利益的；③对其能力进行虚假广告宣传的；④向有关单位和个人支付回扣或者介绍费的；⑤对委托人、被评估单位或者其他单位和个人进行胁迫、欺诈、利诱的；⑥恶意降低收费的；

⑦与委托人或被评估单位存在利害关系应当回避而没有回避的。

资产评估机构泄漏委托人或被评估单位商业秘密的，不按照执业准则、职业道德准则的要求执业的，予以警告。

被处罚的单位和个人对处罚决定不服的，可以在收到处罚通知之日起15日内，向上一级国有资产行政主管部门申请复议。上一级国有资产行政主管部门应当自收到复议申请之日起60日内作出复议决定。申请人对复议决定不服的，可以自收到复议通知之日起15日内向人民法院起诉。

3. 主管部门违反规定的法律责任

国有资产行政管理部门或者行业主管部门的工作人员违反《国有资产评估管理办法》的规定，以权谋私或者玩忽职守，造成国有资产损失的，由国有资产行政主管部门或者行业主管部门按照干部管理权限，给予行政处分，并可处以相当于其本人3个月基本工资以下的罚款。情节严重，构成犯罪的，由司法机关依法追究刑事责任。

六、企业国有资产监督管理制度

为建立适应社会主义市场经济需要的国有资产监督管理体制，进一步搞好国有企业，推动国有经济布局和结构的战略性调整，发展和壮大国有经济，实现国有资产保值增值，国家制定了国有资产监督管理制度。主要包括2003年国务院发布的《企业国有资产监督管理暂行条例》、国务院国有资产监督管理委员会和财政部于2005年和2006年联合发布的《企业国有产权向管理层转让暂行规定》和《关于企业国有产权转让有关事项的通知》。

（一）企业国有资产监督管理概述

企业国有资产是指国家对企业各种形式的投资和投资所形成的权益以及依法认定为国家所有的其他权益。企业国有资产属于国家所有。国家实行由国务院和地方人民政府分别代表国家履行出资人职责，享有所有者权益，权利、义务和责任相统一，管资产和管人、管事相结合的国有资产管理体制。

国务院代表国家对关系国民经济命脉和国家安全的大型国有及国有控股、国有参股企业，重要基础设施和重要自然资源等领域的国有及国有控股、国有参股企业，履行出资人职责。对履行出资人职责的企业，由国务院确定、公布。

省、自治区、直辖市人民政府和设区的市、自治州级人民政府分别代表国家对由国务院履行出资人职责以外的国有及国有控股、国有参股企业，履行出资人职责。其中，省、自治区、直辖市人民政府履行出资人职责的国有及国有控股、国有参股企业，由省、自治区、直辖市人民政府确定、公布，并报国务院国有资产监督管理机构备案；其他由设区的市、自治州级人民政府履行出资人职责的国有及国有控股、国有参股企业，由设区的市、自治州级人民政府确定、公布，并报省、自治区、直辖市人民政府国有资产监督管理机构备案。

国务院，省、自治区、直辖市人民政府，设区的市、自治州级人民政府，分别设立国有资产监督管理机构。国有资产监督管理机构根据授权，依法履行出资人职责，依法对企业国有资产进行监督管理。企业国有资产较少的设区的市、自治州，经省、自治区、直辖市人民政府批准，可以不单独设立国有资产监督管理机构。

各级人民政府应当严格执行国有资产管理法律法规，坚持政府的社会公共管理职能与国有资产出资人职能分开，坚持政企分开，实行所有权与经营权分离。国有资产监督管理机构不行使政府的社会公共管理职能，政府其他机构、部门不履行企业国有资产出资人职责。国有资产监督管理机构应当依照有关法律、行政法规的规定，建立健全内部监督制度，严格执行法律、行政法规。发生战争、严重自然灾害或者其他重大、紧急情况时，国家可以依法统一调用、处置企业国有资产。

（二）国有资产监督管理机构

1. 国有资产监督管理机构的设置

国务院国有资产监督管理机构是代表国务院履行出资人职责、负责监督管理企业国有资产的直属特设机构。

省、自治区、直辖市人民政府国有资产监督管理机构，设区的市、自治州级人民政府国有资产监督管理机构是代表本级政府履行出资人职责、负责监督管理企业国有资产的直属特设机构。

上级政府国有资产监督管理机构依法对下级政府的国有资产监督管理工作进行指导和监督。

2. 国有资产监督管理机构的主要职责

根据《企业国有资产监督管理暂行条例》的规定，国有资产监督管理机构的主要职责体现在以下几个方面：

（1）依照《公司法》等法律法规，对所出资的企业履行出资人职责，维护所有者权益。

（2）指导推进国有及国有控股企业的改革和重组。

（3）依照规定向所出资的企业派出监事会。

（4）依照法定程序对所出资企业的企业负责人进行任免、考核，并根据考核结果对其进行奖惩。

（5）通过统计、稽核等方式对企业国有资产的保值增值情况进行监管。

（6）履行出资人的其他职责和承办本级政府交办的其他事项。

国务院国有资产监督管理机构除前款规定职责外，可以制定企业国有资产监督管理的规章、制度。

3. 国有资产监督管理机构的主要义务

根据《企业国有资产监督管理暂行条例》的规定，国有资产监督管理机构的主要义务体现在以下几个方面：

（1）推进国有资产合理流动和优化配置，推动国有经济布局和结构的调整。

（2）保持和提高关系国民经济命脉和国家安全领域国有经济的控制力和竞争力，提高国有经济的整体素质。

（3）探索有效的企业国有资产经营体制和方式，加强企业国有资产监督管理工作，促进企业国有资产保值增值，防止企业国有资产流失。

（4）指导和促进国有及国有控股企业建立现代企业制度，完善法人治理结构，推进管理现代化。

（5）尊重、维护国有及国有控股企业经营自主权，依法维护企业合法权益，促进企业依法经营管理，增强企业竞争力。

（6）指导和协调解决国有企业及国有控股企业改革与发展中的困难和问题。

此外，国有资产监督管理机构应当向本级政府报告企业国有资产监督管理工作、国有资产保值增值状况和其他重大事项。

（三）企业国有资产管理

国有资产监督管理机构依照国家有关规定，负责企业国有资产的产权界定、产权登记、资产评估监管、清产核资、资产统计、综合评价等基础管理工作。国有资产监督管理机构协调解决其所出资企业之间的企业国有资产产权纠纷。

国有资产监督管理机构应当建立企业国有资产产权交易监督管理制度，加强对企业国有资产产权交易的监督管理，促进企业国有资产的合理流动，防止企业国有资产流失。

国有资产监督管理机构对其所出资企业的企业国有资产收益依法履行出资人职责；对其所出资企业的重大投融资规划、发展战略和规划，依照国家发展规划和产业政策履行出资人职责。

所出资企业中的国有独资企业、国有独资公司的重大资产处置，需由国有资产监督管理机构批准的，依照有关规定执行。

（四）企业国有资产监督

国务院国有资产监督管理机构代表国务院向其所出资企业中的国有独资企业、国有独资公司派出监事会。监事会的组成、职权、行为规范等，依照《国有企业监事会暂行条例》的规定执行；地方人民政府国有资产监督管理机构代表本级人民政府向其所出资企业中的国有独资企业、国有独资公司派出监事会，参照《国有企业监事会暂行条例》的规定执行。

国有资产监督管理机构依法对所出资企业的财务进行监督，建立和完善国有资产保值增值指标体系，维护国有资产出资人的权益。国有及国有控股企业应当加强内部监督和风险控制，依照国家有关规定建立健全财务、审计、企业法律顾问和职工民主监督等制度。

所出资企业中的国有独资企业、国有独资公司应当按照规定定期向国有资产监督管理机构报告财务状况、生产经营状况和国有资产保值增值状况。

（五）企业国有产权向管理层转让

为进一步推进国有企业改革，规范企业国有产权转让，保障国有产权有序流转，国家同时也加强了企业国有资产监督管理，规范了企业国有产权转让行为。国务院国有资产监督管理委员会和财政部于2005年4月21日发布了《企业国有产权向管理层转让暂行规定》。

1. 管理层和企业国有资产向管理层转让概述

根据《企业国有产权向管理层转让暂行规定》，“管理层”是指转让标的企业及标的企业国有产权的直接或间接持有单位负责人以及领导班子其他成员。“企业国有产权向管理层转让”是指向管理层转让，或者向管理层直接或间接出资设立企业转让的行为。

国有资产监督管理机构已经建立或政府已经明确国有资产保值增值行为主体和责任主体的地区或部门，可以探索中小型国有及国有控股企业国有产权向管理层转让的做法，法律法规和部门规章另有规定的除外。

大型国有及国有控股企业及所属从事该大型企业主营业务的重要全资或控股企业的国有产权和上市公司的国有股权不向管理层转让。

2. 企业国有产权向管理层转让的基本要求

根据《企业国有产权向管理层转让暂行规定》，企业国有产权向管理层转让，应当符合以下要求：

（1）国有产权持有单位应当严格按照国家规定，委托中介机构对转让标的企业进行审计，其中标的企业或者标的企业国有产权持有单位的法定代表人参与受让企业国有产权的，应当对其进行经济责任审计。

（2）国有产权转让方案的制订以及与此相关的清产核资、财务审计、资产评估、底价确定、中介机构委托等重大事项应当由有管理职权的国有产权持有单位依照国家有关规定统一组织进行，管理层不得参与。

（3）管理层应当与其他拟受让方平等竞买。企业国有产权向管理层转让必须进入经国有资产监督管理机构选定的产权交易机构公开进行，并在公开国有产权转让信息时对以下事项详尽披露：目前管理层持有标的企业的产权情况、拟参与受让国有产权的管理层名单、拟受让比例、受让国有产权的目的及相关后续计划、是否改变标的企业的主营业务、是否对标的企业进行重大重组等。产权转让公告中的受让条件不得含有为管理层设定的排他性条款以及其他仅有利于管理层的安排。

（4）企业国有产权持有单位不得将职工安置费等有关费用从净资产中抵扣（国家另有规定除外），不得以各种名义压低国有产权转让价格。

（5）管理层受让企业国有产权时，应当提供其受让资金来源的相关证明，不得向包括标的企业在内的国有及国有控股企业融资，不得以这些企业的国有产权或资产为管理层融资提供保证、抵押、质押、贴现等。

（6）企业国有产权向管理层转让后仍保留有国有产权的，参与受让企业国有产权的管理层不得作为改制后企业的国有股股东代表。相关国有产权持有单位应当按照国家有关规定，选派合格人员担任国有股股东代表，依法履行股东权利。

（7）管理层不得采取信托或委托等方式间接受让企业国有产权。

3. 管理层受让国有产权的限制

管理层存在下列情形的，不得受让标的企业的国有产权：

（1）经审计认定对企业经营业绩下降负有直接责任的。

（2）故意转移、隐匿资产，或者在转让过程中通过关联交易影响标的企业净资产的。

(3) 向中介机构提供虚假资料，导致审计、评估结果失真，或者与有关方面串通，压低资产评估结果以及国有产权转让价格的。

(4) 违反有关规定，参与国有产权转让方案的制订以及与此相关的清产核资、财务审计、资产评估、底价确定、中介机构委托等重大事项的。

(5) 无法提供受让资金来源相关证明的。

思考题

1. 国有资产评估的方法主要有哪些?

2. 我国法律对企业国有资产转让是怎样规定的?

3. 企业国有产权向管理层转让的基本要求有哪些?

案例分析题

某国有企业欲转让总价值为3 000万元的国有资产，2008年2月15日与受让方达成转让协议，协议约定受让方采取分期付款的方式向该国有企业支付价款。

问题:

(1) 受让方首次付款不得低于多少?我国法律对国有资产转让首次付款的期限规定如何?

(2) 首次付款后，转让方要求受让方对剩余款项的支付提供担保，并且要求按同期银行贷款利率向其支付延期付款期间利息，这种做法是否合法?

第十二章

财政、税收法律制度

内容要点

本章主要讲述我国财政、预算法律制度，政府采购法律规定与采购程序；我国的税收征管法律制度，我国现行税种与纳税体制。

第一节　财政及财政法概念

一、财政的概念

现代财政是指国家或者政府在履行其职责和开展各种活动的过程中所发生的货币资金的收支。财政本身是一种经济行为或经济现象，同时也体现了政府与其他经济主体之间的利益关系，包含了几个基本要素：财政的主体、客体和目的。现代财政的主体一方是国家或者政府，表现为以国家或者一国政府为主体的经济分配关系。财政的客体或者说财政分配的对象主要是社会总产品中的剩余产品，主要是由市场机制对社会总产品中的主要部分进行分配以后，剩下的而且无法由市场机制有效分配的部分，主要表现为公共产品。财政的目的是为了为社会公众提供公共产品或为弥补市场失控所进行的辅助性分配。

财政是国家或者政府的主要经济活动内容，国家或者政府的财政活动在经济上体现了重要的经济职能：资源配置功能、收入分配功能和稳定经济功能。社会的资源配置一般是由市场机制来进行，但如果市场机制失灵或者失控时，财政可以在提供公共产品、自然资源的使用权的配置等方面对市场资源配置起到补充作用。一个国家或者政府的财政政策包含了税收制度，其中税收的一个基本功能就是调节社会财富的分配，从而降低社会贫富分配的悬殊。财政在稳定经济方面的功能主要体现在确保物价稳定、促进经济增长、确保充分就业以及保持国际收支平衡等方面。

根据发展社会主义市场经济的总体要求，从1994年1月1日起，我国将地方财政包干体制改为在合理划分中央与地方事权基础上的分税制，建立中央税收和地方税收体系，按照中央和地方政府的事权，划分各级财政的支出范围，中央财政主要承担国家安全、外交和中央国家机关运转所需经费，调整国民经济结构、协调区域经济发展、实施宏观调控等方面的政策性支出以及由中央直接管理的事业支出。根据财政与事权相统一的原则，合理划分中央和地方收入。把维护国家权益和实施宏观调控所必需的税种列为中央税；将适宜地方征管的税划为地方税，并充实地方税种；地方税收入与经济发展直接相关的主要税种划为中央与地方共享税。

二、财政法的概念

财政法是国家制定的调整财政关系的法律规范的总称，即国家调整国家资金的筹集、供应、使用、管理及监督等财政关系的法律规范的总和。财政关系是国家在参与社会产品和国民收入的分配和再分配过程中与各有关方面发生的分配关系。财政法的最初表现是征收捐税的规定。随着国家职能的扩大，捐税已不能满足国家日益浩繁的开支。因此，多数国家发展形成了包括税收、公债和预算等法律制度的财政法体系。

我国的财政法规主要有《国家预算管理条例》、《中华人民共和国政府采购法》、《中华人民共和国税收征收管理法》和各税种的单行法规、《中华人民共和国会计法》、《中华人民共和国审计条例》等。

第二节　预算法

一、预算和预算法的概念

预算是指经过一定的法定程序的国家机关对未来收入和支出的预定计划。预算具有以下几个基本特点：

第一，预算是国家财政收支计划，包括了国家财政收支的全部内容。

第二，预算是国家对一定时期内预定的收支的预计和预测，通常是指一个预算年度的国家收支的预计。

第三，预算必须经过法定的机关按照法定的程序编制、审批、执行、调整和监督。

预算法是调整国家在协调经济运行过程中发生的关于预算的各种经济关系的法律规范的总称。所谓预算关系，是指国家各级财政为了有计划地集中和分配资金，根据国家预算，在各级财政之间、各级政府同各部门预算单位之间以及各部门预算单位上下级之间发生的组织预算收入、拨付预算资金和进行年度双向交流决算的关系。包括各级在编制、审查、批准、执行、监督预算过程中产生的行政组织关系和国家组织预算收入和预算支出过程中产生的经济权利义务关系。

1994年3月22日第八届全国人民代表大会第二次会议通过的《中华人民共和国预算法》（以下简称《预算法》）以及1995年11月22日国务院通过的《中华人民共和国预算法实施条例》，强化预算的分配和监督，健全国家对预算的管理，加强宏观调控，保障经济和社会的健康发展。随着市场经济体制改革的深入，国家宏观调控体系的加强，现行预算法呈现出了许多问题。例如：预算编制过于简单和粗略，不利于立法机关和社会成员进行监督；预算编制时间过短，造成预算编制科学性、细致性不足；预算编制方法不科学；预算编制缺乏完整性以及初审机构的法律地位规定不明确等。因此，修改和完善预算法的工作正在进行。

二、国家预算体系

国家预算体系是指预算的组成环节及其相互关系。我国的国家预算体系是根据国家政权结构所确立的各级预算的统一整体。

我国实行一级政府一级预算，从中央到基层政府共分五级预算：中央；省、自治区、直辖市；设区的市、自治州；县、自治县、不设区的市、市辖区；乡、民族乡、镇。不具备设立预算条件的乡、民族乡、镇，经省、自治区、直辖市政府确定，可以暂不设立预算。

因此，我国国家预算体系由中央政府预算（中央预算）和地方预算组成；中央预算由中央各部门及直属单位的预算组成；地方预算由各省、自治区、直辖市总预算组成；地方各级总预算由本级各部门及直属单位的预算组成；各部门预算由本部门所属各单位预算组成；单位预算是指列入部门预算的国家机关、社会团体和其他单位的收支预算。

三、预算管理职权

我国《预算法》对预算的管理职权作出了明确的规定，区分为各级权力机关的预算管理职权、各级政府的预算管理职权、各级财政部门的预算管理职权、各部门的预算管理职权以及各单位的预算管理职权。

1. 各级权力机关的预算管理职权

全国人民代表大会审查中央和地方的预算草案及中央和地方预算执行情况的报告；批准中央预算和中央预算执行情况的报告；改变或者撤销全国人民代表大会常务委员会关于预算、决算的不适当的决议。全国人民代表大会常务委员会监督中央和地方预算的执行；审查和批准中央预算的调整方案；审查和批准中央决算；撤销国务院制定的同宪法、法律相抵触的关于预算、决算的行政法规、决定和命令；撤销省、自治区、直辖市人民代表大会及其常务委员会制定的同宪法、法律和行政法规相抵触的关于预算、决算的地方性法规和决议。

县级以上地方各级人民代表大会审查本级总预算草案及本级总预算执行情况的报告；批准本级预算和本级预算执行情况的报告；改变或者撤销本级人民代表大会常务委员会关于预算、决算的不适当的决议；撤销本级政府关于预算、决算的不适当的决定和命令。县级以上地方各级人民代表大会常务委员会监督本级总预算的执行；审查和批准本级预算的调整方案；审查和批准本级政府决算；撤销本级政府和下一级人民代表大会及其常务委员会关于预算、决算的不适当的决定、命令和决议。

设立预算的乡、民族乡、镇的人民代表大会审查和批准本级预算和本级预算执行情况的报告；监督本级预算的执行；审查和批准本级预算的调整方案；审查和批准本级决算；撤销本级政府关于预算、决算的不适当的决定和命令。

2. 各级政府的预算管理职权

国务院编制中央预算、决算草案；向全国人民代表大会作关于中央和地方预算草案的报告；将省、自治区、直辖市政府报送备案的预算汇总后报全国人民代表大会常务委员会备案；组织中央和地方预算的执行；决定中央预算预备费的动用；编制中央预算调整方案；监督中央各部门和地方政府的预算执行；改变或者撤销中央各部门和地方政府关于预算、决算的不适当的决定、命令；向全国人民代表大会、全国人民代表大会常务委员会报告中央和地方预算的执行情况。

县级以上地方各级政府编制本级预算、决算草案；向本级人民代表大会作关于本级总预算草案的报告；将下一级政府报送备案的预算汇总后报本级人民代表大会常务委员会备案；组织本级总预算的执行；决定本级预算预备费的动用；编制本级预算的调整方案；监督本级各部门和下级政府的预算执行；改变或者撤销本级各部门和下级政府关于预算、决算的不适当的决定、命令；向本级人民代表大会、本级人民代表大会常务委员会报告本级总预算的执行情况。

乡、民族乡、镇政府编制本级预算、决算草案；向本级人民代表大会作关于本级预算草案的报告；组织本级预算的执行；决定本级预算预备费的动用；编制本级预算的调整方案；向本级人民代表大会报告本级预算的执行情况。

3. 各级财政部门预算管理职权

国务院财政部门具体编制中央预算、决算草案；具体组织中央和地方预算的执行；提出中央预算预备费的动用方案；具体编制中央预算的调整方案；定期向国务院报告中央和地方预算的执行情况。

地方各级政府财政部门具体编制本级预算、决算草案；具体组织本级总预算的执行；提出本级预算预备费动用方案；具体编制本级预算的调整方案；定期向本级和上一级政府财政部门报告本级总预算的执行情况。

4. 各部门的预算管理职权

各部门编制本部门预算、决算草案；组织和监督本部门预算的执行；定期向本级政府财政部门报告预算的执行情况。

5. 各单位的预算管理职权

各单位编制本单位预算、决算草案；按照国家规定上缴预算收入，安排预算支出，并接受国家有关部门的监督。

四、预算收支范围

预算由预算收入和预算支出组成。

（1）预算收入包括：税收收入；依照规定应当上缴的国有资产收益，主要指各部门和各单位占有、使用和依法处分境内外国有资产产生的收益中，按照国家有关规定应当上缴预算的部分；专项收入，主要是指根据特定需要由国务院批准或者经国务院授权由财政部批准，设置、征集和纳入预算管理中有专项用途的专项收入；其他收入。

（2）预算支出包括：经济建设支出，包括用于经济建设的基本建设投资支出，支持企业的挖潜改造支出，拨付的企业流动资金支出，拨付的生产性贷款贴息支出，专项建设基金支出，支持农业生产支出以及其他经济建设支出；教育、科学、文化、卫生、体育等事业发展支出，是指用于教育、科学、文化、卫生、体育、工业、交通、商业、农业、林业、环境保护、水利、气象等方面事业的支出，具体包括公益性基本建设支出、设备购置支出、人员费用支出、业务费用支出以及其他事业发展支出；国家管理费用支出；国防支出；各项补贴支出；其他支出。

（3）预算收入划分为中央预算收入、地方预算收入、中央和地方预算共享收入。中央预算收入是指按照分税制财政管理体制，纳入中央预算、地方不参与分享的收入，包括中央本级收入和地方按照规定向中央上缴的收入。地方预算收入是指按照分税制财政管理体制，纳入地方预算、中央不参与分享的收入，包括地方本级收入和中央按照规定返还或者补助地方的收入。中央和地方预算共享收入是指按照分税制财政管理体制，中央预算和地方预算对同一税种的收入，按照一定划分标准或者比例分享的收入。

预算支出划分为中央预算支出和地方预算支出。中央预算支出是指按照分税制财政管理体制，由中央财政承担并列入中央预算的支出，包括中央本级支出和中央返还或者补助地方的支出。地方预算支出是指按照分税制财政管理体制，由地方财政承担并列入地方预算的支出，包括地方本级支出和地方按照规定上缴中央的支出。

（4）对中央预算和地方预算的划分。中央预算与地方预算有关收入和支出项目的划分、地方向中央上缴收入、中央对地方返还或者给予补助的具体办法，由国务院规定，报全国人民代表大会常务委员会备案。

国家对预算收入有统一规定：预算收入应当统筹安排使用；确需设立专用基金项目的，须经国务院批准；上级政府不得在预算之外调用下级政府预算的资金；下级政府不得挤占或者截留属于上级政府预算的资金。

五、预算编制

预算编制是预算管理的起点，也是预算管理活动中的决策阶段，在预算编制过程中，各级政府、各部门、各单位应当按照国务院规定的时间编制预算草案。预算法中规定了预算编制的具体原则、方法和程序。

1．预算编制的原则

（1）复式预算原则。中央预算和地方各级政府预算按照复式预算编制。复式预算是把预算年度内的全部财政收支，按收入来源和支出性质不同，分别编成两个或两个以上的预算，其中一个是经常预算，一个是资本预算。经常预算主要包括政府一般行政经费支出，而其收入来源主要包括各项税收收入以及一部分非税收收入。在一般情况下，经常预算的收支应保持平衡并力争结余，结余额转成资本项目的收入项目。资本预算主要包括政府的各项资本性支出，如政府对国有企业的投资、对公共工程项目的投资、战略物资储备、政府贷款以及偿还国债和国外借款等支出，其收入来源主要包括经常预算转来的结余额、国债收入和国外借款收入等。复式预算的编制办法和实施步骤，由国务院规定。

（2）不列赤字原则。中央政府公共预算不列赤字，地方各级预算坚持量入为出、收支平衡的原则，不列赤字。中央预算中必需的投资的部分资金，可以通过举借国内和国外债务等方式筹措，但债务的规模和结构应合理。除法律和国务院另有规定外，地方政府不得发行地方政府债券。

（3）真实性原则。各级预算收入的编制，应当与国民生产总值的增长率相适应。按照规定必须列入预算的收入，不得隐瞒、少列，也不得将上年的非正常收入作为编制预算收入的依据。

（4）中央预算中必需的建设投资的部分资金，可以通过举借国内和国外债务等方式筹措，但是借债应当有合理的规模和结构。

（5）节约统筹原则。各级预算支出的编制，应当贯彻厉行节约、勤俭治国的方针。各级预算支出的编制，应当统筹兼顾，确保重点，在保证政府公共支出合理需要的前提下，妥善安排其他各类预算支出。

（6）促进经济发展原则。中央预算和有关地方政府预算要安排必要的资金，用于扶助经济不发达的民族自治地方、革命老根据地、边远贫困地区发展经济文化建设事业。各级政府预算应当把本级政府预算支出额的1%至3%设置预备费，用于当年预算执行中的自然灾害救灾开支及其他难以预见的特殊开支。

2．预算编制的方法

中央预算和地方各级政府预算，应当参考上一年预算执行情况和本年度收支预测进行编制。各级政府预算应当按照国务院的规定设置预算周转金。所谓预算周转金，是指各级政府为调剂预算年度内季节性收支差额，保证及时用款而设置的周转资金。各级政府预算周转金从本级政府预算的结余中设置和补充，其额度应当逐步达到本级政府预算支出总额的4%。各级政府预算的上年结余，可以在下年用于上年结转项目的支出；有余额的，可以补充预算周转金；再有余额的，可以用于下年必需的预算支出。各级政府预算的上年度专项结余，应当用于上年度结转项目的支出；上年度净结余，应当用于补充预算周转金和下年度需要安排的预算支出。

3．预算编制的程序

（1）国务院应当及时下达关于编制下一年预算草案的指示。

（2）省、自治区、直辖市政府应当按照国务院规定的时间，将本级总预算草案报国务院审核汇总。

（3）国务院财政部门应当在每年全国人民代表大会会议举行的一个月前，将中央预算草案的主要内容提交全国人民代表大会财政经济委员会进行初步审查。地方各级财政部门应当在本级人民代表大会会议举行的一个月前，将本级预算草案的主要内容提交本级人民代表大会有关的专门委员会，或者根据本级人民代表大会常务委员会主任会议的决定提交本级人民代表大会常务委员会有关的工作委员会进行初步审查。县、自治县、不设区的市、市辖区政府财政部门应当在本级人民代表大会会议举行的一个月前，将本级预算草案的主要内容提交本级人民代表大会常务委员会进行初步审查。

六、预算审查和批准

预算的审查和批准是指各立法机关对同级政府的预算草案进行审查和批准以及上级政府对下级政府的预算进行备案的活动。我国政府预算的审查和批准分为以下几个层次：

（1）审查和批准。中央预算由全国人民代表大会审查和批准，地方各级政府预算由本级人民代表大会审查和批准。

（2）备案。乡、民族乡、镇政府应当及时将经本级人民代表大会批准的本级预算报上一级政府备案。县级以上地方各级政府应当及时将经本级人民代表大会批准的本级预算及下一级政府报送备案的预算汇总，报上一级政府备案。县级以上地方各级政府将下一级政府依照规定报送备案的预算汇总后，报本级人民代表大会常务委员会备案。国务院将省、自治区、直辖市政府依照前款规定报送备案的预算汇总后，报全国人民代表大会常务委员会备案。

（3）撤销。国务院和县级以上地方各级政府对下一级政府报送备案的预算，认为有同法律、行政法规相抵触或者有其他不适当之处，需要撤销批准预算的决议的，应当提请本级人民代表大会常务委员会审议决定。

七、预算执行

（1）预算的执行机关。各级预算由本级政府组织执行，具体工作由本级政府财政部门负责。预算年度开始后，各级政府预算草案在本级人民代表大会批准前，本级政府可以先按照上一年同期的预算支出数额安排支出；预算经本级人民代表大会批准后，按照批准的预算执行。

（2）预算执行的要求。预算收入征收部门必须及时、足额征收应征的预算收入，不得擅自减征、免征或者缓征、截留、占用或者挪用预算收入。

有预算收入上缴任务的部门和单位应当将要上缴的预算资金及时、足额地上缴国家，不得截留、占用、挪用或者拖欠。县级以上各级预算必须设立国库；具备条件的乡、民族乡、镇也应当设立国库。

各级政府财政部门必须及时、足额地拨付预算支出资金，加强对预算支出的管理和监督。各级政府、各部门、各单位的支出必须按照预算执行。各级政府预算周转金由本级政府财政部门管理，用于预算执行中的资金周转，不得挪作他用。

各部门、各单位应当加强对预算收入和支出的管理，不得截留或者动用应当上缴的预算收入，也不得将不应当在预算内支出的款项转为预算内支出。

八、预算调整

预算调整是指经全国人民代表大会批准的中央预算和经地方各级人民代表大会批准

的本级预算，在执行中因特殊情况需要增加支出或者减少收入，使原批准的收支平衡的预算的总支出超过总收入，或者使原批准的预算中举借债务的数额增加的部分变更。但是，在预算执行中，因上级政府返还或者给予补助而引起的预算收支变化，不属于预算调整。

各级政府对于必须进行的预算调整，应当编制预算调整方案。中央预算的调整方案必须提请全国人民代表大会常务委员会审查和批准。县级以上地方各级政府预算的调整方案必须提请本级人民代表大会常务委员会审查和批准；乡、民族乡、镇政府预算的调整方案必须提请本级人民代表大会审查和批准。地方各级政府预算的调整方案经批准后，由本级政府报上一级政府备案。未经批准，不得调整预算。未经批准调整预算，各级政府不得作出任何使原批准的收支平衡的预算的总支出超过总收入或者使原批准的预算中举借债务的数额增加的决定。

九、决算

决算是经过法定程序审查和批准的年度预算执行结果，决算是对预算的总结，它反映了年度预算收支的最终结果。决算由决算草案的编制、决算草案的审核、决算草案的审查和批准、决算批复和决算备案等程序构成。

1．决算草案的编制

决算草案由各级政府、各部门、各单位，在每一预算年度终了后按照国务院规定的时间编制。编制决算草案，必须符合法律、行政法规，做到收支数额准确、内容完整、报送及时。

2．决算草案的审核

各部门对所属各单位的决算草案，应当审核并汇总编制本部门的决算草案，在规定的期限内报本级政府财政部门审核。各级政府财政部门对本级各部门决算草案审核后发现有不符合法律、行政法规规定的，有权予以纠正。

3．决算草案的审查和批准

国务院财政部门编制中央决算草案，报国务院审定后，由国务院提请全国人民代表大会常务委员会审查和批准。县级以上地方各级政府财政部门编制本级决算草案，报本级政府审定后，由本级政府提请本级人民代表大会常务委员会审查和批准。乡、民族乡、镇政府编制本级决算草案，提请本级人民代表大会审查和批准。

4．决算批复

县级以上各级政府决算草案经本级人民代表大会常务委员会批准后，本级政府财政部门应当自批准之日起20日内向本级各部门批复决算。各部门应当自本级政府财政部门批复本部门决算之日起15日内向所属各单位批复决算。

5．决算备案

地方各级政府应当将经批准的决算，报上一级政府备案。县级以上地方各级政府应当自本级人民代表大会常务委员会批准本级政府决算之日起30日内，将本级政府决算及下一级政府上报备案的决算汇总，报上一级政府备案。

国务院和县级以上地方各级政府对下一级政府报送备案的决算，认为有同法律、行政法规相抵触或者有其他不适当之处，需要撤销批准该项决算的决议的，应当提请本级人民代表大会常务委员会审议决定。经审议决定撤销的，该下级人民代表大会常务委员会应当责成本级政府依照本法规定重新编制决算草案，提请本级人民代表大会常务委员会审查和批准。

十、预算监督

预算监督是指对各级政府的预算编制、预算执行、预算调整以及决算等活动的合法性和有效性实施的监督。各级人民代表大会和县级以上各级人民代表大会常务委员会有权就预算、决算中的重大事项或者特定问题组织调查，有关的政府、部门、单位和个人应当如实反映情况和提供必要的材料。各级人民代表大会和县级以上各级人民代表大会常务委员会举行会议时，人民代表大会代表或者常务委员会组成人员，依照法律规定程序就预算、决算中的有关问题提出询问或者质询，受询问或者受质询的有关的政府或者财政部门必须及时给予答复。各级政府应当在每一预算年度内至少二次向本级人民代表大会或者其常务委员会作预算执行情况的报告。我国《预算法》将预算监督分为了权力机关的监督、行政机关的监督和专业机关的监督。

1. 权力机关的监督

全国人民代表大会及其常务委员会对中央和地方预算、决算进行监督。县级以上地方各级人民代表大会及其常务委员会对本级和下级政府预算、决算进行监督。乡、民族乡、镇人民代表大会对本级预算、决算进行监督。

2. 行政机关的监督

各级政府监督下级政府的预算执行，下级政府应当定期向上一级政府报告预算执行情况。

3. 专业机关的监督

各级政府财政部门负责监督检查本级各部门及其所属各单位预算的执行，并向本级政府和上一级政府财政部门报告预算执行情况。各级政府审计部门对本级各部门、各单位和下级政府的预算执行、决算实行审计监督。

十一、违反预算法的法律责任

各级政府未经依法批准擅自变更预算，使经批准的收支平衡的预算的总支出超过总收入，或者使经批准的预算中举借债务的数额增加的，对负有直接责任的主管人员和其他直接责任人员追究行政责任。

违反法律、行政法规的规定，擅自动用国库库款或者擅自以其他方式支配已入国库的库款的，由政府财政部门责令退还或者追回国库库款，并由上级机关给予负有直接责任的主管人员和其他直接责任人员行政处分。

隐瞒预算收入或者将不应当在预算内支出的款项转为预算内支出的，由上一级政府或者本级政府财政部门责令纠正，并由上级机关给予负有直接责任的主管人员和其他直接责任人员行政处分。

第三节 政府采购法

一、政府采购和政府采购法的概念

政府采购是指各级国家机关、事业单位和团体组织，使用财政性资金采购依法制定的集中采购目录以内的或者采购限额标准以上的货物、工程和服务的行为。政府采购是以政府为主体、为满足公共需要而进行的采购。采购的主体包括各级国家机关、事业单位和社会团体组织等；采购资金来源于国家财政性资金；采购的方式是通过合同方式有偿取得货物、工程、服务的行为，包括购买、租赁、委托、雇佣等。

政府采购制度最早形成于18世纪的西方自由资本主义国家，20世纪中后期以来，世界各国及相关国际组织十分注重致力于政府采购管理的制度化与科学化。目前，我国政府采购的制度化与科学化尚处于起步阶段，人们对政府采购的性质内容、功能作用、目标定位等的认识还有待深化。科学认识政府采购，树立科学的政府采购观念，是做好政府采购工作的重要基础，对于经济发展和社会和谐必将起到积极的促进作用。政府采购应当遵循公开透明原则、公平竞争原则、公正原则和诚实信用原则。

政府采购法是指规范政府采购行为的法律规范的总称。我国2002年6月29日由中华人民共和国第九届全国人民代表大会常务委员会第二十八次会议通过了《中华人民共和国政府采购法》（以下简称《政府采购法》），自2003年1月1日起施行。

1. *政府采购法律关系的主体*

政府采购法律关系的主体也称政府采购当事人，是指在政府采购活动中享有权利和承担义务的各类主体，是政府采购活动的参加者和管理者，是政府采购中权利义务的承担者，包括管理机关、采购人、供应商和采购代理机构等。

管理机关是指管理政府采购的机关或部门，《政府采购法》规定各级人民政府财政部门是负责政府采购监督管理的部门，审计机关和监察机关对政府采购进行审计监督和监察。

采购人又称为采购主体，是指依法进行政府采购的国家机关、事业单位、团体组织。

供应商是指向采购人提供货物、工程或者服务的法人、其他组织或者自然人。参加政府采购活动的供应商应当具备下列条件：①具有独立承担民事责任的能力；②具有良好的商业信誉和健全的财务会计制度；③具有履行合同所必需的设备和专业技术能力；④有依法缴纳税收和社会保障资金的良好记录；⑤参加政府采购活动前三年内，在经营活动中没有重大违法记录；⑥法律、行政法规规定的其他条件。采购人还可以根据采购项目的特殊要求，规定供应商的特定条件，但不得以不合理的条件对供应商实行差别待遇或者歧视待遇。

采购代理机构是指设区的市、自治州以上人民政府根据本级政府采购项目组织集中采购的需要设立集中采购机构，是非营利事业法人，根据采购人的委托办理采购事宜。

2．政府采购法律关系的客体

政府采购法律关系的客体是政府采购法律关系的主体的权利和义务共同指向的对象，即指政府采购对象和政府采购行为。

根据我国《政府采购法》的规定，政府采购的对象包括三类公共产品，即货物、工程和服务。货物是指各种形态和种类的物品，包括原材料、燃料、设备、产品等；工程是指建设工程，包括建筑物和构筑物的新建、改建、扩建、装修、拆除、修缮等；服务是指除货物和工程以外的其他政府采购对象。政府采购一般具有保护民族工业的目的，因此，我国《政府采购法》规定，政府采购应当采购本国货物、工程和服务。但如果需要采购的货物、工程或者服务在中国境内无法获取或者无法以合理的商业条件获取的，或者为在中国境外使用而进行采购的，或者其他法律、行政法规另有规定的，可以从境外进行采购。

政府采购行为是政府采购法律关系各主体在政府采购活动中行使权利和履行义务的行为，有广义和狭义之分。广义的政府采购行为是指从采购计划的制订到采购主体的需要得到满足的全过程中各主体行为的总和；狭义的政府采购行为是指采购机构或采购主体从供应商处获取商品、工程、服务和知识产权的行为。由于各主体在政府采购活动中扮演的角色、所起的作用不同，其行为的性质和特征也不同。

3．政府采购法律关系的内容

政府采购法律关系的内容是指政府采购法律关系的主体所享有的权利和所承担的义务。

二、政府采购方式

根据政府采购法的规定，政府采购主要采取公开招标方式进行，此外还包括邀请招标、竞争性谈判、单一来源采购、询价以及国务院政府采购监督管理部门认定的其他采购方式。

1．公开招标

公开招标是指招标人以招标公告的方式邀请不特定的法人或者其他组织投标。公开招标也称无限竞争性招标，是一种由招标人按照法定程序，发布招标公告，所有符合条件的供应商或承包商都可以平等参加投标竞争，从中择优选择中标者的招标方式。采购人采购货物或者服务应当采用公开招标方式的，其具体数额标准，属于中央预算的政府采购项目，由国务院规定；属于地方预算的政府采购项目，由省、自治区、直辖市人民政府规定；因特殊情况需要采用公开招标以外的采购方式的，应当在采购活动开始前获得设区的市、自治州以上人民政府采购监督管理部门的批准。采购人不得将应当以公开招标方式采购的货物或者服务化整为零或者以其他任何方式规避公开招标采购。

2．邀请招标

邀请招标也称选择性招标，由采购人根据供应商或承包商的资信和业绩情况，选择一定数目的法人或其他组织（不能少于三家），向其发出招标邀请书，邀请它们参加投标竞争，从中选定中标的供应商。我国《政府采购法》规定，如果采购的货物或者服务具有特殊性，只能从有限范围的供应商处采购的，或者采用公开招标方式的费用占政府采购项目总价值的比例过大的，采购人也可以采用邀请招标方式进行采购。

3．竞争性谈判

竞争性谈判是指采购人或者采购代理机构直接邀请三家以上供应商就采购事宜进行谈判。竞争性谈判采购方式具有可以缩短准备期、减少工作量、方式灵活、转移采购风险、能够激励供应商自觉将高科技应用到采购产品中和有利于民族工业的发展等特点。我国《政府采购法》规定，符合下列情形之一的货物或者服务，可以依照本法采用竞争性谈判方式采购：①招标后没有供应商投标或者没有合格标的或者重新招标未能成立的；②技术复杂或者性质特殊，不能确定详细规格或者具体要求的；③采用招标所需时间长，不能满足用户紧急需要的；④不能事先计算出价格总额的。

4．单一来源采购

单一来源采购也是国际上通行的一种采购方式。这种采购方式的适用条件非常特殊，不具备竞争性，一般都没有对其采购程序作出规定。我国政府采购法规定，如果采购的货物或者服务只能从唯一供应商处采购的，或者因发生了不可预见的紧急情况不能从其他供应商处进行采购的，可以采用单一来源方式采购。此外，如果为了保证与原有采购项目一致性或者服务配套的要求，需要继续从原供应商处添购，且添购资金总额不超过原合同采购金额10%的，也可以采用单一来源方式采购。

5．询价采购

询价采购是指对几个供应商（不少于三家）的报价进行比较以确保价格具有竞争性的一种采购方式。询价采购的应当满足以下几个条件：一是邀请报价的供应商数量至少为三个；二是只允许供应商提供一个报价。每一供应商或承包商只许提出一个报价，而且不许改变其报价，不得同某一供应商或承包商就其报价进行谈判。报价的提交形式，可以采用电邮或传真形式；三是对报价的评审应按照买方公共或私营部门的良好惯例进行。我国政府采购法规定，采购的货物规格、标准统一，现货货源充足且价格变化幅度小的政府采购项目，可以采用询价方式采购。

三、政府采购合同及履行

政府采购活动必须通过签订政府采购书面合同来实现，采购人和供应商之间的权利和义务，应当按照平等、自愿的原则以合同方式约定。政府采购合同适用《合同法》的规定。《政府采购法》第四十三条规定："政府采购合同适用合同法。采购人和供应商之间的权利和义务，应当按照平等、自愿的原则以合同方式约定。采购人可以委托采购代理机构代表其与供应商签订政府采购合同。由采购代理机构以采购人名义签订合同的，应当提交采购人的授权委托书，作为合同附件。"

政府采购合同必须具备的条款应当由国务院政府采购监督管理部门会同国务院有关部门规定。

采购人与中标、成交供应商应当在中标、成交通知书发出之日起30日内，按照采购文件确定的事项签订政府采购合同。中标、成交通知书对采购人和中标、成交供应商均具有法律效力。中标、成交通知书发出后，采购人改变中标、成交结果的，或者中标、成交供应商放弃中标、成交项目的，应当依法承担法律责任。

政府采购项目的采购合同自签订之日起7个工作日内，采购人应当将合同副本报同级政府采购监督管理部门和有关部门备案。

政府采购合同履行中，采购人需追加与合同标的相同的货物、工程或者服务的，在不改变合同其他条款的前提下，可以与供应商协商签订补充合同，但所有补充合同的采购金额不得超过原合同采购金额的10%。经采购人同意，中标、成交供应商可以依法采取分包方式履行合同。政府采购合同分包履行的，中标、成交供应商就采购项目和分包项目向采购人负责，分包供应商就分包项目承担责任。

政府采购合同的双方当事人不得擅自变更、中止或者终止合同。政府采购合同继续履行将损害国家利益和社会公共利益的，双方当事人应当变更、中止或者终止合同。有过错的一方应当承担赔偿责任，双方都有过错的，各自承担相应的责任。

四、质疑与投诉

政府采购应当遵守公正公开、诚实信用的原则，如果供应商对政府采购活动事项有疑问，可以向采购人提出询问，采购人应当及时作出答复。采购人委托采购代理机构采购的，供应商可以向采购代理机构提出询问或者质疑，采购代理机构应当就采购人委托授权范围内的事项作出答复，但答复的内容不得涉及商业秘密。

供应商认为采购文件、采购过程和中标、成交结果使自己的权益受到损害的，可以在知道或者应当知道其权益受到损害之日起7个工作日内，以书面形式向采购人提出质疑。采购人应当在收到供应商的书面质疑后7个工作日内作出答复，并以书面形式通知质疑供应商和其他有关供应商。质疑供应商对采购人、采购代理机构的答复不满意或者采购人、采购代理机构未在规定的时间内作出答复的，可以在答复期满后15个工作日内向同级政府采购监督管理部门投诉。

政府采购监督管理部门应当在收到投诉后30个工作日内，对投诉事项作出处理决定，并以书面形式通知投诉人和与投诉事项有关的当事人。在处理投诉事项期间，可以视具体情况书面通知采购人暂停采购活动，但暂停时间最长不得超过30日。投诉人对政府采购监督管理部门的投诉处理决定不服或者政府采购监督管理部门逾期未作处理的，可以依法申请行政复议或者向人民法院提起行政诉讼。

第四节　税收法律制度

一、税收与税法

（一）税收的含义

税收是政府为满足社会公共需要，凭借政治权力，按照法律规定强制无偿地参与社会产品分配而向社会成员取得财政收入的一种形式。税收的实质是国家为了行使职能，取得财政收入的一种方式。税收的主要特点表现在以下三个方面：

（1）强制性。税收的强制性是指国家根据其社会职能，凭借其政治权力，以法律形式确定征税人和纳税人的权利和义务。税收的强制性体现为：一是税收关系是一种国家和社会成员必须遵守的权利义务关系；二是税收关系凭借的是政治权力，而不是财产权力；三是税收关系是由国家法律加以保护的、具有法律的约束力和强制的权利义务关系。

（2）无偿性。税收的无偿性是指国家征税时从纳税人手中取得一部分剩余产品，不需要直接向纳税人支付任何代价或报酬；同时，国家征税后税款归国家所有，成为财政收入，或者不再归还纳税人，不再直接归还给纳税人。

（3）规范性。税收的规范性是指国家在征税之前，就通过法律形式规定了课税对象、课税额度、课税方法以及缴纳的环节、期限和地点等。税务机关和纳税人都必须遵守，都无权随意改变。税收的规范性是税法严肃性的一种体现，是税收的职能作用充分发挥的可靠保证。

（二）税法的定义

税法是国家制定的用以调整国家与纳税人之间在征纳税方面的权利及义务关系的法律规范的总称。税法是确认国家与纳税人之间权利义务关系的法律依据，也是实现国家税收职能的法律保障。税法是一个国家法律体系的重要组成部分。税法作为一个法律部门，包括了各种税收法律规范和行政法规。

二、税法的基本原则

税法的基本原则是对调整税收关系的基本规律的抽象的概括，是贯穿税法的立法、执法、司法和守法全过程的具有普遍性指导意义的法律准则。

（一）税收法定原则

税收法定原则是税法的最高原则，它是民主和法治原则等现代宪法原则在税法上的体现，对保障人权、维护国家利益和社会公益有着举足轻重的作用。税收法定原则体现在三个方面：一是税收要素法定，税收要素法定原则要求税收诸要素必须且只能由国家最高立法机关在法律中加以规定。二是税收要素明确，税收要素、征税程序等不仅要由法律专门规定，而且还必须尽量明确，以避免出现漏洞和歧义，给权力的滥用留下空间。三是征税合法性，征税机关必须严格依据法律的规定征收税款，无权变动法定税收要素和法定征收程序。

（二）税收公平原则

税收公平原则是指税法制度应该对一个国家所有纳税成员平等对待，税收负担必须在纳税人之间进行公平分配，税收收入也应当在社会成员之间公平合理地进行分配。税收公平原则不等于税收平等原则，公平原则区别对待不同阶层、不同地区、不同行业、不同收入的公民，分别对其规定不同的税收负担，体现为所有纳税人因不同的纳税能力负担不同的税收负担。

（三）税收效率原则

税收效率原则要求以最小的费用获得最大的税收收入，并利用税收的经济调控作用最大限度地促进经济的发展，或者最大限度地减轻对经济发展的妨碍。

（四）税收社会政策原则

税收社会政策原则是指税法是国家用以推行各种社会政策最重要的手段之一，其实质是税收调节职能的法律原则化。税收社会政策原则确立以后，税法的其他基本原则，特别是税收公平原则会受到一定程度的制约和影响。衡量税收的公平性，不仅要看各纳税人的负担能力，还要考虑社会全局和整体利益。

三、税收法律关系

（一）税收法律关系的概念

税收法律关系是国家税务机关与纳税人以及所有涉税行为主体在税收征纳过程中根据税法规定形成的权利与义务关系。税收法律关系反映着国家强制参与社会产品分配活动而形成的分配关系。

（二）税收法律关系的要素

税收法律关系由主体、客体和内容构成。

1. 税收法律关系的主体

税收法律关系的主体是指在税收法律关系中权利的享有者和义务的承担者。其主体资格是国家通过法律直接规定的。税收法律关系的主体分为征税主体、纳税主体。

（1）征税主体。代表国家行使征税职责的国家机关是征税主体，包括各级国家税务机关、海关和财政机关。

（2）纳税主体。负有纳税义务的单位和个人，并且只是在具有税法规定的应税对象的情况下，才成为纳税主体。包括纳税人、代扣代缴义务人、纳税担保人等。

2. 税收法律关系的客体

税收法律关系的客体是指税收法律关系主体的权利和义务所指向的对象，也就是征税对象。如所得税法律关系的客体是生产经营所得和其他所得；财产税法律关系的客体是财产；流转税法律关系的客体是货物销售收入或劳务收入。税收法律关系的客体也是国家利用税收杠杆调整和控制的目的，国家在一定时期根据客观经济形势发展的需要，通过扩大或缩小征税范围调整征税对象，以达到限制或鼓励国民经济中某些产业、某些行业发展的目的。

3. 税收法律关系的内容

税收法律关系的内容是指税收法律关系主体所享有的权利和承担的义务。它明确了税收法律关系主体的行为模式，即可以做什么，禁止做什么；同样也规定了相应的法律后果，即肯定性后果和否定性后果。根据我国现行税法，征税主体和纳税主体的权利和义务主要有：

（1）征税主体的权利和义务。征税主体的权利主要有：税务管理权、税收征收权、税务检查权以及税务检查权等。

征税主体的义务主要有：不得违反法律法规的规定开征、停征、多征或者少征税款，或擅自决定税收优惠；依照法定程序征税，依法确定有关税收征收管理的事项；按照规定付给扣缴义务人代扣、代缴税款的手续费，且不得要求非扣缴义务人代扣、代收税款；按照法定程序实施和解除税收保全措施，如因税务机关的原因，致使纳税人的合法权益遭受损失的，税务机关应当承担赔偿责任。

（2）纳税主体的权利和义务。纳税主体的一般权利有：限额纳税权、税负从轻权、获取信息权、接受服务权、秘密信息权、赔偿救济权等。

纳税主体的主要义务有：依法办理税务登记，变更或注销税务登记；依法进行账簿、凭证管理；按期进行纳税申报，按时足额缴纳税款；主动接受和配合征税机关的税务检查；依法及时提供各种税务信息等。

四、税法的构成要素

税法的构成要素一般包括总则、纳税义务人、征税对象、税率、纳税环节、纳税期限、纳税地点、减税免税、罚则、附则等项目。

（一）总则

总则是税法中具有统领性的条文，居于开篇的位置，其内容包括立法目的、立法根据、立法原则和效力等。

（二）纳税义务人

纳税义务人即纳税的主体，是指一切履行纳税义务的法人、自然人及其他组织。纳税义务人的分类：

（1）按法律特征的不同，划分为法人和自然人。

（2）按国籍不同，划分为中国纳税人和外国纳税人。

（3）按所有制不同，划分为国有企业、集体企业、私营企业、外商投资企业和外国企业、股份制企业、合伙企业、个人。

（4）按居住地点和时间不同，划分为居民纳税人和非居民纳税人。居民纳税人是指在中国境内有住所或者无住所但在境内居住满一年的个人。非居民纳税义务人是指在中国境内无住所又不居住，或无住所且居住不满一年的个人。对居民纳税人与非居民纳税人的判定标准，一是看其在中国境内是否有住所。如有住所，即为居民纳税人，不再考虑其居住时间长短的问题；二是当其在中国境内无住所的情况时，要根据其在中国境内居住时间的长短来判定该人的税收居民身份，凡在一个纳税年度内在中国境内居住满一年的，即为居民纳税义务人，否则为非居民纳税义务人。

（三）征税对象

征税对象亦称课税对象、课税客体，是指税收法律关系中征纳双方权利义务所指向的物或行为。税法规定的必须征税的客观对象，它表明国家对什么样的标的物征税，与纳税人、税率等共同构成税收制度的基本要素。根据课税对象的不同性质，全部税种可分为四大类，即流转课税、收益课税、财产课税、其他行为课税。课税对象只是解决征税客体一般外延范围。在税法中，为了具体计算税额，还必须对征税对象作出具体规定。同一课税对象的这种具体化就是税目。征税对象随生产力的变化而变化。自然经济中，土地和人是主要的征税对象。商品经济中，商品的流转额、企业利润和个人所得成为主要的征税对象。

（四）税目

税目亦称课税品目、征税品目，是各个税种所规定的具体征税项目。它反映了具体的征税范围，代表了征税广度，是税种课征制度组成的一个要素。例如，我国新税制中的消费税的征税对象是生产和进口的应税消费品，对消费品共设计了11个税目，13个子目，共计25个征税项目。不是所有的税种都规定税目，有些税种征税对象简单、明确，没有另行规定税目的必要，如房产税。有的税种征税对象比较复杂，一般要先分大类，在类别之下再分税目、子目、细目。无税目的税种均有统一的税率。税目具有两方面的作用：一是明确征税的范围，体现征税的广度，凡属于税目之内的产品或收入即为课税对象，反之则为非课税对象；二是对具体征税项目进行归类和界定，以便针对不同的税目确定差别税率。

（五）税率

税率是税额与课税对象之间的数量关系或比例关系，是指课税的尺度。税率一般可分为定额税率、比例税率、累进税率等三种基本形式。

（1）定额税率是指征税对象的计量单位直接规定为纳税的绝对额的税率形式，适用于从量征收的税种。

（2）比例税率指对同一征税对象不分数额大小，规定相同的征税比例的税率。流转税一般都实行比例税率。比例税率又分为统一比例税率和差别比例税率。前者指一种税只设置一种比例税率，所有纳税人都按同一税率纳税；后者指一种税设两种或两种以上的比例税率。

（3）累进税率又称累进税制，指随同征税对象数量的增大，征税比例随之提高的税率。一般适用于对收益、财产的征税。累进税率因计算方法和依据的不同分全额累进税率和全率累进税率、超额累进税率和超率累进税率。全额累进税率是对征税对象的金额按照与之相适应的等级的税率计算税额，在征税对象提高到一个级距时，对征税对象金额都按高一级的税率征税；全率累进税率与全额累进税率的原理相同，只是税率累进的依据不同。全额累进税率的依据是征税对象的数额，而全率累进税率的依据是征税对象的某种比率，如销售利润率、资金利润率等；超额累进税率是指把征税对象按数额大小划分为若干等级，每个等级由低到高规定相应的税率，每个等级分别按该级的税率计税；超率累进税率与超额累进税率的原理相同，只是税率累进的依据不是征税对象的数额而是征税对象的某种比率。

（六）纳税环节

纳税环节主要指税法规定的征税对象在从生产到消费的流转过程中应当缴纳税款的环节。如流转税在生产和流通环节纳税，所得税在分配环节纳税等。国家在规定某种征税对象时，须明确规定其纳税环节，即发生纳税义务的时间和场所。我国纳税环节的规定，在商品流转课税中表现得比较明显。如应税工业品的纳税环节，一般为销售环节；应税农林牧水产品的纳税环节，在产品销售给国家规定的收购单位时为收购环节；在销售给消费者及个体商贩时为销售环节。

（七）纳税期限

纳税期限是指纳税人按照税法规定缴纳税款的期限。例如，营业税的纳税期限，分别为5日、10日、15日或者1个月，纳税人的具体纳税期限，由主管税务机关根据纳税人应纳税额的大小分别核定，不能按照固定期限纳税的，可以按次纳税。纳税期限是负有纳税义务的纳税人向国家缴纳税款的最后时间限制。它是税收强制性、固定性在时间上的体现。任何纳税人都必须如期纳税，否则就是违反税法，应受到法律制裁。确定纳税期限，要根据课税对象和国民经济各部门生产经营的不同特点来决定。如流转课税，当纳税人取得货款后就应将税款缴入国库，但为了简化手续，便于纳税人经营管理和缴纳税款（降低税收征收成本和纳税成本），可以根据情况将纳税期限确定为1天、3天、5天、10天、15天或1个月。

（八）纳税地点

纳税地点主要是指根据各个税种纳税对象的纳税环节和有利于对税款的源泉控制而规定的纳税人（包括代征、代扣、代缴义务人）的具体纳税地点。

（九）减税免税

减税免税主要是对某些纳税人和征税对象采取减少征税或者免予征税的特殊规定。减税是对应纳税额少征一部分税款，免税是对应纳税额全部免征。减税免税是对某些纳税人和征税对象给予鼓励和照顾的一种措施。减税免税的类型有：一次性减税免税、一定期限的减税免税、困难照顾型减税免税、扶持发展型减税免税等。与减税免税有直接关系的还有起征点和免征额两个要素。其中，起征点是指开始计征税款的界限。课税对象数额没达到起征点的不征税，达到起征点的就按全部数额征税。免征额是指在课税对象全部数额中免予征税的数额。它是按照一定标准从课税对象全部数额中预先扣除的数额，免征额部分不征税，只对超过免征额部分征税。起征点和免征额具有不同的作用。起征点的设置前提主要是纳税人的纳税能力，是对纳税能力小的纳税人给予的照顾。免征额的设置虽然也有照顾纳税能力弱者的意思，但其他因素却是考虑的关键因素，如在征个人所得税的赡养老人税前扣除免征额、在征子女教育费用税前扣除免征额等，主要考虑的是社会效应和公平原则。

（十）罚则

罚则主要是指对纳税人违反税法的行为采取的处罚措施。

（十一）附则

附则一般都规定与该法紧密相关的内容，如该法的解释权、生效时间等。

五、税收法律制度

（一）税收征收管理法

目前，我国关于税收征收管理方面的法律和法规主要有1992年第七届全国人大常委会通过的、1993年和2001年进行了修改的《中华人民共和国税收征收管理法》，2002年国务院颁布的《中华人民共和国税收征收管理法实施细则》以及国家税务总局的相关规定。

1. 税务管理

税务管理包括税务登记，账簿、凭证管理和纳税申报三个方面。

(1) 税务登记。纳税人必须依照法律、行政法规规定或者税务机关依照法律、行政法规的规定确定的申报期限、申报内容如实办理纳税申报，报送纳税申报表、财务会计报表以及税务机关根据实际需要要求纳税人报送的其他纳税资料。扣缴义务人必须依照法律、行政法规规定或者税务机关依照法律、行政法规的规定确定的申报期限、申报内容如实报送代扣代缴、代收代缴税款报告表以及税务机关根据实际需要要求扣缴义务人报送的其他有关资料。

从事生产、经营的纳税人应当自领取营业执照之日起30日内，向生产、经营地或者纳税义务发生地的主管税务机关申报办理税务登记，如实填写税务登记表，并按照税务机关的要求提供有关证件、资料。其他除国家机关和个人外的纳税人，应当自纳税义务发生之日起30日内，持有关证件向所在地的主管税务机关申报办理税务登记。

扣缴义务人应当自扣缴义务发生之日起30日内，向所在地的主管税务机关申报办理扣缴税款登记，领取扣缴税款登记证件；税务机关对已办理税务登记的扣缴义务人，可以只在其税务登记证件上登记扣缴税款事项，不再发给扣缴税款登记证件。

(2) 账簿、凭证管理。从事生产、经营的纳税人应当自领取营业执照或者发生纳税义务之日起15日内，按照国家有关规定设置账簿。账簿是指总账、明细账、日记账以及其他辅助性账簿。总账、日记账应当采用订本式。纳税人、扣缴义务人按照有关法律、行政法规和国务院财政、税务主管部门的规定设置账簿，根据合法、有效凭证记账，进行核算。生产、经营规模小又确无建账能力的纳税人，可以聘请经批准从事会计代理记账业务的专业机构或者经税务机关认可的财会人员代为建账和办理账务；聘请上述机构或者人员有实际困难的，经县以上税务机关批准，可以按照税务机关的规定，建立收支凭证粘贴簿、进货销货登记簿或者使用税控装置。

从事生产、经营的纳税人应当自领取税务登记证件之日起15日内，将其财务、会计制度或者财务、会计处理办法报送主管税务机关备案。纳税人使用计算机记账的，应当在使用前将会计电算化系统的会计核算软件、使用说明书及有关资料报送主管税务机关备案。扣缴义务人应当自税收法律、行政法规规定的扣缴义务发生之日起10日内，按照所代扣、代收的税种，分别设置代扣代缴、代收代缴税款账簿。

账簿、记账凭证、报表、完税凭证、发票、出口凭证以及其他有关涉税资料应当合法、真实、完整，不得伪造、变造或者擅自损毁。除法律、行政法规另有规定的外，上述资料应当保存10年。

(3) 纳税申报。纳税人必须依照法律、行政法规规定或者税务机关依照法律、行政法规的规定确定的申报期限、申报内容如实办理纳税申报，报送纳税申报表、财务会计报表以及税务机关根据实际需要要求纳税人报送的其他纳税资料。扣缴义务人必须依照法律、行政法规规定或者税务机关依照法律、行政法规的规定确定的申报期限、申报内容如实报送代扣代缴、代收代缴税款报告表以及税务机关根据实际需要要求扣缴义务人报送的其他有关资料。税务机关应当建立、健全纳税人自行申报纳税制度。经税务机关批准，纳税人、扣缴义务人可以采取邮寄、数据电文方式办理纳税申报或者报送代扣代缴、代收代缴税款报告表。

纳税人办理纳税申报时，应当如实填写纳税申报表，并根据不同的情况相应报送有关证件、资料，主要有：财务会计报表及其说明材料；与纳税有关的合同、协议书及凭证；税控装置的电子报税资料；外出经营活动税收管理证明和异地完税凭证；境内或者境外公证机构出具的有关证明文件；税务机关规定应当报送的其他有关证件、资料。扣缴义务人办理代扣代缴、代收代缴税款报告时，应当如实填写代扣代缴、代收代缴税款报告表，并报送代扣代缴、代收代缴税款的合法凭证以及税务机关规定的其他有关证件、资料。

纳税人、扣缴义务人按照规定的期限办理纳税申报或者报送代扣代缴、代收代缴税款报告表确有困难，需要延期的，应当在规定的期限内向税务机关提出书面延期申请，经税务机关核准，在核准的期限内办理。纳税人、扣缴义务人因不可抗力，不能按期办理纳税申报或者报送代扣代缴、代收代缴税款报告表的，可以延期办理。但是，应当在不可抗力情形消除后立即向税务机关报告。税务机关应当查明事实，予以核准。

2. 税款征收

（1）依法征税。税务机关依照法律、行政法规的规定征收税款，不得违反法律、行政法规的规定开征、停征、多征、少征、提前征收、延缓征收或者摊派税款。除税务机关、税务人员以及经税务机关依照法律、行政法规委托的单位和人员外，任何单位和个人不得进行税款征收活动。扣缴义务人依照法律、行政法规的规定履行代扣、代收税款的义务。对法律、行政法规没有规定负有代扣、代收税款义务的单位和个人，税务机关不得要求其履行代扣、代收税款义务。

（2）按期纳税。纳税人、扣缴义务人按照法律、行政法规规定或者税务机关依照法律、行政法规的规定确定的期限，缴纳或者解缴税款。纳税人因有特殊困难，不能按期缴纳税款的，经省、自治区、直辖市国家税务局、地方税务局批准，可以延期缴纳税款，但是最长不得超过3个月。纳税人的特殊困难包括：一是因不可抗力，导致纳税人发生较大损失，正常生产经营活动受到较大影响；二是当期货币资金在扣除应付职工工资、社会保险费后，不足以缴纳税款。纳税人未按照规定期限缴纳税款，扣缴义务人未按照规定期限解缴税款的，税务机关除责令其限期缴纳外，从滞纳税款之日起，按日加收滞纳税款万分之五的滞纳金。

（3）延期纳税。纳税人需要延期缴纳税款的，应当在缴纳税款期限届满前提出申请，并报送申请延期缴纳税款报告、当期货币资金余额情况及所有银行存款账户的对账单、资产负债表、应付职工工资和社会保险费等税务机关要求提供的支出预算材料。税务机关应当自收到申请延期缴纳税款报告之日起20日内作出批准或者不予批准的决定。

（4）减税免税。法律、行政法规规定或者经法定的审批机关批准减税、免税的纳税人，应当持有关文件到主管税务机关办理减税、免税手续。减税、免税期满，应当自期满次日起恢复纳税。享受减税、免税优惠的纳税人，减税、免税条件发生变化的，应当自发生变化之日起15日内向税务机关报告；不再符合减税、免税条件的，应当依法履行纳税义务；未依法纳税的，税务机关应当予以追缴。地方各级人民政府、各级人民政府主管部门、单位和个人违反法律、行政法规规定，擅自作出的减税、免税决定无效，税务机关不得执行，并向上级税务机关报告。

（5）税款核定。纳税人有下列情形之一的，税务机关有权核定其应纳税额：①依照法律、行政法规的规定可以不设置账簿的；②依照法律、行政法规的规定应当设置但未设置账簿的；③擅自销毁账簿或者拒不提供纳税资料的；④虽设置账簿，但账目混乱或者成本资料、收入凭证、费用凭证残缺不全，难以查账的；⑤发生纳税义务，未按照规定的期限办理纳税申报，经税务机关责令限期申报，逾期仍不申报的；⑥纳税人申报的计税依据明显偏低，又无正当理由的。

（6）纳税担保、税收保全与税收强制执行措施。税务机关有证据认为从事生产、经营的纳税人有逃避纳税义务行为的，可以在规定的纳税期限之前，责令其限期缴纳应纳税款；在限期内发现纳税人有明显的转移、隐匿其应纳税的商品、货物以及其他财产或者应纳税的收入的迹象的，税务机关可以责成纳税人提供纳税担保。如果纳税人不能提供纳税担保的，经县以上税务局（分局）局长批准，税务机关可以采取下列税收保全措施：一是书面通知纳税人开户银行或者其他金融机构冻结纳税人的金额相当于应纳税款的存款；二是扣押、查封纳税人的价值相当于应纳税款的商品、货物或者其他财产。

从事生产、经营的纳税人、扣缴义务人未按照规定的期限缴纳或者解缴税款，纳税担保人未按照规定的期限缴纳所担保的税款的，由税务机关责令其限期缴纳，逾期仍未缴纳的，经县以上税务局（分局）局长批准，税务机关可以采取下列强制执行措施：一是书面通知其开户银行或者其他金融机构从其存款中扣缴税款；二是扣押、查封、依法拍卖或者变卖其价值相当于应纳税款的商品、货物或者其他财产，以拍卖或者变卖所得抵缴税款。

税务机关采取强制执行措施时，对纳税人、扣缴义务人、纳税担保人未缴纳的滞纳金同时强制执行。但是，税务机关采取税收保全措施和强制执行措施必须依照法定权限和法定程序，不得查封、扣押纳税人个人及其所扶养家属维持生活必需的住房和用品。

（7）税收的优先权、代位权、撤销权。税收的优先权是保证国家税收权益的重要措施，即在纳税人的同一财产上国家的税收权与其他权利同时存在时，税收权先予清偿。税收是国家财政收入的主要来源，体现的是公共权利，满足的是社会共同需要，因此，税收体现了公权应当优先于满足个别需要的私权。根据我国《税收征收管理法》，税收的优先权体现在：一是税收优先于无担保债权。《税收征收管理法》第四十五条规定："税务机关征收税款，税收优先于无担保债权，法律另有规定的除外。"二是如果国家税收权先于有担保的债权的发生，国家的税收权优先。《税收征收管理法》第四十五条规定："纳税人欠缴的税款发生在纳税人以其财产设定抵押、质押或者纳税人的财产被留置之前的，税收应当先于抵押权、质权、留置权执行。"三是税收优先于罚款、没收违法所得。即纳税人欠缴税款，同时又被行政机关决定处以罚款、没收违法所得的，税收优先于罚款、没收违法所得。

税收代位权是指欠缴税款的纳税人怠于行使其到期债权或者放弃到期债权而对国家税收即税收债权造成损害时，由税务机关以自己的名义代替纳税人行使其债权的权力。

税收撤销权是指税务机关对欠缴税款的纳税人滥用财产处分权而对国家税收造成损害的行为，请求法院予以撤销的权利。赋予税收代位权和撤销权，目的是强调纳税人应当在其全部财产内对其税收债务承担责任。《税收征收管理法》第五十条规定："欠缴税款的纳税人因怠于行使到期债权，或者放弃到期债权，或者无偿转让财产，或者以明显不合理的低价转让财产而受让人知道该情形，对国家税收造成损害的，税务机关可以依照《合同法》第七十三条、第七十四条的规定行使代位权、撤销权。税务机关依照前款规定行使代位权、撤销权的，不免除欠缴税款的纳税人尚未履行的纳税义务和应承担的法律责任。"

(8) 超缴退税和税款追征。纳税人超过应纳税额缴纳的税款，税务机关发现后应当立即退还；纳税人自结算缴纳税款之日起3年内发现的，可以向税务机关要求退还多缴的税款并加算银行同期存款利息，税务机关及时查实后应当立即退还。

因税务机关的责任，致使纳税人、扣缴义务人未缴或者少缴税款的，税务机关在3年内可以要求纳税人、扣缴义务人补缴税款，但是不得加收滞纳金。因纳税人、扣缴义务人计算错误等失误，未缴或者少缴税款的，税务机关在3年内可以追征税款、滞纳金；有特殊情况的，追征期可以延长到5年。但对偷税、抗税、骗税的，税务机关追征其未缴或者少缴的税款、滞纳金或者所骗取的税款，不受5年期限的限制。

3. 税务检查

依据《税收征收管理法》的规定，税务机关有权检查纳税人的账簿、记账凭证、报表和有关资料，检查扣缴义务人代扣代缴、代收代缴税款账簿、记账凭证和有关资料；有权到纳税人的生产、经营场所和货物存放地检查纳税人应纳税的商品、货物或者其他财产，检查扣缴义务人与代扣代缴、代收代缴税款有关的经营情况；有权责成纳税人、扣缴义务人提供与纳税或者代扣代缴、代收代缴税款有关的文件、证明材料和有关资料；有权询问纳税人、扣缴义务人与纳税或者代扣代缴、代收代缴税款有关的情况；有权到车站、码头、机场、邮政企业及其分支机构检查纳税人托运、邮寄应纳税商品、货物或者其他财产的有关单据、凭证和有关资料；经县以上税务局（分局）局长批准，凭全国统一格式的检查存款账户许可证明，有权查询从事生产、经营的纳税人、扣缴义务人在银行或者其他金融机构的存款账户。税务机关在调查税收违法案件时，经设区的市、自治州以上税务局（分局）局长批准，可以查询案件涉嫌人员的储蓄存款。税务机关查询所获得的资料，不得用于税收以外的用途。

税务机关对从事生产、经营的纳税人以前纳税期的纳税情况依法进行税务检查时，发现纳税人有逃避纳税义务行为，并有明显的转移、隐匿其应纳税的商品、货物以及其他财产或者应纳税的收入的迹象的，可以采取税收保全措施或者强制执行措施。纳税人、扣缴义务人必须接受税务机关依法进行的税务检查，如实反映情况，提供有关资料，不得拒绝、隐瞒。税务机关调查税务违法案件时，对与案件有关的情况和资料，可以记录、录音、录像、照相和复制。税务机关派出的人员进行税务检查时，应当出示税务检查证和税务检查通知书，并有责任为被检查人保守秘密；未出示税务检查证和税务检查通知书的，被检查人有权拒绝检查。

4. 法律责任

税收法律关系中的征税人和纳税人、扣缴义务人必须依照《税收征收管理法》履行其职责和义务，否则应承担相应的法律责任。我国《税收征收管理法》规定了多种违反税收征收管理法的行为的法律责任。

（1）纳税人、扣缴义务人违反税收征收管理法的行为的法律责任：

①纳税人未按照规定的期限申报办理税务登记、变更或者注销登记的；未按照规定设置、保管账簿或者保管记账凭证和有关资料的；未按照规定将财务、会计制度或者财务、会计处理办法和会计核算软件报送税务机关备查的；未按照规定将其全部银行账号向税务机关报告的；未按照规定安装、使用税控装置，或者损毁和擅自改动税控装置的，由税务机关责令限期改正，可以处2 000元以下的罚款；情节严重的，处2 000元以上1万元以下的罚款。纳税人不办理税务登记的，由税务机关责令限期改正；逾期不改正的，经税务机关提请，由工商行政管理机关吊销其营业执照。纳税人未按照规定使用税务登记证件，或者转借、涂改、损毁、买卖、伪造税务登记证件的，处2 000元以上1万元以下的罚款；情节严重的，处1万元以上5万元以下的罚款。

②欠税行为。扣缴义务人未按照规定设置、保管代扣代缴、代收代缴税款账簿或者保管代扣代缴、代收代缴税款记账凭证及有关资料；纳税人未按照规定的期限办理纳税申报和报送纳税资料的，或者扣缴义务人未按照规定的期限向税务机关报送代扣代缴、代收代缴税款报告表和有关资料的，由税务机关责令限期改正，可以处2 000元以下的罚款。扣缴义务人的欠税行为情节严重的，处2 000元以上5 000元以下的罚款；纳税人的欠税行为情节严重的，可以处2 000元以上1万元以下的罚款。

③偷税行为。纳税人伪造、变造、隐匿、擅自销毁账簿、记账凭证，或者在账簿上多列支出或者不列、少列收入，或者经税务机关通知申报而拒不申报或者进行虚假的纳税申报，不缴或者少缴应纳税款的，属偷税行为。对纳税人偷税的，由税务机关追缴其不缴或者少缴的税款、滞纳金，并处不缴或者少缴的税款50%以上5倍以下的罚款；构成犯罪的，依法追究刑事责任。扣缴义务人采取前款所列手段，不缴或者少缴已扣、已收税款的，由税务机关追缴其不缴或者少缴的税款、滞纳金，并处不缴或者少缴的税款50%以上5倍以下的罚款；构成犯罪的，依法追究刑事责任。

④逃税行为。纳税人欠缴应纳税款，采取转移或者隐匿财产的手段，妨碍税务机关追缴欠缴的税款的，由税务机关追缴欠缴的税款、滞纳金，并处欠缴税款50%以上5倍以下的罚款；构成犯罪的，依法追究刑事责任。

⑤骗税行为。以假报出口或者其他欺骗手段，骗取国家出口退税款的，由税务机关追缴其骗取的退税款，并处骗取税款1倍以上5倍以下的罚款；构成犯罪的，依法追究刑事责任。对骗取国家出口退税款的，税务机关可以在规定期间内停止为其办理出口退税。

⑥抗税行为。以暴力、威胁方法拒不缴纳税款的，属抗税行为，除由税务机关追缴其拒缴的税款、滞纳金外，依法追究刑事责任。情节轻微，未构成犯罪的，由税务机关追缴其拒缴的税款、滞纳金，并处拒缴税款1倍以上5倍以下的罚款。

违反税收法律、行政法规应当给予行政处罚的行为，在5年内未被发现的，不再给予行政处罚。

（2）税务机关和税务机关征税人员违反税收征收管理法的行为的法律责任：

①税务机关违反税收征收管理法的行为主要有：违反规定擅自改变税收征收管理范围和税款入库预算级次；违反法律、行政法规的规定提前征收、延缓征收或者摊派税款；税务机关、税务人员查封、扣押纳税人个人及其所扶养家属维持生活必需的住房和用品；擅自作出税收的开征、停征或者减税、免税、退税、补税以及其他同税收法律、行政法规相抵触的决定等。对税务机关的违反税收征收管理法的行为，应当责令限期更正，对直接负责的主管人员和其他直接责任人员依法给予行政处分，构成犯罪的，依法追究刑事责任。

②税务人员违反税收征收管理法的行为主要有：与纳税人、扣缴义务人勾结，唆使或者协助纳税人、扣缴义务人实施违反税收征收管理法的行为；利用职务上的便利，收受或者索取纳税人、扣缴义务人财物或者谋取其他不正当利益；税务人员滥用职权，故意刁难纳税人、扣缴义务人；徇私舞弊或者玩忽职守，不征或者少征应征税款；徇私舞弊，对依法应当移交司法机关追究刑事责任的不移交；对控告、检举税收违法违纪行为的纳税人、扣缴义务人以及其他检举人进行打击报复；在征收税款或者查处税收违法案件时，应当回避的人员未按规定进行回避；未按照规定为纳税人、扣缴义务人、检举人保密等。对于税务人员的违反税收征收管理法的行为，构成犯罪的，依法追究刑事责任；尚不构成犯罪的，依法给予行政处分。

（二）主要税种法

1. 增值税法

增值税是对在我国境内销售货物或提供加工、修理修配劳务以及进口货物的单位和个人征收的一种流转税。其征税对象为生产、流通中各环节的新增价值或商品附加值。我国于1993年发布的《中华人民共和国增值税暂行条例》和《中华人民共和国增值税暂行条例实施细则》是我国增值税法的主要法律规范性文件。这两个规范性文件对增值税的内容作了明确的规定。

（1）增值税的纳税人与征税范围。在中华人民共和国境内销售货物或者提供加工、修理修配劳务以及进口货物的单位和个人，为增值税的纳税义务人。征税范围包括：对在中华人民共和国境内销售货物（销售不动产除外）和进口货物的行为都应征收增值税，并对提供加工、修理修配劳务的行为也应征收增值税。在中华人民共和国境内销售货物，是指所销售的货物的起运地或所在地在境内；在中华人民共和国境内提供应税劳务，是指应税劳务发生在境内。“货物”是指有形动产，包括电力、热力和气体在内；“加工”是指受托加工货物，即委托方提供原料及主要材料，受托方按照委托方的要求制造货物并收取加工费的业务。“修理修配”是指受托方对损伤和丧失功能的货物进行修复，使其恢复原状和功能的业务。

（2）增值税税率。销售或进口货物以及提供加工、修理修配劳务等应税劳务，税率为17%的基本税率。

销售或进口粮食、食用植物油；自来水、暖气、冷气、热水、煤气、石油液化气、天然气、沼气、居民用煤炭制品；图书、报纸、杂志；饲料、化肥、农药、农机、农膜，税率为13%。

此外，纳税人出口货物，税率为零。小规模纳税人销售货物或者提供应税劳务的征税率为6%。

(3) 增值税的免税和减税。根据《增值税暂行条例》的规定，国家免征下列项目的增值税：农业生产者销售的自产农业产品；避孕药品和用具；古旧图书；直接用于科学研究、科学试验和教学的进口仪器、设备；外国政府、国际组织无偿援助的进口物资和设备；来料加工、来件装配和补偿贸易所需进口的设备；由残疾人组织直接进口供残疾人专用的物品；销售自己使用过的物品。此外，销售额未达到财政部规定的增值税起征点的，免征增值税。

(4) 增值税纳税期限。增值税的纳税期限分别为1日、3日、5日、10日、15日或者1个月。纳税人的具体纳税期限，由主管税务机关根据纳税人应纳税额的大小分别核定；不能按照固定期限纳税的，可以按次纳税。纳税人以一个月为一期纳税的，自期满之日起10日内申报纳税；以1日、3日、5日、10日或者15日为一期纳税的，自期满之日起5日内预缴税款，于次月一日起10日内申报纳税并结清上月应纳税款。纳税人进口货物的，应当自海关填发税款缴纳证的次日起7日内缴纳税款。

纳税人出口适用税率为零的货物，向海关办理出口手续后，凭出口报关单等有关凭证，可以按月向税务机关申报办理该项出口货物的退税，具体办法由国家税务总局规定。出口货物办理退税后发生退货或者退关的，纳税人应依法补交已退的税款。

2. 消费税法

消费税是1994年税制改革后在流转税中新设置的一个税种。消费税是在对货物普遍征收增值税的基础上，选择少数消费品再征收的一个税种，主要是为了调节产品结构，引导消费方向，保证国家财政收入。目前，确定征收消费税的只有烟、酒、化妆品等11种产品。消费税具有以下特点：一是征税范围的有限性。我国在普遍征收增值税的基础上，选择少数消费品征收消费税。二是征收环节的单一性。消费税只在消费品生产、流通或消费的某一环节一次性征收。三是税负具有转嫁性。消费税无论在哪个环节征收，也无论是实行价内税还是价外税，消费品中所含消费税税款都由消费者负担。

我国现行的消费税法主要是1993年12月13日国务院颁布的《消费税暂行条例》和1993年12月15日颁布的《消费税暂行条例实施细则》。

(1) 消费税的纳税人是指在中华人民共和国境内生产、委托加工和进口特定的消费品的单位和个人。成为消费税纳税人要具备两个条件：一是发生应税行为，即从事生产（包括自产自用）、委托加工和进口应税消费品；二是应税行为发生在中国境内。

(2) 消费税的征税范围主要是指需要进行特殊税收调节的消费品，主要有六类：①过度消费对人类健康、社会秩序和生态环境造成危害的，如烟、酒、鞭炮、焰火等；②奢侈品，如贵重首饰和珠宝玉石、化妆品等；③高能耗及高档消费品，如小汽车、摩托车等；④不可再生和替代的消费品，如汽油、柴油等；⑤具有一定财政意义的消费品，如汽车轮胎、护肤护发品等。

(3) 消费税的税目、税率（税额），依照消费税税目税率（税额）表执行，消费税税目、税率（税额）的调整，由国务院决定。消费税税目税率（税额）表规定了两种税率：比例税率和定额税率。定额税率适用于消费品中的啤酒、黄酒以及汽油、柴油；比例税率适用于多数应税消费品，税率最低为3%，最高为45%。如果纳税人兼营不同税率的应税消费品，应当分别核算不同税率应税消费品的销售额、销售数量，未分别核算销售额、销售数量，或者将不同税率的应税消费品组成成套消费品销售的，从高适用税率。

3. 营业税法

营业税是对在我国境内提供应税劳务、转让无形资产或销售不动产的单位和个人，就其所取得的营业额征收的一种税。营业税属于流转税制中的一个主要税种。营业税的特点主要是：

一是征税范围广、税源普遍。营业税的征税范围包括在我国境内提供应税劳务、转让无形资产和销售不动产的经营行为，涉及国民经济中第三产业这一广泛的领域。第三产业直接关系着城乡人民群众的日常生活，因而营业税的征税范围具有广泛性和普遍性。随着第三产业的不断发展，营业税的收入也将逐步增长。

二是以营业额为计税依据，计算方法简便。营业税的计税依据为各种应税劳务收入的营业额、转让无形资产的转让额、销售不动产的销售额，税收收入不受成本、费用高低影响，收入比较稳定。营业税实行比例税率，计征方法简便。

三是按行业设计税目税率。营业税与其他流转税税种不同，它不按商品或征税项目的种类、品种设置税目、税率，而是从应税劳务的综合性经营特点出发，按照不同经营行业设计不同的税目、税率，即行业相同，税目、税率相同；行业不同，税目、税率不同。营业税税率设计的总体水平较低。

目前调整和规范我国营业税的法律法规主要是1993年国务院颁布的《中华人民共和国营业税暂行条例》和1993年财政部颁布的《中华人民共和国营业税暂行条例实施细则》。

(1) 营业税的征税对象。在我国，营业税的征税对象是纳税人在中华人民共和国境内提供应税劳务、转让无形资产或者销售不动产的营业额。应税劳务是指属于交通运输业、建筑业、金融保险业、邮电通信业、文化体育业、娱乐业、服务业税目征收范围的劳务。无形资产是指土地使用权、商标权、专有技术权、著作权等。不动产是不能移动，移动后会引起性质、形状改变的财产，包括建筑物及其土地附着物。提供应税劳务、转让无形资产或者销售不动产，是指有偿提供应税劳务、有偿转让无形资产或有偿转让不动产所有权的行为，但不包括单位或个体经营者聘用的员工为本单位或雇主提供应税劳务。

(2) 营业税的税率。营业税按照行业不同设计不同税目和税率，我国营业税税目税率表设定的营业税率为比例税率，分别为3%、5%、5%～20%三种。其中，交通运输业、建筑业、邮电通信业和文化体育业实行3%的营业税税率；金融保险业、服务业、转让无形资产和销售不动产实行5%的营业税税率；娱乐业则实行5%～20%的营业税税率。

(3) 营业税的减免。《营业税暂行条例》规定下列项目免征营业税：托儿所、幼儿园、养老院、残疾人福利机构提供的育养服务；婚姻介绍、殡葬服务；残疾人员个人提供的劳务；医院、诊所和其他医疗机构提供的医疗服务；学校和其他教育机构提供的教育劳务，学生勤工俭学提供的劳务；农业机耕、排灌、病虫害防治、植保、农牧保险以及相关技术培训业务，家禽、牲畜、水生动物的配种和疾病防治；纪念馆、博物馆、文化馆、美术馆、展览馆、书画院、图书馆、文物保护单位举办文化活动的门票收入，宗教场所举办文化、宗教活动的门票收入。

4. 个人所得税法

个人所得税是指对在中国境内有住所，或者无住所但在境内居住满一年的个人，从中国境内和境外取得的所得，以及在中国境内无住所又不居住或者无住所而在境内居住不满一年的个人，从中国境内取得的所得征收的一种税。个人所得税法是调整征税机关与自然人（居民、非居民人）之间在个人所得税的征纳与管理过程中所发生的社会关系的法律规范的总称。

（1）个人所得税法的立法历程。1980 年 9 月 10 日第五届全国人民代表大会第三次会议审议通过了《中华人民共和国个人所得税法》，并同时公布实施。同年 12 月 14 日，经国务院批准，财政部公布了《个人所得税法施行细则》。该法律法规体现了适当调节个人收入，贯彻公平税负，实施合理负担的原则，并采取分项的征收制，具有税率低、扣除额宽、征税面小、计算简便等特点。1986 年，国务院根据我国社会经济发展的状况，为了有效调节社会成员收入水平的差距，分别发布了《城乡个体工商户所得税暂行条例》和《个人收入调节税暂行条例》，从而形成了我国对个人所得课税三个税收法律法规并存的状况。1993 年 10 月 31 日第八届全国人民代表大会常务委员会第四次会议通过了《关于修改〈中华人民共和国个人所得税法〉的决定》，同时公布了修改后的《中华人民共和国个人所得税法》，自 1994 年 1 月 1 日起施行。1994 年 1 月 28 日国务院第 142 号令发布《中华人民共和国个人所得税法实施条例》。为建立一部统一的既适用于中、外籍纳税人，也适用于个体工商户和其他人员的新的个人所得税法，1999 年 8 月 30 日第九届全国人民代表大会常务委员会第十一次会议通过了第二次修正的《中华人民共和国个人所得税法》。2000 年 9 月，财政部、国家税务总局根据《国务院关于个人独资企业和合伙企业征收所得税问题的通知》中有关“对个人独资企业和合伙企业停征企业所得税，只对其投资者的经营所得征收个人所得税”的规定，制定了《关于个人独资企业和合伙企业投资者征收个人所得税的规定》，明确从 2000 年 1 月 1 日起，个人独资企业和合伙企业投资者将依法缴纳个人所得税。2005 年 10 月第十届全国人大常委会通过了关于修改个人所得税法的决定，主要是将工薪所得减除费用标准从 800 元提高到 1 600 元。2007 年 12 月 29 日第十届全国人大常委会第三十一次会议再次表决通过了关于修改个人所得税法的决定。根据决定，2008 年 3 月 1 日起，我国个税起征点从 1 600 元/月上调至 2 000 元/月。

（2）个人所得税的纳税人。我国个人所得税的纳税义务人是在中国境内居住的有所得的人以及不在中国境内居住而从中国境内取得所得的个人，包括中国国内公民，在华取得所得的外籍人员和港、澳、台同胞。个人所得税纳税人分为居民纳税人和非居民纳税人：居民纳税义务人，是指在中国境内有住所，或者无住所而在境内居住满 1 年的个人。居民纳税义务人应当承担无限纳税义务，即就其在中国境内和境外取得的所得，依法缴纳个人所得税。非居民纳税义务人是指在中国境内无住所又不居住或者无住所而在境内居住不满一年的个人。非居民纳税义务人承担有限纳税义务，仅就其从中国境内取得的所得，依法缴纳个人所得税。

(3) 个人所得税的纳税对象。个人所得分为境内所得和境外所得。主要包括以下内容：工资、薪金所得；个体工商户的生产、经营所得；对企事业单位的承包经营、承租经营所得；劳务报酬所得；稿酬所得；特许权使用费所得；利息、股息、红利所得；财产租赁所得；财产转让所得；偶然所得；经国务院财政部门确定征税的其他所得。

(4) 个人所得税税率。《中华人民共和国个人所得税法》将个人所得税的税率设定为：①工资、薪金所得，适用超额累进税率，税率为5%～45%；②个体工商户的生产、经营所得和对企事业单位的承包经营、承租经营所得，适用5%～35%的超额累进税率；③稿酬所得，适用比例税率，税率为20%，并按应纳税额减征30%；④劳务报酬所得，适用比例税率，税率为20%。对劳务报酬所得一次收入畸高的，可以实行加成征收，具体办法由国务院规定；⑤特许权使用费所得，利息、股息、红利所得，财产租赁所得，财产转让所得，偶然所得和其他所得，适用比例税率，税率为20%。

(5) 个人所得税的减免。《中华人民共和国个人所得税法》规定，下列各项个人所得，免纳个人所得税：省级人民政府、国务院部委和中国人民解放军以上单位以及外国组织、国际组织颁发的科学、教育、技术、文化、卫生、体育、环境保护等方面的奖金；国债和国家发行的金融债券利息；按照国家统一规定发给的补贴、津贴；福利费、抚恤金、救济金；保险赔款；军人的转业费、复员费；按照国家统一规定发给干部、职工的安家费、退职费、退休工资、离休工资、离休生活补助费；依照我国有关法律规定应予免税的各国驻华使馆、领事馆的外交代表、领事官员和其他人员的所得；中国政府参加的国际公约、签订的协议中规定免税的所得；经国务院财政部门批准免税的所得。

税法还规定了可以减征个人所得税的三种情形：一是残疾、孤老人员和烈属的所得；二是因严重自然灾害造成重大损失的；三是其他经国务院财政部门批准减税的。

5. 企业所得税法

企业所得税是指对中华人民共和国境内的企业和其他组织的生产经营所得和其他所得征收的一种税。2007年3月16日，第十届全国人民代表大会第五次会议通过了《中华人民共和国企业所得税法》（以下简称《企业所得税法》），2007年12月6日，国务院发布《中华人民共和国企业所得税法实施条例》，自2008年1月1日起施行。1991年4月9日，第七届全国人民代表大会第四次会议通过的《中华人民共和国外商投资企业和外国企业所得税法》和1993年12月13日国务院发布的《中华人民共和国企业所得税暂行条例》同时废止。结束了内外资企业异税的时代，实现了两税统一，两税统一改革涉及我国企业所得税政策的重大调整，将对企业投资、产业结构调整和经济发展产生重要影响。

(1) 企业所得税的纳税企业。依据《企业所得税法》规定，在中华人民共和国境内的企业和其他取得收入的组织为企业所得税的纳税人，个人独资企业、合伙企业除外。这里所说的企业分为居民企业和非居民企业。

居民企业是指依法在中国境内成立，或者依照外国（地区）法律成立但实际管理机构在中国境内的企业。居民企业应当就其来源于中国境内、境外的所得缴纳企业所得税，如国内企业、外商投资企业、外国企业等。

非居民企业是指依照外国（地区）法律成立且实际管理机构不在中国境内，但在中国境内设立机构、场所的，或者在中国境内未设立机构、场所，但来源于中国境内所得的企业，如外国跨国企业。非居民企业在中国境内设立机构、场所的，应当就其所设机构、场所取得的来源于中国境内的所得，以及发生在中国境外但与其所设机构、场所有实际联系的所得，缴纳企业所得税。非居民企业在中国境内未设立机构、场所的，或者虽设立机构、场所但取得的所得与其所设机构、场所没有实际联系的，应当就其来源于中国境内的所得缴纳企业所得税。

（2）企业所得税的税率。我国《企业所得税法》规定企业所得税的税率为25%的比例税率。此外，非居民企业在中国境内未设立机构、场所的，或者虽设立机构、场所但取得的所得与其所设机构、场所没有实际联系的，应当就其来源于中国境内的所得缴纳20%的企业所得税。

（3）企业所得税的应纳税所得额。应纳税所得额是指企业每一纳税年度的收入总额，减除不征税收入、免税收入、各项扣除以及允许弥补的以前年度亏损后的余额。年度收入总额是企业一个纳税年度内以货币形式和非货币形式从各种来源取得的收入，包括：销售货物收入；提供劳务收入；转让财产收入；股息、红利等权益性投资收益；利息收入；租金收入；特许权使用费收入；接受捐赠收入和企业其他收入。但是企业收入总额中的财政拨款和依法收取并纳入财政管理的行政事业性收费、政府性基金以及国务院规定的其他不征税收入为不征税收入。

（4）准予扣除的企业所得额。《企业所得税法》规定在计算企业税应纳税额时，可以将企业下列实际发生的费用扣除：

①企业实际发生的与取得收入有关的、合理的支出，包括成本、费用、税金、损失和其他支出，准予在计算应纳税所得额时扣除；企业发生的公益性捐赠支出，在年度利润总额12%以内的部分，准予在计算应纳税所得额时扣除。

②企业按照规定计算的固定资产折旧，准予扣除。但下列固定资产不得计算折旧扣除：房屋、建筑物以外未投入使用的固定资产；以经营租赁方式租入的固定资产；以融资租赁方式租出的固定资产；已足额提取折旧仍继续使用的固定资产；与经营活动无关的固定资产；单独估价作为固定资产入账的土地；其他不得计算折旧扣除的固定资产。

③企业按照规定计算的无形资产摊销费用，准予扣除。但下列无形资产不得计算摊销费用扣除：自行开发的支出；已在计算应纳税所得额时扣除的无形资产；自创商誉；与经营活动无关的无形资产；其他不得计算摊销费用扣除的无形资产。

④在计算应纳税所得额时，企业发生的下列支出作为长期待摊费用，按照规定摊销的，准予扣除：已足额提取折旧的固定资产的改建支出；租入固定资产的改建支出；固定资产的大修理支出；其他应当作为长期待摊费用的支出。但是企业对外投资期间，投资资产的成本在计算应纳税所得额时不得扣除。

（5）应纳税额。应纳税额是指企业的应纳税所得额乘以适用税率，减除依照本法关于税收优惠的规定减免和抵免的税额后的余额。企业取得的下列所得已在境外缴纳的所得税税额，可以从其当期应纳税额中抵免，抵免限额为该项所得依照本法规定计算的应纳税额；超过抵免限额的部分，可以在以后5个年度内，用每年度抵免限额抵免当年应抵税额后的余额进行抵补：一是居民企业来源于中国境外的应税所得；二是非居民企业在中国境内设立机构、场所，取得发生在中国境外但与该机构、场所有实际联系的应税所得。

居民企业从其直接或者间接控制的外国企业分得的来源于中国境外的股息、红利等权益性投资收益，外国企业在境外实际缴纳的所得税税额中属于该项所得负担的部分，可以作为该居民企业的可抵免境外所得税税额，在抵免限额内抵免。

（6）源泉扣缴。源泉扣缴是指以纳税人所得的支付者为扣缴义务人，即纳税人所得的支付者每次向纳税人支付有关所得款项时，代为扣缴税款的做法。实行源泉扣缴的最大优点在于可以有效保护税源，保证国家的财政收入，防止偷税漏税，简化纳税手续。我国企业所得税法规定，源泉扣缴主要是针对非居民企业所得税而言的。

非居民企业在中国境内未设立机构、场所的，或者虽设立机构、场所但取得的所得与其所设机构、场所没有实际联系的，对其来源于中国境内的所得缴纳企业所得税实行源泉扣缴，以支付人为扣缴义务人。税款由扣缴义务人在每次支付或者到期应支付时，从支付或者到期应支付的款项中扣缴。

对非居民企业在中国境内取得工程作业和劳务所得应缴纳的所得税实行源泉扣税，税务机关可以指定工程价款或者劳务费的支付人为扣缴义务人。在实行源泉扣缴扣缴企业所得税时，扣缴义务人未依法扣缴或者无法履行扣缴义务的，由纳税人在所得发生地缴纳。纳税人未依法缴纳的，税务机关可以从该纳税人在中国境内其他收入项目的支付人应付的款项中，追缴该纳税人的应纳税款。

思考题

1. 简述我国预算编制的具体原则。
2. 简述我国《政府采购法》规定的政府采购的方式。
3. 什么是税收法律关系？税收法律关系的构成要素有哪些？
4. 什么是个人所得税？《中华人民共和国个人所得税法》对个人所得税的税率是怎样规定的？
5. 论述税收的优先权、代位权、撤销权。

案例分析题

2007年8月9日，某省图书馆发布了采购公告，欲通过竞争性谈判采购方式采购电子图书。2007年8月19日，竞争性谈判采购活动如期进行。根据竞争性谈判文件，此次采购活动只有两轮报价。谈判采购活动开始后，在供应商第二次报价环节，3家参与谈判的供应商分别递交了第二次书面报价，其中甲数字技术有限公司第二次报价17.8万元，同时承诺如果此报价不是最低报价，将比最低报价再降1 000元。而在三家公司报价中，乙信息技术发展有限责任公司的14.5万元报价是最低报价。基于该公司的这个报价，此项目谈判小组便按甲数字技术有限公司的承诺计算，认定甲数字技术有限公司的第二次报价为 14.4 万元。8 月 24 日，该图书馆发布了中标公告："某省图书馆电子图书采购项目的评标工作已圆满结束，现将中标人名单公告如下：中标单位是甲数字技术有限公司，中标价为 14.4 万元。"

讨论：该图书馆的电子图书采购是否符合相关法律规定？请说明理由。

第十三章

计划、审计与价格法律制度

内容要点

本章主要讲述计划法的含义、特征及计划法的基本制度；审计法的基本原则及审计基本制度；各种价格形式及相应法律制度。

第一节　计划法

一、计划的含义

计划是一个使用非常广泛的用语，在不同场合含义可能不完全相同。有人给计划下的定义是：计划是未来行动的方案。相应地，计划具有三个主要特征：①它必须与未来有关；②它必须与行动有关；③必须有某个机构负责促进这种未来行动。一般说来，计划是指人们为了实现某种目的而对未来的行动所作的设想和部署。它是人们在多领域、多层次上使用的一种自觉的行为。在任何领域、任何层次上完整的计划，都必须具备目标、时限和主体三大要素。常识告诉我们，工作的内容越是复杂，参与实施计划的行为主体和涉及的环节越多，越需要计划。计划是经济管理的一项重要职能，也是经济管理的一种重要手段。

二、计划法的概念和特征

计划法就是规范和保障国家计划调节的法律规范的总称。从内容上看，计划法包括计划实体法和计划程序法。

作为经济法的一个组成部分，计划法具有经济法的一般特征，如经济性或专业性、政策性、行政主导性和综合性等。当然，计划法在体现经济法的一般特征时又有鲜明的自身特征。

1. 政策性

政策性是市场经济条件下国家计划的一个突出的特点，它表现为计划不是对经济、社会的各个领域作出详细规定并强制实施，而是通过对企业经济活动提供基本的指导方针，为市场机制正常发挥作用提供良好的外部政策环境，运用和组织协调各种经济政策和手段，对企业行为实行间接调节。国家计划是以国家主要的经济政策作为重要内容的政策性计划，国家的产业政策、投资政策、收入分配政策等是国家计划的重要组成部分。而国家计划的实现，也主要依靠运用财政政策、货币政策、价格政策等经济手段，国家计划的实施过程也就是综合运用各种政策的过程。当然，计划与政策之间的关系比较复杂。计划是制定政策的依据，而广义的计划包括相关的政策。政策又可以看作是一种固定的计划，也就是将来为实现那些决定而作出决策的总方针。然而，如果决定是针对特殊情况作出的，而又没有任何谅解或协议说对将来情况也要以同样方法处理，那么没有政策也能制订出计划。

2. 社会本位性

经济法是社会本位法，即它在对经济关系的调整中立足于社会整体，在任何情况下都以大多数人的意志和利益为重。在经济法的社会本位性方面，计划法同样也表现得非常明显，它保护的既不是单纯的国家利益、政府利益，也不是完全的社会个体的利益，而是同这两者既有密切联系又有明显区别的社会公共利益，即广大人民群众所享受的利益。虽然本来计划是为了一个民族而不是为了一个政府而制定的，但是应当是社会公共利益代表的政府在行使职权（包括制订和实施计划）的过程中并非没有任何其自身的独立利益。政府在法定的限度内追求自身预算约束的宽松、程序约束的简化、职责履行责任的减轻和模糊化，甚至是办公条件的改善等，都是司空见惯的现象。在计划的制订与实施过程中，一般说来，政府代表的是社会共同利益，但这并非在任何时候都能够自动实现的，而需要在计划法中得到体现和保障。以社会利益为本位的计划法的调整，其所要达到的直接目的就是为了维护社会整体利益，而不是直接为了某个或某些私人（企业）的利益，尽管它在客观上会直接或间接地对个体利益产生某种积极或消极的影响。计划法的社会本位性特征体现了经济法追求实质正义的基本价值，因为经济法的实质正义要求根据特定时期的特定条件来确定经济法的任务，以实现最大多数人的幸福、利益和发展。

3. 综合性

综合性也是经济法的一个主要特征，表现为公法因素和私法因素的综合，即各种法律手段有机结合之综合调整以及实体规范与程序规范的统一等方面。计划法的综合性，首先表现为由计划本身的综合性决定的计划法的内容的综合性。国家计划明显是综合的而不是单一的，以此为调整对象的计划法也必然具有综合性。其次，计划法的综合性表现为其调整方法和实施手段的综合性。计划法的调整方法是多种多样的，除传统的民事、行政和刑事的以外，还包括奖励。计划法的救济措施也是多种多样的，有权力机关的救济、行政机关的救济和司法机关的救济等。再次，计划法的综合性表现为其既包括实体规范，又包括程序规范，两方面结合在一起构成完整的计划法律制度。

三、计划法的基本制度体系

计划法有其自身的制度体系，它首先由计划实体法和计划程序法构成。同时，作为一种法律机制和法律规范，计划法的制度体系中还包括计划法律救济与法律责任制度。

（一）计划实体制度

计划实体法在狭义上仅指国民经济和社会发展计划法，而在广义上则还包括产业政策法（主要是产业结构政策法）、经济稳定增长促进法等。

产业结构政策法是产业结构政策的法律化，是指为推进产业结构调整、实现产业结构合理化，从供给方面促进经济总量平衡的法律。由于各国的产业政策，尤其是产业结构政策主要体现在计划之中，因而认为产业结构政策法包含在广义的计划法之中是有道理的。当然，由于产业结构政策法与产业组织政策法、产业技术政策法、产业布局政策法等一起构成的产业政策法，可以构成宏观调控法中的一个相对独立的部分，且其地位有日益突出的趋势，因而它也可不再列入计划法的体系。即使在这种情况下，它与计划法的联系也是显而易见的。

经济稳定增长促进法由于在宗旨和核心上与计划法具有一致性，因而在存在计划法而又没有宏观调控基本法的国家可以在广义上将其归入计划法的体系。

国民经济和社会发展计划法，即狭义上的计划法，是计划实体法律制度的基本和核心的构成部分。它主要规定国家在经济和社会发展方面的计划目标及其主要实现途径。具体的计划实体法律制度主要是围绕这方面而形成的，它主要包括以下内容：

1. 计划任务制度

计划任务是计划所要实现的目标的具体化。对国家计划任务的规定是计划法的核心所在。从根本上说，国家计划的任务，在于对经济发展规律的尊重和适应，并能有效地恰如其分地积极干预，具体地又表现为对国家实行的一定的经济体制下经济规律运作的适应与促进。

2. 计划体系制度

计划体系是指从不同角度表述计划内容而组成的相互衔接、相互补充的计划的有机结合体。国家计划体系一般由以下各类计划系列组成：经济计划、科技计划和社会发展计划；长期计划、中期计划和短期计划；综合计划和专项计划；全国计划和部门、行业计划。各个计划系列各自按照不同的标识反映经济、科技、社会发展的计划目标和提出相应的条件。

3. 计划指标体系制度

计划指标是计划内容、目标、任务的具体化和数量表现，国家计划指标则是对国家未来社会经济发展的目标、规模、速度、结构、效益和效率等总体性活动的特征和状况的数量界定。计划的各项指标之间相互联系、相互依存，从而构成一个完整的计划指标体系。国家计划指标体系可以从不同的角度、依不同的标准进行分类：数量指标和质量指标；实物指标和价值指标；综合指标、结构指标和单项指标；预期指标和国家公共资金与资源的动员运用指标；指令性计划指标和指导性计划指标。其中，指令性计划指标是由国家下达的、具有强制性和约束力、必须严格执行和保证完成的指标；而指导性计划指标不具有强制性，主要通过运用经济手段促使其实现的指标。在社会主义市场经济条件下，国家计划总体上是指导性的，与传统体制相比，指令性计划指标已大大减少，指导性计划指标成为国家计划指标的主要性质和形式。在新的计划体制中，作为国家计划指标的宏观调控目标不分解下达，但由于要经由全国人民代表大会审议通过才具有法律效力，政府应努力保证其实现。当然，具有政策性特点的国家计划的核心内容就是用政策体系来取代过多、过繁的计划指标体系，而提出与计划目标、任务相适应的经济政策，使计划目标和实施条件政策化。

（二）计划程序制度

计划程序制度主要是规定计划的编制、审批、下达、执行、调整和监督等程序方面的法律制度。计划程序是计划主体作出计划行为所必须遵循的方式和步骤的总和。它是计划工作的法定环节和步骤，是使计划工作科学化、规范化的主要保障。计划程序是计划的生命所在，是计划法的关键问题，甚至在狭义上人们将计划法等同于计划程序法。就整体上来说，计划法的目的就在于保障计划的合理编制和有效实施，对计划内容、形式和计划主体的规定在一定意义上都是为了达到上述目的，所以计划法具有程序法的属性。即使是持兼具实体法和程序法双重属性的广义计划法观点，其设想将来我国计划法体系也是由一部形式意义上的计划法典作为统率，主要调整计划程序关系，而辅之以其他计划法规以及其他法律法规中有关计划的内容，主要调整计划实体关系。可见，计划程序制度在计划法上具有非常重要的意义。计划程序制度之所以重要，是因为计划作为国家行为，是通过国家工作人员的具体活动进行的，它带有主观因素，其中就可能存在不合理的主观因素，因而有必要运用程序制度对其加以必要的约束。计划程序制度的本质就在于保障人们正确地行使计划权力（权利）和实现计划权力（权利）。

计划程序制度主要涉及以下几个方面的问题：

1．计划的编制、审批和下达程序制度

这是关系到计划科学性和有效性、关系到计划质量和水平的一个重要的制度。这方面的制度除了规定从提出初步设想、编制计划草案、审议批准计划草案到下达计划的各个主要阶段以外，主要还是规定每个阶段的行为所应遵循的原则和规则。其中，计划编制过程中的社会参与原则就是保证计划科学性、民主性的一项重要制度。

2．计划的执行和调整制度

执行是计划工作（过程）中的正常和基本的环节，是计划发挥调控作用的必经程序和决定性阶段。计划的执行因指令性计划指标和指导性计划指标要求的不同而有所区别。计划的调整则是计划工作过程中的非正常和特殊的环节，是在计划执行过程中，因情况的变化，依法定权限和程序对计划进行必要的变更或修改。计划的执行和调整都要遵循相应的原则和规则，尤其是计划的调整，更需要有严格的规范，只有在符合法定条件时，在法定职权范围内，在履行法定程序的情况下才能进行。计划的执行也需要多方面的条件和保障措施。因此，计划的执行和调整制度具有非常重要的意义。

3．计划的监督制度

计划的监督也是计划程序的重要方面，它是在计划的执行过程中对计划执行单位完成计划的情况进行的检查、监察、督导和纠正。通过计划监督，按照国家计划的要求以及经济和社会发展各指标之间的相互关系，对其发展态势及时准确地作出分析判断，便于各级主管机关适时适度地采取措施进行调节，以避免经济和社会发展过分偏离预期的目标。计划监督是计划执行的保障性程序，有利于维护计划的严肃性，最能体现计划法治的原则和精神，因此这方面的程序制度的积极意义也是非常明显的。计划的监督制度必须对相关的原则和规则包括监督的主体、形式，进行明确的规定。

（三）计划法律救济

实施法律救济，并配置相应的法律责任，是实施计划法，对计划进行“第二次限制”不可或缺的必要措施。实施法律救济，是为了使有关市场主体在其因计划而使利益遭受损害时存在寻求救济、获得赔偿或补偿的可能性；配置法律责任，尤其是计划权力主体的责任，则是为了使上述可能性能够最终得以落实。

因此，计划法律救济与法律责任制度构成了计划法基本制度体系中的一个重要方面。计划法律救济制度是指在计划法律关系主体的权利不能正常享有和权力行使不当时，依法对其加以纠正或补救的法律制度。这一制度对于有效地控制计划权力、切实保障市场主体的计划权利具有非常重要的意义。因为，在计划法律关系中，计划管理主体往往处于支配地位，尽管在计划制定过程中要求广泛吸取社会主体的意见，但实际操作中往往以单方意思作出，且计划内容具有概括性和宽泛性，往往使计划管理主体享有较大的自由裁量权，如没有相应的法律救济，则易使计划的执行偏离其既定方向，还可能导致这种自由裁量权的进一步滥用。

计划的法律救济制度实际上是一种综合性的救济制度，包括权力机关的救济、行政机关的救济和司法机关的救济等。而且，除少量是专门针对计划行为的以外，多数还是针对一般行政行为的法律救济。

第二节　审计法

一、审计和审计法的概念

（一）审计的概念

审计是审计机关依法独立检查被审计单位的会计凭证、会计账簿、会计报表以及其他与财政收支、财务收支有关的资料和资产，监督财政收支、财务收支的真实性、合法性和效益性的行为。审计是随着社会经济的发展，特别是市场经济的发展而产生的。在我国，审计的基本职能是监督，即监督财政收支和财务收支活动的进行，审计是一项具有独立性的经济监督制度。

（二）审计法的概念

审计法是对调整审计关系的法律规范的总称。狭义的审计法是指 1994 年 8 月 31 日由第八届全国人大常委会第九次会议通过的《中华人民共和国审计法》（以下简称《审计法》)。广义的审计法还包括一系列关于审计工作规定的法律法规，如 1997 年 12 月 21 日国务院发布的《中华人民共和国审计法实施条例》。

二、审计法的基本原则

国家审计的基本原则是宪法和《审计法》确定的，贯穿于审计工作的始终，对全部审计活动都具有指导意义。国家审计机关在执行审计公务活动中必须遵循以下五项基本原则：

(一) 依法审计原则

依法审计是审计监督的一项基本原则，要求审计机关和审计人员应当依照法律规定行使审计监督权，开展各项审计活动。审计机关开展审计活动所依据的法律主要有三类：一是《审计法》及其实施条例和其他有关审计监督的法律法规、规章，主要规定审计机关职责、权限和审计程序等；二是有关财政、财务收支和经济管理方面的法律法规、规章，主要规定审计评价财政、财务收支的依据，对违反国家规定的财政、财务收支行为处理、处罚适用的条件以及处理、处罚种类和幅度等；三是解决审计争议，确定审计机关违法行使职权应承担相应责任的法律法规，如行政诉讼法、国家赔偿法、行政复议条例等。依法审计原则要求审计机关必须依照这些法律的规定实施审计监督。依法审计原则的内容主要有以下几个方面：

(1) 审计机关的职权只能由法定的审计机关行使。宪法和《审计法》规定，国务院和县级以上的地方各级人民政府设立审计机关，审计机关依照法律规定独立行使审计监督权。

(2) 审计机关必须依照法律规定的职责、权限和程序开展审计监督活动。审计监督的职责是由法律明确加以规定的，审计机关必须严格履行职责要求，在法定职责范围内行使权力。同时，法律对各级审计机关之间的审计管辖范围作了明确划分，审计机关只能在自身的管辖范围内开展审计活动。审计机关必须依照法定权限实施具体的审计行为，我国《审计法》对审计机关的权限作出了明确规定，具体有要求被审计单位提供资料权、检查权、处理处罚权等。审计机关的审计活动必须遵守法定审计程序，审计机关必须按照法律确定的步骤、时间和形式要求，开展审计活动。审计机关必须依法作出审计结果，审计结果必须有事实依据和法律依据。在事实清楚的基础上，审计机关作出的审计评价，应当以相应法律规定或标准作为依据。

(3) 对审计争议事项必须通过法定的方式和途径解决。对审计争议事项，法律规定了三种解决途径和方式：一是向上一级审计机关或本级人民政府申请复议，通过行政复议解决审计争议；二是向人民法院起诉，通过行政诉讼解决争议；三是向有关机关提出申诉，通过办理申诉事项解决审计争议。在解决审计争议过程中，审计机关必须维护被审计单位和有关人员的申请复议、起诉和申诉权利以及其他合法权益。

(二) 独立审计原则

审计机关独立行使审计监督权，主要指审计机关在组织、人员、经费和工作上的独立性，以保证审计监督的客观性、公正性、权威性和有效性。独立审计原则主要包括：

(1) 组织上的独立性，指审计机构单独设置，与被审计单位没有组织上的隶属关系。

(2) 人员上的独立性，指审计人员与被审计单位应当不存在经济利害关系，不参与被审计单位的经营管理活动。

(3) 工作上的独立性，指审计机关及其审计人员依法独立开展审计工作、作出审计判断、提出审计报告、出具审计意见书和作出审计决定，其他行政机关、社会团体和个人不得干涉。

(4) 经费上的独立性，指审计机关履行职责所必需的经费，按照审计法的规定单独列入财政预算，以保证有足够的经费独立开展工作。

(三) 客观公正原则

客观公正原则是指审计机关在行使审计监督权时必须公平、正当、实事求是，它是审计人员职业道德的重要内容。客观公正原则主要体现在以下三个方面：一是审计机关和审计人员在执行审计公务时，应对被审计单位保持客观的地位，特别是审计人员收集证明材料，应当客观公正，实事求是，防止主观臆断，保证证明材料的客观性。审计报告和审计决定以及审计意见书都应坚持公正和客观的态度。二是审计人员对其在执行公务中知悉的国家秘密和被审计单位的商业秘密，负有保密的义务。三是审计人员在办理审计事项时，与被审计单位或者审计事项有利害关系的，应当主动回避。实行审计回避制度，目的是为了防止审计人员利用职权徇私舞弊，也可避免嫌疑，确保审计执法的公正性。

(四) 职业谨慎原则

职业谨慎是防范审计风险应持有的工作态度。审计人员在执行审计业务时，必须保持职业谨慎。要对审计事项的重要性和审计的风险水平进行合理的判断，选派合格的审计人员，制定合理的审计方案，并在工作过程中遵守审计规范，以提高审计意见的可靠性，避免因工作疏忽而遗漏重要审计事项或造成审计结论错误。

(五) 廉洁奉公原则

廉洁奉公原则是指审计人员正确行使审计监督职权，不徇私情、廉洁公正地执行公务，克己奉公，艰苦奋斗，努力为人民服务等方面的要求和行为准则。廉洁公正原则是审计人员职业道德的核心内容。它主要包括两个方面的内容：一是在行为方面，必须严格遵守审计工作纪律，不得利用审计权力为自己或者他人谋取私利；二是必须严格遵守审计工作程序，审计人员不得参加可能影响公正审计的活动。

三、审计基本法律制度

我国《审计法》规定的审计法律制度，内容较为丰富。其中最基本的有审计机关和审计人员制度、国家审计机关审计管辖制度、审计程序制度和法律责任制度。

（一）审计机关和审计人员

1. 审计机关

我国审计机构由国家审计机关、内部审计机构和社会审计组织三部分组成。国家审计机关是代表国家执行审计监督的专门机关，是由以国家审计署为首，从中央到地方的各级审计机关构成，包括中央审计机关、地方审计机关、审计机关的派出机构。国家审计机关在审计监督体系中占主导地位，是我国审计制度的核心。

国务院各部门和地方人民政府各部门、国有金融机构和企事业组织，应当按照规定建立内部审计机构。它们在本单位主要负责人的领导下进行工作，在业务上受上一级主管部门审计机构的指导和监督，向本单位和上一级主管部门审计机构报告工作。内部审计机构或审计人员负责指导本单位下属机构的内部审计工作。

社会审计组织是经有关部门批准、注册登记、依法独立承办审计查证和咨询服务等审计业务的审计组织。这种审计组织为社会提供有偿服务，实行自收自支、独立核算，并依法纳税。

审计机关的职责是指法律法规规定的审计机关应当完成的任务和承担的责任。审计机关进行审计监督的具体职责，主要包括以下方面：财政审计；国有金融机构的审计；国家的事业组织的审计；国有企业的审计；国家建设项目的审计；专项资金、基金、援助、贷款的审计；由其他法律法规规定的审计事项的审计和专项审计。

《审计法》还规定了审计机关的权限，这些权限包括索取资料权、检查权、调查取证权、制止违规收支权、暂停拨付违规款项权、建议纠正权、通报和公布审计结果权。

2. 审计人员

审计人员是指代表审计机关具体执行审计监督任务、行使审计监督检查权，直接贯彻实施审计法规和有关国家法律法规和政策的人员。审计人员在整个审计工作中负有重要使命并承担主要责任，审计人员具体包括审计长等各级审计机关的领导人员和一般的直接从事审计工作的专业人员。审计工作是一项专业性和政策性很强的工作，法律对审计人员的素质要求很高。审计人员应当具备与其从事的审计工作相适应的专业知识和业务能力。

审计人员的权利有：报送资料检查权、调查取证权等审计机关所具有的各种权利；依法执行职务，受法律保护，任何组织和个人不得拒绝、阻碍审计人员依法执行职务，不得打击报复审计人员；审计机关负责人依照法定程序任免。审计机关负责人没有违法失职或者其他不符合任职条件的情况的，不得随意撤换。

审计人员的义务有：在执行职务时，应当保持应有的独立性，不受其他行政机关、社会团体和个人的干涉；办理审计事项时，与被审计单位或者审计事项有直接利害关系的，应当按照有关规定回避；对其执行职务时知悉的国家秘密和被审计单位的商业秘密，负有保密的义务。在执行职务中取得的资料和审计工作记录，未经批准不得对外提供和披露，不得用于与审计工作无关的目的；在执行职务时，应当忠诚老实，不得隐瞒或者曲解事实。

（二）国家审计的管辖

国家审计的管辖，即是国家审计机构的权限分工。根据《审计法》的规定，确定审计机关的管辖范围，有四项原则：①根据被审计单位的财政、财务隶属关系来确定审计管辖范围；②根据国有资产监督管理关系来确定审计管辖范围；③指定管辖原则，即审计机关对审计管辖范围有争议的，由其共同的上级审计机关确定；④管辖权的移转，即上级审计机关可以将其审计管辖范围内的审计事项，授权下级审计机关进行审计，上级审计机关对下级审计机关审计管辖范围内的重大审计事项，可以直接进行审计。

（三）审计程序

（1）审计准备阶段。审计机关根据项目审计计划，对被审计单位的审计事项开展审前调查活动，制定审计工作方案，组成审计组，在实施审计3日前，向被审计单位送达审计通知书。

（2）审计实施阶段。审计人员通过审查会计凭证、会计账簿、会计报表等方式进行审计，并取得审计证明材料。

（3）审计报告阶段。审计组对审计事项实施审计后，应当向审计机关提出审计报告。审计报告报送审计机关前，应当征求被审计单位的意见。被审计单位应当自接到审计报告之日起10日内，将其书面意见送交审计组或者审计机关；被审记单位自接到审计报告之日起10日内未提出书面意见的，视同无异议。

（4）审计处理阶段。审计机关审定审计报告，对审计事项作出评价，出具审计意见书；对违反国家规定的财政收支、财务收支行为，需要依法给予处理、处罚的，在法定职权范围内作出审计决定或者向有关主管机关提出处理、处罚意见。审计机关应当自收到审计报告之日起30日内，将审计意见书和审计决定送达被审计单位和有关单位。审计决定自送达之日起生效。被审计单位对地方审计机关作出的审计决定不服的，可申请复议。

（四）法律责任

审计法律责任，是指在审计监督检查过程中，违反《审计法》的规定，依法应当承担的法律后果。

1. 被审计单位的法律责任

从实践看，被审计单位及其有关人员违反《审计法》的行为主要表现为：拒绝或者拖延提供与审计事项有关的资料，或者提供的资料不真实、不完整，或者拒绝、阻碍检查；转移、隐匿、篡改、毁弃会计凭证、会计账簿、财务会计报告以及其他与财政收支、财务收支有关的资料，或者转移、隐匿所持有的违反国家规定取得的资产；报复陷害审计人员。

2. 审计人员的法律责任

在审计活动中，审计人员的违法行为主要表现为：滥用职权、徇私舞弊、玩忽职守等。审计人员的上述违法行为构成犯罪的，依法追究刑事责任、不构成犯罪的，给予行政处分。

第三节　价格法

一、价格法律制度概述

（一）价格与价格法

价格是与商品和货币联系在一起的经济学概念，是指商品价值的货币表现。尽管价值是价格的基础，是决定价格的依据，但价格并非是对价值的简单的、直接的反映与体现。价格法则是与价格、价值有联系的法律范畴，是对调整价格关系，规范人们价格行为的法律规范的总称。

（二）价格法的调整对象

价格法的调整对象是价格关系。价格关系是指在价格的制定、执行和监督过程中所发生的各种社会经济关系。具体包含以下三种价格关系：

（1）各级人民政府价格主管部门、其他有关部门在制定、调整和执行商品价格和服务价格中所发生的价格关系。

（2）经营者在自主定价过程中与政府价格主管部门、其他有关部门、行业组织在价格指导、监督和检查过程中所发生的关系。

（3）各级人民政府价格主管部门、其他有关部门和经营者之间因执行或违反价格法律法规和政策而发生的价格关系。

我国一直非常重视对价格关系的调整，在不同的时期，制定了相应的法律规范。1997 年 12 月 29 日，《中华人民共和国价格法》（以下简称《价格法》）在第八届全国人民代表大会常务委员会第二十九次会议上通过。《价格法》是调整价格关系的基本法，它的实施对规范价格行为，发挥价格合理配置资源的作用，稳定市场价格水平，保护消费者和经营者的合法权益，促进社会主义市场经济健康发展具有重要的作用。

二、价格形式的法律规定

（一）市场调节价

1. 市场调节价的概念

市场调节价是指由经营者自主制定，通过市场竞争形成的价格。市场调节价有以下几个特点：

（1）市场调节价是由经营者自主制定的价格。经营者是指经营商品或提供有偿服务的法人、其他组织和个人。市场调节价是由经营者依法根据生产经营成本和市场供求状况，按照自己的意志制定的价格。经营者的定价权不受任何单位和个人的干涉。

（2）市场调节价是一种竞争价格。让经营者具有自主的定价权，只是市场调节价发挥作用的必要条件，而非充分必要条件。要让市场调节价发挥合理配置资源的作用，还要求经营者之间有充分的竞争关系。因为经营者有了自主权后，就开始寻找一种对自己有利的经营条件，经营者之间将会产生排他性，如果没有竞争，经营者的定价自主权有可能变为垄断权。

(3) 市场调节价是经营者依法确定的价格。经营者虽然是自主制定价格，不受任何单位和个人的干涉，但经营者必须遵守国家的法律法规及有关政策的规定，不得实施任何价格违法行为，否则要受到法律惩罚。

2. *市场调节价的范围*

价格法规定商品价格和服务价格，除政府指导价或者政府定价外，实行市场调节价，由经营者依照本法自主制定。具体是指：商品和服务比较丰富，不属于资源稀缺的范围；商品和服务不具有自然垄断性，是可以由多个经营者同时经营的商品和服务品种；商品和服务不属于关系国计民生的特别重要的品种。

经营者确定市场调节价的基本依据是生产经营成本和市场供求状况。生产经营成本是指与生产经营有关的各项费用。按成本构成计算的生产经营成本包括变动成本和固定成本两部分。变动成本是指直接与商品经营相联系的费用，如原材料成本、劳动成本、资金成本、管理成本。这部分成本随原材料市场、劳动力市场和资金市场价格的变动而变动；固定成本是指商品生产经营所需要的一切设备的各种费用，这部分成本相对稳定。经营者定价时首先考虑的是变动成本。销售收入首先补偿的也是变动成本，多余的才补偿固定成本；当销售收入等于变动成本加固定成本时，就是该商品的盈亏临界点，收入超过盈亏临界点，就成为利润。市场供求状况是影响价格形成的又一重要因素，对于市场价格高低有重要影响。市场供求状况与价格的关系一般表现为三种情况：①当商品供求基本平衡时，价格就会相对稳定；②当商品供不应求时，价格就会上涨；③当商品供过于求时，价格就会下跌。因此，经营者在市场竞争中定价时，必须考虑供求关系，以追求利润的最大化。

(二) 政府指导价

1. *政府指导价的概念*

政府指导价是指依照《价格法》的规定，由政府价格主管部门或者其他有关部门，按照定价权限和范围规定基准价及其浮动幅度，指导经营者制定的价格。其有以下两个基本特征：

(1) 政府指导价的定价主体是政府价格主管部门或者其他有关部门与经营者。政府指导价先由政府价格主管部门或者其他有关部门按照价格法规定的定价权限和范围，制定一个基准价及其浮动幅度，然后经营者在这一基准价及其浮动幅度的范围内自主制定价格。政府制定的基准价及其浮动幅度只是一个指导性范围，交易时的具体价格由经营者制定。

(2) 政府指导价是宏观控制性与微观灵活性相结合的一种价格。实行政府指导价的商品的品种、基准价、浮动幅度、差率大小都是国家价格管理部门或者其他有关部门根据宏观调控的需要而制定的。任何单位和个人都必须严格执行，不得擅自变动。如果需要调整，必须按照价格管理权限和审批程序办理。经营者可以在国家规定的价格浮动范围内，根据自身的生产情况和市场供求情况随时调整，制定具体的销售价格，以创造有利的生产经营条件。

2．政府指导价的主要形式

（1）浮动价格。它是由政府对实行浮动价格的商品和服务，规定基准价格和浮动幅度，允许经营者根据市场的供求情况，在一定范围内自行制定和调整价格。这种价格既有利于稳定市场价格，又有利于经营者根据不同的产销情况确定具体的销售价格。

（2）最高限价。它是指政府对经营者出售某些商品的价格规定最高的限度，经营者只能在国家规定的价格限度内出售商品。这种价格形式，是政府加强价格管理，制止哄抬物价，保持市场价格基本稳定的重要手段。

（3）最低保护价。它是指政府对经营者出售的商品价格规定的最低限度，经营者只能以高于政府规定的价格出售商品。这种价格形式，对于调动生产经营者的积极性，扶持地区经济发展具有重要的作用。

3．政府指导价的范围

（1）实行政府指导价的商品品种范围。实行政府指导价的范围限于下列五类商品和服务价格：①与国民经济发展和人民生活关系重大的极少数商品价格；②资源稀缺的少数商品价格；③自然垄断经营的商品价格；④重要的公用事业价格；⑤重要的公益性服务价格。这五类一般都是供给弹性小或需求弹性小，自然垄断性强，对生产和生活影响较大的商品和服务。对这部分商品和服务的价格由政府直接管理，有利于物价稳定和经营持续发展。

（2）政府指导价的定价权限划分。根据《价格法》第十九条规定："政府指导价、政府定价的定价权限和具体适用范围，以中央和地方的定价目录为依据。"中央定价目录是规定国务院价格主管部门的定价权限和适用范围以及其他有关行业主管部门及地方之间在制定政府指导价、政府定价方面权限范围的划分。中央定价目录由国务院价格主管部门制定、修订，报国务院批准后公布实施。地方定价目录则是规定省、自治区、直辖市人民政府价格主管部门的定价权限和具体适用范围以及与其他有关行业主管部门在制定政府指导价、政府定价方面权限和具体作用范围的划分。地方定价目录由省、自治区、直辖市人民政府价格主管部门制定，但必须依据中央定价目录规定的定价权限和具体适用范围制定，经本级人民政府审核同意，并报国务院价格主管部门审定后才能公布实施。

4．制定政府指导价的基本依据

（1）有关商品或者服务的社会平均成本。制定政府指导价应当依据有关商品或者服务的社会平均成本，而不是依据某一商品或者服务的个别成本。属于政府指导价的商品和服务项目，多属于关系国计民生的重要品种或具有自然垄断性的品种，只能以社会平均成本为依据制定价格，使其所获利润持平，才能鼓励经营者通过加强管理、技术更新、降低个别成本、扩大生产方式获得较多利润。

（2）市场供求状况。政府指导价，虽然受定价主体和社会平均成本的限制，但定价的原则和方法，在允许的范围内也可以体现价值规律，反映市场供求，以减少由于指导价格明显高于或低于市场价格而对社会所产生的不良后果。

（3）国民经济与社会发展需求以及社会承受能力等。政府管理价格，一方面要注意保护经营者的利益，另一方面要从宏观上注意如何才能有利于国民经济和社会的发展。只有这样，才能使价格的宏观调控作用得以充分发挥。

（三）政府定价

政府定价是指按照《价格法》的规定，由政府价格主管部门或者其他有关部门按照定价权限和范围制定的价格。其基本特征是政府作为定价主体对必要的商品和服务直接制定的价格，具有强制性和稳定性。有关政府定价的范围，其基本依据及定价的调整与政府指导价格相同。

思考题

1. 简述制定计划法的必要性。
2. 简述计划制度的内容。
3. 《审计法》的基本原则有哪些？
4. 价格形式有几种？各种价格形式的调整范围是什么？

普通高等教育高级应用型人才培养规划教材

第十四章

环境资源与循环经济法

内容要点

本章主要讲述环境法律制度、资源调控原则及循环经济法的主要制度。

第一节　环境资源法

环境问题不是一个单一的社会问题，它是与人类社会的政治经济发展紧密相关的。环境问题在很大程度上是人类社会发展尤其是那种以牺牲环境为代价的发展的必然产物。西方国家已经进入了工业化社会，它们已在偿还工业化起步阶段以来对环境欠下的债务。我国正在进行社会主义现代化建设，正在经历从农业社会向工业社会的过渡。我们决不能走西方国家“先污染，后治理”的老路，而应该提前把环境保护放到一个重要的位置。这既是历史的教训，也是我们面临的必然选择，是在环境危机日益深化的情况下的一种被动选择。因为环境问题已成为危害人们健康，制约经济发展和社会稳定的重要因素。

按照学界通说，我国环境法的基本制度包括八项，分别是：环境影响评价制度；“三同时”制度；排污许可证制度；排污申报登记制度；排污收费制度；限期治理制度；污染事故报告与处理制度；排污现场检查制度。

一、环境影响评价制度

（一）环境影响评价制度的概念

环境影响评价又称环境质量的预断评价，是指在进行某项人为活动之前，对实施该活动可能给环境质量造成的影响进行调查、预测和估价，并提出相应的处理意见和对策。环境影响评价制度则是环境影响评价活动的法律化、制度化，是国家通过立法对环境影响评价的对象、范围、内容、程序等进行规定而形成的有关环境影响评价活动的一套规则。

（二）环境影响评价制度的主要规定

1．环境影响评价制度的适用范围

我国环境影响评价法规定，在中华人民共和国领域内以及中华人民共和国管辖的其他海域内建设对环境有影响的项目，应当进行环境影响评价。

2．环境影响评价的分类管理

分类管理是根据建设项目对环境的影响程度和范围来确定的。建设单位应当按照下列规定组织编制环境影响评价文件：可能造成重大环境影响的，应当编制环境影响报告书，对产生的环境影响进行全面评价；可能造成轻度环境影响的，应当编制环境影响报告表，对产生的环境影响进行分析或专项评价；对环境影响较小，不需要进行环境影响评价的，应当填报环境影响登记表。

3．环境影响评价的报告内容

环境影响评价的报告内容包括专项规划的环境影响内容和建设项目的环境影响内容。

专项规划的环境影响报告内容有：对实施该规划可能对环境造成的影响的分析、预测和评估；预防或者减轻不良环境影响的政策和措施；环境影响评价的结论。

建设项目的环境影响报告内容包括：建设项目概况；建设项目周围环境现状；对建设项目可能对环境造成的影响的分析、预测和评估；建设项目环境保护措施及其技术、经济论证；建设项目对环境影响的经济损益分析；对建设项目实施环境监测的建议；环境影响评价的结论。

4．环境影响评价文件的审批程序

环境影响评价文件的审批程序分为报批、预审、审核和审批。规定预审、审核和审批建设项目环境影响评价文件，不得收取任何费用，这为审批过程中可能出现不正之风预设了预防措施。

5．公众参与环境影响评价

国家鼓励有关单位、专家和公众以适当方式参与环境影响评价。我国环境影响评价法规定，专项规划的编制机关对可能造成不良环境影响并直接影响公众环境权益的规划，除国家规定需要保密的情形外，应当在该规划草案报送审批前，举行论证会、听证会，或者采取其他形式，征求有关单位、专家和公众对环境影响报告书草案的意见。

6．环境影响的跟踪评价

环境影响评价法明确指出战略环评不仅仅在规划和项目建设之前进行，还要进行规划实施后的跟踪评价，发现有明显不良环境影响的，应该及时提出改进措施，从而动态地掌握规划实施和项目建成后的环境影响，确保环境质量。

7．违反环境影响评价制度的法律责任

违反环境影响评价制度的规定要承担相应的法律后果。如对规划编制机关违法的主管人员、直接责任人员，规定由上级机关或者监察机关给予行政处分；对建设单位的违法行为，规定由行政主管部门责令停工、罚款，给予主管人员、责任人行政处分等处罚措施；对环境影响评价提供技术服务的机构弄虚作假的，可罚款甚至吊销资质证书。构成犯罪的，依法追究刑事责任。

二、“三同时”制度

（一）“三同时”制度的概念

建设项目的“三同时”制度也是我国环境保护法律制度中的一项重要制度。建设项目“三同时”制度是指一切新建、改建和扩建的基本建设项目、技术改造项目、自然开发项目，以及可能对环境造成损害的工程建设，其中需要配套建设的防治污染和其他公害的环境保护设施，必须与主体工程同时设计、同时施工、同时投产使用。

建设项目“三同时”制度是总结我国环境管理的实践经验，由我国首创，并为我国法律所确认的一项重要的控制新污染的法律制度。它和环境影响评价制度结合起来，成为贯彻环境保护“预防为主”方针的完整的环境管理法律制度。

（二）“三同时”制度的主要规定

1.“三同时”制度的适用范围

“三同时”制度开始只适用于新建、改建和扩建的企业，现在已由污染防治领域扩展到生态破坏的防治方面，包括新建、改建、扩建项目，技术改造项目以及一切可能对环境资源造成污染和破坏的开发建设项目和确有经济效益的综合利用项目。

2.“三同时”制度的阶段要求

第一，设计阶段。建设单位在建设项目投入施工前，必须向环境行政主管部门提交初步设计中的环保篇章，内容应包括：环境资源保护措施的设计依据；环境影响报告书（表）及审批规定的各项要求和措施；防治污染的处理工艺流程、预期效果；对资源开发引起的生态变化所采取的防范措施；绿化设计、监测手段；环境资源保护投资概算等。施工图设计，必须按照已批准的初步设计文件及其环境资源保护篇章中所确定的各种措施的要求设计。

第二，施工阶段。建设单位与施工单位应将环境资源保护工程纳入施工计划、建设进度，做好环境资源保护工程施工组织工作，保证环保设施施工所需要的资金、材料供应，落实环境行政主管部门对施工阶段的要求。

第三，竣工验收阶段。建设项目建成后，建设单位必须按照《建设项目环境保护管理条例》和《建设项目竣工环境保护验收管理办法》的规定，履行验收手续，项目经批准后才可正式投入生产或使用。验收程序包括：需要试生产的建设项目，由建设单位向行业主管部门和环境行政主管部门提交试运行申请报告，经批准后，环保设施与主体工程同时进入试运行；建设项目投入试生产之日起3个月内向行业主管部门和环境行政主管部门提交环保设施验收申请报告（申请表），并附试运行监测报告（或验收调查报告），由环境行政主管部门组织验收；分期建设、分期投入生产或使用的建设项目，其配套的环保设施分期验收；环境行政主管部门自收到环保设施验收申请之日起30日内完成验收，并予以批复或签署意见；已建成投入生产或使用的环保设施，确有必要拆除或者闲置的，必须征得所在地的环境行政主管部门的同意。

3. 职责分工

环境行政主管部门的职责有：负责初步设计中环境保护篇章的审查及建设施工检查；负责环保设施的竣工验收；负责对环保设施运转和使用情况的监督检查。

建设项目主管部门的职责有：负责初步设计中环境保护篇章和环保设施竣工验收的预审；监督建设项目的设计与施工中的环境保护措施的落实；监督建设项目竣工验收后环境保护措施的正常运转。

建设单位的职责有：负责落实初步设计中环境保护措施；负责及时报批环保设施的试运行和竣工验收；负责建设项目竣工验收后防治污染设施的正常运转。

施工单位的职责有：负责保护施工现场周围的环境，防止施工过程中造成环境污染和生态破坏；负责建设项目竣工后对周围环境的修整和恢复；负责环保设施的工程质量和安装调试。

4. 违反“三同时”制度的法律责任

试生产建设项目配套的环保设施未与主体工程同时投入试运行的，由审批该环境影响报告书（表）、登记表的环境行政主管部门责令限期改正；逾期不改正的，责令停止试生产。

建设项目投入试生产超过3个月，未申请环保设施竣工验收的，责令限期办理环保设施竣工验收手续；逾期未办理的，责令停止试生产，可以处5万元以下的罚款。

建设项目需要配套建设的环保设施而未建成、未经验收或者经验收不合格，主体工程正式投入生产或者使用的，责令停止生产或者使用，可以处10万元以下的罚款。

三、排污许可证制度

（一）排污许可证制度的概念

排污许可制度是以污染物排放总量控制为基础，由环境保护行政主管部门对企业排污的种类、数量、性质、去向、方式等实行审查许可的制度。排污单位在持有排污许可证的情况下方有权排污，同时必须按照许可证规定的范围和要求排污。排污许可属于行政许可的范畴。根据行政许可法的规定，行政许可是指行政机关根据公民、法人或者其他组织的申请，经依法审查，准予其从事特定活动的行为。因此推定，排污许可是指具有法定环境保护管理权限的行政机关根据有排污意愿的公民、法人或其他组织的申请，经依法审查，准予其从事符合法定条件和标准的排污活动的行政行为。排污许可证制度最早在瑞典实行，其对环境保护所起的作用得到很多国家的认可，西方市场经济发达国家已将排污许可证制度作为污染防治的“支柱”，并已经制度化、程序化、规范化。我国也广泛采用了排污许可证制度。排污许可证是指国家有关环境资源管理机关根据环境资源法的有关规定，依法定程序发给提出申请的单位和个人，允许其从事某项对环境资源有影响的活动的证件。

（二）排污许可证的管理

1. 排污许可证申领程序

（1）告知。对已确定列入实行排污许可证制度范围的排污单位，由市（或区、县）

环保局发布通告或书面通知排污单位，通知其在指定时间内到市或区、县环保局领取排放污染物许可证申请表，市直管企业和重点污染源单位到市环保局领取，其他排污单位到所在区、县环保局领取。

（2）申请。排污单位按期如实填写排放污染物许可证申请表，并按规定提供以下相关材料：经过环保部门核定的排污申报登记材料；污染治理达标验收材料；排污口规范化整治材料；原申领的排放污染物许可证或临时排放污染物许可证正、副本；上一年度实行排污许可证制度的工作总结；为完成限期治理任务，经审核通过的污染治理方案；其他有关材料。

（3）审核。市（区、县）环保局自收到排污单位提交的排污许可证申请材料后30个工作日内，根据区域的总量控制目标和分配结果，审核排污单位的申请指标和排污行为的其他事项，包括上年排污量及生产负荷、排污规律、排污口位置、排放方式、排放去向、自测能力和管理水平等。

（4）审批发证。排污单位排放污染物符合国家或地方规定的排放标准和总量控制指标的，经核批后发放正式许可证，有效期不超过两年；排放污染物符合国家或地方规定的排放标准但超过总量指标的，发放临时许可证，有效期不得超过一年。

2．排污许可证的监督管理

重点污染源单位，须执行月报制度，环境统计范围内的其他排污单位执行季报制度，其他持证单位执行年报制度；市（区、县）环境监测站对持证单位的排放量进行监督性监测：市（区、县）环境监察部门对持证单位的排污行为进行监理；持证单位因关闭、停产等不再排放污染物的，须到发证机关办理注销手续，交还所持有的排放污染物许可证正、副本；持证单位因转产、兼并等原因，排放污染物发生重大变化的，应提前15日到发证机关申请办理排放污染物变更手续和重新申请办理排污许可证；排污许可证的管理实行年审制度，所有持证单位必须在每年一季度到发证机关办理年审或换证手续，未在指定时间内进行年审的，原许可证自年审年度的4月1日起视为作废。

四、排污申报登记制度

（一）排污申报登记制度的概念

排污申报登记制度是指向环境排放污染物的单位，按照环境保护法的规定，向所在地环境保护行政主管部门申报登记在各种活动中排放污染物的种类、数量和浓度，污染物排放设施、处理设施的运行情况和其他防治污染的有关情况，以及在排放污染物发生重大变化时及时申报的制度。

（二）申报登记的适用对象和内容

排污申报登记适用于在中华人民共和国领域内及中华人民共和国管辖的其他海域内直接或间接向环境排放污染物、工业和建筑施工噪声、产生工业固体废物的单位。这里的污染物包括废水、废气和其他有害环境的物质。但是，排放生活废水、废气和生活垃圾以及生活噪声的，不需要申报登记。排放放射性废物的，有特殊的申报登记要求。

申报登记的内容因排放污染物的不同而异。但通常要包括排污单位的基本情况，使用的主要原料，排放污染物的种类、数量、浓度，排放地点、去向、方式，噪声源的种类、数量和噪声强度，污染防止的设施等。

五、排污收费制度

（一）排污收费制度的概念

排污收费制度是指一切向环境排放污染物的单位和个体生产经营者，应当依照国家的规定和标准，缴纳一定费用的制度。我国的排污收费制度规定，在全国范围内，对污水、废气、固体废物、噪声、放射性等各类污染物的各种污染因子，按照一定标准收取一定数额的费用，并规定排污费可以计入生产成本，排污费专款专用，排污费主要用于补助重点排污源治理等。

（二）排污收费制度的主要规定

《排污费征收使用管理条例》构筑了以总量控制为原则、以环境标准为法律界限的新的排污收费框架体系。其核心内容体现在三个方面：

（1）实现了排污收费标准的四个转变：①实行总量收费，按照排污者排放的污染物种类、数量计征排污费；②实行多因子收费，对污水、废气每一排放口征收排污费的污染物种类数，以污染当量数从多到少的顺序，最多不超过3项；③对排污者排放污水超过国家或地方规定标准的，按照污染物种类、数量加一倍征收超标准排污费；④污水、废气排污费按排污者排放污染物的种类、数量以当量值计征，工业固体废物按吨计征，噪声按照超标的分贝数计征。新条例明确规定，将原来的污水、废气超标单因子收费改为按污染物的种类、数量以污染当量为单位实行总量多因子排污收费。2003年2月发布的《排污费征收标准管理办法》规定，直接向环境排放污染物的单位和个体工商户，必须按规定缴纳排污费。具体按照排放污染物的种类、数量和国家规定的征收标准计征排污费。

（2）排污费征收实行收支两条线管理。按照“环保开票、银行代收、财政统管”的原则，征收的排污费一律上缴财政，纳入财政预算，列入环境保护专项资金进行管理，全部用于污染治理，包括重点污染源防治，区域性污染防治和污染防治新技术、新工艺的开发、示范和应用等。

（3）在加大环保执法力度、规范执法行为、构建强有力的监督、保障体系、突出政务公开等方面也作了明确规定。《排污费征收使用管理条例》及其配套规章加大了排污收费工作的执法和监督力度，对排污费缴纳、征收、管理及使用等环节的违法行为，均规定了严厉的法律责任；对不缴或者欠缴排污费的，责令限期缴纳，逾期拒不缴纳的，处应缴纳排污费数额1倍以上3倍以下的罚款，并报经有批准权的人民政府批准，责令停产停业整顿。

六、限期治理制度

（一）限期治理制度的概念

限期治理制度是指对严重污染环境的企业事业单位在特殊保护的区域内超标排污的

生产、经营设施和活动，由各级人民政府或其授权的环境保护部门决定、环境保护部门监督实施，限其在一定期限内治理并消除污染的法律制度。

被列为限期治理的排污单位主要是那些由于排放污染物严重妨碍居民或其他单位正常工作和生活，群众反映强烈的排污单位，主要有：位于居民稠密区、水源保护区、风景名胜区、城市上风向等环境敏感区域，排放污染物严重超标准的企业事业单位；排放有毒有害物质，对环境造成严重污染从而严重危害人体健康的企业事业单位；进行污染范围较广、污染危害较大的污染项目的企业事业单位；进行区域或水域环境质量十分恶劣，有碍人民正常生活、观瞻，有损景观的区域或水域环境综合整治的项目的企业事业单位。

（二）限期治理制度的主要规定

1．限期治理的对象

限期治理的对象包括基本适用对象、“严重污染”对象和特殊适用对象。

基本适用对象主要有四类单位：一是根据国家和地方环境法规的规定，超过污染物排放标准的企业事业单位；二是排放重点污染物超过总量的单位；三是未完成排污削减任务的单位；四是造成严重污染的单位。

环保部门在判断过程中，根据排污单位排放污染物的超标情况，综合考虑排污单位所在区域的环境功能及其容量、排污单位排放污染物的特性及其对人体健康和环境造成的危害、排污单位周围居民对污染的反映及其他有关情况来确定“严重污染”对象。

此外，相关法律法规还规定了限期治理的五类特殊对象。这主要是指单位内的排污设施、单位内的单个污染源、排污口、小型单位和个体工商户。

（1）特殊保护区内的排污设施。根据国家有关环境法律和行政法规的规定，在国务院、国务院有关主管部门和省级政府划定的饮用水源保护区、风景名胜区、自然保护区和其他需要特别保护的区域内，已经建成并且排污超标的设施，适用限期治理。

（2）单个污染源。如《武汉市环境保护条例》第二十一条规定：“对企业事业单位内超过标准排放污染物的单个污染源的限期治理，不致影响该单位全面生产的，可以由环保部门决定。”甘肃、沈阳等地也有类似规定。显然，这些地方法规将单位和单位内部不致影响全面生产的“单个污染源”区别开来，更加合理也更具可操作性。

（3）排污口。《水法实施细则》第二十条规定：“在生活饮用水地表水源一级保护区内已设置的排污口，限期治理。”

（4）个体工商户。由于个体工商户不同于一般企业单位，因此河北、新疆等许多地方性环境法规都对污染环境的个体工商户的限期治理作了明确规定。

（5）小型企业事业单位。《中华人民共和国环境噪声污染防治法》对小型企业事业单位的限期治理作了规定，南京、广州等许多地方的环境法规也对小型单位作了同样规定。

2．限期治理的决定权

按照法律规定，市、县或者市、县以下人民政府管辖的企业事业单位的限期治理，由市、县人民政府决定；中央或省、自治区、直辖市人民政府直接管辖的企业事业单位的限期治理，由省、自治区、直辖市人民政府决定。

3. 限期治理的目标和期限

限期治理的目标就是限期治理要达到的结果。一般情况下是浓度目标，即通过限期治理使污染源排放的污染物达到一定的排放标准。

限期治理的期限由决定限期治理的机关根据污染源的具体情况、治理的难度、治理能力等因素来合理确定。其最长期限不得超过 3 年。

七、污染事故报告与处理制度

(一) 污染事故报告与处理制度的概念

污染事故报告与处理制度是指因发生事故或者其他突发性事件以及在环境受到或可能受到严重污染，威胁居民生命财产安全的紧急情况时，依照法律法规的规定进行通报和报告有关情况并及时采取应急措施的制度，全称为“环境污染事故和环境紧急情况的报告及处理制度”。

污染事故报告与处理制度有以下特点：

第一，预防性。尽量在事故发生前发现并立即作出判断和采取防范措施，以避免造成损失。

第二，时间性。发生事故后，必须按法定要求和在法定时间内立即向有关方面通报和报告情况，并立即或及时采取措施，解释或减轻危害。

第三，责任性。这一制度对肇事单位、环境保护部门或其他有关部门、人民政府都规定了明确的责任和应履行的职责义务，对未履行职责义务的，都必须承担法律责任。

第四，目的性。实行这一制度要达到的直接目的就是把损失减到最小。

(二) 污染事故报告与处理制度的规定

1. 污染事故发生者对污染事故的报告义务

造成环境污染与破坏的单位，必须在事故发生后的 48 小时内，向当地环境保护部门报告，事故查清后，还应向其作出书面报告，并附上有关证明文件。除向政府部门报告外，污染事故发生者还有及时利用广播、警报或其他媒体通知附近可能受污染危害的单位和居民的义务。

对于重大或特大环境污染的报告，一般分速报、确报和处理结果报告三类。速报是从发现事故后起 48 小时内，通过电话、电报或派人直接报告的上报形式。确报是在查清有关基本情况后通过电话或书面报告的形式立即上报。处理结果报告是在事故处理完后以书面报告的形式，报告处理事故的措施、过程和结果、事故潜在或间接的危害、社会影响和处理后的遗留问题等。

2. 污染事故发生者对污染事故的处理义务

这一项义务要求有关单位在发生事故和其他突发性事件时，密切关注是否有污染物质进入环境以及是否会导致污染事故的发生。一旦有污染事故发生，立即采取措施防止、控制污染的扩大与蔓延，并积极提供交通、物质等的帮助以便疏散公众。

3. 地方环境保护部门和政府的职责

监督管理环境是各级人民政府的一项基本职责，当所在区域发生或可能发生环境污染事故时，各级人民政府应履行以下职责：

（1）事故发生后，当地环境保护部门应当立即赴现场调查，作出处理决定，并向当地人民政府报告污染事故的情况。

（2）确认污染事故的污染程度、性质和危害。属一般或较大环境污染事故的，由县级以上的环境保护部门确认；属重大环境污染事故的，由市级以上环境保护部门确认，其中重大环境污染事故还应报省级环境保护部门，特大环境污染事故还应同时报告国家环境保护部。

（3）污染事故者和有关部门应当做好环境污染事故的报告工作。

八、排污现场检查制度

排污现场检查制度是指环境保护行政主管部门和其他依照法律规定行使环境监督管理的部门，有权对管理范围内的排污单位进行现场检查，被检查单位必须如实反映情况，提供必要的资料。这是环境保护法为保证环境保护行政主管部门和其他有关监督管理部门顺利开展污染防治监督管理工作而规定的重要制度。其目的在于检查、督促排污单位执行各项环境保护法律制度，严格遵守法律规定，及时发现违法行为，以便及时追究违法者的法律责任。同时，检查部门也有义务为被检查的单位保守技术秘密和业务秘密。

环境保护现场检查制度是关于环境保护部门和有关的监督管理部门对管辖范围内的排污单位进行现场检查的一整套措施、方法和程序的规定。它是环境管理的重要法律制度，也是环境执法的重要手段之一。它能够促使排污单位依法加强环境管理，积极采取污染防治措施，减少污染物的排放和消除污染事故隐患，并可以使环境管理机关及时发现和处理环境违法行为。该制度区别于其他环境法律制度的特征主要有：

（1）检查主体和内容的特定性。从事环境保护现场检查的机构只能是法定的行政机关，未经法律法规授权的机构无权进行现场检查。其检查内容也必须是法定的与环境保护有关的事项，而不是对被检查单位的任何活动都能现场检查。

（2）检查行为的强制性。环境保护现场检查是一种单方的行政行为，进行现场检查不需要取得被检查单位的同意。对拒绝现场检查的单位和个人，可以给予行政处罚。

（3）检查范围的固定性。检查机关只能对其管辖范围内的单位和个人进行检查，而不能对管辖范围以外的单位和个人进行现场检查。

（4）检查时间的随机性。检查机关可以随时对排污单位进行现场检查，而不必事先通知被检查单位。

第二节　循环经济法

一、循环经济概述

循环经济是指在生产、流通和消费等过程中进行的减量化、再利用、资源化活动的总称。所谓减量化，是指在生产、流通和消费等过程中减少资源消耗和废物产生。所谓再利用，是指将废物直接作为产品或者经修复、翻新、再制造后继续作为产品使用，或者将废物的全部或者部分作为其他产品的部件予以使用。所谓资源化，是指直接将废物作为原料进行利用或者对废物进行再生利用。

通过上述界定，可以看出循环经济具有以下特征：

（1）循环经济以“减量化、再利用、资源化”为主要内容。

（2）发展循环经济要求在生产、流通、消费的全过程中进行。

（3）发展循环经济的主体包括政府、企业、公众和行业协会等。

（4）本法调整的是各类主体所进行的减量化、再利用、资源化活动。

二、循环经济法主要制度

目前，我国尚未制定循环经济法，但第十届全国人大常委会二十九次会议已经首次审议了《循环经济法（草案）》。《循环经济法（草案）》凸显了循环经济法的主要制度。

（一）循环经济规划制度

《循环经济法（草案）》第十二条从两方面对循环经济规划制度作了规定：“首先要求县级以上人民政府编制国民经济和社会发展规划、区域规划以及城乡建设、科学技术发展等规划时，应当明确发展循环经济的目标和要求；其次要求有关政府专门制定循环经济发展规划，并规定了编制循环经济发展规划的程序，明确提出规划应当包括资源产出率、废物再利用和资源化率等具体指标。”

在我国，从事各项事业都要先制订规划，才有项目和资金。规划是前提和基础。循环经济规划是国家对循环经济发展目标、重点任务和保障措施等进行的安排和部署，是政府进行评价考核并实施鼓励、限制或禁止措施的重要依据。

（二）抑制资源浪费和污染物排放的总量调控制度

《循环经济法（草案）》第十三条规定：“县级以上地方人民政府应当依据上级人民政府制定的本行政区域主要污染物排放总量控制指标和建设用地、生产用水总量控制指标，规划和调整本行政区域的产业结构，推进循环经济发展。”并要求建设项目应当符合本行政区域的总量控制指标。

当前的一个突出矛盾是，一些地方的经济增长是建立在过度消耗资源和污染环境的基础上的。受资源和环境容量的限制，这种发展方式难以为继，对这种不可持续的发展方式必须有必要的总量控制措施。发展循环经济实施减量化，应首先在源头上建立一种总量控制的“倒逼”机制，即以资源和环境的容量为限度，迫使企业在节能减排降污上下功夫。为推动各地和企业按照国家的要求，根据本地的资源和环境承载能力安排产业结构和经济规模，积极主动地采取节能、节地、节水、减排等循环经济措施，草案创设了抑制资源浪费和污染物排放的总量调控制度，这有助于真正实现“增产不增污”、“增产不增水”。

（三）循环经济评价考核制度

《循环经济法（草案）》第十四条规定，国务院经济综合宏观调控部门会同国务院统计、环境保护等有关主管部门建立循环经济评价指标体系。上级政府根据前款规定的循环经济主要评价指标，对下级政府发展循环经济的状况定期进行考核，并将考核结果作为评价地方政府行政领导政绩的重要依据。国务院和县级以上地方政府向同级人民代表大会报告政府工作时，应当同时报告循环经济发展工作。

循环经济评价考核体系是评价区域或者企业循环经济发展状况的基础，也是对区域社会、经济、生态环境系统协调发展状况进行综合评价的依据和标准。建立循环经济评价考核制度，有助于解决过去以 GDP（国内生产总值）指标作为考核地方领导政绩的主要标准的弊端，也有助于解决当前对循环经济发展状况评价标准不一等问题，从而为区域和企业发展循环经济提供科学的基础。循环经济评价考核体系制度的建立需要以准确的统计核算制度为前提。循环经济指标体系既是考核政府发展循环经济绩效的重要依据，又是政府为企业提供资金倾斜、技术支持、税收优惠的主要参考。循环经济法应当对循环经济标准和考核体系的制定主体、基本准则和法律效力等进行规定，并将之贯穿于其他法律制度的运行过程中。循环经济评价考核体系应当包括资源生产率、循环利用率、最终填埋量等具体指标。

（四）以生产者为主的责任延伸制度

《循环经济法（草案）》第十五条区分不同情况，对生产者等主体在产品废弃后应当承担的回收、利用、处置等责任作了明确规定。

在传统的法律领域，产品的生产者只对产品本身的质量承担责任，但现代生产者还应依法承担产品废弃后的回收、利用、处置等责任。也就是说，生产者的责任已经从单纯的生产阶段、产品使用阶段逐步延伸到产品废弃后的回收、利用和处置阶段，相应对其设计也提出了更高的要求。这种生产者责任延伸制度在一些国家立法中得到了确立，并经实践证明具有积极意义。

（五）对高耗能、高耗水企业的管理制度

《循环经济法（草案）》第十六条规定，国家对钢铁、有色金属、煤炭、电力、石油石化、化工、建材、建筑、造纸、印染等行业，年综合能源消费量、用水量超过国家规定总量的重点企业，实行重点管理制度。重点企业应当制定严于国家标准或者行业标准的能耗和水耗企业标准，并按规定进行审核。

我国目前正处在工业化加速发展的阶段，钢铁、有色金属、煤炭、电力、石油石化、化工、建材、建筑、造纸、印染等主要工业行业资源消耗高，资源利用效率低，污染物排放量大，其中的大企业在资源消耗中又占很大比重。为了保证节能减排的各项规划目标得以实现，当前和今后一个时期对重点行业的高耗能、高耗水企业进行重点管理是十分必要的。抓住了这些重点企业，就等于抓住了资源节约和循环利用的关键。这样的规定，与标准化法的规定精神也是一致的。

（六）产业政策的规范和引导制度

《循环经济法（草案）》第十八条规定，国家产业政策应当符合发展循环经济的要

求；国务院经济综合宏观调控部门会同国务院环境保护等有关主管部门，定期发布鼓励、限制和淘汰的技术、工艺、设备、材料和产品名录；禁止生产、进口或者采用列入淘汰名录的技术、工艺、设备、材料和产品；有关部门要对名录制度的实施情况进行监督。

产业政策不仅是促进产业结构调整的有效手段，更是政府规范和引导产业发展的重要依据，对淘汰落后技术、工艺、设备和产品，指导市场准入也有重要作用。草案的这个规定，强化了国家产业政策对循环经济的支持。

三、循环经济与环境保护之间的关系

《循环经济法（草案）》规定了发展循环经济时必须遵守的环境保护要求。

（1）发展循环经济应当在技术可行、经济合理和环境友好的前提下，按照减量化优先的原则实施。在废物再利用和资源化过程中，应当保证产品质量，防止产生再次污染。

（2）废物回收交易市场应当符合国家关于环境保护、安全、消防等的规定。

（3）县级以上人民政府应当支持企业建设污泥资源化利用和处置设施，提高污泥综合利用水平，防止产生再次污染。

（4）新建和改造各类产业园区，必须进行环境影响评价，并采取生态保护和污染控制措施，确保本区域的环境质量达到规定的标准。

上述规定有着很强的针对性。有人认为，既然发展循环经济是构建“资源节约型、环境友好型”社会的重要途径，那么在发展循环经济的时候，就可以不受环境保护法律的制约。在实践中，有的开发区和工业园区成了高耗能和高污染产业的乐园，成了破坏环境的典型。因此，对这种打着发展循环经济的旗号破坏环境的行为必须高度注意。

为保证循环经济的发展符合环境保护的要求，草案明确规定了发展循环经济与环境保护之间的关系，明确了发展循环经济必须服从于环境保护的目标，必须接受环境保护主管部门的监督管理。草案特别强调：新建和改造各类产业园区，必须进行环境影响评价，并采取生态保护和污染控制措施，确保本区域的环境质量达到规定的标准。这些规定，对于保障循环经济沿着正确的方向发展具有重大意义。

思考题

1．环境法律制度包含哪些内容？

2．什么是环境影响法律制度？

3．什么是“三同时”制度？

4．资源调控原则包含哪些内容？

5．循环经济法主要制度的内容是什么？

第十五章

票据法律制度

内容要点

本章主要讲述票据及票据法的概念和票据法律关系。

第一节　票据概述

一、票据概述

（一）票据及票据法的概念

票据的概念，有广义和狭义两种，广义上的票据是指各种有价证券和凭证，如股票、债券、保险单、仓单、提单、国库券、企业债券以及汇票、本票、支票等；狭义上的票据则是指票据法上的票据，仅包括汇票、本票和支票。

（二）我国票据法上的票据具有的特点

1. 票据是完全有价证券

《中华人民共和国票据法》（以下简称《票据法》）依据不同的票据种类，规定了不同形式，出票人必须依照法律规定的要求签发相关的票据，否则不受法律的保护。与股票、提单、仓单不同，票据是完全的有价证券，票据权利与票据不可分离，票据权利的发生、转让、行使必须以票据的生成、交付、占有、提示为前提，一旦票据丧失，则无法行使票据权利。

2. 票据是设权证券

票据的作用在于创设一定的权利，票据权利于票据作成之后产生，没有票据就没有票据权利，票据作成之前，票据权利不产生。

3．票据是文义证券

票据的文义性是指票据上的权利义务、票据债权债务人以及票据行为的效力等，都是以票据上记载的文字为准，票据上记载的文字以外的其他事实或因素不对票据权利产生影响。即使票据上记载的内容与实际情况不相符，甚至出现错误，也应当以票据上记载的文字内容为准。

4．票据是要式证券

票据的形式和记载事项都必须由票据法规定，未依票据法规定的格式做成的票据或者记载的事项，其效力会受到限制，甚至无效。票据行为也必须严格按照票据法规定的程序和方式来进行。我国《票据法》第二十二条规定："汇票必须记载下列事项：（一）表明'汇票'的字样；（二）无条件支付的委托；（三）确定的金额；（四）付款人名称；（五）收款人名称；（六）出票日期；（七）出票人签章。汇票上未记载前款规定事项之一的，汇票无效。"我国《票据管理实施办法》第二十三条规定："保证人应当依照票据法的规定，在票据或者其粘单上记载保证事项。保证人为出票人、付款人、承兑人保证的，应当在票据的正面记载保证事项；保证人为背书人保证的，应当在票据的背面或者其粘单上记载保证事项。"

5．票据是无因证券

由于票据上的法律关系是较单纯的金钱支付关系，权利人取得票据权利仅以持有票据为要件，持票人无须说明金钱支付关系的原因和理由，票据支付人也无须知道支付的原因。也就是说，票据只有具备了票据法上的条件，票据关系就可成立，而不考虑票据行为赖以发生的原因或基础。最高人民法院《关于审理票据纠纷案件若干问题的规定》中的相关条款体现了票据的无因性特点，如第二条规定："依照票据法第十条的规定，票据债务人（即出票人）以在票据未转让时的基础关系违法、双方不具有真实的交易关系和债权债务关系、持票人应付对价而未付对价为由，要求返还票据而提起诉讼的，人民法院应当依法受理。"第十四条规定："票据债务人以票据法第十条、第二十一条的规定为由，对业经背书转让票据的持票人进行抗辩的，人民法院不予支持。"

6．票据是流通证券

流通是指票据权利可以一定方式进行转让，票据转让的方式有背书和交付两种，根据国际上通常的做法，凡记名票据必须经过背书进行转让；不记名可直接用交付的方式进行转让。我国《票据法》规定的票据都是记名票据，因此必须通过背书的方式进行转让。

（三）票据法的概念

票据法是指规定票据的种类、形式、内容以及票据当事人之间权利义务关系的法律规范的总称。票据法的概念也有广义和狭义之分。广义上的票据法除了包括票据法之外，还包括刑法、民法、诉讼法以及司法解释等规范性文件中有关票据或者适用票据的规定。如民法通则中关于民事权利能力和民事行为能力、代理制度的规定；刑法中关于伪造票据犯罪行为的规定；民事诉讼法中有关票据诉讼、公示催告等程序的规定；最高人民法院《关于审理票据纠纷案件若干问题的规定》等。狭义上的票据法仅指有关票据的专门立法，如我国 1995 年 5 月 10 日第八届全国人民代表大会常务委员会第十三次会议通过的，2004 年

8月28日修改通过的《中华人民共和国票据法》以及1997年6月23日国务院批准，1997年8月21日由中国人民银行发布的《票据管理实施办法》等。

二、票据的功能

现代票据作为一种有价证券，其主要功能有：

（1）支付功能。票据的支付功能主要是指票据具有代替货币现金支付的功能，用票据代替现金作为支付的工具，具有便于支付、简化支付和安全支付的特点。票据的支付作用是票据最原始也是最简单的作用。

（2）汇兑功能。票据的汇兑功能是指票据具有异地兑换或者转移货币资金的作用。在商业往来中，交易各方往往处在不同地区，甚至处在不同国家，经常会产生异地之间的兑换和转移金钱的需要，如果携带大量的现金，会存在很大的风险和不便，通过票据来实现这种异地之间的资金转让的功能，大大减少了麻烦和风险。在我国目前的票据制度中，支票主要限于同城市或同一票据交换区内使用，因此，异地之间的汇兑作用主要是通过银行汇票和银行本票实现的。

（3）信用功能。票据的信用功能是指票据具有把出票人于将来取得资金的信用能力转变为当前支付能力的功能。例如，在买卖合同中，买方一时没有足够的现金用于支付货款，但却有短期内还未到期的债权，买方就可以将其未到期的债权作成票据向卖方进行交付，卖方同样可以基于该票据的可转让性继续将它如同货币一样用于流通、支付。

（4）结算功能。结算主要是指当事人之间的资金往来，简单的结算是当事人之间通过现金来完成的，较为复杂的结算则通过票据交换制度来进行，尤其是在国际结算过程中，通过票据进行结算既安全又方便。目前世界各国为方便结算，普遍采用了票据结算方式，在各地设立了票据交换中心，而且通过互联网进行票据结算。同时票据买卖市场的建立为不同币制国家间的结算提供了方便。

（5）融资功能。票据当事人可以通过票据转让和贴现来融通资金。所谓融资就是利用票据筹集、融通资金。所谓贴现就是对未来到期的票据进行买卖的行为，将未来到期的票据通过出卖行为来获得现金。票据贴现业务一般都由专业性的商业银行和中央银行来经营，目前各国商业银行一般都经营票据贴现业务，实际上就向未到期票据的持有人提供资金。

除此之外，票据还具有抵消债务和节约货币使用量的功能。

三、票据法律关系

（一）票据法律关系的概念

票据法律关系是指票据当事人行为所发生的票据债权债务关系，即票据当事人之间在票据的签发和转让等过程中发生的权利义务关系。票据法律关系可分为票据关系和票据法上的非票据关系。

票据关系是指当事人之间基于票据行为而发生的债权债务关系。主要基于出票而发生的出票人与受款人之间的关系、受款人与付款人之间的关系；基于票据转让行为而发生的背书人与被背书人之间的关系、被背书人与付款人之间的关系以及背书的前后手之间的关系；基于票据承兑而发生的持票人与承兑人之间的关系；基于保证行为而发生的保证人与持票人之间的关系、保证人与被保证人及其前手的关系等。

票据法上的非票据关系是指由票据法规定的，不基于直接票据行为而发生的法律关系。票据法上的非票据关系主要有：

(1) 票据上的正当权利人对于恶意或者重大过失取得票据的行为人请求返还票据而发生的权利义务关系。

(2) 因时效期满或手续欠缺而丧失票据权利的持票人对于出票人或承兑人行使请求权而发生的法律关系。

(3) 票据受款人及受款人以外的持票人向出票人行使发给复本请求权而发生的关系。

(4) 票据付款人付款后请求持票人交回票据所产生的法律关系等。

(二) 票据法律关系的特点

(1) 票据法律关系是由票据法律规范确认和调整的社会关系。票据关系的成立和存在都以票据法律规范的存在为前提，没有票据法律规范也就没有票据法律关系。

(2) 票据法律关系是基于票据行为而发生的社会关系。票据上的权利义务的存在必须是基于一定的票据行为，所以说票据行为是票据关系产生和存在的唯一基础。

(3) 票据法律关系是一种票据上的权利义务关系。如同其他法律关系一样，票据法律关系的内容也包括了权利和义务两部分，只不过票据关系中的权利和义务是依附于票据而产生的，离开了票据，票据关系中的权利义务也就不存在了。

(三) 票据法律关系的主体

票据法律关系的主体是指票据法律关系的当事人，包括票据法律关系的债权人和债务人。具体是指出票人（亦称发票人）、持票人、承兑人、付款人、受款人、背书人、被背书人、保证人、参加付款人、预备付款人等。

(四) 票据法律关系的内容

票据法律关系的内容是指参加票据法律关系的主体依法所享有的权利和承担的义务，即票据关系中的当事人依照票据法或票据行为可以为一定行为或要求他人为一定行为。如票据当事人委托其代理人在票据上签章的代理权；对票据上的其他记载事项的变更权等。

(五) 票据法律关系的客体

票据法律关系的客体是指票据法律关系的权利和义务所共同指向的对象，亦称为标的。这是票据权利义务的载体。由于票据法律关系是因支付或清偿一定的金钱而发生的法律关系，所以，其客体只能是一定数额的金钱，而票据基础关系中的客体（如货物）并不是票据法律关系中的客体。

四、票据的基础关系

票据的基础关系是指票据关系成立之前就已经存在的实质法律关系。票据法律关系是基于票据行为而产生的，当事人之所以要签发票据，也是基于一定的原因或前提的，这种签发票据的原因或前提关系就是票据的基础关系。如基于买卖合同或返还资金而授受的票据，该买卖关系或返还资金关系就构成了票据的基础关系。一般情况下，票据关系的发生是以票据的基础关系为原因或前提的。我国《票据法》第十条规定："票据的签发、取得和转让，应当遵循诚实信用的原则，具有真实的交易关系和债权债务关系。"

票据的基础关系主要有三种：票据原因关系、票据资金关系、票据预约关系。

1. 票据原因关系

票据原因关系又称票据原因，是指当事人之间签发、转让、授受票据的原因。票据原因关系主要有：支付价金、劳务费或其他费用；借贷；交付定金；票据买卖；债权担保；继承；赠与；税收；委托收款等。我国《票据法》规定，票据的取得，必须给付对价，即应当给付票据双方当事人认可的相对应的代价。因税收、继承、赠与而可以依法无偿取得票据的，不受给付对价的限制。

2. 票据资金关系

票据资金关系是指票据的出票人与付款或其他资金义务之间所发生的货币性的财产关系。票据资金关系存在于汇票的出票人与付款之间、支票的出票人与银行（付款人）之间的基础关系。如出票人曾向付款人提供过资金，或者出票人对付款人享有债权，或者出票人与付款人之间订有信用合同，或者出票人在银行存在现金等。一般情况下，汇票和支票的出票人之所以委托付款人付款，是因为他们之间存在一定的约定。

3. 票据预约关系

票据预约关系是指票据当事人之间就授领票据达成契约而发生的关系。在票据原因关系的基础上，当事人之间还就票据的授领达成一个约定，作为授受和接受票据的依据。如当事人在接受票据之前，先就票据的种类、面额、票据到期日、是否记名、付款地等事项达成约定，这种约定就是票据的预约，由此产生的关系就是票据预约关系。

票据预约关系的法律效力主要表现在：

（1）预约关系当事人应当依约定履行各自的义务，如果违反，则构成合同违约，依民法通则中的契约规范来处理。

（2）票据预约一旦履行完毕，就不再对已经存在的票据关系产生影响。

第二节　票据行为

一、票据行为的概念

票据行为是指票据法律关系中的当事人之间以设立、变更、终止票据关系为目的而产生的法律行为。理解这一概念时应该注意以下几点：

（1）票据行为是票据关系当事人之间进行的行为。票据当事人主要包括出票人（发票人）、收款人（抬头人）、付款人、持票人、承兑人、背书人、被背书人、保证人以及其他当事人。因此，票据行为也就包括出票、背书、承兑、保证、参加承兑、保付等行为。

（2）票据行为是以设立、变更、终止票据关系为目的的行为。票据行为如同其他民事行为一样，也是一种意思表示行为，即票据关系当事人之间进行的票据行为是有目的地设立、变更、终止某项票据权利义务的行为。事实行为和无意识行为不成为票据行为。

（3）票据行为是一种合法行为。票据行为是一种民事法律行为，这就决定了票据行为必定是合法行为。内容违法、主体不合格或者意思表示不真实的行为不是票据行为。

二、票据行为的成立要件

票据行为是民事法律行为中的一种，其成立必须符合以下要件：

1. *行为人须有从事票据行为的能力*

从事票据行为的能力又称为票据能力，包括票据权利能力和票据行为能力。票据权利能力是指行为人可以享有票据上的权利和承担票据上义务的资格。票据行为能力是指行为人通过自己的独立行为取得票据上的权利和承担票据上的义务的资格。不具有票据行为能力的人所实施的票据行为的效力受到一定的限制，我国《票据法》规定，无民事行为能力人或者限制民事行为能力人在票据上签章的，其签章无效，但是不影响其他签章的效力。此外，法律禁止公民从事某项票据行为的，公民即不具有从事该票据行为的能力。

2. *票据行为人的意思表示必须合法、真实*

票据的签发、取得和转让，应当遵循诚实信用的原则，具有真实的交易关系和债权债务关系。票据的取得，必须给付对价，即应当给付票据双方当事人认可的相对应的代价。以欺诈、偷盗或者胁迫等手段取得票据的，或者明知有前述情形，出于恶意取得票据的，不得享有票据权利。

3. *票据行为必须符合法定形式*

票据行为是一种要式行为，必须符合法律法规规定的形式要件。票据行为的要式性具体表现在书面形式、记载事项、签章和交付四项要求。

（1）书面。出票、背书、承兑、保证等各种票据行为均须以书面为之。

（2）记载事项。根据记载事项的效力不同，可分为应当记载事项、可记载事项、不应当记载事项和不发生票据法效力的记载事项。

应当记载事项又称必须记载事项，是指依票据法规定必须记载的事项。根据记载后的效力，又分为绝对应记载事项和相对应记载事项。绝对应记载事项是指依票据法规定必须记载，如不记载，票据即归无效的事项。我国《票据法》第二十二条规定：“汇票必须记载下列事项：（一）表明‘汇票’的字样；（二）无条件支付的委托；（三）确定的金额；（四）付款人名称；（五）收款人名称；（六）出票日期；（七）出票人签章。汇票上未记载前款规定事项之一的，汇票无效。”第七十五条规定：“本票必须记载下列事项：（一）表明‘本票’的字样；（二）无条件支付的承诺；（三）确定的金额；（四）收款人名称；（五）出票日期；（六）出票人签章。本票上未记载前款规定事项之一的，本票无效。”第八十四条规定：“支票必须记载下列事项：（一）表明‘支票’的字样；（二）无条件支付的委托；（三）确定的金额；（四）付款人名称；（五）出票日期；（六）出票人签章。支票上未记载前款规定事项之一的，支票无效。”

可记载事项，又称任意记载事项，是指记载与否由票据当事人决定，该事项被记载，会发生票据法上的效力，若该事项没有被记载，不影响票据的效力。各国票据法一般是将这类事项规定在汇票、本票及支票分则中。如汇票发票人可以记载预备付款人、禁止背书等。我国《票据法》第二十七条第二款规定：“出票人在汇票上记载‘不得转让’字样的，汇票不得转让。”

不应当记载事项又称禁止记载事项，是指如果该事项记载于票据上，会使记载事项本身或票据归于无效的事项。如我国《票据法》第三十三条规定：“背书不得附有条件。背书时附有条件的，所附条件不具有汇票上的效力。”有害记载事项是指行为人一经记载就使整个票据归于无效的事项。如汇票出票人记载“货到验收合格后付款”或“见我电报付款”字样的，不仅使记载内容本身无效，也使整个票据归于无效。

不发生票据法效力的记载事项，是指当事人可以自由选择记载，但记载后不产生票据法上的效力的事项。如汇票出票人记载“除给付票据金额外另付股票若干”，即属此类记载事项。

（3）签章。签章是票据应记载的事项之一，也是票据行为人承担票据责任的必要表示方法。签名必须是行为人在票据上亲自书写自己的姓名。我国《票据法》第七条规定：“票据上的签章，为签名、盖章或者签名加盖章。法人和其他使用票据的单位在票据上的签章，为该法人或者该单位的盖章加其法定代表人或者其授权的代理人的签章。在票据上的签名，应当为该当事人的本名。”最高人民法院《关于审理票据纠纷案件若干问题的规定》第四十六条规定：“票据的背书人、承兑人、保证人在票据上的签章不符合票据法以及《票据管理实施办法》规定的，或者无民事行为能力人、限制民事行为能力人在票据上签章的，其签章无效，但不影响人民法院对票据上其他签章效力的认定。”

（4）交付。交付是指票据行为人将票据交给相对人持有。票据是提示证券、占有证券和返还证券，无论是出票还是背书、承兑、保证、付款等均须以交付到相对人手中，才能算完成票据行为，相对人才能据以持票行使票据权利或承担票据义务。

三、票据行为的代理

（一）票据行为代理概述

票据行为是民事法律行为的一种，因此民事法律关系中的代理亦适用于票据行为。我国《票据法》也规定了票据行为的代理，该法第五条规定：“票据当事人可以委托其代理人在票据上签章，并应当在票据上表明其代理关系。”根据该条规定，票据行为的代理须具有以下几个条件：第一，票据当事人必须具有委托代理的意思表示；第二，代理人须按照被代理人的委托在票据上签章；第三，代理应当在票据上表明自己与委托人的代理关系，即代理人应当在票据上注明“代理”或类似的字样。

（二）无权代理和越权代理

票据上的无权代理是指行为人没有代理权或者丧失代理权，仍然以被代理人的名义在票据上签章；越权代理是指行为人超越了被代理人的授权范围而进行的代理行为。根据《票据法》的相关规定，没有代理权而以代理人名义在票据上签章的，应当由签章人承担票据责任；代理人超越代理权限的，应当就其超越权限的部分承担票据责任。

（三）票据上的表见代理

表见代理是指行为人虽然没有代理权，但善意相对人客观上有充分的理由相信行为人具有代理权而与其进行民事行为，发生的法律后果直接由被代理人承担。学术上一般将民事表见代理行为归入广义上的无权代理。同样票据行为也存在表见代理的情形，票据上的表见代理是票据的无权代理的一种形态。但票据表见代理一旦成立，持票人即可依民法通则的有关规定向被代理人主张权利。但是，如果持票人不向被代理人主张表见代理的责任，则其也可以依票据法关于无权代理的规定，直接向无权代理的行为人请求承担票据责任，行为人不得以表见代理成立为由提出抗辩。票据行为当中的表见代理常常出现在以下几种情形：

（1）被代理人将自己的印章交给代理人，授权代理人进行某项票据行为。

（2）被代理人把自己在银行的预留印章交给代理人，代理人利用该预留印章向银行签发票据。

（3）合伙人之一利用合伙企业的印章进行票据行为。

第三节　票据权利

一、票据权利的概念

票据权利是指持票人向票据债务人请求支付票据金额的权利，票据权利是票据法律关系中债权人享有的一种证券权利。包括付款请求权和追索权。

付款请求权即持票人向票据主债务人或者其他付款义务人请求按票据上记载的金额付款的权利，是票据权利的第一次请求权。票据的主债务人是指在出票之后承担第一付款义务的人，汇票的付款人、承兑人或保证人是票据主债务人；本票的出票人及其保证人是主债务人；支票的付款人是主债务人。

追索权又称为偿还请求权，是指持票人在行使或者保全票据权利后，向应当偿还票据金额的义务人行使的权利。追索权是票据的第二次请求权，只有在票据权利的第一次请求权得不到实现时，即持票人行使付款请求权遭到拒付或者出现其他法定原因时方可行使追索权。因此，票据追索权也被认为是从票据权利。最高人民法院《关于审理票据纠纷案件若干问题的规定》第四条规定："持票人不先行使付款请求权而先行使追索权遭拒绝提起诉讼的，人民法院不予受理。"

二、票据权利的取得

票据权利的取得也就是票据权利的发生。票据权利是以占有票据为前提的，凡合法取得了票据，其持有人就取得了票据权利。根据票据法的相关规定，票据及票据权利的合法取得主要包括两种方式：原始取得和继受取得。

1. *票据权利的原始取得*

票据权利的原始取得是指持票人依据出票人签发票据的出票行为而取得票据，或者是善意地从无票据处分权人手中取得票据。因此，票据权利的原始取得又可分为出票取得和善意取得。出票取得就是指出票人作成票据并完成票据交付行为后，持票人取得票据和票据权利。善意取得是指持票人依据票据法规定的票据转让方式，从无处分权人手中善意取得票据，从而取得票据权利。善意取得应当具备以下几个要件：

（1）票据转让人无处分票据的权利。

（2）票据受让人不知道或者不应当知道转让人不具有票据处分权，即受让人善意。

（3）票据转让行为是依据票据法规定的方式进行的。

（4）票据受让人支付了票据金额的对价。

不具备以上几个要件，就不构成善意取得，持票人也就不享有票据权利。我国《票据法》第十二条规定："以欺诈、偷盗或者胁迫等手段取得票据的，或者明知有前列情形，出于恶意取得票据的，不得享有票据权利。持票人因重大过失取得不符合本法规定的票据的，也不得享有票据权利。"

2. *票据权利的继受取得*

票据权利的继受取得是指持票人从有处分权人处受让票据而取得票据权利。继受取得又分为票据上的继受取得和非票据上的继受取得两种情形。票据上的继受取得主要包括：从有权处分票据权利人的前手，以背书交付的方式取得票据权利；票据保证人履行保证义务后取得票据权利；参与付款人因付款而取得票据权利；被追索人因清偿而取得票据权利。非票据上的继受取得主要是指因普通债权的转让、继承、公司合并、营业受让、税收、赠与票据及票据权利。

根据我国《票据法》的有关规定，行为人合法取得票据，享有票据权利，必须注意以下两点：

（1）除因税收、继承、赠与等依法无偿取得票据的外，票据的取得必须给付对价。因税收、继承、赠与可以依法无偿取得票据的，不受给付对价的限制。但是，所享有的票据权利不得优于其前手的权利。

（2）因欺诈、偷盗、胁迫、恶意或重大过失取得票据的，不得享有票据权利。

三、票据权利的行使与保全

票据权利的行使是指票据持有人向票据债务人提示票据，请求实现票据权利的行为。包括请求承兑、提示票据请求定期付款、行使追索权等。

票据权利的保全是指票据持有人为防止票据权利丧失而为的一切行为。如为防止付款请求权与追索权因时效而丧失，采取中断时效的行为。最高人民法院《关于审理票据纠纷案件若干问题的规定》第八条规定："人民法院在审理、执行票据纠纷案件时，对具有下列情形之一的票据，经当事人申请并提供担保，可以依法采取保全措施或者执行措施：（一）不履行约定义务，与票据债务人有直接债权债务关系的票据当事人所持有的票据；（二）持票人恶意取得的票据；（三）应付对价而未付对价的持票人持有的票据；（四）记载有'不得转让'字样而用于贴现的票据；（五）记载有'不得转让'字样而用于质押的票据；（六）法律或者司法解释规定有其他情形的票据。"

依照《票据法》的相关规定，持票人对票据债务人行使票据权利，或者保全票据权利，应当在票据当事人的营业场所和营业时间内进行，票据当事人无营业场所的，应当在其住所进行。票据当事人是指承担票据债务的承兑人、付款人、保证人、出票人或者前手背书人等。当事人的住所应当依据民法通则来确定，公民以他的户籍所在地的居住地为住所，经常居住地与住所不一致的，经常居住地视为住所。法人以它的主要办事机构所在地为住所。

四、票据权利的消灭

票据权利如同其他债权一样，出现一定的法律事实则该权利不复存在，从而使票据上的付款请求权和追索权失去法律效力，建立在票据上的债权债务关系也归于消灭。

票据权利消灭的原因有：付款消灭和时效消灭。

1. 付款消灭

付款消灭即票据债务人向持票人支付票据金额后，票据关系终止，票据权利和义务随之消灭。债务人按照票据金额向持票人付款就是债务人完全履行了票据债务，因此，付款消灭票据权利也视为票据债务因履行而消灭。我国《票据法》第六十条规定："付款人依法足额付款后，全体汇票债务人的责任解除。"

2. 时效消灭

时效消灭是指权利人在法律规定的时效期间内不行使票据权利，致使票据权利丧失，即票据权利因时效期间届满而灭失。根据我国《票据法》，票据权利的时效消灭存在在以下四种情形：

（1）持票人对票据的出票人和承兑人的权利，自票据到期日起 2 年，见票即付的汇票、本票，自出票日起 2 年，是付款请求权的时效规定。持票人自票据到期之日起 2 年内或者见票即付的汇票、本票，自出票之日起 2 年内不向出票人或者承兑人请求付款的，其权利归于消灭。

（2）持票人对支票出票人的权利，自出票日起 6 个月，是付款请求权的时效规定。根据这一规定，持票人对支票的出票人的付款请求权，自出票之日起 6 个月内不行使的，该权利归于消灭。

根据最高人民法院《关于审理票据纠纷案件若干问题的规定》，持票人对票据的出票人和承兑人的权利包括付款请求权和追索权。

（3）持票人对前手的追索权，自被拒绝承兑或者被拒绝付款之日起6个月，是其时效规定。依据这一规定，持票人向承兑人请求承兑或者向付款人请求付款遭到拒绝之后应当及时向前手行使追索权，如果持票人自被拒绝承兑或者被拒绝付款之日起6个月内不向前手行使追索权，该权利归于消灭。

（4）持票人对前手的再追索权，自清偿日或者被提起诉讼之日起3个月，是其时效规定。再追索权又称代位追索权，是指被追索人清偿票据金额后，对其前手当事人所享有的再行追索的权利。《日内瓦汇票和本票统一法公约》规定，在汇票上签名的人，在清偿票款并取回汇票后，享有与持票人相同的权利。因而票据债务人因被追索而偿付票款后，有权向前手当事人再行追索，但发票人被追索清偿票款后，只能向承兑人再行追索；被追索清偿票款的人不能对后手当事人再行追索。再追索时，再追索人有权请求偿付的金额为：再追索人已经偿付的总金额及其利息以及再追索时所支出的必要费用。根据我国《票据法》关于再追索权时效的规定，被追索人清偿了票款之后，应当自清偿日或者被提起诉讼之日起3个月内向其前手行使再追索权，否则该项权利消灭。

根据最高人民法院《关于审理票据纠纷案件若干问题的规定》，持票人对前手的追索权和再追索权，不包括对票据出票人的追索权。

票据权利因时效归于消灭并不影响权利人因票据行为所享有的民事权利的效力。我国《票据法》第十八条规定："持票人因超过票据权利时效或者因票据记载事项欠缺而丧失票据权利的，仍享有民事权利，可以请求出票人或者承兑人返还其与未支付的票据金额相当的利益。"

此外，票据权利时效发生中断的，只对发生时效中断事由的当事人有效。

五、票据行为的伪造、变造和涂销

票据是文义证券，票据上的权利义务、票据债权债务人以及票据行为的效力等，都是以票据上记载的文字为准。因此，伪造或者变造的票据将直接影响票据权利，我国《票据法》对伪造和变造的票据的效力作了具体的规定。

（一）票据的伪造

票据的伪造，是指假冒他人名义或者以虚构人的名义为票据行为的不法行为。票据的伪造有广义和狭义之分。狭义的伪造专指假冒出票人名义签发票据，即为出票行为。广义的票据伪造，指假冒他人名义而为的各种票据行为，包括出票、背书、承兑、保证等票据行为的伪造以及在票据上签名的伪造。

《票据法》规定，票据上有伪造、变造的签章的，不影响票据上其他真实签章的效力。也就是票据上真实的签章人仍然对被伪造过的票据的债权人承担责任，并不得以票据被伪造事实进行抗辩。

票据上被伪造的人并没有在票据上亲自签名，因此，也不负票据上的责任。但是，如果一张票据上既有伪造的签名又有真实的签名时，依照票据行为独立的原则，在票据上有真实签名的人，仍应负责任。

（二）票据的变造

票据的变造是指无变更权人对票据上除签章以外的已有效成立的有关记载事项进行变更的行为。如变更票据上的日期、金额、付款人名称、付款地等。票据变造与票据伪造有所不同，变造人本身没有变更票据记载事项的权利，变造的票据必定是合法成立的有效票据，而且变造的内容是票据上所记载的除签章以外的其他事项。

我国《票据法》对票据变造的效力的规定是：票据上其他记载事项被变造的，在变造之前签章的人，对原记载事项负责；在变造之后签章的人，对变造之后的记载事项负责；不能辨别是在票据被变造之前还是之后签章的，视同在变造之前签章。票据上的记载事项应当真实，不得伪造、变造。伪造、变造票据上的签章和其他记载事项的，应当承担法律责任。

（三）票据的涂销

票据的涂销是指对票据上包括签章的记载事项进行删除的行为。票据的涂销对票据的效力也有一定的影响：非票据上的权利人对票据进行涂销，无论出于故意与否，都对票据上该记载的效力不发生影响，即与无涂销相同（有时发生伪造或变造问题）；票据权利人如果故意对票据进行涂销则发生法律效力。

六、票据的丧失和补救

（一）票据的丧失

票据丧失是指持票人失去对票据的占有，包括绝对丧失与相对丧失。绝对丧失是指票据被毁灭，不存在，如毁灭、焚毁等；相对丧失是指票据脱离持票人占有的状态，如遗失、被窃、被抢等。

（二）票据丧失的补救

票据是完全的有价证券，票据权利人行使权利，必须以持有票据为条件，所以票据权利人丧失票据后，票据权利将会受到影响，但并不意味着票据权利完全消灭，为保护持票人的利益，票据法规定了票据丧失后的补救措施。

世界各国对票据丧失的补救措施的规定有所不同，大体可归为两种方式：英美法系国家采用普通诉讼程序；大陆法系国家则多采用公示催告制度。我国《票据法》第十五条规定："票据丧失，失票人可以及时通知票据的付款人挂失止付，但是，未记载付款人或者无法确定付款人及其代理付款人的票据除外。收到挂失止付通知的付款人，应当暂停支付。失票人应当在通知挂失止付后3日内，也可以在票据丧失后，依法向人民法院申请公示催告，或者向人民法院提起诉讼。"可见，我国《票据法》对票据丧失后的三种补救措施是：挂失止付、公示催告、诉讼。

1. 挂失止付

挂失止付是指持票人丧失票据之后通知付款人暂停付款，付款人接受该通知的方式。在我国，票据法规定可以办理挂失止付的票据丧失的，失票人可以依照票据法的规定及时通知付款人或者代理付款人挂失止付。可以挂失止付的票据只能是有记载付款人的票据，没有记载付款人或者付款人不明确的票据不适用挂失止付。例如，没有记载付款人的汇票、本票和支票属于无效票据，不能通过挂失止付的方式来补救票据丧失后的票据权利。此外，如果止付通知无法送达到付款人的，也不能挂失止付。

丧失票据的失票人采取挂失止付补救措施时，应当通知票据的付款人或者代理付款人挂失止付，填写挂失止付通知书并签章。挂失止付通知书应当记载：①票据丧失的时间和事由；②票据种类、号码、金额、出票日期、付款日期、付款人名称、收款人名称；③挂失止付人的名称、营业场所或者住所以及联系方法。付款人或者代理付款人收到挂失止付通知书后，应当立即暂停支付。付款人或者代理付款人自收到挂失止付通知书之日起12日内没有收到人民法院的止付通知书的，自第13日起，挂失止付通知书失效。

2．公示催告

公示催告是指票据丧失之后，失票人向人法院提出申请，请求人民法院以公告方式通知不确定的利害关系人限期申报权利，逾期未申报的，则丧失权利，并且由人民法院作出除权判决宣告所丧失的票据无效的一种制度。《中华人民共和国民事诉讼法》第一百九十五条规定："按照规定可以背书转让的票据持有人，因票据被盗、遗失或者灭失，可以向票据支付地的基层人民法院申请公示催告。"票据法第十五条规定："票据丧失，失票人可以及时通知票据的付款人挂失止付，但是，未记载付款人或者无法确定付款人及其代理付款人的票据除外。收到挂失止付通知的付款人，应当暂停支付。失票人应当在通知挂失止付后3日内，也可以在票据丧失后，依法向人民法院申请公示催告，或者向人民法院提起诉讼。"可见我国有关法律对票据丧失后的公示催告制度作了具体的规定。

（1）公示催告程序适用的范围是可以背书转让的票据被盗、遗失或灭失的事项。我国目前可以背书转让的票据有支票、汇票、本票三种。

（2）申请公示催告程序必须具备以下条件：第一，申请主体是票据被盗、遗失、灭失前的最后合法持有人；第二，申请理由是票据被盗、遗失或灭失，并处于利害关系人不明的状态；第三，申请法院是票据支付地的基层人民法院；第四，申请人提交书面申请书，申请书须载明票面金额、发票人、持票人、背书人等主要内容以及申请公示催告的理由和票据丢失的事实。

（3）公示催告的一般程序。失票人向票据支付地的基层人民法院提出公示催告的申请，人民法院收到申请以后，决定受理申请的，应当同时通知支付人停止支付，并在3日内发出公告，催促利害关系人申报权利。公示催告的期间，由人民法院根据情况决定，但不得少于60日，涉外票据可根据具体情况适当延长，但最长不得超过90日。支付人收到人民法院停止支付的通知后，应当停止支付，至公示催告程序终结。公示催告期间，转让票据权利的行为无效。

票据的利害关系存有疑义的，应当在公示催告期间向人民法院申报。人民法院收到利害关系人的申报后，应当裁定终结公示催告程序，并通知申请人和支付人。申请人或者申报人可以向人民法院起诉。如果在公示催告期间没有利害关系人申报的，人民法院应当根据申请人的申请，作出判决，宣告票据无效。判决应当公告，并通知支付人。自判决公告之日起，申请人有权向支付人请求支付。如果利害关系人因正当理由不能在判决前向人民法院申报的，自知道或者应当知道判决公告之日起1年内，可以向作出判决的人民法院起诉。

3. 诉讼

这里诉讼是指失票人向人民法院提起的普通民事诉讼，要求人民法院裁判付款人向自己支付票据金额的补救方式。我国《票据法》规定，失票人应当在通知挂失止付后3日内，也可以在票据丧失后，依法向人民法院申请公示催告，或者向人民法院提起诉讼。最高人民法院《关于审理票据纠纷案件若干问题的规定》第二十四条规定：“票据丧失后，失票人直接向人民法院申请公示催告或者提起诉讼的，人民法院应当依法受理。”票据丧失后，失票人在票据权利时效届满以前请求出票人补发票据，或者请求债务人付款，在提供相应担保的情况下因债务人拒绝付款或者出票人拒绝补发票据提起诉讼的，由被告住所地或者票据支付地人民法院管辖。失票人向人民法院提起诉讼的，除向人民法院说明曾经持有票据及丧失票据的情形外，还应当提供担保。担保的数额相当于票据载明的金额。

七、票据抗辩

（一）票据抗辩的概念

票据抗辩是指票据债务人根据票据法的规定对于票据债权人提出某种合法的事由而拒绝履行其义务的行为，即债务人有合法的理由拒绝支付票据金额。《票据法》第十三条规定：“票据债务人不得以自己与出票人或者与持票人的前手之间的抗辩事由，对抗持票人。但是，持票人明知存在抗辩事由而取得票据的除外。”票据抗辩是票据债务人的一种权利。票据的抗辩分为对物抗辩和对人抗辩。

1. 对物抗辩

对物抗辩是指基于票据本身的内容有瑕疵而进行的抗辩，一般是对票据上记载的内容不真实的抗辩。如因汇票上未记明金额、发票人没有签名、记有附带条件的支付委托等，认为该票据应该无效或消灭，从而拒绝进行付款，这种抗辩就属于对物抗辩。对物抗辩主要包括：①票据欠缺应记载的内容；②票据未到到期日；③票据已经付款；④票据被判决为无效；⑤票款已经依法提存；⑥当事人欠缺票据行为能力；⑦票据系伪造或变造；⑧票据因时效而消灭；⑨与票据记载不符的抗辩等。

2. 对人抗辩

对人抗辩是指债务人对特定的债权人的抗辩。《票据法》规定：“票据债务人可以对不履行约定义务的与自己有直接债权债务关系的持票人，进行抗辩。”这种抗辩是基于当事人之间的特定关系而产生的，一旦持票人发生变更，就不得再进行抗辩。对人抗辩包括：①票据原因关系不合法；②票据原因关系不存在或消灭；③票据的支付欠缺对价；④票据债务已经清偿、抵消或免除而未载于票据上，可对直接当事人抗辩；⑤票据交付前被盗或遗失，可对盗窃人或拾得人抗辩等。

（二）票据抗辩的限制

我国《票据法》和相关规定同时对票据抗辩作出限制，《票据法》第十三条规定：

“票据债务人不得以自己与出票人或者与持票人的前手之间的抗辩事由，对抗持票人。但是，持票人明知存在抗辩事由而取得票据的除外。”最高人民法院《关于审理票据纠纷案件若干问题的规定》第二十三条规定：“代理付款人在人民法院公示催告公告发布以前按照规定程序善意付款后，承兑人或者付款人以已经公示催告为由拒付代理付款人已经垫付的款项的，人民法院不予支持。”

第四节　汇票

一、汇票的概念和种类

汇票是出票人签发的，委托付款人在见票时或者在指定日期无条件支付确定的金额给收款人或者持票人的票据。汇票是一种委托他人付款的票据，出票人签发汇票之后，就不再承担第一付款义务，而将第一付款义务委托给汇票上记载的付款人。因此，在汇票关系中存在三个不可缺少的基本当事人：出票人、付款人和收款人。随着汇票的背书转让以及在票据上设立保证等事项，还会出现其他当事人，如被背书人、保证人等。

按照不同的标准，可以将汇票分为不同的种类：

（1）以汇票付款期限长短为标准，即以汇票上记载的到期日的远近不同来划分，可分为即期汇票和远期汇票。

即期汇票，即见票即付款的汇票。包括载明即期付款、见票即付或提示付款以及未载明付款日的汇票。逾期后再经承兑或背书的汇票，对该种承兑人或背书人而言，应视为即期汇票。即期汇票一般以提示日为到期日，是持票人持票到银行或其他委托付款人处，后者见票必须付款的一种汇票，这种汇票的持票人可以随时行使自己的票据权利，在此之前无须提前通知付款人准备履行义务。

远期汇票是指约定一定的到期日付款的汇票，远期汇票的付款日期一般有以下四种规定方法：规定见票后若干天付款；规定出票后若干天付款；规定在提单签发后若干天付款；规定在某一特定时期付款。

（2）以汇票的出票人不同为标准，可分为银行汇票和商业汇票。

银行汇票是指出票银行签发的，由其在见票时按照实际结算金额无条件支付给收款人或者持票人的票据。银行汇票的出票银行为银行汇票的付款人。银行汇票的出票和付款，全国范围限于中国人民银行和各商业银行参加“全国联行往来”的银行机构办理。跨系统银行签发的转账银行汇票的付款，应通过同城票据交换将银行汇票和解讫通知提交给同城的有关银行审核支付后抵用。代理付款人不得受理未在本行开立存款账户的持票人为单位直接提交的银行汇票。省、自治区、直辖市内和跨省、市的经济区域内银行汇票的出票和付款，按照有关规定办理。银行汇票的代理付款人是代理本系统出票银行或跨系统签约银行审核支付汇票款项的银行。

商业汇票是出票人签发的，委托付款人在指定日期无条件支付确定的金额给收款人或者持票人的票据。商业汇票分为商业承兑汇票和银行承兑汇票。商业承兑汇票由银行以外的付款人承兑。银行承兑汇票由银行承兑，商业汇票的付款人为承兑人。

(3) 依据收款人记载方式的不同，可以分为记名汇票、指示汇票和无记名汇票。

记名汇票是指出票人在票据上明确记载收款人的姓名或者名称的汇票。记名式的汇票的收款人特定，需经背书后票据才可转让。

指示汇票是指出票人在票据上记载收款人姓名或者名称，并附加“或其指定人”字样的汇票。指示式汇票未最终确定收款人，经背书可转让指定人。因此，这类汇票不得禁止票据背书转让。

无记名汇票是指在汇票上不记载收款人的姓名或者名称，或仅记载“付款人”字样的票据。无记名式又称来人式汇票，谁持有汇票谁就拥有票据权利，凭交付即可转让。

(4) 依据汇票当事人是否兼具身份的不同，可以将汇票分为一般汇票和变式汇票。

一般汇票是指分别由不同的当事人担任出票人、收款人和付款人的汇票。

变式汇票是指一人同时具有出票人、收款人、付款人这三种基本当事人中的两种或者两种以上身份的汇票。

变式汇票又可分为：①指己汇票，又称已受汇票，是指出票人和收款人为同一人的汇票；②对己汇票，又称已付汇票，是指出票人和付款人为同一人的汇票；③付受汇票，是指付款人为收款人的汇票，即付款人和收款人为同一人；④已受已付汇票，是指出票人以自己为收款人和付款人的汇票，即出票人、付款人、收款人为同一人。

此外，以汇票流通区域为标准可分为国内汇票和国际汇票；以使用的货币不同为标准可分为本国货币汇票和外国货币汇票；以汇票是否有跟随单据为标准可分为光票和跟单汇票等。

二、汇票的出票

(一) 出票的概念

汇票的出票，又称汇票的发票、汇票的签发、汇票的发行，是指出票人签发汇票并交付给收款人的票据行为。出票是最基本的票据行为，出票人必须依照《票据法》的规定在原始票据上记载法定事项并签章后作成汇票，并将该汇票交付给他人占有。

(二) 汇票记载事项

汇票是要式证券，因此，汇票出票必须依据《票据法》的规定记载一定的事项。根据《票据法》，汇票记载事项分为绝对必要记载事项、相对必要记载事项、任意记载事项、不得记载事项和不具有票据法上效力的记载事项。

(1) 绝对必要记载事项是指汇票签发时必须记载的事项，欠缺该事项票据无效。我国《票据法》第二十二条规定汇票必须记载的事项有：表明“汇票”的字样；无条件支付的委托；确定的金额；付款人名称；收款人名称；出票日期；出票人签章。

(2) 相对必要记载事项是指票据法规定在出票时应当记载的事项，但如果出票人在出票时并没有记载，可以依票据法的其他规定加以补充，而并不是票据就此无效。《票据法》规定汇票上记载付款日期、付款地、出票地等事项的，应当清楚、明确。如果汇票上未记载付款日期的，为见票即付；汇票上未记载付款地的，付款人的营业场所、住所或者经常居住地为付款地；汇票上未记载出票地的，出票人的营业场所、住所或者经常居住地为出票地。

（3）任意记载事项是指出票人可以自由选择记载与否的事项。该事项不记载不影响票据的效力，如果该事项一旦记载，就发生票据上的效力。《票据法》第二十七条规定："出票人在汇票上记载'不得转让'字样的，汇票不得转让。"出票人在出票时可以自行决定该汇票是否可以转让，但如果出票人出票时记载了"不得转让"，该汇票就发生了不得转让的效力。

（4）不得记载事项是指出票人出票时不得记载的事项，该事项如果被记载，则该事项无效，但票据本身的效力不因此而受到影响。

（5）不具有票据法上效力的记载事项是指汇票上可以记载票据法规定事项以外的其他出票事项，但是该记载事项不具有汇票上的效力。

（三）出票的效力

汇票一旦签发并交付之后就产生票据上的法律效力，引起票据上债权债务关系。

（1）对收款人的效力。收款人因出票取得票据权利，即付款请求权和追索权。

（2）对付款人的效力。出票是单方面的行为，付款人并不因此而有付款义务，只有付款之权限，但基于出票人的付款委托使其具有承兑人的地位，在期限内对汇票进行承兑后，即成为汇票上的主债务人。

（3）对出票人的效力。出票人签发汇票后，即承担保证该汇票承兑和付款的责任。出票人在汇票得不到承兑或者付款时，应当向持票人清偿下列金额和费用：被拒绝付款的汇票金额；汇票金额自到期日或者提示付款日起至清偿日止，按照银行规定的利率计算的利息；取得有关拒绝证明和发出通知书的费用等。

三、汇票的背书

（一）背书的概念

背书是指持票人以转让汇票权利或授予他人一定汇票权利为目的，在汇票背面或粘单记载有关事项并签章的票据行为。

（二）背书的种类

1. 按照目的不同，分为转让背书和非转让背书

转让背书是以转让背书权利为目的的背书。转让背书又可分为一般转让背书和特殊转让背书。一般转让背书是指无论从被背书人方面还是从背书人方面以及票据权利的转让是否有限制方面来看，都没有特殊形式的要求的背书，是最普通最常见的背书。特殊转让背书是指有特殊形式要求的背书，主要包括限制背书、回头背书和期限后背书。限制背书是指对背书行为附加了某限制性的条件，如在背书时记载了"不得转让"等字样；回头背书是指票据上的原债务人为被背书人的背书；后期背书是指背书被拒绝承兑或被拒绝付款或者超过付款提示期限后所进行的背书。

非转让背书是以授予他人一定票据权利为目的的背书，即以行使票据权利，或以票

据权利设定质权为目的。由于非转让背书有其特殊的目的，法律要求应在票据上明确记载“委托收款”字样或者“质押”字样，以与转让背书相区别。最高人民法院《关于审理票据纠纷案件若干问题的规定》规定，贷款人恶意或者有重大过失从事票据质押贷款的，人民法院应当认定该质押行为无效。

2. 按照票据上是否记载被背书姓名或名称，分为完全背书和空白背书

完全背书是指背书人在票据的合适处记载背书的意旨及被背书人名称并签章的背书；空白背书是指背书人不记载被背书人的姓名或名称，而在被背书人记载处留有空白并签章的背书。我国《票据法》第三十条规定：“汇票以背书转让或者以背书将一定的汇票权利授予他人行使时，必须记载被背书人名称。”可见，我国不承认空白背书的法律效力。

（三）背书的要求和限制

背书是一种法定的要式行为，进行背书行为必须符合票据法规定的要件。

（1）出票人在汇票上记载“不得转让”字样的，汇票不得转让。

（2）背书由背书人签章并记载背书日期。背书未记载日期的，视为在汇票到期日前背书。

（3）汇票以背书转让或者以背书将一定的汇票权利授予他人行使时，必须记载被背书人名称。

（4）以背书转让的汇票，背书应当连续。持票人以背书的连续，证明其汇票权利；非经背书转让，而以其他合法方式取得汇票的，依法举证，证明其汇票权利。背书连续是指在票据转让中，转让汇票的背书人与受让汇票的被背书人在汇票上的签章依次前后衔接。连续背书的第一背书人应当是在票据上记载的收款人，最后的票据持有人应当是最后一次背书的被背书人。

（5）以背书转让的汇票，后手应当对其直接前手背书的真实性负责。后手是指在票据签章人之后签章的其他票据债务人。

（6）背书不得附有条件。背书时附有条件的，所附条件不具有汇票上的效力。将汇票金额的一部分转让的背书或者将汇票金额分别转让给两人以上的背书无效。

根据《票据法》和最高人民法院《关于审理票据纠纷案件若干问题的规定》的相关规定，背书行为受到一定的限制。

（1）票据的出票人在票据上记载“不得转让”字样，票据持有人背书转让的，背书行为无效。背书转让后的受让人不得享有票据权利，票据的出票人、承兑人对受让人不承担票据责任。

背书人在汇票上记载“不得转让”字样，其后手再背书转让的，原背书人对后手的被背书人不承担保证责任。背书记载“委托收款”字样的，被背书人有权代背书人行使被委托的汇票权利。但是，被背书人不得再以背书转让汇票权利。背书人在票据上记载“不得转让”字样，其后手以此票据进行贴现、质押的，原背书人对后手的被背书人不承担票据责任。

（2）汇票被拒绝承兑、被拒绝付款或者超过付款提示期限的，不得背书转让；背书转让的，背书人应当承担汇票责任。

(3) 因票据质权人以质押票据再行背书质押或者背书转让引起纠纷而提起诉讼的，人民法院应当认定背书行为无效。

(4) 背书人在票据上记载“不得转让”、“委托收款”、“质押”字样，其后手再背书转让、委托收款或者质押的，原背书人对后手的被背书人不承担票据责任，但不影响出票人、承兑人以及原背书人之前手的票据责任。

四、汇票的承兑

(一) 承兑的概念

承兑是指汇票付款人承诺在汇票到期日支付汇票金额的票据行为。承兑是汇票特有的制度，汇票是出票人委托他人付款的一种委付证券，只有当付款人表示愿意向收款人或持票人支付汇票金额后，持票人才可于汇票到期日向付款人行使付款请求权。付款人承兑后称为承兑人，负有到期限向受款人或最后持票人付款的义务。

(二) 承兑的程序

承兑需要通过提示承兑、承兑或者拒绝承兑、汇票的交单与交还三个过程。

1. 提示承兑

提示承兑是指持票人向付款人出示票据，请求付款人见到出示的票据后作出承诺的行为。在提示承兑行为中，持票人是提示人，付款人是被提示人。持票人到付款人营业场所、住所或经常居住地出示票据，或者通过邮寄方式向付款人出示票据，或者通过票据交换所进行。被提示人，也就是付款人，对于持票人的提示，有权要求持票人展示票据，有权要求持票人出示证明其身份的合法证件。对于委托收款人代理提示的，有权要求委托收款人出具合法的代理证明，或者查验票据上记载的委托代理关系的文句。

提示承兑是有期限的。我国《票据法》规定，除见票即付的汇票无须提示承兑外，定日付款或者出票后定期付款的汇票，持票人应当在汇票到期日前向付款人提示承兑；见票后定期付款的汇票，持票人应当自出票日起一个月内向付款人提示承兑。汇票未按照规定期限提示承兑的，持票人丧失对其前手的追索权。

2. 承兑或拒绝承兑

承兑又称接受承兑，是持票人向付款人提示承兑时，付款人向持票人办理收取汇票的手续。付款人收到持票人提示承兑的汇票时，应当向持票人签发收到汇票的回单。回单上应当记明汇票提示承兑日期并签章。付款人承兑汇票的，应当在汇票正面记载“承兑”字样和承兑日期并签章；见票后定期付款的汇票，应当在承兑时记载付款日期。付款人承兑汇票，不得附有条件。

拒绝承兑是指付款人明确表示不付款或者因付款人的行为不符合票据法规定导致其承兑不成立。付款人明确否认付款是拒绝承兑，付款人在承兑时记载了与汇票的性质或与承兑行为相违背的事项，也视为拒绝承兑。我国《票据法》第四十三条规定：“付款人承兑汇票，不得附有条件；承兑附有条件的，视为拒绝承兑。”

承兑也是有期限的，承兑期限是指付款人考虑承兑的期间。我国《票据法》规定付款人对向其提示承兑的汇票，应当自收到提示承兑的汇票之日起3日内承兑或者拒绝承兑。

3. 汇票的交单与交还

持票人向付款人提示承兑时，须将汇票交给付款人占有，付款人收到持票人提示承兑的汇票时，应当向持票人签发收到汇票的回单。回单上应当记明汇票提示承兑日期并签章。

（三）承兑的效力

付款人对汇票进行承兑后，对付款人、持票人、出票人和背书人都发生票据法律效力。

对付款人来说，成为汇票的第一债务人，应当承担到期付款的票据责任。即使承兑人与出票人不存在事实上的资金关系，也不能因此对抗持票人。付款人承兑汇票后，还须承担最终的追索责任，即汇票的其他债务人如出票人、背书人、保证人等清偿汇票债务而取得汇票后，均可以向承兑人行使再追索权。承兑发生后，即使持票人不能按期提示付款或者持票人对背书人、保证人等追索权因未按期提示付款而丧失，持票人仍有权向承兑人主张权利。

对持票人来说，付款人一经承兑汇票，持票人的付款请求权从承兑前的期待权变成了现实的权利，从承兑前的不确定权利变成了确定的权利。而且持票人可以向承兑人行使追索权。

对出票人和背书人来说，付款人一经承兑汇票，出票人和背书人即成为第二债务人，持票人必须首先向承兑人请求付款，只有在其付款请求被拒绝时，才可以凭拒绝证书向出票人和背书人行使追索权。

五、汇票的保证

（一）保证的概念

票据保证是指债务人以外的第三人以担保票据债务人履行票据债务为目的，在票据上所实施的担保行为。保证的作用在于确保持票人的票据权利能够得到实现。在票据保证关系中，保证人因其保证行为成为票据关系中的当事人；被保证人是票据关系中的债务人，可以是出票人、背书人、承兑人；保证关系中的债权人是被保证人的后手，被保证人如果是承兑人，持票人是保证关系中的债权人。

（二）票据保证应具备的要件

（1）票据保证人应当是具有代为清偿票据债务能力的法人、其他组织或者个人。国家机关、以公益为目的的事业单位、社会团体、企业法人的分支机构和职能部门作为票据保证人的，票据保证无效，但经国务院批准为使用外国政府或者国际经济组织贷款进行转贷，国家机关提供票据保证的，以及企业法人的分支机构在法人书面授权范围内提供票据保证的除外。

（2）票据保证人必须是票据债务人以外的第三人实施以担保票据债务履行为目的的票据行为。

（3）保证人必须在汇票或者粘单上记载下列事项：表明“保证”的字样；保证人

名称和住所；被保证人的名称；保证日期；保证人签章。根据最高人民法院《关于审理票据纠纷案件若干问题的规定》，保证人未在票据或者粘单上记载“保证”字样而另行签订保证合同或者保证条款的，不属于票据保证，人民法院应当适用《中华人民共和国担保法》的有关规定。

（4）保证不得附有条件；附有条件的，不影响对汇票的保证责任。

（5）在保证内容的记载方式上，保证人必须按照票据法的规定在票据上记载保证事项。保证人为出票人、承兑人保证的，应将保证事项记载在票据的正面；保证人为背书人保证的，应将保证事项记载在票据的背面或粘单上。

（三）票据保证的效力

票据保证一旦成立，则在保证人与被保证人之间产生了法律效力，依据担保法保证人必须对保证行为承担相应的法律责任。

1. 保证人与被保证人之间的连带责任

保证人对合法取得汇票的持票人所享有的汇票权利，承担保证责任。但是，被保证人的债务因汇票记载事项欠缺而无效的除外。对被保证的汇票，保证人应当与被保证人对持票人承担连带责任。汇票到期后得不到付款的，持票人有权向保证人请求付款，保证人应当足额付款。可见，在被保证人的票据债务有效的前提下，保证人与被保证人承担连带责任，即保证人与被保证人在票据责任的种类、数量和责任的承担顺序上都是同一的。

2. 共同保证人之间的连带责任

保证人为两人以上的，保证人之间承担连带责任，持票人可以不分先后向保证人中的一人或者数人或者全体保证人主张全部票据金额及相关费用。

保证人因保证行为成为票据当事人，在承担保证责任之后，也享有相关的票据权利。保证人的票据权利主要是追索权。即保证人在向持票人清偿债务后，取得了持票人对被保证人及被保证人前手的追索权。我国《票据法》第五十二条规定：“保证人清偿汇票债务后，可以行使持票人对被保证人及其前手的追索权。”

六、付款

（一）付款的概念

付款是指付款人或者其代理人支付票据上记载的全部金额，以消灭票据关系的行为。付款人的付款行为与出票人、背书人等偿还义务的行为有所不同，付款行为是支付票据金额达到消灭票据关系的目的，而出票人、背书人的偿还行为并不能消灭票据关系。

（二）付款的程序

付款的程序包括付款提示、实际支付和交回汇票三个阶段。

1. 付款提示

付款提示是指持票人向付款人或者代理付款人出示汇票，请求付款的行为。付款提示是持票人行使请求付款权的必要前提，付款提示的当事人，一方是提示人，通常是持票人，但也可以是受持票人委托的收款银行或者票据交换中心；另一方是被提示人，主要包括付款人、付款人委托的付款银行或者票据交换中心。

付款提示必须在法定的期限内实施，如果持票人没有在法定的期间内实施付款提示，则丧失对除承兑人或者付款人以外的前手的追索权。我国票据法对付款提示的期间规定是：见票即付的汇票，自出票日起 1 个月内向付款人提示付款；定日付款、出票后定期付款或者见票后定期付款的汇票，自到期日起 10 日内向承兑人提示付款。

2. 实际支付

实际支付是指持票人向付款人或者代理付款人进行付款提示以后，付款人或者代理付款人应当无条件地在当日按票据金额足额支付给持票人的行为。实际付款必须是汇票金额的全部支付，不能部分支付；必须是一次性支付，不能分批支付；必须是在付款提示当日付款，不能迟延付款，否则付款人应承担相应的责任。

付款人及其代理付款人付款时，应当审查汇票背书的连续性，并审查提示付款人的合法身份证明或者有效证件。付款人及其代理付款人以恶意或者有重大过失付款的，应当自行承担责任。所谓“重大过失”主要是指付款人或者代理付款人因未能识别出伪造、变造的票据或者身份证件而错误付款。

3. 交回汇票

持票人获得付款的，应当在汇票上签收，并将汇票交给付款人。持票人委托银行收款的，受委托的银行将代收的汇票金额转入持票人账户，视同签收。

4. 付款的效力

付款人或者代理付款人依法足额付款后，全体汇票债务人的责任解除。

七、追索权

（一）追索权的概念

追索权是指持票人在遭到拒绝承兑和拒绝付款时，向其前手以及汇票的出票人请求偿还汇票上的金额的权利。

（二）追索权行使的条件

（1）持票人在法定期限内向付款人作承兑提示或付款提示。如果持票人没有在法定的期间内作出付款提示，则丧失对其前手的追索权。但是，持票人丧失的追索权仅限于其前手，而对于承兑人仍然享有追索权。

（2）汇票遭到拒付。拒付是指持票人向付款人提示，付款人拒绝付款或拒绝承兑。拒付除了付款人明确拒绝付款或拒绝承兑之外，还包括事实上视为拒付的情形，我国《票据法》规定了汇票到期日前，有下列情形之一的，持票人也可以行使追索权：①汇票被拒绝承兑的；②承兑人或者付款人死亡、逃匿的；③承兑人或者付款人被依法宣告破产或者因违法被责令终止业务活动的。

（3）必须在遭到拒付后的法定期间内作成拒绝证书。拒绝证书是一种由付款地的公证人或其他有权机构做成的证明付款人拒付的书面文件。拒绝证明应当包括：被拒绝承兑、付款的票据种类及其主要记载事项；拒绝承兑、付款的事实依据和法律依据；拒绝承兑、付款的时间；拒绝承兑人、拒绝付款人的签章。

如果持票人遭到拒付又不能取得拒绝证书的，下列证明文件可以视为拒绝证书：①退票理由书，即付款人或者代理付款人拒绝付款或者拒绝承兑时，出具的说明退票原因的退票理由书。②持票人因承兑人或者付款人死亡、逃匿或者其他原因，不能取得拒绝证明的，可以依法取得其他有关证明。③承兑人或者付款人被人民法院依法宣告破产的，人民法院的有关司法文书具有拒绝证书的效力。承兑人或者付款人因违法被责令终止业务活动的，有关行政主管部门的处罚决定具有拒绝证书的效力。④承兑人、付款人或者代理付款人直接在汇票上记载提示日期、拒绝事由、拒绝日期并盖章的，也可代替拒绝证书。

（4）持票人必须在遭拒付后的法定期间内将拒付事实通知其前手或者出票人。持票人应当自收到被拒绝承兑或者被拒绝付款的有关证明之日起3日内，将被拒绝事由书面通知其前手；其前手应当自收到通知之日起3日内书面通知其再前手。持票人也可以同时向各汇票债务人发出书面通知。

（三）追索权的效力

追索权的效力包括两个方面：一是对人的效力；二是对物的效力。

（1）对人的效力。持票人可以不按照票据债务人的先后顺序，对其前手中的任何一人、数人或者全体行使追索权。持票人对票据债务人中的一人或者数人已经进行追索权的，对其他票据债务人仍可以行使追索权。被追索人清偿债务后，与持票人享有同一权利。但是，持票人为出票人的，对其前手无追索权。持票人为背书人的，对其后手无追索权。

（2）对物的效力。所谓对物的效力主要是指持票人行使追索权，可以请求被追索人支付一定的金额和费用。根据我国《票据法》的规定，持票人行使追索权，可以请求被追索人支付下列金额和费用：被拒绝付款的汇票金额；汇票金额自到期日或者提示付款日起至清偿日止，按照中国人民银行规定的利率计算的利息；取得有关拒绝证明和发出通知书的费用；被追索人清偿后，向其他汇票债务人行使再追索权时，可以请求其他汇票债务人支付已清偿的全部金额、自清偿日起至再追索清偿日止的利息以及发出通知书的费用。

第五节　本票

一、本票的概念

本票是出票人签发的，承诺自己在见票时无条件支付确定的金额给收款人或者持票人的票据。本票是出票人承诺见票时无条件支付票据金额的有价证券，其基本当事人有两个：出票人和收款人。

本票与汇票的区别主要有：

（1）汇票是委托他人付款的有价证券；本票是约定出票人自己付款的有价证券。

（2）汇票有三个基本当事人，即出票人、付款人、收款人；本票的付款人和出票人为同一个人，因此只有两个基本当事人。

（3）汇票的主债务人，在承兑前是出票人，在承兑后是承兑人；本票的主债务人是出票人。

（4）远期汇票需要承兑；本票无须承兑。

二、本票的种类

依据不同的分类标准，本票可以分为不同的种类。

以本票上是否记载权利人为标准可分为记名本票、指示本票、不记名本票；根据本票上记载的到期日期的不同可分为即期本票、远期本票；以本票法律行为发生地为标准可分为国内本票、外国本票、涉外本票；以本票出票人的身份为标准可分为银行本票、商业本票；根据本票上记载的金额是否固定可分为定额银行本票、不定额银行本票，我国规定定额银行本票面额为1 000元、5 000元、1万元和5万元；以结算方式为标准可分为转账银行本票、现金银行本票，银行本票可以用于转账，注明“现金”字样的银行本票可以用于支取现金。

我国《票据法》只承认银行本票。因此，在我国本票只有银行本票一种形式。

三、本票的出票

本票出票与汇票一样，包括做成票据和交付票据，只是本票的出票行为是出票人自己承诺无条件支付金额的票据行为。因此，本票的出票人必须具有支付本票金额的可靠资金来源，并保证支付。

本票的出票必须记载绝对应记载事项，本票上如果没有记载绝对应记载事项之一的，本票无效。《票据法》规定了本票必须记载下列事项：表明“本票”的字样；无条件支付的承诺；确定的金额；收款人名称；出票日期、出票人签章。

付款地和出票地是本票相对应记事项，《票据法》规定本票上记载付款地、出票地等事项的，应当清楚、明确。如果本票上未记载付款地的，出票人的营业场所为付款地；本票上未记载出票地的，出票人的营业场所为出票地。

四、本票的见票

本票的见票是指持票人为确定见票后定期付款，向出票人提示，出票人在本票上记载“见票”字样和见票日期以及签名的一种票据行为。我国《票据法》承认银行本票，而且银行本票是见票即付的票据，即收款人或者持票人在取得银行本票后，随时可以向出票人请求付款。但依据我国《票据法》规定，本票自出票日起，付款期限最长不得超过2个月。

五、本票的效力

本票做成并交付之后，就产生了票据上的法律效力。本票的效力可分为对出票人的效力和对收款人的效力。

对出票人来说，一旦本票做成并完成了交付，就必须承担对持票人无条件付款的义务，即使持票人未按规定的期限提示见票，虽然持票人丧失了对其前手的追索权，但仍然可以向本票的出票人行使追索权。

对收款人来说，出票人签发本票并交付后，收款人以及后来的持票人就取得了包括请求付款权和追索权在内的票据权利，而且因为本票是一种无须承兑就享有票据权利的有价证券，因此，本票的收款人或持票人的票据权利从本票出票时起，就是一种现实的权利。

本票的其他票据行为，可以适用票据法中对汇票的相关规定。我国《票据法》第八十条规定："本票的背书、保证、付款行为和追索权的行使，除本章规定外，适用本法第二章有关汇票的规定。"

第六节　支票

一、支票的概念

支票是出票人签发的，委托办理支票存款业务的银行或者其他金融机构在见票时无条件支付确定的金额给收款人或者持票人的票据。支票是一种委付证券。同汇票一样，支票也有三个基本当事人：出票人、付款人和收款人。

二、支票的特征

支票除了具备票据的基本特点之外，还有自身的特征：

（1）支票的出票人，是指经中国人民银行批准办理支票存款业务的银行、城市信用合作社和农村信用合作社开立支票存款账户的企业、其他组织和个人。

（2）支票的付款人仅限于银行或者金融机构，即中国人民银行批准办理支票存款业务的银行、城市信用合作社和农村信用合作社。

（3）支票是见票即付的票据，不存在即期或远期之分。

（4）支票的无因性受到一定的限制。支票的出票人所签发的支票金额不得超过其付款时在付款人处实有的存款金额。出票人签发的支票金额超过其付款时在付款人处实有的存款金额的，为空头支票。我国法律规定禁止签发空头支票。

三、支票的种类

依据不同的分类标准，支票可以分为不同的种类。

(1) 以支票上记载权利人的方式为标准，支票可分记名式支票、指示式支票和无记名式支票。我国《票据法》并没将支票的“收款人”事项规定为绝对应记事项，如果支票上没有记载收款人，经出票人授权，可以补记。可见，我国《票据法》是承认无记名式支票的。

(2) 以支票当事人的资格是否兼充为标准，支票可分为一般支票和变式支票，而变式支票又可分为已付支票、已受支票和受付支票三种。

(3) 以支票的付款方式为标准，支票可分为现金支票、转账支票和普通支票。

(4) 以支票票面金额是否确定为标准，支票可分为不定额支票和定额支票。

(5) 以支票票面金额是否有限制为标准，支票可分为不限额支票、限额支票和定额支票。

我国《票据法》将支票分为现金支票、转账支票和普通支票。支票上印有“现金”字样的为现金支票，现金支票只能用于支取现金。支票上印有“转账”字样的为转账支票，转账支票只能用于转账。支票上未印有“现金”或“转账”字样的为普通支票，普通支票可以用于支取现金，也可以用于转账。在普通支票左上角划两条平行线的，为划线支票，划线支票只能用于转账，不得支取现金。

四、支票的出票的特殊规定

支票不同于汇票和本票，我国《票据法》及相关法规规定，支票的出票人只能是在经中国人民银行批准办理支票存款业务的银行、城市信用合作社和农村信用合作社开立支票存款账户的企业、其他组织和个人。而且出票人的签章，出票人为单位的，为与该单位在银行预留的签章一致的财务专用章或者公章加其法定代表人或者其授权的代理人的签名或者盖章；出票人为个人的，为与该个人在银行预留的签章一致的签名或者盖章。支票的出票人不得签发与其预留本名的签名式样或者印鉴不符的支票。

支票的签发必须记载下列事项：表明“支票”的字样；无条件支付的委托；确定的金额；付款人名称；出票日期；出票人签章。支票上未记载这些事项之一的，支票无效。

我国法律规定禁止出票人签发空头支票、签章与预留银行签章不符的支票，使用支付密码地区，支付密码错误的支票，银行应予以退票，并按票面金额处以5%但不低于1 000元的罚款；持票人有权要求出票人赔偿支票金额2%的赔偿金。对屡次签发的，银行应停止其签发支票。

五、付款的特殊规定

支票收款人或者持票人应当在法定的期限内进行付款提示，否则，付款人可以不付款。我国《票据法》第九十一条规定：“支票的持票人应当自出票日起十日内提示付款；异地使用的支票，其提示付款的期限由中国人民银行另行规定。超过提示付款期限的，付款人可以不予付款；付款人不予付款的，出票人仍应当对持票人承担票据责任。”

付款人依法支付支票金额的，对出票人不再承担受委托付款的责任，对持票人不再承担付款的责任。但是，付款人以恶意或者有重大过失付款的除外。

六、票据法中关于支票规定的适用

支票的背书、付款行为和追索权的行使，除本章提及的规定外，还适用《票据法》中有关汇票的规定。

第七节　涉外票据

一、涉外票据的概念

涉外票据是指出票、背书、承兑、保证、付款等行为中，既有发生在中华人民共和国境内又有发生在中华人民共和国境外的票据，即票据的出票、背书、承兑、保证、付款等票据行为中，只要有一项发生在境外的，就是涉外票据。

二、我国《票据法》与有关国际条约、国际惯例的关系

国际条约是指国家之间缔结的，确定其相互关系中权利和义务的一种国际书面协议。如《日内瓦公约体系》、《联合国国际汇票和国际本票公约》等，我国《票据法》属国内法。中华人民共和国缔结或者参加的国际条约同票据法有不同规定的，适用国际条约的规定。但是，中华人民共和国声明保留的条款除外。也就是说声明保留的条款所规定的情形仍然适用我国《票据法》的规定。

国际惯例是指在国际经济交往中所形成的被普遍认可并具有一定约束力的习惯和惯例。如《跟单信用证统一惯例》、《托收统一规则》、《国际备用证惯例》等。我国《票据法》和中华人民共和国缔结或者参加的国际条约没有规定的，可以适用国际惯例。这里的“可以适用”不是“必须适用”，因而也可不适用。究竟是否适用，这需要协商或有关机关的裁判来确定。

三、涉外票据的法律适用

（一）关于民事行为能力的法律适用

在一般情况下，票据债务人的民事行为能力，适用其本国法律；如果票据债务人的民事行为能力依照其本国法律为无民事行为能力或者为限制民事行为能力而依照行为地法律为完全民事行为能力的，适用行为地法律。

（二）关于出票时记载事项的法律适用

出票时记载事项是指《票据法》中关于汇票、本票、支票的出票时的绝对应记载事项、相对应记载事项和非法定记载事项等。我国《票据法》规定：汇票、本票出票

时的记载事项，适用出票地法律；支票出票时的记载事项，适用出票地法律，经当事人协议，也可以适用付款地法律。

（三）关于背书、承兑、付款、保证行为的法律适用

票据的背书、承兑、付款和保证行为，适用行为地法律。对汇票而言，背书、承兑、付款和保证四种行为可能都会出现，但对本票和支票而言，由于没有承兑制度，故不存在适用承兑行为地法律的问题；对支票而言，由于没有保证制度，故也不存在保证行为地的法律适用问题。

（四）关于追索权行使期限的法律适用

票据追索权的行使期限，适用出票地法律。

思考题

1. 简述现代票据的基本功能。
2. 简述票据关系与票据基础关系的联系和区别。
3. 阐述汇票承兑的法律效力。
4. 阐述汇票、本票和支票之间的区别。

案例分析题

案例一　某生产厂家与某销售公司签订买卖合同，合同标的额为100万元，约定使用商业汇票结算，出票后两个月付款。生产厂家在派人考察了销售公司的情况后，发现该销售公司经营效益不是很好，于是不愿意交货；销售公司经理表示自己有能力付款，并拿着商业承兑汇票到其开户银行中国农业银行某分行，该银行主任看过汇票后说没问题，并在汇票上加盖了银行公章。该生产厂家拿到汇票后，即向销售公司发货。汇票到期后，生产厂家到银行办理手续，结果被退票。于是生产厂家找到该农业银行，银行主任认为该汇票与其无关，银行不负任何责任。生产厂家向销售公司追款，但毫无结果，诉至法院，要求销售公司和该银行支付票款，并赔偿损失。

问题：

（1）该银行的行为是否为票据保证行为？

（2）该银行该不该承担责任？请说明理由。

案例二　为向甲公司支付购买化工产品的货款，乙公司向自己开户的丙银行申请开具银行承兑汇票。丙银行审核同意后，乙公司依约存入丙银行300万元保证金，并签发了以自己为出票人、甲公司为收款人、丙银行为承兑人、金额为1 000万元的银行承兑汇票，丙银行在该汇票上作为承兑人签章。乙公司将上述汇票交付甲公司以支付货款。

甲公司收到汇票后，在约定的期限内向乙公司交付完毕化工产品。为向丁公司支付采购原料价款，甲公司又将该汇票背书转让给丁公司。

乙公司收到甲公司交付的化工产品后，经过检验，发现产品存在重大质量问题，在与甲公司多次交涉无果后，解除了合同，并将收到的化工产品全部退还甲公司。甲公司

承诺向乙公司返还货款，但未能履行。乙公司在解除合同后，立即将该事实通知丙银行，要求该银行不得对其开出的汇票付款。直到该汇票到期日，乙公司也未依约定将剩余汇票金额存入丙银行。

丁公司在该汇票到期时，持票请求丙银行付款，丙银行以乙公司已经解除与甲公司的合同以及乙公司未将剩余汇票金额存入账户为由，拒绝了丁公司的付款请求。

问题：

（1）丙银行拒绝丁公司付款请求的两个理由是否能够成立？请分别说明理由。

（2）丁公司是否有权向乙公司追索？请说明理由。

（3）如果甲公司应丁公司的要求，支付了全部被追索金额，转而作为持票人向乙公司再追索，乙公司是否有权拒绝其请求？请说明理由。

第十六章

外汇管理法律制度

内容要点

本章主要讲述外汇的概念和分类、汇率的标价方法及汇率的分类、项目外汇管理等内容。

第一节　外汇概述

一、外汇概念

我国的《外汇管理条例》第三条规定，外汇是指下列以外币表示的可以用作国际清偿的支付手段和资产：①外国货币，包括纸币、铸币；②外国支付凭证，包括票据、银行存款凭证、邮政储蓄凭证等；③外币有价证券，包括政府债券、公司债券、股票等；④特别提款权、欧洲货币单位；⑤其他外汇资产。本条是从静态意义上来界定外汇的，只是具体列举了外汇的范围，未为外汇概括定义。

国际货币基金组织的定义为：外汇是货币行政当局（中央银行、货币管理机构、外汇平准基金组织和财政部）以银行存款、财政部国库券、长短期政府债券等形式保有的，在国际收支逆差时可以使用的债权。理论界根据实际需要，通常将外汇定义为：外汇是指外国货币或者以外国货币表示的，用于国际清偿的支付手段和资产，它主要包括外国货币、用外国货币表示的信用工具和有价证券及其他外汇资产。

可见，外汇必须具有以下三个基本特征：

（1）外汇是以外币计价或表示对外支付的金融资产，具有国际性。

（2）外汇必须具有充分的可兑换性。

（3）外汇必须具有可靠的物质偿付保证，具有可偿性。

二、外汇的分类

按不同的标准，外汇可以分为不同的种类：

1. 根据限制性不同，可分为自由外汇和记账外汇

自由外汇又称现汇，是指不需要货币当局批准，可以自由兑换成任何一种外国货币或用于第三国支付的外国货币及其支付手段。具有可自由兑换性的货币都是自由外汇，国际间债权债务的清偿主要使用自由外汇，自由外汇中使用最多的是美元、欧元、日元、英镑、澳大利亚元、加拿大元和瑞士法郎。

记账外汇又称协定外汇，是指不经货币当局批准，不能自由兑换成其他货币或用于第三国支付的外汇。它是签有清算协定的国家之间，由于进出口贸易引起的债权债务不用现汇逐笔结算，而是通过当事国的中央银行账户相互冲销所使用的外汇。记账外汇中所适用的货币或支付手段，由当事国在协定中确定。它可以是当事国任何一方的货币，也可以是第三国或地区的货币或支付手段，如特别提款权、欧洲货币单位等。记账外汇虽不能自由运用，但它也代表国际债权债务，往往签约国之间的清算差额也要用现汇进行支付。

2. 根据来源和用途不同，可分为贸易外汇和非贸易外汇

贸易外汇是对外贸易中商品进出口及其从属活动所使用的外汇。商品进出口伴随着大量的外汇收支，同时从属于商品进出口的外汇收支还有：运费、保险费、样品费、宣传费、推销费以及与商品进出口有关的出国团组费。贸易外汇一般是一个国家或地区外汇收支的主要项目，在国际收支平衡中占有十分重要的地位。

非贸易外汇是贸易外汇以外所收支的一切外汇。非贸易外汇的范围非常广，主要包括侨汇、旅游、旅游商品、宾馆饭店、铁路、海运、航空、邮电、港口、海关、银行、保险、对外承包工程等方面的外汇收支，以及个人和团体（公派出国限于与贸易无关的团组）出国差旅费、图书、电影、邮票、外轮代理及服务所发生的外汇收支。非贸易外汇涉及的种类繁多，并且它是组成一个国家或地区外汇收支的一个重要项目。

3. 根据交割期限不同，可分为即期外汇和远期外汇

交割是指本币和外币所有者相互交换货币所有权的行为，也就是外汇买卖中外汇的实际收支活动。即期外汇指外汇买卖成交后在两个工作日内交割完毕的外汇。远期外汇指买卖双方根据外汇买卖合同，不需立即进行交割，而是在将来某一时间进行交割的外汇。

4. 根据外汇管理对象不同，可分为居民外汇和非居民外汇

居民外汇指居住在本国境内的机关、团体、企事业单位、部队和个人以各种形式所持有的外汇。居民通常指在某国或地区居住期达一年以上者，但是外交使节及国际机构工作人员不能列为居住国居民。各国一般对居民外汇管理较严。

非居民外汇指暂时在某国或某地区居住者所持有的外汇，如外国侨民、旅游者、留学生、国际机构和组织的工作人员、外交使节等以各种形式持有的外汇。在我国，对非居民的外汇管理比较松，允许其自由进出国境。

5. 根据国际收支发生项目的不同，可以将外汇划分为经常项目外汇和资本项目外汇

经常项目外汇是指国际收支中经常发生的交易项目中产生的外汇。如贸易收支、劳务收支、单方面转移等。

资本项目的外汇是指国际收支中因资本的输出和输入而产生的外汇。如直接投资、各类贷款、证券投资等。

第二节　外汇汇率概述

一、汇率的概念

汇率是指一国货币兑换成另一国货币的比率，又称汇价，即由一国货币表示的另一国货币的价格。外汇作为国际支付手段的关键在于它具有内在价值，代表着一定的购买力，因此能与另一种货币相交换。这种交换比率就是汇率。受各国和各地区经济发展状况及经济实力的制约，各国和各地区货币所代表的价值也各不相同。

二、汇率的标价方法

按国际市场惯例，外汇汇率的标价一般由五位有效数字组成，其中最后一位的一个单位称为一个汇价基点。在两国货币单位折算时，首先要确定以哪个国家的货币作标准，由于所选择的标准不同，便产生了不同的标价法。目前国际上的标价方法主要有：

（一）直接标价法

直接标价法又称为应付标价法，是以一定单位的外国货币为标准来计算应付若干单位的本国货币。在直接标价法下，外国货币的数额固定不变，汇率的涨跌都用本国货币数额的变化来表示，如果一定数额的外国货币可以换得比以前更多的本国货币，则说明本国的货币币值在下降，叫做外汇汇率上升；反之则称为外汇汇率下降。所以按直接标价法表示的外汇汇率的升降与本国货币对外价值的高低成反比关系。目前，世界上绝大多数国家的汇率采用直接标价法。在国际外汇市场上，日元、瑞士法郎、加元等均为直接标价法。我国也采用直接标价法，即美元与人民币报价。

（二）间接标价法

间接标价法又称为应收标价法，是以一定的本国货币为标准来计算应收若干单位的外国货币。在间接标价法下，本国的货币数额固定不变，汇率的涨跌用外国货币的数额来表示。如果一定数额的本国货币所能兑换的外国货币的数额比原来少，说明外国货币的币值上升，而本国货币的币值下降；反之则说明外币贬值，本币升值。在国际外汇市场上，欧元、英镑、澳元等均采用间接标价法。

无论使用直接标价法还是间接标价法，外汇报价的形式都是一样的。银行报价一向采取双向报价，即同时报出银行的买价和卖价，也就是银行买入汇率与卖出汇率，所谓

买入卖出是以银行为主体而言的。由于汇率有两种标价方法，所以用不同标价法报出的买价和卖价刚刚相反。

三、汇率的分类

外汇汇率的种类有很多种，为了认识和把握汇率，可以从不同的角度对汇率进行分类，主要分类如下：

（一）固定汇率和浮动汇率

这是按汇率稳定性程度不同进行的分类，固定汇率指一国货币同另一国货币的汇率基本固定，其波动被限制在极小的范围内，波动幅度很小。如果该国或地区的政府无法继续维持原定的比价，则采取法定形式宣布其货币贬值或升值，调整其汇率。

浮动汇率指一国货币当局不规定本币对其他货币的官方汇率，外汇汇率由市场供求关系来决定。浮动汇率又分为自由浮动和管理浮动两种形式。自由浮动是指政府不采取任何干预措施，完全按供求关系自由浮动的浮动汇率。管理浮动则是指政府要采取一定的措施进行干预，以保证其相对平稳的浮动汇率。事实上，完全由市场来决定汇率的浮动并不存在，各国货币当局都审时度势地干预外汇市场，实行有管理的浮动。

（二）官方汇率和市场汇率

这是按照汇率管制程度的不同进行的分类，官方汇率又称法定汇率，指由一国货币当局或外汇管理部门制定和公布的用于一切外汇交易的汇率。在外汇管理较严格的国家或地区，一切外汇交易都必须按照官方汇率进行；在外汇管理较宽松的国家或地区，官方汇率则只是官方外汇交易的依据，同时对市场汇率起到中心汇率的作用。

市场汇率又称为自由汇率，指在外汇市场上进行外汇自由买卖的实际汇率，它随市场供求关系的变化而自由波动。

官方汇率与市场汇率之间往往存在差异，在外汇管制较严的国家不允许存在外汇自由买卖市场，官方汇率就是实际汇率。而在外汇管制较松的国家，官方汇率往往流于形式，通常有行无市，实际外汇买卖都是按市场汇率进行。

（三）基础汇率和交叉汇率

这是依据汇率制定方法的不同进行的分类，基础汇率指本国货币与基准货币或关键货币的汇率。基准货币或关键货币是国际上普遍使用的，在本国国际收支中使用最多，在国际储备中比重最大的货币。目前，各国基本上都把美元作为基础货币，通过制定与美元的汇率来套算（交叉）出与其他货币的汇率。我们经常所说的直盘就是基础汇率。

交叉汇率是指通过基础汇率套算出的本币对其他货币的汇率，也称套算汇率。在实际外汇买卖交易时，各币种的汇价是由我国允许进行外汇买卖的各商业银行，参照全球联网的外汇市场交易系统所发布的国际金融市场的即时汇率（包括了各种交叉盘汇率），加上一定幅度的买卖差价后确定的。我们所说的交叉盘就是交叉汇率。

（四）即期汇率和远期汇率

这是按照外汇交易期限的不同而进行的划分，前者指即期外汇交易所使用的汇率，后者指远期外汇交易所使用的汇率。

（五）单一汇率和多重汇率

这是根据汇率是否适用于不同来源与用途进行的划分，前者指一国对外只有一个汇率，不同来源和用途的外汇收支均按此进行结算，后者指一国对某一外币的汇价因来源与用途不同而规定两种以上的汇率。

（六）银行同业汇率和商业汇率

这是根据外汇买卖对象进行的划分，前者是银行间进行外汇买卖所使用的汇率，后者是银行与一般客户进行外汇买卖时使用的汇率。通常银行同业汇率的买卖差价要小于商业汇率的买卖差价。

第三节　项目外汇管理

外汇管理亦称为外汇管制，是指对外汇的收支、买卖、借贷、转移以及国际间结算、外汇汇率和外汇市场所实施的一种限制性的政策措施。目前，我国外汇管理体制基本上属于部分外汇管制，即对经常项目的外汇交易不实行或基本实行外汇管制，但对资本项目的外汇交易进行一定的限制。我国外汇体制改革的目标是：在经常项目下可兑换的基础上，创造条件，逐步放开，推进资本项目下可兑换，从而实施人民币的完全可兑换。

一、经常项目外汇管理

经常项目下的外汇管理可以归纳为人民币在经常项目下的有条件可兑换。具体可以分为以下几个方面。

（一）境内机构经常项目管理

经常项目是指国际收支中经常发生的交易项目，包括贸易收支、劳务收支、单方面转移等项目。在这些项目中发生的外汇，就是经常项目下的外汇。根据《外汇管理条例》的规定，经常项目外汇必须遵守以下规定：

（1）境内机构的经常项目外汇收入必须调回境内，不得违反国家有关规定将外汇擅自存放在境外。这里所称的“境内机构”是指我国境内的企事业单位、国家机关、社会团体、部队等，包括外商投资企业和金融机构。

（2）境内机构的经常项目外汇收入，应当按照国务院关于结汇、售汇及付汇管理的规定卖给外汇指定银行。主要指以下收入：出口或先支后转口货物及其他交易行为收入的外汇；境外贷款项下国际招标中收入的外汇；海关监管下境内经营免税商品收入的外汇；交通运输、港口、邮电、广告、咨询、展览、寄售、维修等行业及各类代理业务提供商品或服务收入的外汇；行政、司法机关收入的各项外汇规费、罚没款等；土地使用权、著作权、商标权、专利权、非专利技术、商誉等无形资产转让收入的外汇；境外投资企业汇回的外汇利润，对外经援项下收回的外汇和境外资产的外汇收入；对外索赔收入的外汇、退回的外汇保证金等；出租房地产和其他外汇资产收入的外汇；保险机构受理外汇保险所得外汇收入；取得《经营外汇业务许可证》的金融机构经营外汇业务的净收入；国外捐赠、资助及援助收入的外汇；国家外汇管理局规定的其他应当结汇的外汇。

（3）境内机构的下列外汇，可以向国家外汇管理局及其分局申请，经批准在外汇指定银行开立外汇账户。这里所称的“外汇指定银行”，是指经外汇管理机关批准经营结汇和售汇业务的银行。①经营境外承包工程、向境外提供劳务、技术合作及其他服务业务的公司收到的业务往来外汇；②从事代理对外或者境外业务的机构代收代付的外汇；③暂收代付或暂收代结项下的外汇；④保险机构受理外汇保险，需向境外分保尚未结算的保费。

机构的经常项目使用的外汇，应按照国务院关于结汇、售汇及付汇的规定，持有效凭证和商业单据向外汇指定银行购买支付。同时，按照国务院关于出口收入核销和进口付汇核销管理办法办理核销手续。

（二）个人外汇管理

个人是指中国公民和在我国境内居住满一年的外国人。我国的《外汇管理条例》对个人所有的外汇管理非常宽松。个人可以自行持有外汇，也可以将外汇存入银行或者卖给外汇指定银行。个人的外汇储蓄存款实行存款自愿、取款自由、存款有息、为储户保密的原则。商业银行法对存款人保护的规定都适用于个人外汇存款。

个人因私用汇，可以在规定限额内向银行购买外汇，超过限额的部分，可以向外汇管理机关申请。个人携带外汇进出国境时，应当向海关办理申报手续，携带外汇出境超过海关规定限额的应当向海关出示有关有效凭证，海关验证放行。进入国境携带外汇的数额不受限制，但是要向海关申报。

居住在境内的中国公民持有外币支付凭证、外币有价证券等形式的外汇资产，未经外汇管理机关批准，不得携带或者邮寄出境。但是，在我国的外国公民携带上述外汇资产出境，不受任何限制。

（三）外国驻华外交机构的人民币兑换

外国驻华的外交机构、领事机构由于办理签证，收取我国公民以人民币支付的签证费、认证费等，为了费用周转的需要汇出境外的，可以持有关证明材料向外汇指定银行办理汇兑手续。

（四）其他

其他驻华机构的合法人民币收入，需要汇出我国境外的，可以持有关证明材料和凭证到外汇指定银行兑付。

应聘在我国境内机构工作的外籍专家，他们的人民币工资收入以及其他合法收入，依照我国税法纳税后，可以向指定银行用人民币购买外汇，并汇出境外或携带出境。

应聘在我国设立的外国企业工作人员的外汇工资，依法纳税后，可以直接汇出或携带出境。他们的人民币工资，依法纳税后，可以持外汇管理机关规定的有效凭证向外汇指定银行购买外汇，并汇出境外或携带出境。

以上所有驻华机构和来华人员由境外汇入或携带入境的外汇，可以自行保存，也可以存入银行或者卖给外汇指定银行，还可以持有效凭证汇出或携带出境。

外商投资者的利润、股息、红利的汇出属于经常项目的外汇支出，无须外汇管理局审批。应按照上述结汇、售汇及付汇的规定，由董事会根据利润分配协议书及有关证明材料，从其外汇账户中对外支付，或者到外汇指定银行购汇支付。

二、资本项目外汇管理

资本项目是指国际收支中因资本输出和输入而产生的资产与负债的增减项目，包括直接投资、各类贷款、证券投资等。在资本项目下的外汇称为“资本项目外汇”。

（一）境内机构资本项目外汇管理

（1）境内机构的资本项目外汇收入，除国务院另有规定外，应当调回我国境内，并按照国家有关规定在外汇指定银行开立外汇账户，或者经过外汇管理机关批准后，卖给外汇指定银行。

（2）境内机构向境外投资，需要向审批主管部门申请，再向外汇管理机关审查其外汇资金来源。审批后，按照国务院关于境外投资外汇管理的规定办理有关资金汇出手续。

（二）从境外借款

（1）境内机构从境外借款，应经国务院确定的政府部门、国务院外汇管理部门批准。我国从境外借款的单位一般是金融机构和大型企业。

（2）外商投资企业借用国外贷款的，不需要有关部门批准，但需要报外汇管理机关备案。

（三）境外发债和担保

（1）金融机构在境外发行外币债券，必须经过国务院外汇管理部门批准，并按照国家有关规定办理手续。

（2）境内机构对外提供担保，只能由符合国家规定条件的金融机构和企业办理，并经过外汇管理机关批准。

（四）外债登记

我国实行外债登记制度，境内机构应当按照国务院关于外债统计监测的规定办理外债登记。依法终止的外商投资企业，按照国家有关规定进行清算、纳税后，属于外方投资者的人民币，可以向外汇指定银行购汇汇出或者携带出境；属于中方投资者所有的外汇，应当全部卖给外汇指定银行。

三、金融机构外汇业务管理

对金融机构经营外汇业务的管理主要内容有：

（1）金融机构经营外汇业务须经外汇管理机关批准，领取经营外汇业务许可证。未经外汇管理机关批准，任何单位和个人不得经营外汇业务。经批准经营外汇业务的金融机构，经营外汇业务不得超出批准的范围。

（2）经营外汇业务的金融机构应当按照国家有关规定为客户开立外汇账户，办理有关外汇业务，应当按照国家有关规定交存外汇存款准备金，遵守外汇资产负债比例管理的规定，并建立呆账准备金。

（3）外汇指定银行办理结汇业务所需的人民币资金，应当使用自有资金。外汇指定银行的结算周转外汇，实行比例幅度管理，具体幅度由中国人民银行根据实际情况核定。

（4）金融机构经营外汇业务，应当接受外汇管理机关的检查、监督。经营外汇业务的金融机构应当向外汇管理机关报送外汇资产负债表、损益表以及其他财务会计报表资料。金融机构终止经营外汇业务，应当向外汇管理机关提出申请。金融机构经批准终止经营外汇业务的，应当依法进行外汇债权债务的清算，并缴销经营外汇业务许可证。

思考题

1. 外汇有哪些分类?
2. 汇率有几种标价方法?
3. 汇率有哪些分类?
4. 经常项目外汇管理包括哪些内容?

第十七章

经济法的实施及法律责任

内容要点

本章主要讲述经济法实施的概念和途径；经济法实施的主要主体；经济法责任的概念和种类；经济法律责任的方式。

第一节　经济法的实施

一、经济法的实施的概念

经济法的实施是指经济法主体实现经济法律规范的活动，即经济法在社会实际生活中的具体运用和实现。它包括经济守法、经济执法和经济司法。

经济法的实施依靠相关主体、依照有关程序将经济法规范贯彻落实到社会现实中，启动经济法规范的社会调整功能，实现经济法的预期目标。徒法不足以自行，经济法实施依靠一定主体，这些主体的地位独立与否、素质较高与否、构成合理与否、分工科学与否，都将直接影响经济法的实施。同时，经济法的实施也是一种有目的、有意识的自觉活动，它需要经济法主体懂市场经济的规律和运行规则，克服经济活动的盲目性。具体而言，经济法的实施有以下特征：

（一）经济法的实施具有明显的综合性

经济法调整的社会关系涉及方方面面，关系国计民生，经济法实施的综合性是由经济法的综合性决定的。从涉及的行业领域看，经济法不仅包括宏观经济领域的管理和调控，还包括微观经济领域的管理和协作；从调整手段看，经济法将各种调整手段有机地结合起来对经济关系进行综合的调整，这主要表现在综合运用民事的、行政的、刑事的、程序的专业及技术手段等作用于某一经济领域，以达到维护社会经济秩序的目的；

从经济法律规范的内容看，经济法是强行法和非强行法并存，实体法与程序法并存，奖励与惩罚并存；从经济法律规范的表现形式看，经济法律规范的效力层次具有多样性，包括宪法、法律、行政法规、地方性法规、行政规章等。

（二）经济法的实施具有独特的行政性

由于国家行政机关是管理国民经济的重要部门，经济法是国家干预国民经济之法，因此国家行政机关的经济法执法在经济法实施中就具有十分重要的地位，经济法实施具有行政性特征。不过，国家行政机关的经济法执法不是一般的行政干预，而是具有独特性。这种独特性表现在经济法执法机关相对于行政机关来说具有很大的独立性，只有这样，才不至于使经济法执法蜕变为行政干预，也只有这样，才能同时监督制约经济法执法。

（三）经济法的实施具有高度的专业性

经济法是一种高度专业性、技术性、知识性的法律部门，因此，经济法实施就具有高度的专业性，只有具有专业技术、专业知识的人员和机构才能从事经济法实施。

（四）经济法的实施具有严格的程序性

程序是法律正当实施的制度保证。由于经济法是国家（政府）干预社会经济之法，无论是宏观调控法的实施还是反垄断法的实施，都是国家（政府）权力的运用，为了使国家（政府）权力正当行使，经济法的实施必须依据严格的程序进行。

二、经济法实施的主要机关

经济法的实施机关主要是行政机关，但又不同于传统的行政机关，有其独特性。

（1）隶属于行政机关的经济法实施机关具有相对独立性，它们与一般的行政机关不同的是它不仅仅是行政机关。如国外反垄断机关就不尽是行政机关。确实，世界上有些国家的反垄断机关是行政机关，如日本的公正交易委员会就是一个行政委员会，它为内阁总理大臣所管辖；英国的公平交易总局也是一个行政机关，但总体来说，绝大多数国家的反垄断机关不仅是行政机关至少不是纯粹的行政机关。

（2）经济法的实施机构是一个专职机关，专司经济法实施，严禁染指其他事务。反垄断机关是市场公平自由竞争的化身，为了保障反垄断机关能够切实执行反垄断法，维护市场公平自由竞争，必须依法规定反垄断机关是专职机关，赋予它独立的地位，割断它与社会上其他人与事的利害关系。

（一）市场监管法实施主体

市场监管法实施主体主要是拥有行政监管权的市场监管机关和社会中间层主体。

1. 竞争法的实施主体

反垄断机构负责反垄断执法工作，依法对涉嫌垄断的行为进行调查。国务院反垄断执法机构根据工作需要，可以授权省、自治区、直辖市人民政府相应的机构，依照《反垄断法》的规定负责有关反垄断执法工作。同时，根据《反垄断法》，行业协会应当加强行业自律，引导本行业的经营者依法竞争，维护市场竞争秩序。根据我国《反不正当竞争法》，工商行政管理机关对不正当竞争案件进行监督，查处不正当竞争案件。

2. 金融业监管法的实施主体

中国银监会是国务院银行业监督管理机构，根据《银行业监督管理法》和国务院的授权，统一监督管理商业银行、城市信用合作社、农村信用合作社等吸收公众存款的金融机构和政策性银行以及金融资产管理公司、信托投资公司、财务公司、金融租赁公司等金融机构。根据我国目前的金融监督管理体制，中国人民银行除履行制定、执行货币政策，维护金融稳定，防范和化解系统性金融风险等职责外，仍然保留对货币市场、金融机构部分业务等的监督管理权力。

此外，国务院证券监督管理机构依法对证券市场实行监督管理，国务院保险监督管理机构依法负责对保险业实施监督管理。

3. 其他市场监管法的实施主体

这些实施主体主要是工商行政管理部门。如县级以上人民政府工商行政管理部门包括国家工商行政管理总局和地方各级工商行政管理局，根据《广告法》对广告实施监管。

（二）宏观调控法的实施主体

宏观调控法包括两个层次，即宏观调控基本法和宏观调控决策法。前者本质上是组织法或授权法，比如计划法、中国人民银行法、产业政策法、政府采购法等。

宏观调控的主体根据宏观调控基本法作出宏观经济决策，宏观经济决策多以法律规范的形式作出。

宏观调控法的实施主体主要是根据宏观调控基本法拥有宏观调控权的部门以及社会中间层。

1. 计划法的实施主体

计划编制主体可区分为中央计划机关和地方计划机关。其中，国务院负责主持全国性国民经济和社会发展计划的编制工作。其具体的编制工作由国家发展和改革委员会负责。各级地方人民政府负责主持编制地方性的国民经济和社会发展计划，其具体的编制工作由同级发展和改革委员会负责。计划编制完毕后进入审批阶段。我国各级人民代表大会是计划审议、批准的机关。

2. 产业政策法的实施主体

产业政策是一种政府政策，属于政府的干预或调控行为，在此领域中实行的依法治国就直接表现为政府要依法制定和执行产业政策，也要受法律的约束。但是，目前我国还没有制定产业政策基本法，没有相应的基本法对政府制定和执行产业政策的行为进行法律上的控制和约束。从法律的角度看，我国的产业政策领域的问题主要表现为我国产业政策的法律化程度不高，现有的很多产业政策并没有纳入到严格的法律调整中来。而目前我国很多重要方面的产业政策仅表现为政府或其职能部门的法规或规章，有些甚至连规章的形式都未采取，只是以某种规范性文件形式存在的“纯粹的”政策，缺少体现法律性质的责任制度作保障。

3. 财政法的实施主体

（1）预算法的实施主体。中央预算的编制由中央各部门根据国务院下达的编制预算草案的指示和财政部门的部署，具体布置所属各单位编制预算草案，并负责汇总编制本部门预算草案，报财政部审核；财政部审核汇总中央各部门预算草案，编制出中央预算草案。地方预算的编制在本级政府下达编制预算的指示后，地方财政部门根据该指示和上级财政部门的部署，具体布置本级各部门和下级财政部门编制预算草案，并编制本级总预算草案，最后由财政部负责汇总。

中央预算草案由财政部汇总后上报国务院，经国务院审核后由财政部向全国人大作关于预算草案的报告，全国人大经讨论通过，作出批准预算的决定。地方预算草案由本级财政部门交本级政府审定后，提请本级人大审议和批准。各级总预算经本级人大批准后，财政部门应当及时向本级各部门批复预算，各部门应当向本部门所属单位批复预算。

在我国，各级预算由本级政府组织执行，具体工作由本级政府财政部门负责。在组织预算收入方面，预算收入征收部门，必须依法征收应征的预算收入。在划拨预算支出方面，各级政府财政部门必须依法及时、足额地拨付预算支出资金，加强预算支出的管理和监督。各级政府、各部门、各单位的支出必须按照预算执行。在预算的执行过程中，如果发生情事变更，则还需要进行预算调整。预算调整方案由各级财政部门提出，经本级人大常委会审批。地方预算调整方案经批准后，须由本级政府报上级政府备案。

（2）税法的实施主体。税法的实施主体包括税法的立法主体和税法的执法主体。

我国目前尚无法律对税收立法主体的立法权限划分并作出明确说明。在税收领域，国务院在税收立法方面居主导作用。行政机关依据法律或依照授权制定大量的税收行政法规。税收行政法规规定了大部分税种的几乎所有税收要素，并界定了中央税、地方税与中央地方共享税的范围。财政部、国家税务总局等发布的各种“通知”、“批复”、“办法”，往往涉及税收制度的方方面面，其中有些文件在某种程度上已经对税收法律、行政法规的实体性作出了修正，如直接规定特殊情况下的税收减免，这使得行政机关的立法权侵犯了本属于立法机关的事项，显然违背了税收法定主义的根本宗旨。不仅全国人大及其常委会与国务院之间税收立法权限不清晰，而且全国人大与全国人大常委会之间的税收立法权限也不甚明了。

在税收立法权的中央和地方权力分配上，我国实行单一制，即税收立法权限高度集中在中央，并且，这种中央与地方立法权的划分制度不是由最高权力机关立法决定的，而是由国务院以行政决定的方式明确的。

税收执法主体是国家税务机关及其公职人员以及依法被授权的组织。

第二节　经济法的法律责任

经济法的法律责任是经济法的主体违反经济法律规范所设定的义务而应承担的不利法律后果。经济法的法律责任是保障经济法的守法、执法、司法的重要制度，不可或缺。违反经济法义务的主体承担法律责任的法律基础在于违法行为所具有的社会危害性。通过法律责任的追究，才能促使经济法律规范发生潜在的威慑力和现实的惩罚力。

一、经济法的法律责任的特点

（1）经济法的法律责任是一种非对等的法律义务，具有单向性。从法律上讲，权利和义务是对等的，义务和义务也是对等的，但经济法律责任不只是市场主体的单向义务，监管主体和宏观调控主体如违反法律，也一样应当承担相应的责任。

（2）经济法的法律责任是一种法定的强制性义务，具有法定性、强制性。经济法的法律责任同其他法律责任一样，从本质上讲，它们都是一种法定的强制性义务。它是法律明文规定的义务，具有法定性；同时，它是由国家强制行为人接受的，又具有强制性、不可替代性。此外，行为人也是不能放弃履行这种强制性义务的。

（3）经济法的法律责任具有社会性。经济法的基本宗旨是维护社会公共利益，在经济法中对于法律责任的设定，在许多方面都是基于社会公共利益的考虑，因而经济法的法律责任的社会性也是必须引起重视的，即从全社会的角度来规定违法者的法律责任，是经济法不同于其他法律部门的一个重要特点。

（4）经济法的法律责任的内容具有整体经济利益性。经济法律关系以经济法权利和义务为内容。它不仅涉及经济法主体之间的经济利益关系，而且涉及国家社会整体经济利益关系。

（5）经济法的法律责任是在国家进行宏观调控和经济管理过程中产生的经济义务，具有经济性。经济法的法律责任同其他法律责任的主要区别或者根本区别就在于它是在国家干预和调节社会经济过程中产生的责任。这决定了责任的内容具有经济性。

法律责任体系服务于法律责任设置的目的，而对违法者施以惩罚是实现法律责任的基本手段。从惩罚的角度看，法律责任总是对违法者一定利益的剥夺。而人的利益不外乎源于财产与非财产两个方面。所以，从这个意义上讲，法律责任的类型就是财产责任和非财产责任。

二、违反市场监管法的法律责任类型

1．受监管市场主体的法律责任承担

违反市场监管法的法律责任形式，可分为财产性责任和非财产性责任两种。财产责任如赔偿、罚款、没收违法所得；非财产责任如声誉罚、自由罚、资格罚。

（1）赔偿。经营者在市场经济活动中，不遵守商业道德，违反法律利用不正当的手段获得超额利润或者交易机会、竞争优势，使其他经营者、消费者的权益因此受到损害，行为和损害结果之间存在有因果关系的，经营者应当对损害结果承担赔偿责任。例如，我国《反垄断法》第六十一条规定：“经营者违反本法规定，损害他人合法权益的，应当承担损害赔偿责任。赔偿额度为受害人的实际损失和可预期的利益。受害人的损失难以计算的，赔偿额为侵权人在侵权期间因侵权所获得的利益。侵权人还应当承担受害人因调查及诉讼所支付的合理费用。”惩罚性赔偿可以增加违法行为人的违法成本，降低政府的执法成本并激励私人提起诉讼，从而降低破坏市场竞争的行为发生概率，达到遏制垄断、保护竞争的目的。法律本位的变化使补偿性赔偿不能适应法律实施的所有需要，惩罚性赔偿的优势得以凸显。适用惩罚性赔偿有利于实现法律的实质正义，从而维护整个社会的良性秩序、增进整体国民享有的福利。

（2）罚款。违反市场监管法的行为不仅会使其他经营者、消费者受到损害，而且会破坏公平竞争的市场秩序和社会管理秩序，对社会造成危害。采用赔偿的手段主要用来弥补其他与之平等的利益主体的损失，对其实施必要的罚款或罚金，使得违法行为人的违法成本增加，可能为其带来负效益，有助于从经济上遏制各种违反市场监管法的行为。例如，《反垄断法》第五十六条（对垄断协议的处罚）规定：“违反本法第八、第九、第十条的规定和未依据本法第十一条取得许可的，商务部反垄断主管机构应当责令其停止违法行为、宣布协议无效，并可处以10万元以上1 000万元以下罚款。实施垄断行为构成犯罪的，依法追究刑事责任。”第五十七条（对滥用市场支配地位行为的处罚）规定：“违反本法第十六条、第二十条至二十六条规定的，商务部反垄断主管机构应当责令其停止违法行为，并可处以10万元以上1 000万元以下罚款；实施垄断行为构成犯罪的，依法追究刑事责任。”在实践中依据《反垄断法》所作出的罚款往往是巨大的，其威慑作用是非常明显的。

（3）没收违法所得。没收违法所得是指由行政机关实施的将违法当事人的违法收入收归国有的处罚方式，是对当事人非法占有的财产的剥夺。

（4）声誉罚。通过市场监管机关的立案、调查，向社会公众公布违法经营者的违法行为和相关信息，从而降低违法经营者的商誉。商誉降低，会使其减少以至丧失更多交易机会。我国工商行政管理部门、质检部门、药监部门常常定期或不定期地向社会公布一些典型案件，在其他处罚的同时并处声誉罚。至于剥夺违法经营者的荣誉称号，则是声誉罚的直观运用。

（5）自由罚。市场主体严重违反市场监管法的规定，破坏经济秩序，危害社会安全的行为，达到刑法规定的要件时，即可能招致“双罚”——对单位和个人的罚金以及对个人的自由罚。例如，我国《反垄断法》第五十六条（对垄断协议的处罚）明确规定：“实施垄断行为构成犯罪的，依法追究刑事责任。”第五十七条（对滥用市场支配地位行为的处罚）明确规定，实施垄断行为构成犯罪的，依法追究刑事责任。第五十九条（对具体行政垄断行为的处罚）明确规定，实施限制竞争行为构成犯罪的，依法追究刑事责任。第六十条（对抽象行政垄断行为的处罚）明确规定，实施垄断行为构成犯罪的，依法追究刑事责任。

除对人身自由的自由罚外，经济法中的自由罚还表现为对行为自由的自由罚。主要有责令停止违法行为、宣告市场主体所实施的行为无效、限制处分股份、责令转让营业等。例如，反垄断法第五十六条（对垄断协议的处罚）规定：“违反本法第八、第九、第十条的规定和未依据本法第十一条取得许可的，商务部反垄断主管机构应当责令其停止违法行为、宣布协议无效。”第五十七条（对滥用市场支配地位行为的处罚）规定：“违反本法第十六条、第二十条至第二十六条规定的，商务部反垄断主管机构应当责令其停止违法行为。”第五十八条规定：“违反本法第二十八条应当申请许可而未申请许可，或者违反第三十一、第三十三、第三十四条规定未获许可而集中或者违反许可所附条件的，商务部反垄断主管机构应当禁止其集中、宣布经营者集中无效、限期处分全部或者部分股份、转让部分营业、免除担任职务或者为其他必要之处罚。”此外，在银行业监管法和保险业监管法中还出现限制业务范围、责令停止新业务等行为自由的限制。

可见，这种对行为自由限制的责任形式是经济法责任机制独特的表现。

(6) 资格罚。违反市场监管法，经营者可能会被市场监管部门处以吊销营业执照，这是相当严重的处罚。此外，违反市场监管法，还可能被处以降低从事特别市场经营的资质等级，或者暂停从事某类行为或某几类业务的资格。例如，《中华人民共和国银行业监督管理法》第四十五条规定：“银行业金融机构有下列情形之一，由国务院银行业监督管理机构责令改正，有违法所得的，没收违法所得，违法所得五十万元以上的，并处违法所得一倍以上五倍以下罚款；没有违法所得或者违法所得不足五十万元的，处五十万元以上二百万元以下罚款；情节特别严重或者逾期不改正的，可以责令停业整顿或者吊销其经营许可证；构成犯罪的，依法追究刑事责任：（一）未经批准设立分支机构的；（二）未经批准变更、终止的；（三）违反规定从事未经批准或者未备案的业务活动的；（四）违反规定提高或者降低存款利率、贷款利率的。”该法第四十六条规定：“银行业金融机构有下列情形之一，由国务院银行业监督管理机构责令改正，并处二十万元以上五十万元以下罚款；情节特别严重或者逾期不改正的，可以责令停业整顿或者吊销其经营许可证；构成犯罪的，依法追究刑事责任：（一）未经任职资格审查任命董事、高级管理人员的；（二）拒绝或者阻碍非现场监管或者现场检查的；（三）提供虚假的或者隐瞒重要事实的报表、报告等文件、资料的；（四）未按照规定进行信息披露的；（五）严重违反审慎经营规则的；（六）拒绝执行本法第三十七条规定的措施的。”更有甚者，对其直接取缔，如《中华人民共和国银行业监督管理法》第四十四条规定，擅自设立银行业金融机构或者非法从事银行业金融机构的业务活动的，由国务院银行业监督管理机构予以取缔。

2. 市场监管主体的法律责任承担

市场监管主体从事监督管理工作的人员履行监管职责必须依法进行；未依法履行监管职责或超越职权范围进行监管的，应当承担相应的法律责任。这里的法律责任，主要表现为行政责任和刑事责任。

(1) 行政处分。行政处分是对监督管理工作的人员违法失职行为尚不构成犯罪的，依据法律法规所规定的权限而给予的一种惩戒。根据《公务员法》的规定，对公务员的行政处分种类有：警告、记过、记大过、降级、撤职、开除六种。例如，《反垄断法》第六十四条（执法人员的违法责任）规定，对商务部反垄断主管机构的工作人员滥用职权、玩忽职守、徇私舞弊的，给予行政处分。

(2) 国家赔偿责任。监管主体越权、滥用权力而致使监管对象受到损失的，依法应发生国家赔偿责任。

(3) 刑事责任。刑事责任是指犯罪行为应当承担的法律责任，即对犯罪分子依照刑事法律的规定追究的法律责任。刑事责任是最严重的责任形式，以限制犯罪行为人的人身自由甚至剥夺生命为实现方式。例如，《中华人民共和国银行业监督管理法》第四十三条规定：“银行业监督管理机构从事监督管理工作的人员有下列情形之一的，依法给予行政处分；构成犯罪的，依法追究刑事责任：（一）违反规定审查批准银行业金融机构的设立、变更、终止，以及业务范围和业务范围内的业务品种的；（二）违反规定对银行业金融机构进行现场检查的；（三）未依照本法第二十八条规定报告突发事件的；（四）违反规定查询账户或者申请冻结资金的；（五）违反规定对银行业金融机构采取措施或者处罚的；（六）违反本法第四十二条规定对有关单位或者个人进行调查的；（七）滥用职权、玩忽职守的其他行为。银行业监督管理机构从事监督管理工作的人员贪污受贿，泄露国家秘密、商业秘密和个人隐私，构成犯罪的，依法追究刑事责任；尚不构成犯罪的，依法给予行政处分。”

思考题

1. 简述我国经济法实施主体的特点。
2. 简述我国经济法责任的主要特点。

第十八章

经济纠纷解决途径

内容要点

本章主要讲述经济纠纷的概念；介绍了各种解决经济纠纷的途径；重点阐述了仲裁和诉讼方式解决经济纠纷的相关法律规定。

第一节 经济仲裁

一、经济仲裁概述

在经济纠纷的解决中，通过仲裁解决当事人之间的争议，已成为当事人都愿意选择和接受的重要方法之一。

（一）经济仲裁的概念和特征

经济仲裁是指双方当事人在纠纷发生之前或者发生之后达成书面的仲裁协议，自愿将他们之间的纠纷提交给双方同意的仲裁机构进行审理并作出裁决，以解决纠纷的方法。经济仲裁有以下特征：

（1）经济仲裁以双方当事人的自愿约定为基础，即双方当事人在争议发生前或争议发生后达成书面的仲裁协议，一致同意将争议提交仲裁机构解决。没有仲裁协议，仲裁程序不可能发生。

（2）经济仲裁机构是民间性组织，不是国家的行政机关或司法机关，对经济纠纷案件没有强制管辖权。

（3）经济仲裁具有终局性，对双方当事人具有约束力，任何一方当事人不得就同一标的或事由再向法院起诉或者向仲裁机构再申请仲裁，如果一方当事人不主动履行裁决，另一方当事人有权要求法院予以强制执行。

（二）经济仲裁协议

仲裁协议是取得仲裁权的法律基础、仲裁裁决对当事人产生约束力的法律原因、仲裁机构对抗诉讼管辖权的法律依据。

1．仲裁协议的概念

仲裁协议是指实体法律关系各方主体经过自愿协商，依法达成的关于将他们之间相关的民商事争议提交仲裁解决的书面协议。它是双方当事人将经济纠纷提交仲裁以及仲裁机构受理案件的必要前提。

仲裁协议的形式有三种：

（1）仲裁条款，是在合同中订立的将有关争议提交仲裁解决的条款。

（2）仲裁协议书，是双方当事人单独订立的一种书面协议。

（3）其他表示提交仲裁的文件，比如函电或电子邮件等。

2．仲裁协议的基本内容

仲裁协议应当以书面方式订立。其内容一般应当包括请求仲裁的明确意思表示、约定的仲裁事项、选定的仲裁机构等。根据我国仲裁法的规定，仲裁协议应当具有以下内容：

（1）请求仲裁的意思表示。即在仲裁协议中明确表示愿意将他们之间的经济纠纷提交仲裁解决的意愿。意思表示必须是真实的，是双方当事人自愿的，如果一方当事人采取胁迫手段迫使对方当事人订立仲裁协议的，仲裁协议无效。

（2）仲裁事项。即提交仲裁解决经济纠纷的具体范围。提交仲裁的事项必须是双方当事人协商确定的。可以是有关经济法律关系的一切争议，也可以是部分事项的争议。

（3）选定的仲裁机构。即双方协商确定的解决他们之间争议的仲裁机构。仲裁机构只能有一个，并要在仲裁协议中写明。若对仲裁机构没有约定或约定不明的，当事人可以补充协议，达不成补充协议的，仲裁协议无效。

3．有效仲裁协议

（1）仲裁协议必须是双方当事人真实的意思表示，而不是一方当事人通过欺诈的方式强迫另一方当事人接受此项协议的产物。采取胁迫手段迫使对方当事人订立仲裁协议的，仲裁协议无效。

（2）订立协议的双方当事人依照法律，必须具有合法的资格和能力。如无行为能力人订立的仲裁协议无效。

（3）仲裁协议的内容应当合法，即仲裁事项必须是可以通过仲裁方式解决的事项。比如婚姻、收养、抚养、继承的纠纷就不能通过仲裁方式解决。

（4）仲裁协议的形式必须合法，仲裁协议必须采用书面形式。

二、仲裁的程序

（一）仲裁申请和受理

仲裁申请是指当事人一方在争议发生后，根据仲裁协议，请求仲裁机构开始仲裁程序的行为。它是民商事仲裁程序发生的必要前提，具有阻止相关诉讼程序发生以及中断相关请求时效的意义。

当事人申请仲裁必须符合以下条件：

（1）有仲裁协议。这是当事人申请仲裁和仲裁机构受理仲裁的申请的法律依据。

（2）有具体的仲裁请求和事实、理由。

（3）属于仲裁委员会的受理范围。根据《仲裁法》的规定，仲裁机构可以受理的案件范围包括平等主体的公民、法人和其他组织之间发生的经济合同纠纷和其他权益纠纷。当事人申请仲裁，应当向仲裁委员会递交仲裁协议、仲裁申请书及副本。仲裁申请书应当载明下列事项：①当事人的姓名、性别、年龄、职业、工作单位和住所，法人或者其他组织的名称、住所和法定代表人或者主要负责人的姓名、职务；②仲裁请求和所根据的事实、理由；③证据和证据来源、证人姓名和住所。

仲裁机构收到当事人的仲裁申请书及仲裁协议后，应当进行审查。认为符合受理条件的，应当在5日内决定受理，并通知当事人；认为不符合受理条件的，应当在5日内书面通知当事人不予受理，并说明理由。

仲裁机构受理仲裁申请后，应当在仲裁规则规定的期限内将仲裁规则和仲裁员名册送达申请人，并将仲裁申请书副本和仲裁规则、仲裁员名册送达被申请人。被申请人收到仲裁申请书副本后，应当在仲裁规则规定的期限内向仲裁委员会提交答辩状及副本。仲裁委员会收到答辩书后，应当在仲裁规则规定的期限内将答辩书副本送达申请人。被申请人未提交答辩书的，不影响仲裁程序的进行。

（二）财产保全和证据保全

在仲裁过程中，一方当事人因另一方当事人的行为或者其他原因，可能使裁决不能执行或者难以执行的，可以申请财产保全。当事人申请财产保全的，仲裁机构应当将当事人的申请依照民事诉讼法的有关规定提交人民法院采取财产保全措施。

申请有错误的，申请人应当赔偿被申请人因财产保全所遭受的损失。

在仲裁过程中，当事人可以申请证据保全。当事人申请证据保全的，由仲裁机构提交人民法院采取证据保全措施。

（三）仲裁庭的组成和仲裁员的回避

1. 仲裁庭的组成

仲裁庭的形式有两种：一种是独任仲裁庭，即由一名仲裁员组成；一种是合议仲裁庭，即由三名仲裁员组成，设首席仲裁员。当事人可以约定仲裁庭的组成形式并选定仲裁员。当事人没有在仲裁规则规定的期限内约定仲裁庭的组成方式或者选定仲裁员的，由仲裁委员会主任指定，并且将仲裁庭的组成情况书面通知当事人。

2. 仲裁员的回避

仲裁员回避的方式有两种：一种是仲裁员自行回避，一种是当事人申请回避。根据《仲裁法》第三十四条规定，仲裁员必须回避的情形有：是本案当事人或者当事人、代理人的近亲属；与本案有利害关系；与本案当事人、代理人有其他关系，可能影响公正仲裁的；私自会见当事人、代理人，或者接受当事人、代理人的请客送礼的。

当事人提出回避申请，应当说明理由，并在首次开庭前提出。回避事由在首次开庭后知道的，可以在最后一次开庭终结前提出。仲裁员是否回避，由仲裁委员会主任决定；仲裁委员会主任担任仲裁员时，由仲裁委员会集体决定。

仲裁员因回避或者其他原因不能履行职责的，应当依照仲裁法的规定重新选定或者指定仲裁员。因回避而重新选定或者指定仲裁员后，当事人可以请求已进行的仲裁程序重新进行，是否准许，由仲裁庭决定；仲裁庭也可以自行决定已进行的仲裁程序是否重新进行。

（四）开庭和裁决

1. 开庭审理

仲裁庭审理案件的方式有两种：一种是开庭审理，一种是不开庭审理。仲裁庭审理案件原则上应当开庭审理。当事人协议不开庭的，仲裁庭可以根据仲裁申请书、答辩书以及其他材料作出裁决，仲裁庭审理案件不公开进行。当事人协议公开的，可以公开进行，但涉及国家秘密的除外。申请人经书面通知，无正当理由不到庭或者未经仲裁庭许可中途退庭的，视为撤回仲裁申请。被申请人经书面通知，无正当理由不到庭或者未经仲裁庭许可中途退庭的，可以缺席裁决。

2. 证据的收集和调查

在仲裁过程中，当事人应当对自己的主张提供证据予以证明。仲裁庭认为有必要收集的证据，可以自行收集。仲裁庭对专门性问题认为需要鉴定的，可以交由当事人约定的鉴定部门鉴定，也可以由仲裁庭指定的鉴定部门鉴定。证据应当在开庭时出示，当事人可以质证。

3. 辩论

辩论即双方当事人在开庭审理时的口头辩论。辩论的内容主要是围绕案件的实质性问题，如当事人的请求能否成立，有无足够的事实证据等。

4. 和解

当事人申请仲裁后，可以自行和解。达成和解协议的，可以请求仲裁庭根据和解协议作出裁决书，也可以撤回仲裁申请。

当事人达成和解协议，撤回仲裁申请后反悔的，可以根据仲裁协议再申请仲裁。

5. 调解

仲裁庭在作出裁决前，可以先行调解。当事人自愿调解的，仲裁庭应当调解。调解不成的，应当及时作出裁决。调解达成协议的，仲裁庭应当制作调解书或者根据协议的结果制作裁决书。调解书与裁决书具有同等法律效力。调解书应当写明仲裁请求和当事人协议的结果。调解书由仲裁员签名，加盖仲裁委员会印章，送达双方当事人。调解书经双方当事人签收后，即发生法律效力。在调解书签收前当事人反悔的，仲裁庭应当及时作出裁决。

6. 裁决

裁决即仲裁庭对当事人争议的事项作出的判定性结论。裁决应当按照多数仲裁员的意见作出，少数仲裁员的不同意见可以记入笔录。仲裁庭不能形成多数意见时，裁决应当按照首席仲裁员的意见作出。裁决书应当写明仲裁请求、争议事实、裁决理由、裁决结果、仲裁费用的负担和裁决日期。当事人协议不愿写明争议事实和裁决理由的，可以不写。对裁决持不同意见的仲裁员，可以签名，也可以不签名。裁决书由仲裁员签名，加盖仲裁委员会印章。裁决书自作出之日起发生法律效力。

三、仲裁的执行

由于仲裁机构是民间性质的机构，对裁决没有强制执行权，因此，在一方当事人不履行裁决所确定的义务的情况下，另一方当事人可以依照民事诉讼法的有关规定向被申请人住所地或者财产所在地的基层人民法院申请执行。

台、港、澳地区仲裁机构制作的生效裁决，当事人可以向我国内地法院申请执行；但存在依法不予执行情形的除外。

根据我国政府加入的《承认及执行外国仲裁裁决公约》，我国承认和执行缔约国仲裁机构制作的并且所解决的争议依据中国法律属于商事关系的仲裁裁决。来自非缔约国的仲裁裁决，可以根据互惠关系处理。

第二节　经济诉讼

经济诉讼也叫经济审判，是指当事人发生纠纷后向人民法院起诉、应诉，人民法院依照诉讼程序对经济纠纷案件进行审理的诉讼活动。经济诉讼是经济法的实施保障机制的重要内容，由于现阶段存在着一系列使经济诉讼难以独立的因素，我国尚未建立起独立的经济诉讼。

目前，我国经济法案件的审理主要通过民事诉讼程序实现。这里我们简单介绍一下民事诉讼程序。

一、民事诉讼概述

（一）民事诉讼的概念

民事诉讼是指人民法院在双方当事人和其他诉讼参与人参加下，审理和解决民事案件的活动，以及由这些活动所发生的诉讼关系。民事诉讼就其本质而言，是国家强制解决民事纠纷的一种方式，是权利主体凭借国家力量维护其民事权益的司法程序。

（二）民事诉讼的基本原则

民事诉讼的基本原则是指在整个民事诉讼的过程中，起主导作用的准则。主要有：

1. 诉讼权利平等原则

民事诉讼中，当事人平等地享有和行使诉讼权利，包括以下两个方面的内容：一方面，民事诉讼当事人有平等的诉讼权利；另一方面，人民法院应当保障和便利当事人行使诉讼权利，对当事人在适用法律上一律平等。

2. 法院调解自愿与合法原则

法院调解自愿与合法原则，是指人民法院审理民事案件，应当根据自愿和合法的原则进行调解；调解不成的，应当及时判决。这一原则包括以下三个方面的完整内容：①人民法院审理民事案件，只要有调解可能的，应当尽量用调解方式结案；②人民法院进行调解时，必须遵守自愿原则与合法原则；③调解不成的应当及时判决，而不能久调不决。

3. 辩论原则

民事诉讼中的辩论原则，是指在人民法院主持下，当事人有权就案件事实和争议的问题，各自陈述其主张和根据，互相进行反驳和答辩。这一原则包括以下内容：①辩论的主体只限于当事人及其诉讼代理人；②辩论的形式包括书面和口头两种；③辩论的内容主要应当围绕案件如何进行处理的实质性问题展开，但也包括案件涉及的诉讼程序问题。

4. 处分原则

民事诉讼中的处分原则，是指当事人有权在法律许可的范围内自由支配自己的民事权利和诉讼权利。这一原则包括以下具体内容：①处分权的享有者只限于民事诉讼当事人，其他诉讼参与人不享有处分权；②当事人行使处分权的对象包括自己依法享有的民事权利和诉讼权利。

处分原则贯彻于民事诉讼的全过程，主要体现在：①当事人的处分行为直接关系着民事诉讼程序能否开始；②当事人的处分行为对于诉讼程序的发展和终结有着重要影响；③审判保护的范围和方法，一般要尊重当事人的意愿。

5. 人民调解原则

人民调解原则，是指人民调解委员会在基层人民政府和基层人民法院指导下，依照法律规定，根据自愿原则，采用说理疏导的方法，对民间纠纷进行调解。人民调解委员会进行调解，必须遵守三项原则，即合法原则、自愿原则和尊重当事人诉讼权利的原则。

人民法院用调解方式解决民事纠纷，具有十分重要的意义。首先，它是我国人民司法工作的优良传统和成功经验；其次，它符合民事纠纷的性质和特点，适应了正确解决人民内部矛盾的客观需要；第三，它有利于迅速彻底解决纠纷，维护当事人之间的团结，并可以简化诉讼程序，节省时间和费用。

（三）人民法院受理民事案件的范围

根据民事诉讼法及其他有关法律法规的规定，人民法院主管的民事案件主要有以下几类：一是由民法调整的平等权利主体之间因财产关系和人身关系发生纠纷而引起的案件；二是由婚姻法调整的平等权利主体之间因婚姻家庭关系发生纠纷而引起的案件；三是由经济法调整的平等权利主体之间因经济关系发生纠纷而引起的案件；四是由劳动法调整的用人单位与劳动者之间因劳动关系发生纠纷而引起的案件；五是由其他法律调整的社会关系发生争议，法律明确规定依照民事诉讼程序审理的案件；六是由海商法调整的海上运输关系和船舶关系发生纠纷而引起的海事案件；七是适用民事诉讼法中特别程序、督促程序、公示催告程序、企业法人破产还债程序审理的几类非民事权益争议案件。

(四)民事案件的管辖

民事案件的管辖是指确定各级人民法院之间和同级人民法院之间受理第一审民事案件的分工和权限。民事诉讼法确定了各级人民法院之间的分工和权限，明确了管辖范围，遵循以下几条原则：一是便利当事人进行诉讼和便利人民法院行使审判权；二是均衡各级人民法院的工作负担；三是原则规定与灵活规定相结合；四是维护国家主权。

我国民事诉讼法规定的民事案件的管辖，包括级别管辖、地域管辖、移送管辖、指定管辖和管辖权的转移。

1. 级别管辖

级别管辖是指上、下级人民法院之间受理第一审民事案件的分工和权限。我国四级人民法院由于职能分工不同，受理第一审民事案件的权限范围也不同。确定不同级别的人民法院管辖第一审民事案件的主要依据是：案件的性质、案件影响的大小、诉讼标的的金额大小等。

(1)基层人民法院管辖的第一审民事案件。《民事诉讼法》第十八条规定："基层人民法院管辖第一审民事案件，但本法另有规定的除外。"

(2)中级人民法院管辖的第一审民事案件，主要是指重大涉外案件、在本辖区有重大影响的案件以及最高人民法院确定由中级人民法院管辖的民事案件。

(3)高级人民法院管辖在本辖区有重大影响的第一审民事案件。

最高人民法院只受理在全国有重大影响的案件和认为应当由最高人民法院审理的案件。

2. 地域管辖

地域管辖是指同级人民法院之间受理第一审民事案件的分工和权限。地域管辖与级别管辖不同。级别管辖从纵向划分上、下级人民法院之间受理第一审民事案件的权限和分工，解决某一民事案件应由哪一级人民法院管辖的问题；而地域管辖从横向划分同级人民法院之间受理第一审民事案件的权限和分工，解决某一民事案件应由哪一个人民法院管辖的问题。地域管辖包括：一般地域管辖、特殊地域管辖、专属管辖、协议管辖。

一般地域管辖，又称普通管辖，是指以当事人住所地与法院辖区的关系来确定管辖法院。一般地域管辖的原则是"原告就被告"，即民事诉讼由被告所在地人民法院管辖。"原告就被告"原则在某些特殊情况下无法适用或者适用后将对原告、法院极为不便。为此，民事诉讼法还规定了几种例外的情况由原告住所地人民法院管辖；原告的住所地与经常居住地不一致的，由经常居住地人民法院管辖。

特殊地域管辖又称特别地域管辖，是指以诉讼标的所在地或者引起民事法律关系发生、变更、消灭的法律事实所在地为标准确定的管辖。特殊地域管辖是相对于一般地域管辖而言的，是法律针对特别类型案件的诉讼管辖作出的规定，主要有：因合同纠纷提起的诉讼，由被告住所地或者合同履行地人民法院管辖；因保险合同纠纷提起的诉讼，由被告住所地或者保险标的物所在地人民法院管辖；因票据纠纷提起的诉讼，由票据支付地或者被告住所地人民法院管辖；因铁路、公路、水上、航空运输和联合运输合同纠纷提起的诉讼，由运输始发地、目的地或者被告住所地人民法院管辖；因侵权行为提起的诉讼，由侵权行为地或者被告住所地人民法院管辖；因铁路、公路、水上和航空事故请求损害赔偿提起的诉讼，由事故发生地或者车辆船舶最先到达地、航空器最先降落地或者被告住所地人民法院管辖；因船舶碰撞或者其他海事损害事故请求损害赔偿提起的诉讼，由碰撞发生地、碰撞船舶最先到达地、加害船舶被扣留地或者被告住所地人民法院管辖；因海难救助费用提起的诉讼，由救助地或者被救助船舶最先到达地人民法院管辖；因共同海损提起的诉讼，由船舶最先到达地、共同海损理算地或者航程终止地人民法院管辖。

3. 专属管辖

专属管辖是指对某些特定类型的案件，法律强制规定只能由特定的人民法院行使管辖权。凡是专属管辖的案件，只能由法律明文规定的人民法院管辖，其他人民法院均无管辖权，从而排除了一般地域管辖和特殊地域管辖的适用。对于专属管辖的案件，当事人双方无权以协议或约定的方式变更管辖法院，从而排除协议管辖的适用。外国的法院更没有管辖权，所以排除了外国法院行使管辖权的可能性。总之，专属管辖是排斥其他类型的法定管辖，也排斥协议管辖的管辖制度。根据《民事诉讼法》第三十四条的规定，下列案件由人民法院专属管辖：因不动产纠纷提起的诉讼，由不动产所在地人民法院管辖；因港口作业中发生纠纷提起的诉讼，由港口所在地人民法院管辖；因继承遗产纠纷提起的诉讼，由被继承人死亡时住所地或者主要遗产所在地人民法院管辖。

4. 协议管辖

协议管辖又称合意管辖或者约定管辖，是指双方当事人在纠纷发生之前或发生之后，以合意方式约定解决他们之间纠纷的管辖法院。协议管辖必须符合以下几个条件：

（1）当事人协议管辖的案件，只限于合同案件，并且只限于第一审民事经济纠纷案件中的合同案件。

（2）当事人协议选择管辖法院的范围，只限于被告住所地、合同履行地、合同签订地、原告住所地、标的物所在地人民法院。如果当事人选择了与合同没有实际联系地点的人民法院，该协议无效。

（3）必须以书面合同的形式选择管辖，包括书面合同中的协议管辖条款或者是诉讼前双方当事人达成的管辖协议，口头协议无效。

（4）当事人必须进行确定的、单一的选择。当事人必须在上述五个法院中选择其一，如果选择的法院在两个或两个以上，约定管辖的协议或有关条款无效。协议管辖不得违反民事诉讼法关于级别管辖和专属管辖的规定。

二、诉讼程序

（一）第一审普通程序

普通程序是指人民法院在审理第一审民事争议案件时通常适用的审判程序，也即人民法院审理第一审一般民事争议案件的正规审判程序。在第一审民事争议案件中，除了简单的民事案件外，其他案件都要依照普通程序进行审理。因此，普通程序在我国的民事审判程序中处于非常重要的地位，具有其他审判程序无法取代的功能和作用。

1. 起诉

起诉是指公民、法人或者其他组织认为其民事权益受到侵害或者与他人发生民事争议时，请求人民法院通过审判方式予以司法保护的诉讼行为。起诉必须符合以下条件：

（1）有适格的原告。原告必须是有诉讼权利能力、与本案有直接利害关系的公民、法人和其他组织。与争议案件没有直接利害关系的，不是适格的原告，不能以自己的名义向人民法院起诉。

（2）有明确的被告。

（3）有具体的诉讼请求和事实、理由。“具体的诉讼请求”是指原告在起诉时必须明确请求法院予以司法保护的具体内容和方式。

（4）属于人民法院受理民事诉讼的范围和受诉人民法院管辖。

起诉应当向人民法院递交起诉状，并按照被告人数提交副本，起诉状应当记明下列事项：当事人的姓名、性别、年龄、民族、职业、工作单位和住所，法人或者其他组织的名称、住所和法定代表人或者主要负责人的姓名、职务；诉讼请求和所根据的事实与理由；证据和证据来源，证人姓名和住所。此外，起诉状还应写明受诉法院的名称，起诉的时间，并由原告签名或盖章。起诉状应当符合上述要求，内容如有欠缺的，受诉人民法院应限期令原告补正。

2. 受理

受理是指人民法院对原告的起诉进行审查后，认为符合法律规定的起诉条件，决定立案并启动诉讼程序的行为。起诉是当事人的诉讼行为，受理是人民法院的审判行为，任何一个民事案件都必须有原告起诉和法院受理这两方面的结合，诉讼程序才能开始。没有原告的起诉行为，就没有人民法院的审查受理行为。人民法院对原告的起诉依法不予受理，案件就不能成立，诉讼程序无从开始。人民法院在收到原告的起诉状或口头起诉后，经审查认为符合起诉条件的，应当在7日内立案，并通知当事人。

3. 审理前的准备

审前准备程序是在普通程序中，为保证开庭审理的顺利进行和案件的及时、公正审理而设立的必经程序，具有重要的作用。

（1）在法定期间内及时送达诉讼文书。人民法院受理案件后，应当分别向原、被告发送案件受理通知书和应诉通知书，并在立案之日起5日内将起诉状副本送达被告。被告提出答辩的法定期间是收到起诉状之日起15日内。被告应当在答辩期间届满前提出书面答辩，被告放弃答辩，不影响人民法院对案件的审理。人民法院应当在收到答辩状之日起5日内将其副本送达原告。

（2）告知当事人其诉讼权利和合议庭的组成人员。人民法院对决定受理的案件，应当在受理案件通知书和应诉通知书中或者以口头方式告知双方当事人有关的诉讼权利义务，以便保证当事人正确地行使各种诉讼权利，履行诉讼义务。适用普通程序审理的民事案件，必须实行合议制。合议庭组成人员确定后，应当在3日内告知当事人，以便于当事人有效地行使回避申请权。

（3）追加当事人。人民法院发现必须共同进行诉讼的当事人没有参加诉讼的，应当通知其参加诉讼。需要追加的原告明确表示放弃实体权利的，可以不作为当事人；需要追加的原告既不愿意参加诉讼，又不放弃实体权利的，仍然追加为共同原告，其不参加诉讼不影响法院对案件的审理。追加的当事人是必要共同诉讼的被告的，则接到人民法院的通知后，必须参加诉讼，其不出庭参加诉讼不影响法院对案件的审理。对于必须到庭的被告，经人民法院合法传唤，无正当理由拒不到庭的，人民法院可以采取强制措施，强制其到庭。对于不是必须到庭参加诉讼的被告，可以适用缺席判决。对于无独立请求权的第三人，人民法院认为有必要追加或当事人提出申请时，也可以追加为当事人。

（4）审核诉讼材料。合议庭组成后，合议庭的成员应当认真审核案件的诉讼材料，包括起诉状、答辩状和有关的证据材料。通过对诉讼材料的审核，了解双方当事人对案件的基本态度和主要分歧，对证据材料的真伪及其证明力作出初步的判断，初步整理双方当事人争执的焦点，确定是否需要由人民法院调查收集证据。

（5）调查收集必要的证据。诉讼证据主要由当事人提供，但在特定的情况下，由人民法院调查收集证据，以便更好地解决纠纷，保护当事人的合法权益。人民法院调查收集证据包括两种情形：一是当事人及其诉讼代理人因客观原因不能自行收集的证据，可以向人民法院申请调查收集；二是人民法院认为审理案件需要的证据，人民法院应当依职权主动调查收集。

4．开庭审理

开庭审理是指人民法院在当事人和其他诉讼参与人的参加下，按照法定的方式和程序对案件进行全面审查并作出裁判的诉讼活动。开庭审理的过程分为几个既相互独立又相互联系的阶段：庭审准备；法庭调查；法庭辩论；合议庭评议和宣告判决。人民法院审理第一审民事案件，都必须开庭审理。开庭审理有公开审理和不公开审理两种方式。除涉及国家秘密、个人隐私或者法律另有规定的以外，应当公开进行。离婚案件、涉及商业秘密的案件，当事人申请不公开审理的，可以不公开审理。

（1）庭审准备。开庭3日前将传票送达当事人，将出庭通知书送达其他诉讼参与人，传票和通知书应当写明案由、开庭的时间和地点；对公开审理的案件，人民法院应当在开庭3日前公告当事人的姓名、案由和开庭的时间、地点；查明当事人及其他诉讼参与人是否到庭，宣布法庭纪律；开庭审理时，由审判长核对当事人，核对的顺序是原告、被告、第三人，核对的内容包括姓名、性别、年龄、民族、籍贯、工作单位、职业和住所。

（2）法庭调查。法庭调查的主要任务是，审判人员在法庭上全面调查案件事实，审查和核实各种证据。法庭调查主要包括两个内容：一是当事人陈述；二是出示证据和质证。经过庭审质证的证据，能够当即认定的，应当当即认定；当即不能认定的，可以休庭合议后再予以认定。

（3）法庭辩论。法庭辩论是当事人及其诉讼代理人在合议庭的主持下，根据法庭调查阶段查明的事实和证据，阐明自己的观点和意见，相互进行言词辩驳的诉讼活动。法庭辩论按照下列顺序进行：原告及其诉讼代理人发言；被告及其诉讼代理人答辩；第三人及其诉讼代理人发言或者答辩；互相辩论。

5．评议和宣判

这是开庭审理的最后阶段，是合议庭根据已经查明的事实和证据，依照法律和政策，分清是非，明确责任，作出判决并宣告判决结果，从而解决当事人之间民事争议的阶段。法庭辩论结束后，调解不成的，合议庭应当休庭，进入评议室进行评议。评议时合议庭应根据法庭调查和法庭辩论的情况，确定案件的性质，认定案件的事实，分清是非责任，正确地适用法律，对案件作出最后的处理。合议庭评议案件，由审判长主持，秘密进行，合议庭有不同意见时，实行少数服从多数的原则，但少数意见要如实记入笔录。评议笔录由书记员制作，经合议庭成员和书记员签名或盖章，归档备查，不得对外公开。评议结束后，应制作判决书，并由合议庭成员签名。

宣告判决的内容包括：认定的事实，适用的法律，判决的结果和理由，诉讼费用的负担，当事人的上诉权利、上诉期限和上诉法院。宣告判决有两种方式：一种是当庭宣判。即在合议庭评议后，由审判长宣布继续开庭并宣读裁判。宣判后，10日内向有关人员发送判决书。另一种是定期宣判。即不能当庭宣判的，另定日期宣判。定期宣判后，应立即发给判决书。无论是公开审理还是不公开审理的案件，宣告判决一律公开。宣告离婚判决时，应告知当事人在判决未生效前，不得另行结婚。

6. 审结期限

人民法院适用普通程序审理的案件，应当在立案之日起6个月内审结。有特殊情况需要延长的，由本院院长批准，可以延长6个月；还需要延长的，报请上级人民法院批准。

(二) 简易程序

简易程序是指基层人民法院和它的派出法庭审理事实清楚、权利义务关系明确、争议不大的简单民事案件所适用的审判程序。在我国民事审判程序体系中，简易程序与普通程序并列，独立存在，在审级上属于第一审程序，是我国民事诉讼程序的一个重要组成部分。

1. 适用简易程序的法院

人民法院只有在审理第一审民事案件时，才能适用简易程序。依照第二审程序审理的上诉案件，以及依照再审程序审理的案件，均不能适用简易程序。根据民事诉讼法关于级别管辖的规定，我国的四级人民法院都有权审理第一审民事案件。但是，只有基层人民法院及其派出的法庭才能适用简易程序。派出的法庭，包括固定的人民法庭和巡回审理就地办案时临时组成的审判组织。中级以上的人民法院均不得适用简易程序审理案件。

2. 简易程序的特点

(1) 当事人起诉方式简便。原告起诉时不需要向人民法院递交起诉状和起诉状副本。原告口头起诉的，人民法院应当将当事人的基本情况、联系方式、诉讼请求、事实及理由予以准确记录，将相关证据予以登记。人民法院应当将上述记录和登记的内容向原告当面宣读，原告认为无误后应当签名或者捺手印。

(2) 案件的审理灵活。当事人双方可以同时到基层人民法院或者其派出法庭请求解决纠纷。基层人民法院和它的派出法庭可以当即审理，也可以另定日期审理。当即审理，可将起诉、审查起诉、受理和审理案件一并进行。

(3) 传唤当事人和通知其他诉讼参与人的方式多样。既可以口头传唤和通知，也可以采取捎口信、电话、传真、电子邮件等简便方式随时传唤双方当事人、证人。

（4）可以采用独任制审判。简易程序审理简单的民事案件，由审判员一人独任审理，书记员进行记录。但是不能由审判员一人自审自记。

（5）开庭审理的程序简易。适用简易程序审理的案件，也应当开庭审理。但是，法庭审理的方式和步骤比普通程序简便。依照普通程序审理案件，必须按照法律规定的程序进行。按照简易程序审理案件，审判人员可以根据案件的具体情况，灵活掌握案件审理的进程。

（6）举证期限灵活。当事人双方同时到基层人民法院请求解决简单的民事纠纷，但未协商举证期限，或者被告一方经简便方式传唤到庭的，当事人在开庭审理时要求当庭举证的，应予准许；当事人当庭举证有困难的，举证的期限由当事人协商决定，但最长不得超过15日；协商不成的，由人民法院决定。

（7）审结案件的期限短。人民法院适用简易程序审理的案件，应当在立案之日起3个月内审结。这一审理期限是法定期间，不得延长。

（三）二审程序

第二审程序也称上诉审程序，是指当事人不服第一审人民法院作出的尚未生效的判决或裁定，依法向上一级人民法院提起上诉，要求撤销或变更原判决或裁定，上一级人民法院据此对案件进行审理和作出裁判所适用的诉讼程序。

1. 上诉的提起

上诉是指当事人不服第一审人民法院作出的尚未生效的裁判，在法定期间内，请求上一级人民法院对上诉请求的有关事实和法律适用进行审理并撤销或者变更第一审裁判的诉讼行为。

上诉与起诉一样，必须符合法定的条件，不符合法定条件上诉的，不能引起第二审程序的发生。根据民事诉讼法的规定，当事人提起上诉必须同时符合以下四个条件：

（1）上诉必须针对依法可以上诉的裁判提出。当事人的上诉只能针对特定的裁判提出，即对地方各级人民法院按照普通程序、简易程序审理作出的第一审判决以及法律明确规定可以上诉的裁定，当事人不服的，在法定期间内，可以提出上诉。

（2）上诉必须有合格的上诉人与被上诉人。当事人提起上诉，必须具有合格的主体，即具有合格的上诉人与被上诉人。有人也称该条件为上诉的主体要件。上诉人是指提起上诉的一方当事人，被上诉人是指与上诉人的上诉请求有直接利害关系的对方当事人。上诉人与被上诉人必须是第一审程序中的当事人、当事人的继承人或者诉讼承担人，具体包括第一审程序中的原告、被告、共同诉讼人、诉讼代表人、有独立请求权的第三人、判决承担民事责任的无独立请求权的第三人以及上述当事人的继承人或者诉讼承担人。

（3）上诉必须在法定期间内提出。不服裁定的上诉期间为10日，不服判决的上诉期间为15日。

（4）上诉必须递交上诉状。上诉状是当事人不服第一审人民法院作出的尚未生效的裁判，请求第二审人民法院撤销或者变更原裁判的书面意思表示。上诉状应当记明下列事项：当事人的姓名、法人或者其他组织的名称及其法定代表人或者主要负责人的姓名及职务；原审人民法院的名称、案件的编号和案由；上诉的请求和理由。一审宣判时或者判决书、裁定书送达时，当事人口头表示上诉的，人民法院应当告知其必须在法定上诉期间内提出上诉状，未在法定上诉期间内递交上诉状的，视为未提出上诉。

上诉人原则上应当通过原审人民法院提出上诉状，并按对方当事人或者代表人的人数提交副本。法律也不禁止当事人直接向第二审人民法院提出上诉状，以保障当事人行使上诉权。

2. 上诉案件的受理

第二审人民法院经审查，认为上诉符合法定条件的，应当决定立案审理，这便是上诉的受理。认为不符合法定条件的，应当裁定不予受理，已经受理的，应当裁定驳回上诉。

3. 第二审案件的审理

(1) 审理。第二审人民法院审理上诉案件有两种方式，即开庭审理和径行裁判，而且在具体适用上，应当以开庭审理为原则，以径行裁判为例外。开庭审理是上诉案件审理的基本方式，它要求同时传唤各方当事人并通知其他诉讼参与人到庭，通过法庭调查、法庭辩论、合议庭评议、宣判等环节，对原裁判认定的事实、适用的法律以及当事人提出的新事实进行审查和口头辩论，经合议庭评议后作出新的裁判。径行裁判也称为不开庭审理，就是不同时传唤当事人、不通知其他诉讼参与人到庭进行法庭调查和辩论，合议庭经过阅卷和调查、询问当事人，在事实核对清楚后，直接对案件作出裁判。

(2) 调解。为了尊重当事人对自己的实体权利和程序权利的处分权，上诉案件的调解应当遵循自愿、合法的原则。上诉案件调解的范围不受上诉请求范围的限制，也不受第一审诉讼请求范围的限制，第二审人民法院可以对当事人在第一审程序中的全部诉讼请求以及在第二审程序中提出的新请求一并进行调解。第二审人民法院审理上诉案件，经调解达成协议的，应当制作调解书，由审判人员、书记员署名，加盖人民法院印章，调解书送达后，原审人民法院的判决即视为撤销。

(3) 审结期限。人民法院审理对判决的上诉案件，应当在第二审立案之日起 3 个月内审结，有特殊情况需要延长的，由本院院长批准。人民法院审理对裁定的上诉案件，应当在第二审立案之日起 30 日内作出终审裁定。

(四) 审判监督程序

审判监督程序又称再审程序，是指人民法院对确有错误、已发生法律效力的民事判决、裁定或调解协议，依照法律规定再行审理的程序。审判程序的发生有三种情况：

1. 人民法院依审判监督程序决定再审

各级人民法院院长对本院已经发生法律效力的判决、裁定，发现确有错误，认为需要再审的，应当提交审判委员会讨论决定。最高人民法院对地方各级人民法院已经发生法律效力的判决、裁定，上级人民法院对下级人民法院已经发生法律效力的判决、裁定，发现确有错误的，有权提审或者指令下级人民法院再审。

2. 当事人申请再审

当事人对已经发生法律效力的判决、裁定，认为有错误的，可以向上一级人民法院申请再审。当事人申请再审的，应当提交再审申请书等材料。人民法院应当自收到再审申请书之日起 5 日内将再审申请书副本发送对方当事人。对方当事人应当自收到再审申请书副本之日起15日内提交书面意见；不提交书面意见的，不影响人民法院审查。人民法院可以要求申请人和对方当事人补充有关材料，询问有关事项。人民法院应当自收到再审申请书之日起3个月内审查，符合民事诉讼法规定再审情形的，裁定再审；不符合规定的，裁定驳回申请。

当事人申请裁定再审的案件由中级人民法院以上的人民法院审理。最高人民法院、高级人民法院裁定再审的案件，由本院再审或者交由其他人民法院再审，也可以交由原审人民法院再审。

当事人申请再审，应当在判决、裁定发生法律效力后两年内提出；两年后据以作出原判决、裁定的法律文书被撤销或者变更，以及发现审判人员在审理该案件时有贪污受贿，徇私舞弊，枉法裁判行为的，自知道或者应当知道之日起3个月内提出。

3. 人民检察院抗诉提起再审

最高人民检察院对各级人民法院已经发生法律效力的判决、裁定，上级人民检察院对下级人民法院已经发生法律效力的判决、裁定，发现有悖民事诉讼法规定情形的，应当提出抗诉。

地方各级人民检察院对同级人民法院已经发生法律效力的判决、裁定，发现有悖民事诉讼法规定情形的，应当提请上级人民检察院向同级人民法院提出抗诉。人民检察院提出抗诉的案件，接受抗诉的人民法院应当自收到抗诉书之日起30日内作出再审的裁定；有民事诉讼法规定情形的，可以交由下一级人民法院再审。人民检察院决定对人民法院的判决、裁定提出抗诉的，应当制作抗诉书。人民检察院提出抗诉的案件，人民法院再审时，应当通知人民检察院派员出席法庭。

（五）督促程序

督促程序是指人民法院根据债权人的申请，以支付令的方式，催促债务人在法定期间内向债权人履行给付金钱和有价证券义务，如果债务人在法定期间内未履行义务又不提出书面异议，债权人可以根据支付令向人民法院申请强制执行的程序。督促程序有以下特点：

1. 督促程序的非讼性

债权人是申请人而不是原告，其权利请求仅限于向人民法院申请以支付令的方式催促债务人履行到期债务。督促程序因债权人的申请而开始，没有对立双方当事人参加诉讼。因此，督促程序并不解决当事人之间的民事权益争议，具有非讼的特点。

2. 督促程序适用范围的特定性

督促程序仅适用于请求给付金钱和有价证券的案件，并附有一定条件限制，如债权人没有对等的给付义务、支付令能送达债务人等。

3. 督促程序的可选择性

债权人请求债务人给付金钱、有价证券，符合条件的，可以适用督促程序。但是，法律并没有强制规定这类案件必须适用督促程序，督促程序不是解决这类案件的必经程序或唯一程序，法律赋予了当事人的程序选择权。

4. 督促程序审理的简捷性

人民法院适用督促程序审理案件，仅对债权人提出的申请和债权债务关系的事实和证据进行书面审查，不传唤债务人，也无须开庭审理。对符合条件的，人民法院直接发出支付令；不符合条件的，人民法院驳回债权人的申请，并且不能提出上诉。审判组织采用独任制的形式。因此，与诉讼程序相比，督促程序具有简便、快捷的特点。

5. 支付令生效的附条件性

人民法院向债务人发出的支付令只有符合一定的条件才能生效。这些条件包括两个方面：一是期限上的要求，即债务人自收到支付令之日起 15 日届满支付令才能生效；二是行为上的要求，即债务人在上述期限届满前不清偿债务，也不提出书面异议的，支付令才能生效。只有同时具备这两个条件，支付令才发生强制执行的法律效力。

（六）公示催告程序

公示催告程序是指人民法院根据申请人的申请，以公示的方法，告知并催促不明确的利害关系人在一定期限内申报权利，到期无人申报权利的，则根据申请人的申请依法作出除权判决的程序。公示催告程序有以下步骤：

1. 公示催告的申请和受理

公示催告程序是依当事人的申请而开始的。当事人申请公示催告程序必须具备一定条件，具体包括：票据持有人是指票据的最后持有人；申请人申请公示催告的事项只限于法律规定可以背书转让的票据，即可以背书转让的汇票、本票；申请人申请公示催告的事由只能是票据被盗、遗失或者灭失；利害关系人处于不明确状态。人民法院对申请人提出的公示催告申请，应当立即进行审查并决定是否受理。经审查，认为申请人的公示催告申请符合法定的条件和程序，即符合受理条件的，应当立即通知受理，并同时通知付款人停止支付；认为不符合受理条件的，应当在 7 日内裁定驳回申请。

2. 发出停止支付通知和权利申报公告

人民法院决定受理公示催告申请后，应同时通知付款人停止支付。付款人收到停止支付通知后，应当停止支付。付款人拒不执行停止支付通知，致使票据被承兑的，付款人应承担由此带来的后果。但是，在收到停止支付通知之前，付款人不得以任何理由拒绝向票据持有人支付，付款人也不承担由此带来的后果。

人民法院受理申请人的公示催告申请后，应当在3 日内发出公告，催促利害关系人申报权利，这就是公示催告公告。公示催告的期间，由人民法院根据具体情况决定，但最短不得少于60日。公示催告期间内，转让票据权利的行为无效。

3. 申报权利

申报权利是指受公示催告的利害关系人，在公示催告期间内向人民法院主张票据权利的行为。申报权利是利害关系人防止自己的权利受人民法院宣告票据无效损害的重要方式，是否有人申报权利也是人民法院查明票据有无利害关系人、是否应当作出宣告票据无效的除权判决的重要标准。

利害关系人在公示催告期间内向人民法院申报权利的，人民法院应当裁定终结公示催告程序。利害关系人在公示催告期间届满后，判决作出之前申报权利的，同样应当裁定终结公示催告程序。利害关系人向人民法院申报权利，应当采取书面形式，即应当向人民法院提交票据权利申报书。

利害关系人申报权利产生的法律后果分为两种情况。一是驳回申报，即利害关系人出示的票据与公示催告申请人申请公示催告的票据不一致的，表明申报人的申报与公示催告的票据无关而不能成立，人民法院应当裁定驳回利害关系人的申报。二是终结公示催告程序，即利害关系人出示的票据就是公示催告申请人申请公示催告的票据，人民法院应当裁定公示催告程序终结，并通知申请人和付款人。此时，票据的对方当事人已经明确，案件不再符合公示催告程序的适用条件，因此，公示催告程序应当终结。人民法院裁定终结公示催告程序后，申请人或申报人可以向人民法院起诉，由人民法院以票据纠纷为由依通常诉讼程序进行审理。

4．除权判决

公示催告期间届满后，无利害关系人申报权利，或者申报被依法驳回的，人民法院应根据申请人的申请，作出宣告票据无效的判决，这种判决称为除权判决。

申报权利的期间没有人申报，或者申报被驳回的，公示催告申请人应当自申报权利期间届满的次日起 1 个月内申请人民法院作出判决。逾期不申请判决的，终结公示催告程序。公示催告与除权判决是相互衔接但又相互独立的两个阶段，从公示催告阶段不能自动过渡到除权判决阶段。因此，公示催告期间届满后，申请人必须在法定期间内重新提出申请，人民法院才能作出除权判决。申请人未在法定期间内申请除权判决的，人民法院应当终结公示催告程序，此后申请人无权再申请除权判决，人民法院也不会依职权主动作出除权判决。

除权判决作出后，被申请公示催告的票据就失去效力，票据付款人可以拒绝向持票人支付。除权判决作出后，丧失票据的权利人（即公示催告申请人）虽不持有票据，但其恢复了票据权利。因此，即使失票人不占有该票据，也可凭除权判决向票据付款人请求支付，票据付款人不得拒绝支付。

利害关系人因正当理由不能在判决前向人民法院申报的，自知道或者应当知道判决公告之日起 1 年内，可以向作出判决的人民法院起诉，请求撤销除权判决。利害关系人向人民法院起诉的，人民法院可以按票据纠纷适用普通程序审理。

（七）执行程序

执行程序是民事诉讼的最后阶段，是负有义务的一方当事人拒不履行法律文书确定的义务时，人民法院强制其履行义务所适用的程序。执行程序是实现生效的民事判决、裁定及调解协议所确定的内容的程序。

1．执行程序的开始

一般情况下，执行程序的发生是由一方当事人提出申请开始的。根据 2008 年 4 月 1 日实施的新修改的《中华人民共和国民事诉讼法》，当事人申请执行应当具备一定条件：

（1）申请执行的当事人，必须是法律文书中享有权利的一方当事人。即在民事判决中胜诉的一方当事人。

（2）提交申请执行书和据以执行的法律文书。据以执行的法律文书包括产生法律效力的民事判决、裁定，以及刑事判决、裁定中的财产部分，公证机关依法赋予强制执行效力的债权文书，依法设立的仲裁机构的裁决。

（3）必须在法定期限内提出申请，申请执行的期间为 2 年。从法律文书规定履行期间的最后一日起计算；法律文书规定分期履行的，从规定的每次履行期间的最后一日起计算；法律文书未规定履行期间的，从法律文书生效之日起计算。申请执行时效的中止、中断，适用法律有关诉讼时效中止、中断的规定。

（4）向有执行管辖权的人民法院提出申请。发生法律效力的民事判决、裁定，以及刑事判决、裁定中的财产部分，由第一审人民法院或者与第一审人民法院同级的被执行的财产所在地人民法院执行。法律规定由人民法院执行的其他法律文书，由被执行人住所地或者被执行的财产所在地人民法院执行。

执行员接到申请执行书或者移交执行书后，应当向被执行人发出执行通知，责令其在指定的期间履行，逾期不履行的，强制执行。

被执行人不履行法律文书确定的义务，并有可能隐匿、转移财产的，执行员可以立即采取强制执行措施。

2. 执行措施

执行措施是人民法院依法强制执行被执行人履行义务的具体方法。根据我国修改后的民事诉讼法，执行措施主要有以下几项：

（1）查询、冻结、划拨被执行人的存款。

（2）扣留、提取被执行人应当履行义务部分的收入。

（3）查封、扣押、冻结、拍卖、变卖被执行人应当履行义务部分的财产。

（4）搜查被执行人隐匿的财产。

（5）强制被执行人交付法律文书指定的财物或者票证。

（6）强制被执行人迁出房屋或者强制退出土地。

（7）强制被执行人作出法律文书指定的行为。

（8）强制被执行人支付迟延履行金和迟延履行金利息。

（9）继续履行义务，人民法院采取执行措施后，被执行人仍不能偿还债务的，应当继续履行义务。债权人发现被执行人有其他财产的，可以随时请求人民法院执行。

（10）被执行人不履行法律文书确定的义务的，人民法院可以对其采取或者通知有关单位协助采取限制出境，在征信系统记录、通过媒体公布其不履行义务的信息以及法律规定的其他措施。

（11）被执行人未按执行通知履行法律文书确定的义务，应当报告当前以及收到执行通知之日前一年的财产情况。被执行人拒绝报告或者作虚假报告的，人民法院可以根据情节轻重对被执行人或者其法定代理人、有关单位的主要负责人或者直接责任人员予以罚款、拘留。

思考题

1. 简述我国对民事经济案件级别管理的相关规定。
2. 简述简易程序与普通程序的异同。
3. 试分析仲裁解决经济纠纷与诉讼解决经济纠纷的异同。

案例分析题

案例一　2007年7月，上海市鸿运健身房与南京市健身器械公司签订了一份买卖合同。合同中的仲裁条款规定："因履行合同发生的争议，由双方协商解决；无法协商解决的，由仲裁机构仲裁。"2007年9月，双方发生争议，鸿运健身房向其所在地的上海市仲裁委员会递交了仲裁申请书，但健身器械公司拒绝答辩。同年11月，双方经过协商，重新签订了一份仲裁协议，并商定将此合同争议提交该健身器械公司所在地的南京市仲裁委员会仲裁。事后鸿运健身房担心南京市仲裁委员会实行地方保护主义，偏袒健身器械公司，故未申请仲裁，而向合同履行地人民法院提起诉讼，且起诉时说明此前两次约定仲裁的情况，法院受理此案，并向健身器械公司送达了起诉状副本，该器械公司向法院提交了答辩状。法院经审理判决被告某健身器械公司败诉，被告不服，理由是双方事先有仲裁协议，法院判决无效。

问题：

（1）购销合同中的仲裁条款是否有效？请说明理由。

（2）争议发生后，双方签订的协议是否有效？为什么？

（3）原告鸿运健身房向法院提起诉讼正确与否？为什么？

（4）人民法院审理本案是否正确，为什么？

（5）被告健身器械公司的上诉理由是否正确，为什么？

（6）被告是否具有上诉权？为什么？

案例二　太阳公司经营房地产开发，在有偿取得某幅土地的使用权之后，由于资金困难，与月亮公司签订了合作开发合同，约定由双方共同投资并分享该开发项目的利润。但双方未实际履行。此后，环球公司就同一幅土地以更优惠的条件与太阳公司签订了一份合作开发合同并开始实际履行。三方之间由此发生纠纷。环球公司根据其与太阳公司签订的合同中的仲裁条款申请仲裁，请求裁决确认其与太阳公司签订的合同有效，并裁决太阳公司继续履行。双方在仲裁委员会受理后自行达成了继续履行合同的和解协议，请求仲裁委员会根据和解协议制作裁决书。仲裁庭三名仲裁员中一名认为应当否定和解协议，一名认为应当制作调解书，首席仲裁员认为应当制作裁决书，最后按仲裁庭首席仲裁员的意见，根据和解协议的内容作出了裁决书并送达给了双方当事人。此后，月亮公司向法院起诉，请求确认本公司与太阳公司签订的合同有效并履行该合同。

问题：

（1）月亮公司在得知环球公司申请仲裁后，能否申请参加太阳公司与环球公司正在进行的仲裁程序？为什么？

（2）环球公司在仲裁裁决书生效后，能否在太阳公司与月亮公司的诉讼中成为当事人？为什么？

（3）仲裁委员会制作裁决书在程序上是否合法？为什么？

（4）在仲裁裁决已确认太阳公司与环球公司的合同有效的情况下，法院能否判决太阳公司与月亮公司之间的合同有效？为什么？

(5) 月亮公司是否有权以仲裁的程序违反法定程序为由申请法院撤销仲裁裁决？为什么？

(6) 对仲裁裁决中已经认定的事实，太阳公司在诉讼中能否免除举证责任？为什么？

参考文献

1. 王保树. 商法总论. 北京：清华大学出版社，2007
2. 蔺翠牌. 当代中国经济法基础理论与专题研究. 北京：中国财政经济出版社，2007
3. 漆多俊. 经济法基础理论. 武汉：武汉大学出版社，1999
4. 杜鹏程，陆明. 经济法实务. 北京：清华大学出版社，2005
5. 周林彬. 当代民商法：原理与方法. 北京：中国法制出版社，2007
6. 白福臣，高树林，宁凌. 现代企业制度与经营管理研究. 沈阳：辽宁大学出版社，2007
7. 李建中. 个人独资企业法与个人独资企业管理. 北京：国家行政学院出版社，2000
8. 卞耀武. 中华人民共和国个人独资企业法释义. 北京：法律出版社，1999
9. 王妍. 中国企业法律制度评判与探析. 北京：法律出版社，2006
10. 赵中孚. 现代企业法律制度. 北京：中国人民大学出版社，1997
11. 张民安，左传卫. 公司法. 广州：中山大学出版社，2007
12. 史际春，肖竹. 公司法教程. 北京：中国政法大学出版社，2007
13. 姚海放. 新合伙企业法精解与运用. 北京：中国法制出版社，2007
14. 李瑞超. 外商投资企业法及其关联法规. 北京：法律出版社，2002
15. 唐德华. 外商投资企业法律分解适用集成. 北京：人民法院出版社，2006
16. 杨剑，贾学胜. 最新破产法律解读与案例精析. 北京：中国法制出版社，2008
17. 刘德璋. 新企业破产法理解与操作指南. 北京：法律出版社，2007
18. 王利明，房绍坤，王轶. 合同法. 北京：中国人民大学出版社，2002
19. 郭明瑞，房绍坤. 新合同法原理. 北京：中国人民大学出版社，2000
20. 刘春田. 知识产权法. 北京：中国人民大学出版社，2007
21. 孔祥俊. 反不正当竞争法新论. 北京：人民法院出版社，2001
22. 王兴运. 消费者权益保护法条文释义与典型案例. 西安：陕西人民出版社，2007
23. 曲振涛. 产品质量法概论. 北京：中国财政经济出版社，2002
24. 史际春. 反垄断法理解与适用. 北京：中国法制出版社，2007
25. 王晓晔. 反垄断法与市场经济. 北京：法律出版社，1998

26. 张贤钰. 市场秩序法律制度. 杭州：浙江人民出版社，1997
27. 王守渝，弓孟谦. 宏观经济调控法律制度. 北京：中国经济出版社，1995
28. 史树林，庞华玲. 国有资产法研究. 北京：中国财政经济出版社，2003
29. 刘剑文. 财政税收法. 北京：法律出版社，1997
30. 张传. 政府采购法比较研究. 北京：中国方正出版社，2007
31. 安建. 中华人民共和国审计法释义. 北京：法律出版社，2006
32. 丘国堂. 环境资源法研究. 北京：知识产权出版社，2007
33. 谢怀栻. 票据法概论. 北京：中国社会科学出版社，2007
34. 刘心稳. 票据法. 北京：中国政法大学出版社，2006
35. 陆南屏. 国家外汇管理法规专辑. 2002. 北京：经济科学出版社，2003
36. 吕景胜. 经济法实务. 北京：中国人民大学出版社，2001